知行 财经类专业规划教材

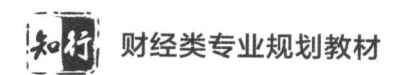

会计信息系统实训教程

（用友 ERP – U8 V10.1 版）

第二版

张爱华　李岚 ◎ 主　编
马　勇　杜娟 ◎ 副主编

TRAINING COURSE OF ACCOUNTING INFORMATION SYSTEM

上海财经大学出版社

图书在版编目(CIP)数据

会计信息系统实训教程：用友 ERP－U8 V10.1版/张爱华,李岚主编.
—2版.—上海：上海财经大学出版社,2023.10
(知行·财经类专业规划教材)
ISBN 978-7-5642-4250-3/F·4250

Ⅰ.①会… Ⅱ.①张… ②李… Ⅲ.①会计信息-财务管理系统-教材 Ⅳ.①F232

中国国家版本馆 CIP 数据核字(2023)第 184902 号

□ 责任编辑　徐　超
□ 联系信箱　1050102606@qq.com
□ 封面设计　贺加贝

会计信息系统实训教程
（第二版）

张爱华　李　岚　主　编
马　勇　杜　娟　副主编

上海财经大学出版社出版发行
(上海市中山北一路369号　邮编200083)
网　　址:http://www.sufep.com
电子邮箱:webmaster@sufep.com
全国新华书店经销
江苏省句容市排印厂印刷装订
2023 年 10 月第 2 版　2023 年 10 月第 1 次印刷

787mm×1092mm　1/16　19.75 印张　506 千字
印数:10 201—13 200　定价:56.00 元

前　言

党的二十大报告指出，高质量发展是全面建设社会主义现代化国家的首要任务，而财务领域的发展建设是国家经济社会高质量发展的重要基石。财会人员能力培养是各行业智能化转型的前提，财税数字化不仅能带来工作效率及体验的提升，也将推动商业模式和会计生态的改变。"会计信息系统"是会计学、财务管理等财经类专业的主干课程，也是一门典型的边缘学科，其内容随着管理理论、信息技术和企业应用的发展而不断更新。数字化时代财务面临更多的挑战，要求高等教育为社会输送符合高质量发展要求的具有创新能力、管理能力、全面的知识及实践操作能力的新一代应用型人才。

我们要深入学习党的二十大精神，统筹职业教育、高等教育、继续教育协同创新，推进职普融通、产教融合、科教融汇。作为课程建设与改革核心的实践性教学是培养应用型人才的重要教学环节，我们要结合当下信息技术积极推进高校实验、实践教学内容、方法、手段、管理及模式的改革与创新，将新一代财务思维理念融入实践教学体系，通过业财融合、产教融合推进协同发展。

基于上述目的，本书以用友 ERP 管理软件为工具，紧密结合企业实际，兼顾学科发展的前沿性、实践性和实验条件的差异性，力争为学习者提供一套科学、完整、操作性强的实验体系。

本书的结构是以企业日常经营活动为原型设计，突出实战是其主导思想，重点介绍在信息化管理环境下企业各项经济业务的处理方法和处理流程。特色概括如下：

1. 针对应用型本专科学生的特点，难度适中，内容适量，以培养实用型人才为宗旨。目前市面上的会计信息系统教材对应用型本专科学生而言大多内容过深、理论过多或内容较陈旧。

2. 体现实训素材的典型性。教材模拟的内容取材于典型的企业经济业务，并经过仔细分析、筛选和补充而形成，代表性强，以一个核算主体的业务活动贯穿始终，每个实验反映了企业核算的不同方面，提高了操作者的模拟兴趣和学习效率。

3. 便于实训者与教师的自学与辅导。本书在操作过程中详细列示了模拟实训中所有的过程和图示，方便读者自学、提高，起到了具体有效的辅导作用，学生可对照完成全部实验，掌握管理软件的操作要领。

4. 本书层次清晰，针对不同的教学对象和教学学时，可任意选择其中的若干实验，给予教学选择的自由度。

5. 按照新会计准则和最新税率要求进行了修订，注重实效，体现最新会计和税改政策，使学习者能够学到最新的会计规范。

本书主要供高等院校会计学、财务管理等相关专业教学使用，也可以作为会计、财务人员及业务人员会计信息系统应用培训和学习的参考教材。

本书由湖北第二师范学院张爱华教授编写第一章至第八章，李岚、马勇、杜娟编写第九章至第十四章。同时，感谢立信会计师事务所顾聪女士前期对案例数据的提供和测试，感谢湖北第二师范学院学生唐鸿润、许美连对数据账套的制作和校对。

书中错误和不当之处，恳请读者多提宝贵意见，以供编者在以后进一步修改与完善。

张爱华

2023 年 5 月

目 录

第一章　系统应用基础及安装 ··· 1

第二章　建账及基础设置 ··· 9
  内容概述 ·· 9
  实验目标 ··· 10
  实验内容 ··· 10
  实验准备 ··· 10
  第一节　建立账套 ··· 10
  第二节　系统启用与基础信息设置 ··· 20

第三章　总账管理系统初始设置 ··· 30
  内容概述 ··· 30
  实验目标 ··· 30
  实验内容 ··· 30
  实验准备 ··· 31
  第一节　总账参数设置 ··· 31
  第二节　期初余额的录入 ·· 46

第四章　总账日常业务处理 ·· 55
  内容概述 ··· 55
  实验目标 ··· 56
  实验内容 ··· 56
  实验准备 ··· 56
  第一节　凭证处理 ··· 56
  第二节　账簿查询 ··· 76

第五章　总账期末处理 ... 81

内容概述 ... 81
实验目标 ... 81
实验内容 ... 81
实验准备 ... 82
第一节　银行对账 ... 82
第二节　自动转账 ... 87
第三节　期末处理 ... 92

第六章　UFO报表管理 ... 95

内容概述 ... 95
实验目标 ... 95
实验内容 ... 96
实验准备 ... 96
第一节　自定义报表 ... 96
第二节　报表模板生成 ... 111

第七章　薪资管理 ... 115

内容概述 ... 115
实验目标 ... 115
实验内容 ... 116
实验准备 ... 116
第一节　薪资管理期初设置 ... 116
第二节　正式员工工资处理 ... 122
第三节　临时员工工资处理 ... 136

第八章　固定资产管理 ... 145

内容概述 ... 145
实验目标 ... 145
实验内容 ... 145
实验准备 ... 146
第一节　固定资产初始设置 ... 146
第二节　固定资产日常处理 ... 156
第三节　期末处理 ... 161

第九章 应收款管理系统 ... 164

内容概述 ... 164
实验目标 ... 164
实验内容 ... 164
实验准备 ... 165
第一节 初始化设置 ... 165
第二节 日常业务处理 ... 175
第三节 期末处理 ... 187

第十章 供应链管理系统 ... 189

内容概述 ... 189
实验目标 ... 189
实验内容 ... 189
实验准备 ... 190
第一节 基础信息设置 ... 190
第二节 期初数据录入 ... 195

第十一章 采购管理系统 ... 201

内容概述 ... 201
实验目标 ... 201
实验内容 ... 201
实验准备 ... 202
第一节 普通采购业务 ... 202
第二节 采购现结业务 ... 210
第三节 采购入库业务 ... 213
第四节 采购退货业务 ... 223

第十二章 销售管理系统 ... 228

内容概述 ... 228
实验目标 ... 228
实验内容 ... 228
实验准备 ... 229
第一节 普通销售业务 ... 229
第二节 委托代销业务 ... 250

第三节　销售退货业务 …………………………………………………………… 254
第四节　直运销售业务 …………………………………………………………… 257
第五节　月末处理 ………………………………………………………………… 262

第十三章　库存管理系统 ………………………………………………………… 264
　　内容概述 …………………………………………………………………………… 264
　　实验目标 …………………………………………………………………………… 264
　　实验内容 …………………………………………………………………………… 264
　　实验准备 …………………………………………………………………………… 265
　　第一节　出入库基本业务处理 ………………………………………………… 265
　　第二节　其他业务处理 ………………………………………………………… 273

第十四章　存货核算系统 ………………………………………………………… 284
　　内容概述 …………………………………………………………………………… 284
　　实验目标 …………………………………………………………………………… 284
　　实验内容 …………………………………………………………………………… 284
　　实验准备 …………………………………………………………………………… 285
　　第一节　日常业务处理 ………………………………………………………… 285
　　第二节　账簿查询、数据备份及月末处理 …………………………………… 295

综合实训 ……………………………………………………………………………… 297

参考文献 ……………………………………………………………………………… 308

第一章 系统应用基础及安装

会计信息系统（Accounting Information System，AIS）是管理信息系统（MIS）的一个子系统，是专门用于企事业单位处理会计业务，收集、存储、传输和加工各种会计数据，输出会计信息，并将其反馈给各有关部门，为企业的经营活动和决策活动提供帮助，为投资人、债权人、政府部门等提供财务信息的系统。此过程中取得原始凭证是收集原始数据；填制记账凭证和记账是把会计数据转换成会计信息并进行信息的传递和存储；提供账簿和报表是会计信息的输出和使用。

本实训教材选择用友 ERP-U8 V10.1（以下简称用友 ERP-U8）管理软件作为实训平台。用友软件股份有限公司是亚太地区最大的企业管理软件及服务提供商，拥有同行业最大的用户市场。用友 ERP-U8 着眼于企业内部资源、关键业务流程的管理和控制，不仅考虑到信息资源在部门内、企业内、集团内共享的要求，还充分体现了预测、计划、控制、业绩评价及考核等管理方面的要求，实现了资金流、物流、信息流管理的统一，解决了长期困扰企业管理的难题。用友 ERP-U8 管理软件要求以 SQL Server 2008 R2 或更高版本作为后台数据库，因此安装用友软件之前，需要安装数据库。

一、用友 ERP 软件介绍

1. 基本信息

用友 ERP-U8 是一套企业级的解决方案，满足不同的竞争环境下，不同的制造、商务模式下，以及不同的运营模式下的企业经营，实现从企业日常运营、人力资源管理到办公事务处理等全方位的产品解决方案。它是以集成的信息管理为基础，以规范企业运营、改善经营成果为目标，帮助企业"优化资源，提升管理"，实现面向市场的盈利性增长。用友 ERP-U8 也是一个企业经营管理平台，用以满足各级管理者对信息化的不同要求：为高层经营管理者提供大量收益与风险的决策信息，辅助企业制定长远发展战略；为中层管理人员提供企业各个运作层面的运作状况，帮助做到各种事件的监控、发现、分析、解决、反馈等处理流程，帮助做到投入产出最优配比；为基层管理人员提供便利的作业环境、易用的操作方式实现工作岗位、工作职能的有效履行。

2. 主要特点

(1) 全面应用，高度集成

用友 ERP-U8 充分考虑国外企业在华投资和国内企业向海外发展的国际化运营模式，提供多语言支持，在考虑企业价值流模型基础上，全面集成了财务、生产制造和供应链应用，延伸客户管理至客户关系管理（CRM），并对于零售、分销领域实现了全面整合。通过实现人力资源管理（HR）、办公自动化（OA），保证行政办公事务、人力管理和业务管理的有效结合。

(2) 按需部署，快速见效

针对企业运作地域、应用模式、管理要求、应用层次进行按需部署产品、方案和应用。通过快速实施工具，结合标准不失个性的应用方案，实现快速的企业应用实效信息化周期的低TCO：低成本的应用、低成本维护、低成本升级。

(3) 个性应用，交互友好

实现单据、报表、界面的全面自定义，从而实现操作平台的自定义。产品展现一致化，交互全面微软化，界面展现更为友好。

3. 系统功能

从系统功能上讲，用友 ERP-U8 管理软件涵盖财务管理、供应链管理、生产制造、客户关系管理、人力资源、决策支持、集团应用、零售管理、分销管理、系统管理集成应用以及办公自动化等全面应用。以上各功能模块共同构成了 U8 管理软件的系统架构，各模块既相对独立，分别具有完善和细致的功能，最大限度地满足用户全面深入的管理需要，又能融会贯通，有机地结合为一体化应用，满足用户经营管理的整体需要。

本教程选用用友 ERP-U8 软件的财务管理、供应链管理、人力资源管理中常用的 10 个模块作为学习对象。

二、安装数据库

1. 安装 U8 V10.1 全产品的系统要求

(1) 操作系统：

Windows Server 2008＋SP1（及更高版本补丁）

或 Windows 2008 R2（SP1 或更高版本补丁）

或 Windows 7（SP1 或更高版本补丁）

或 Windows 8

或 Windows 10

(2) 数据库：

Microsoft SQL Server 2000 ＋ SP4

或 Microsoft SQL Server 2005 ＋ SP2

或 Microsoft SQL Server 2008 ＋ SP1（及更高版本补丁）

或 Microsoft SQL Server 2008 R2（或更高版本）

(3) 浏览器：

支持微软 IE 浏览器 IE8 及更高版本使用 U8 V10.1 的 WEB 产品。

(4) Internet 信息服务（IIS）：

如果选择安装应用服务器或文件服务器，请先安装 Internet 信息服务（IIS），否则将导致 Windows.NET Framework 2.0 不能在 IIS 上成功注册文件映射关系和系统组件，需要手工完成 IIS 文件映射配置和 aspnet_isapi.dll 的注册。

IIS 组件可以通过操作系统安装盘获取；如果是 Windows Vista 或 Windows 2008、Windows 7、Windows 2008 R2，请务必手工安装 IIS。

(5) NET 运行环境：

.NET Framework 2.0 Service Pack 1

.NET Framework 3.5 Service Pack 1

2．安装步骤

(1)双击 sql server 2008 的.exe 安装文件，进入"SQL Server 安装中心"。

(2)点击界面左侧的"安装"，然后点击右侧的"全新 SQL Server 独立安装或向现有安装添加功能"，进入"SQL Server 2008 安装程序"界面，首先是"安装程序支持规则"，操作完成之后，点击"确定"。

(3)进入"产品密钥"，选择合适的版本，点击"下一步"。

(4)进入"许可条款"，勾选"我接受许可条款"，直接点击"下一步"。

(5)进入"安装程序支持文件"，点击"安装"按钮，开始安装支持文件。

(6)安装完成之后，又进入"安装程序支持规则"，点击"显示详细信息"可以看到详细的规则列表，点击"下一步"。

(7)进入"功能选择"，这里可以选择"全选"，也可以选择具体需要的功能，并且可以改变安装位置，设置完成后，点击"下一步"。

(8)进入"实例配置"，这里直接选择"命名实例"，其他都按照默认设置，点击"下一步"。

(9)进入"磁盘空间要求"，显示磁盘的使用情况，可以直接点击"下一步"。

(10)进入"服务器配置"，单击"对所有 SQL Server 服务使用相同的账户"，选择了"NT AUTHORITY\SYSTEM"，然后单击"下一步"即可。

(11)进入"数据库引擎配置"，单击"添加当前用户"指定 SQL Server 管理员，这样管理员就是系统管理员，设置好之后，直接单击"下一步"。

(12)进入"Reporting Services 配置"，直接按照默认选择第一项，点击"下一步"。

(13)进入"错误和使用情况报告"，可以选择其中一项，将相关内容发送给 Microsoft，也可以不进行选择，然后单击"下一步"。

(14)进入"安装规则"，直接单击"下一步"。

(15)进入"安装进度"，SQL Server 2008 开始安装，等待安装完成即可。安装完成后，会列出具体安装了哪些功能，提示安装过程完成，这时单击"下一步"，可进入"完成"界面，提示"SQL Server 2008 安装已成功完成"。

［注意］

● 安装过程中有些地方可以根据自己的实际需要进行相应更改，做最适合的选择和设置。

三、安装用友 ERP-U8 V10.1 系统

(1)双击光盘\用友 ERP-U8 V10.1 安装程序\SetupShell.exe 文件，运行安装程序，打开如图 1—1 所示界面。

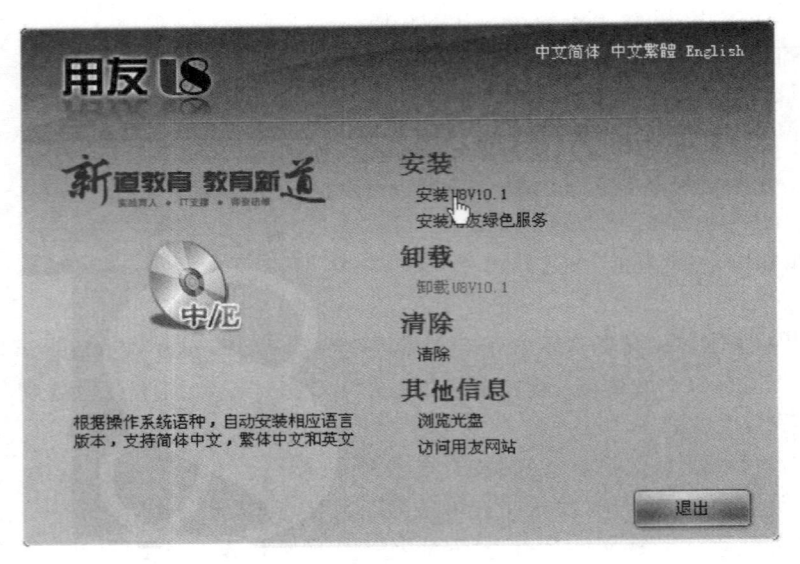

图 1—1　安装 U8 V10.1

(2)选择"安装 U8 V10.1",单击,开始安装。

(3)在许可证协议窗口,仔细阅读许可证协议,选中"我接受许可证协议中的条款",单击"下一步"按钮。

(4)在客户信息界面输入用户名和公司名称(根据自身情况输入,此处不做限制),单击"下一步"按钮,出现如图 1—2 所示窗口。

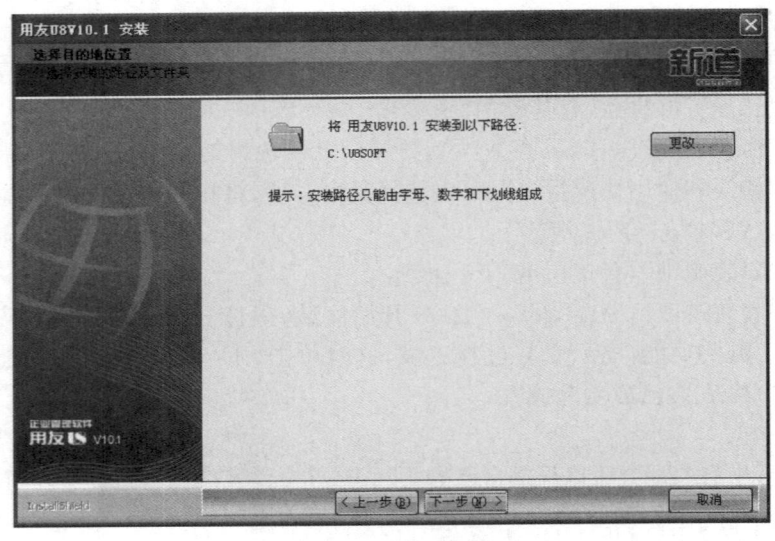

图 1—2　选择安装路径

(5)在"选择目的地位置"窗口,单击"更改",选择安装的路径及文件夹,根据磁盘空间的大小,一般选择非系统盘安装。单击"下一步"按钮。

(6)在弹出的如图 1—3 所示的安装类型界面中,选择最适合您需求的安装类型及语种:如果只作为应用服务器用,只需要选择"服务器";如果只作为客户端用,只需要选择"客户端";如果既作为客户端同时也作为服务器,选择"全产品"。此处选择"全产品"安装,简体中文版。单击"下一步"按钮。

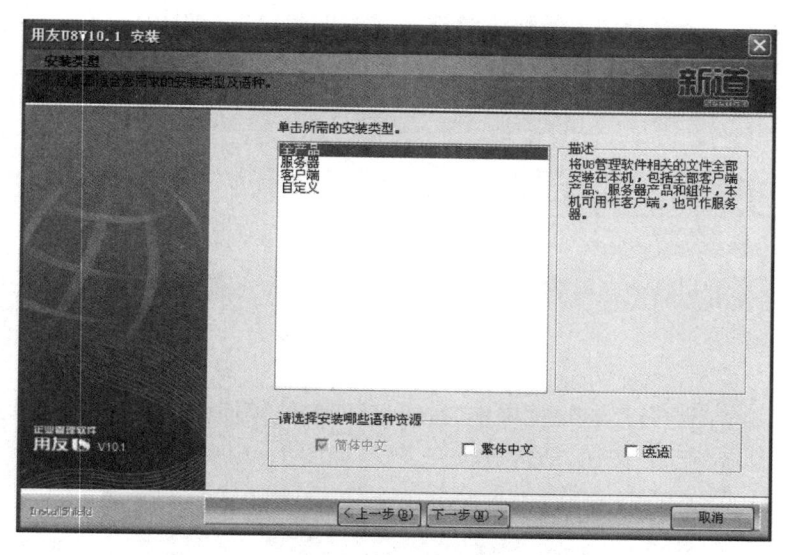

图1—3 选择安装类型

(7)在"环境检测"窗口,单击"检测"按钮,可以进行 U8 V10.1 安装环境的检测,如图1—4所示。

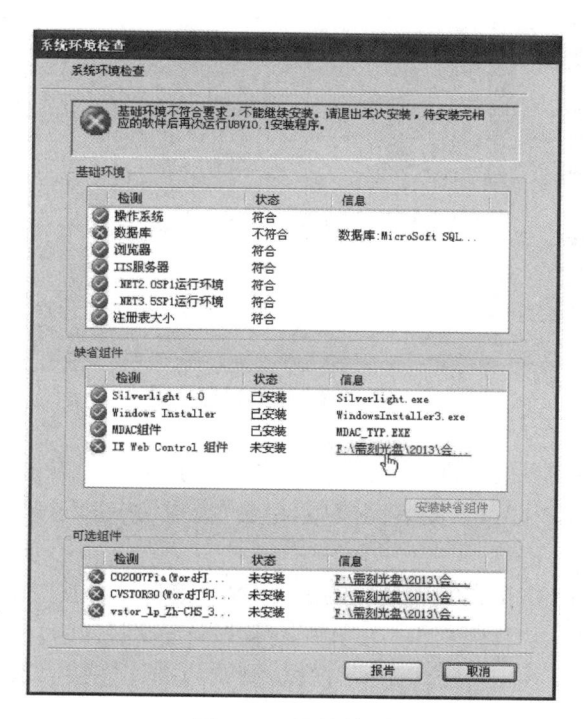

图1—4 环境检测

[注意]

"基础环境"和"缺省组件"若有未满足的条件,则安装不能向下进行。"可选组件"可以不安装。

未满足安装环境的条目，U8会自动提示，用户可逐个检查。未安装的缺省组件，也可通过单击该组件条目，U8会自动定位到该组件所在的安装位置（如图1—5）。读者可通过双击该组件安装程序进行安装。

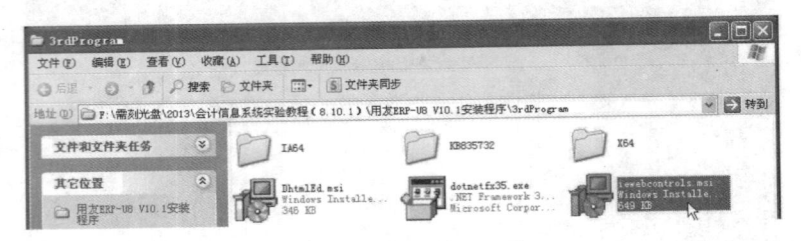

图1—5　安装缺省组件

（8）环境检测全部通过后，单击"确定"按钮，返回安装界面，就可以进行后续的安装了。

（9）接下来单击"安装"按钮，即可进行安装了，如图1—6所示。（此安装过程较长，请耐心等待）

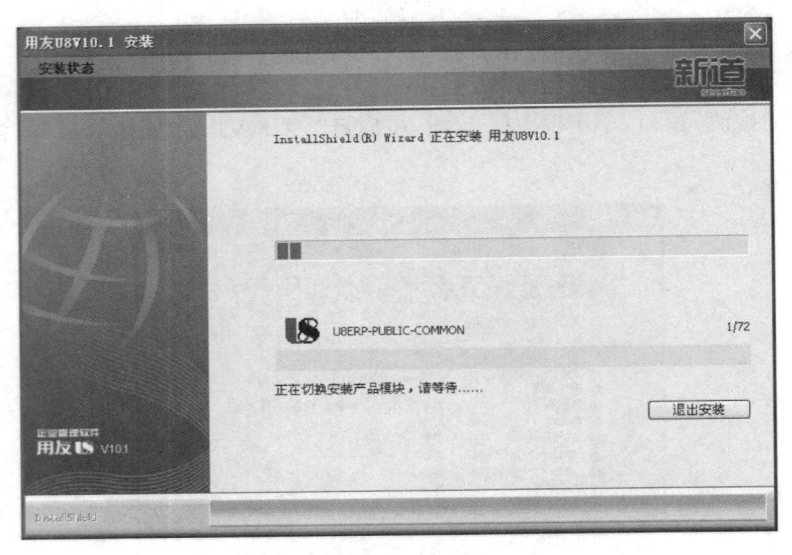

图1—6　安装过程

（10）进入自动安装的界面，一般安装时间需要半个小时左右，在这个过程中不能关机或点击取消，系统自动安装完成即可。安装完成后，单击"完成"按钮，重新启动计算机，如图1—7所示。

（11）系统重启后，出现"正在完成最后的配置"提示信息。在其中输入数据库名称（即为本地计算机名称，可通过桌面"计算机"—"属性"查看该计算机名称），SA口令为空（安装SQL Server 2000时设置为空），单击"测试连接"按钮，测试数据库连接。若一切正常，则会出现连接成功的提示信息。

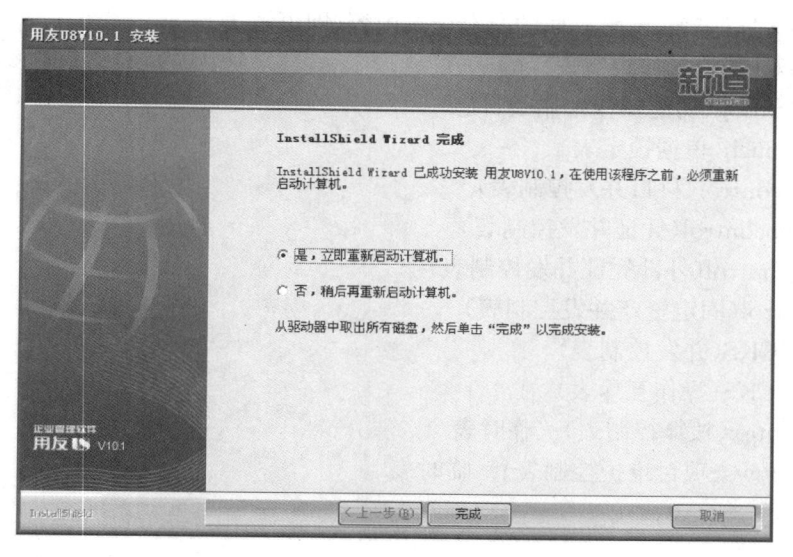

图1—7 安装完成

四、系统运行异常问题解决

1. MS-SQL Server 中的 MSDTC 服务器不可用

解决办法：在 Windows 控制面板—管理工具—服务—Distributed transaction Coordinator—属性—启动中，启动类型选择手动或自动。

2. 启用时提示"其他系统独占使用，无法启用某些模块"

这是因为已登录的系统在关闭后，没有在系统管理中注销它，或者在使用过程中，数据库关闭产生的异常或非正常退出，都会在任务表中保存记录，认为该用户还在使用系统。

解决办法：在 SQL Server 企业管理器中打开数据库 UFSystem 中的两个表 Au_Task Log 和 Au_Task_common，将其中的记录都删除即可。操作指导：执行"开始—程序—Microsoft SQL Server—企业管理器"命令，双击打开 UFSystem 数据库，再双击其中的表，然后再打开 Au_Task_common 表和 Au_Task Log 表（单击右键，打开表/返回所有行），逐一删除记录。

3. 用友 U8"科目（××××××)正在被机器（××××)上的用户（×××)进行（××××）操作锁定，请稍候再试"

解决方法：在 SQL Server 企业管理器中打开数据库 UFDATA_001_2012 中的表 GL_mc-control，将其中的记录删除。

4. 启动 Distributed transaction Coordinator 服务时，一启动就提示 Windows 不能在本地计算机启动 Distributed transaction Coordinator，更多相关信息，查阅系统事务日志，如果这是非 Microsoft 服务，请与厂商联系，并参考特定服务错误代码——1073337669

解决方法：执行"开始—运行"命令，输入 cmd，确定后进入命令提示窗，输入"msdtc-resetlog"命令，执行完成后，即可以启动服务。

5. 系统出现异常现象时

解决方法：进入 SQL Server 企业管理器，打开"UFDATA_账套号_年度"或"UFSystem"

数据库，找到下列对应表，清除里面的所有记录内容，即可解决。
- Ua_Task（功能操作控制表）
- Ua_TaskLog（功能操作控制表日志）
- Lock Vouch（单据锁定表）
- GL_mccontrol（科目并发控制表）
- GL_mvocontrol（凭证并发控制表）
- Gl_mvcontrol（外部凭证并发控制表）
- Fa_control（固定资产并发控制表）
- FD_LOCKS（并发控制表）
- AP_LOCKS（操作互斥表）
- Ia_pzmutex（核算控制表）——临时表
- gl_lockrows（项目维护控制表）——临时表

第二章 建账及基础设置

【内容概述】

本章的主要内容是建立企业账套基本信息以及对账套信息的管理。在系统管理中进行相关操作。系统管理是用友ERP-U8的运行基础,对U8管理系统的各个子系统进行统一管理和数据维护,为其他子系统提供公共账套及其他相关的基础数据,各子系统的操作员也需要在系统管理中统一设置并分配权限,主要内容包括以下几个方面:

● 企业情况介绍:主要包括武汉正大科技有限公司的基本情况、公司所采取的会计制度以及员工岗位的分工情况。

● 账套建立:在进行具体的会计核算工作前都要先完成建账工作。建账实际是为原始数据、中间数据、最终数据准备好一个存放的容器。建账工作主要通过"系统管理"模块来完成。系统管理模块一般包含的是对系统功能和参数进行设置的功能集合。它的作用就是在系统运行前做好设置,达到系统运行的准备,是其他模块功能运行的基础。一个账套的基本信息主要包括账套信息、单位信息、核算类型、基础信息、编码方案和数据精度六个方面,可以根据企业的基本情况、内部会计制度及人员分工信息来建立账套。

● 用户及权限设置:为了保证系统数据的安全与保密,系统管理提供了用户及其功能权限的集中管理功能。但在进行权限设置之前,首先需要添加系统用户信息,添加完成后,系统管理员可以根据不同的会计岗位建立不同的角色、新建操作员和权限的分配等功能。这样一方面可以避免与业务无关的人员进入系统进行非法操作,另一方面可以根据企业需要对各个用户进行管理授权,以保证各司其职,使得工作流程清晰顺畅。

● 基础信息设置:基础档案信息的设置是用友ERP-U8管理软件各个子系统公用的基础档案信息,主要包括企业部门档案、人员档案、客商信息、财务信息等信息的设置。基础档案信息的设置主要在企业应用平台中进行。企业应用平台是用友ERP-U8管理软件的集成应用平台,它是访问系统的唯一入口,可以实现企业基础档案和基础数据的设置和维护、信息的及时沟通、资源的有效利用等。

● 账套管理:账套建立以后,可以根据企业实际情况进行修改完善,对账套进行导入和备份等操作。主要包括新建账套、账套修改和删除、账套备份。

【实验目标】

1. 通过完成本次实验，要求理解会计信息系统基础信息及系统管理的设置在整个会计信息系统中的作用及其重要性。
2. 掌握设置的具体方法及操作步骤。
3. 学会如何建立单位新账套及调整相关参数，以适应具体需要。
4. 根据实际工作情况的不同，设置不同人员岗位。

【实验内容】

1. 建立一套新的单位账套。
2. 增加新账套的具体操作人员，并按工作岗位的需要进行财务分工，分配权限。
3. 设置新账套共享的基础信息，调整软件参数，以适应具体工作需要。
4. 修改账套基本信息及基础设置。
5. 备份账套数据。

【实验准备】

1. 正确安装用友 ERP-U8 管理软件。
2. 将系统日期的格式设为××××－××－××。

第一节　建立账套

一、登录系统

1. 系统管理启动

执行"开始"—"程序"—"用友 ERP-U8 V10.1"—"系统服务"—"系统管理"命令，系统管理启动并在任务栏中以后台方式运行。如图 2—1 所示。

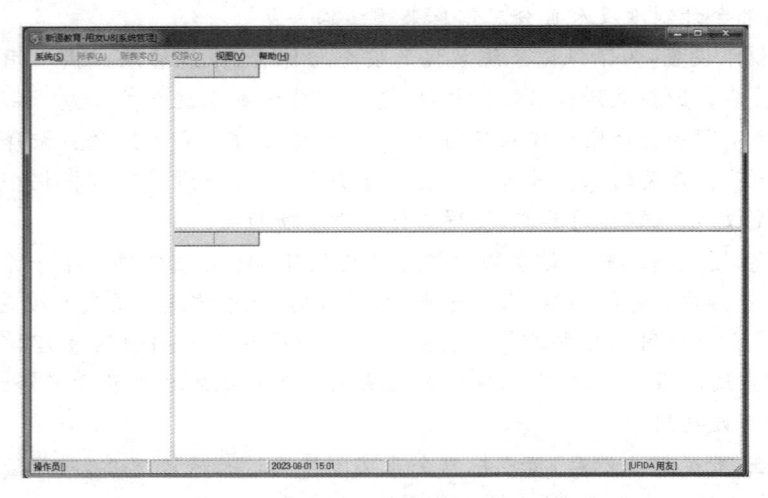

图 2—1　系统管理

[注意]
● 如果启用某个产品模块,系统管理也会自动启动并以后台方式运行。
2. 登录系统管理
(1)执行"系统"—"注册"命令,打开"登录"系统管理对话框。如图2—2所示。
(2)系统中预先设定了一个系统管理员admin,第一次运行时,系统管理员密码为空,单击"登录"按钮,以系统管理员身份进入系统管理。

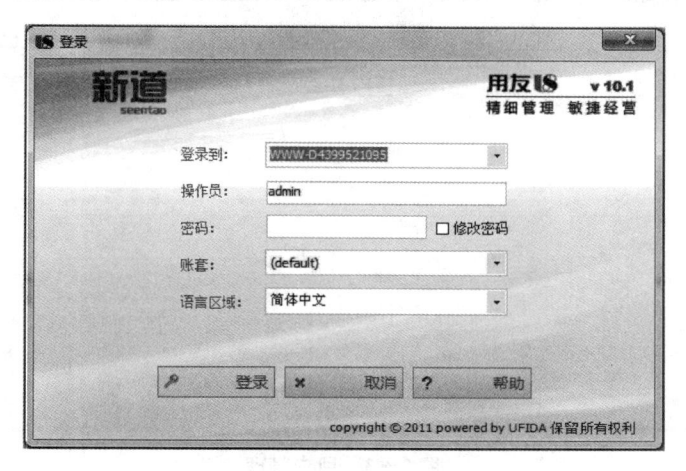

图 2—2　系统管理登录

[注意]
● 为了保证系统的安全性,在"系统管理员登录"对话框中,可以设置或更改系统管理员密码。如设置系统管理员密码为12345的操作步骤是:首先选中"修改密码"复选框,单击"确定"按钮,打开"设置操作员口令"对话框,在"新口令"和"确认新口令"文本框中均输入12345,最后单击"确定"按钮。
● 一定要牢记设置的系统管理员密码,否则无法以系统管理员的身份进入系统管理,也就不能执行账套数据的输出和引入。
● 考虑实际教学环境,建议不要设置系统管理员密码。

二、增加操作员

【实验资料】

表 2—1　　　　　　　　　　　　　　操作员资料

编号	姓名	口令	确认口令	认证方式	所属部门	角色
001	丁一	1	1	用户+口令（传统）	财务部	账套主管
002	卢飞	2	2	用户+口令（传统）	财务部	出纳
003	陈旺	3	3	用户+口令（传统）	财务部	总账会计、应收款会计、应付款会计、资产管理、薪酬经理
004	王菲	4	4	用户+口令（传统）	采购部	采购主管、仓库主管、存货核算员
005	李丽	5	5	用户+口令（传统）	销售部	销售主管、仓库主管、存货核算员

【操作指导】

(1)执行"权限"—"用户"命令,进入"用户管理"窗口,窗口中显示系统预设的几名操作员:admin、demo、SYSTEM 和 UFSOFT。如图 2—3 所示。

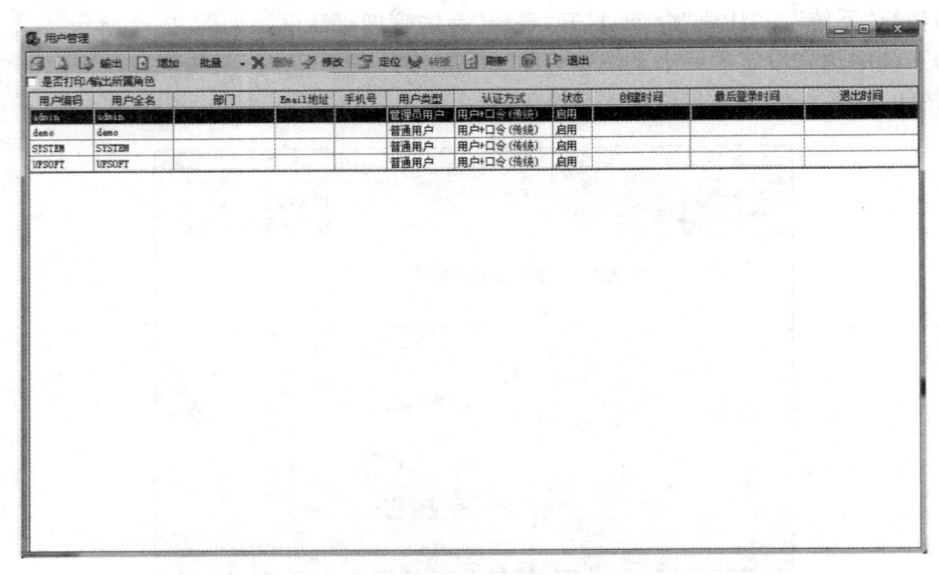

图 2—3　用户管理

(2)单击工具栏中的"增加"按钮,打开"操作员详细情况"对话框,按表 2—1 中所示的资料输入操作员。增加操作员 001 丁一,如图 2—4 所示。

图 2—4　操作员详细情况

(3)增加完所有操作员后,单击"取消"按钮结束,返回"用户管理"窗口,所有操作员以列表方式显示。如图2—5所示。再单击工具栏中的"退出"按钮,返回"用友 ERP-U8 V10.1[系统管理]"窗口。

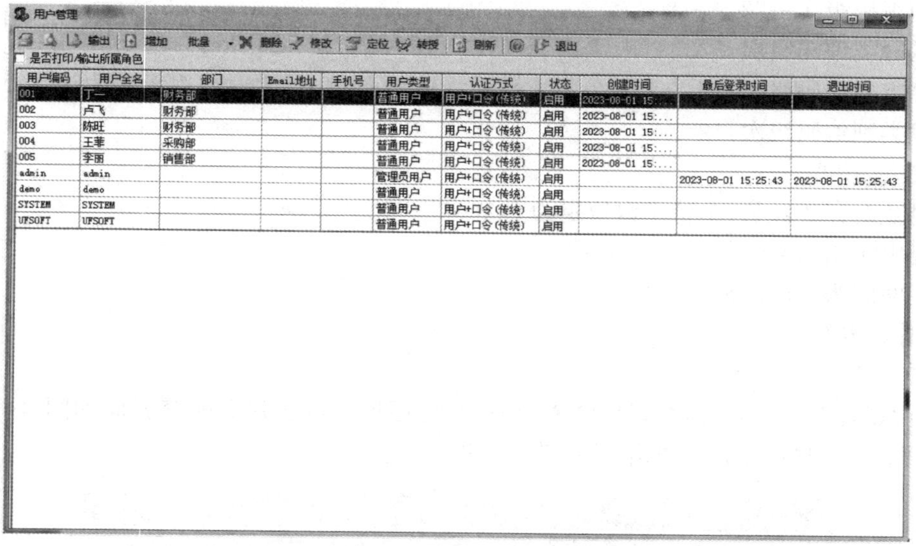

图 2—5 增加操作员

[注意]
● 只有系统管理员才有权限设置操作员;操作员编号在系统中必须唯一,即使是不同账套,操作员的编号也不能重复;设置操作员口令时,为保密起见,输入的口令以"＊"号在屏幕上显示;所设置的操作员一旦被启用,便不能被修改和删除。

三、建立账套

【实验资料】

1. 账套信息

账套号:001;账套名称:武汉正大科技有限公司;采用默认账套路径;启用会计期 2023 年 8 月;会计期间设置:默认。

2. 单位信息

单位名称:武汉正大科技有限公司;单位简称:正大公司;单位地址:武汉东湖高新区正大工业园路 8 号;法人代表:余文;邮政编码:430000;联系电话及传真:88224568;税号:420101201611586。

3. 核算类型

该企业的记账本位币:人民币(RMB);企业类型:工业;行业性质:2007 年新会计制度;科目预置语言:中文(简体);账套主管:丁一;选中"按行业性质预置科目"复选框。

4. 基础信息

该企业有外币核算,进行经济业务处理时,需要对存货、客户、供应商进行分类。

5. 分类编码方案

该企业的分类方案如下:

科目编码级次：4222

客户和供应商分类编码级次：223

存货分类编码级次：1223

部门编码级次：122

地区分类编码级次：223

结算方式编码级次：12

收发类别编码级次：12

6. 数据精度

该企业对存货数量、单价小数位定为 2。

7. 启用总账系统

启用时间为 2023-08-01。

【操作指导】

1. 打开账套

执行"账套"—"建立"命令，打开"创建账套"对话框。首次建立账套界面如图 2—6 所示，灰色选项不可修改（下同）。单击"下一步"按钮。

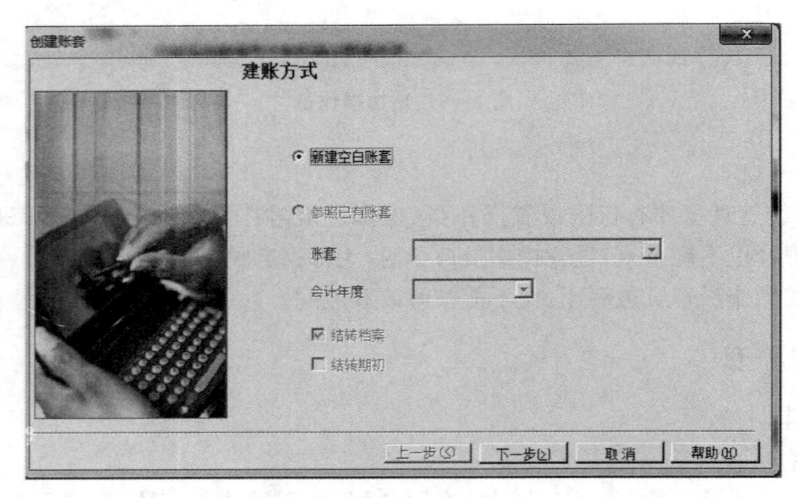

图 2—6 创建账套

2. 输入账套信息

(1)已存账套：系统将已存的账套显示在下拉列表中，用户只能查看，不能输入或修改。

(2)账套号：蓝色（图中以灰色显示）选项对应内容必须输入（下同）。本例输入账套号 001。

(3)账套名称：本例输入"武汉正大科技有限公司"。

(4)账套路径：用来确定新建账套将要被放置的位置，系统默认的路径为 C:\U8SOFT\Admin，用户可以手工更改，也可以根据实际需要利用 按钮进行参照以选择账套路径，本例采用系统默认路径。

(5)启用会计期：系统默认为计算机的系统日期，本例更改为：2023 年 8 月。

(6)是否集团账套：不选择。

输入完成后，如图 2—7 所示。单击"下一步"按钮，进行单位信息设置。

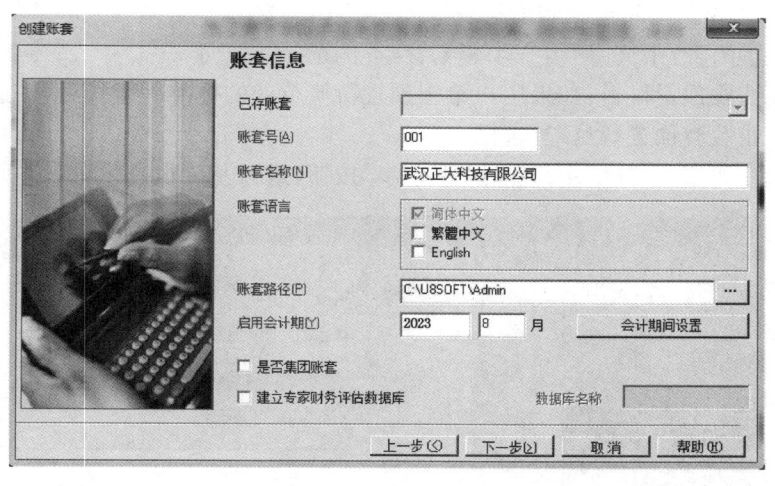

图 2—7　账套信息

3. 输入单位信息

(1)单位名称:用户单位的全称。企业全称只在发票打印时使用,其余情况全部使用企业的简称。本例输入"武汉正大科技有限公司"。

(2)单位简称:用户单位的简称,建议输入。本例输入"正大公司"。

(3)其他栏目都属于任选项,参照实验资料输入即可。

输入完成后,如图 2—8 所示。单击"下一步"按钮,进行核算类型设置。

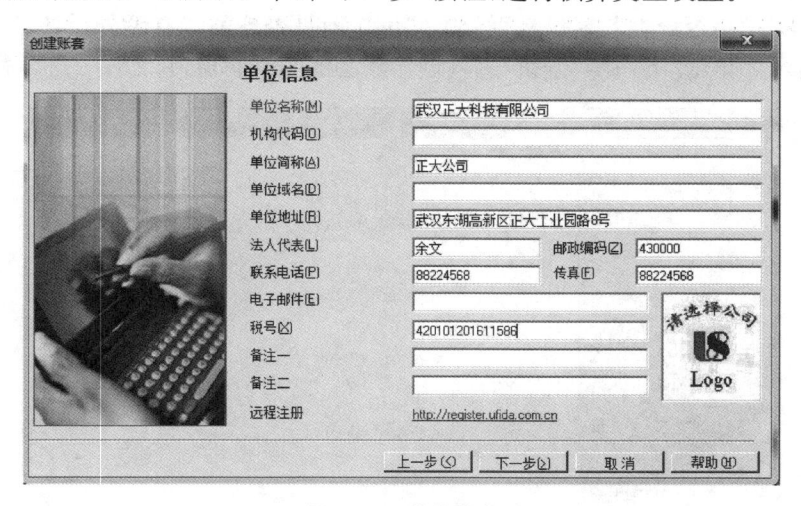

图 2—8　单位信息

4. 输入核算类型

(1)本币代码:本例采用系统默认值 RMB;本币名称:本例采用系统默认值"人民币"。

(2)企业类型:用户必须从下拉列表框中选择。系统提供了"工业""商业""医药流通"三种类型。如果选择工业模式,则系统不能处理受托代销业务;如果选择商业模式,委托代销和受托代销都能处理。本例选择"工业"。

(3)行业性质:用户必须从下拉列表框选择。系统按照所选择的行业性质预置科目。本例选择行业性质为"2007年新会计制度科目"。

(4)科目预置语言:中文[简体];账套主管:本例选择"001 丁一"。

(5)按行业性质预置科目:如果用户希望预置所属行业的标准一级科目,则选中该复选框。本例选中"按行业性质预置科目"复选框。

输入完成后,如图2—9所示。单击"下一步"按钮,进行基础信息设置。

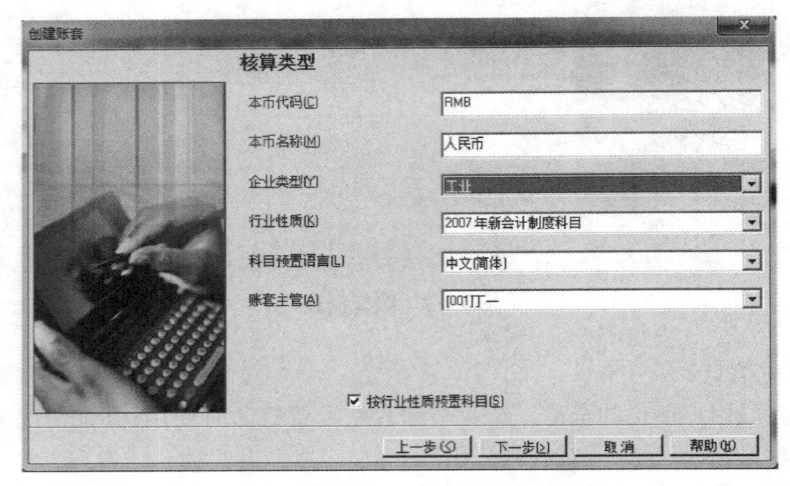

图2—9 核算类型

5. 确定基础信息

(1)选中"存货是否分类""客户是否分类""供应商是否分类""有无外币核算"4个复选框,如图2—10所示。单击"下一步"按钮,进入创建账套的"开始"窗口,如图2—11所示。

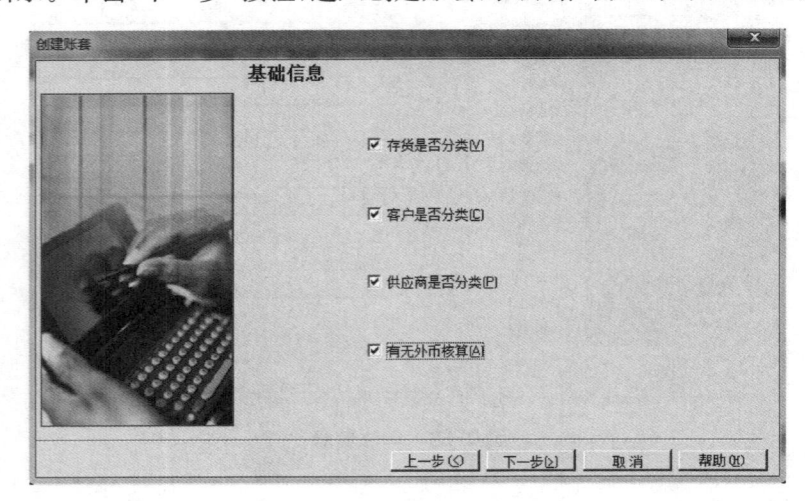

图2—10 基础信息

[注意]

● 如果单位的存货、客户、供应商相对较多,可以对其进行分类核算。如果此时不能确定是否进行分类核算,也可以在建账完成后,由账套主管在"修改账套"功能中设置分类核算。

(2)在如图2—11窗口单击"完成"按钮,弹出系统提示"可以创建账套了吗?",单击"是"按钮，系统建账完毕后自动打开"编码方案"对话框。

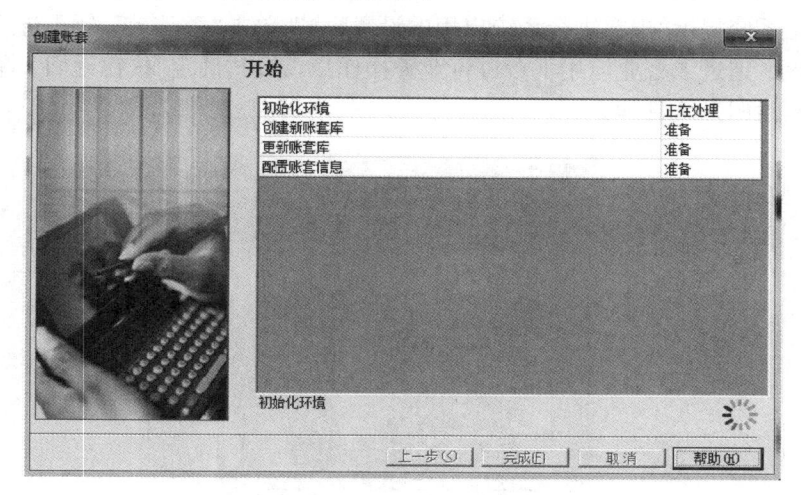

图 2—11　创建账套

[注意]
● 此处创建账套的时间较长，请耐心等待。

6. 确定分类编码方案

按实验资料所给内容修改系统默认值，如图 2—12 所示，单击"确定"按钮，待"确定"按钮变灰色后，再单击"取消"按钮。系统自动打开"数据精度定义"对话框。

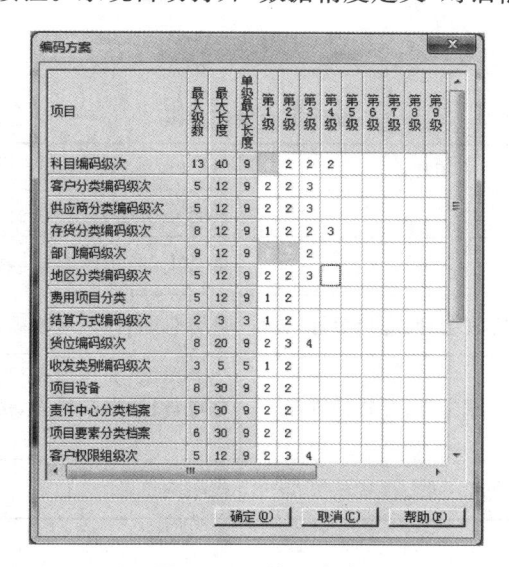

图 2—12　编码方案

[注意]
● 为了便于对经济业务数据进行分级核算、统计和管理，系统要求预先设置某些基础档案的编码规则，即规定各种编码的级次及各级的长度。

7. 数据精度定义

定义数据精度是指定义数据的小数位数，如果需要进行数量核算，需要认真填写该项。本例采用系统默认值,如图 2-13 所示。单击"确定"按钮,系统弹出"[001 建账成功]"系统提示对话框,并弹出系统提示"现在进行系统启用的设置吗?",单击"否"按钮,暂不进行系统启用的设置。系统提示"请进入企业应用平台进行业务操作!",单击"确定"按钮返回。单击工具栏上的"退出"按钮,返回系统管理。

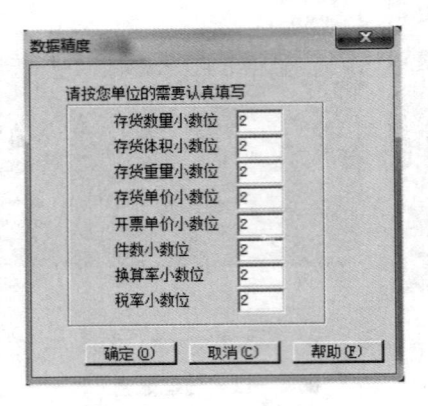

图 2-13 数据精度

[注意]

● 弹出系统提示"现在进行系统启用的设置吗?"时,前面已选"否",如选"是",则进入"系统启用"窗口,本例先选择"否",后期再进行系统启用设置。

四、财务分工

【实验资料】

表 2-2　　　　　　　　　　　操作员的操作权限

编号	姓名	角色	操作权限
001	丁一	账套主管	具有系统所有模块的全部权限
002	卢飞	出纳	具有出纳、出纳签字、查询凭证的权限
003	陈旺	总账会计、应收会计、应付会计	具有总账管理、应收款管理、应付款管理权限
004	王菲	采购主管、仓库主管、存货核算员	公共单据、公用目录设置、应收款管理、应付款管理、总账管理、采购管理、销售管理、库存管理、存货核算权限
005	李丽	销售主管、仓库主管、存货核算员	权限同王菲

【操作指导】

(1)在系统管理菜单栏执行"权限"—"权限"命令,进入"操作员权限"窗口。

(2)选择 001 账套;2023 年度。从操作员列表框中选择"001 丁一",选中"账套主管"复选框,确定丁一具有账套主管权限。如图 2-14 所示。

[注意]

● 由于在建立账套时已设定"丁一"为账套主管,此处无须再设置。

● 一个账套可以设定多个账套主管。

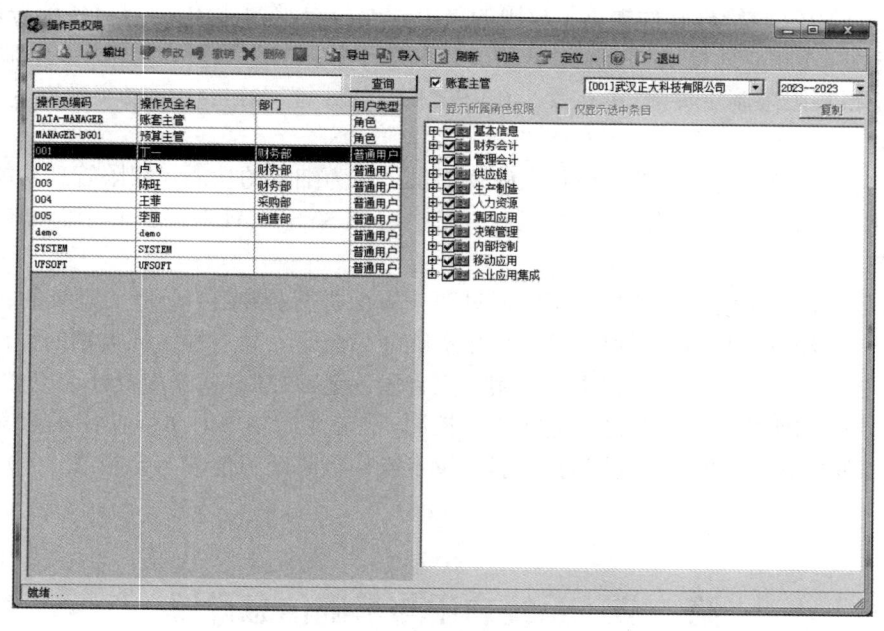

图 2—14 丁一权限

- 账套主管自动拥有该账套的所有权限。

(3)选择"卢飞",单击工具栏中的"修改"按钮,选择"财务会计"前的田图标,展开"总账"—"凭证"项目,选中"出纳签字"和"查询凭证"权限,然后再选中"出纳",单击"保存"按钮。如图 2—15 所示。

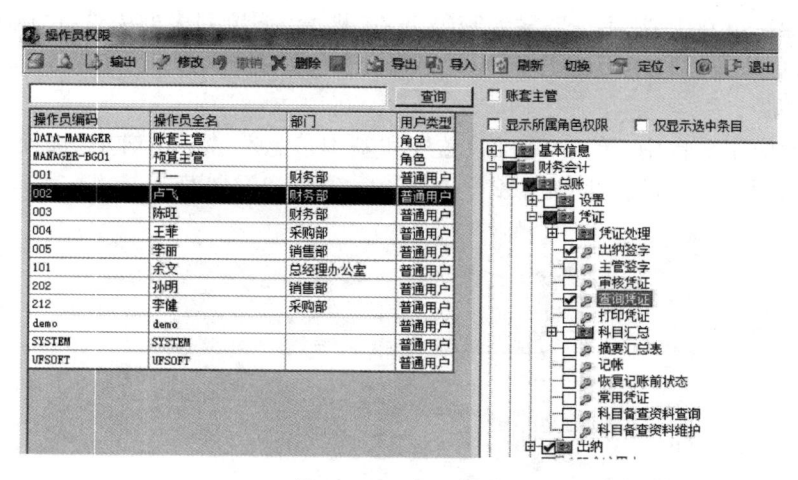

图 2—15 卢飞权限

(4)同理,为用户"003 陈旺""004 王菲""005 李丽"设置操作权限。保存之后,单击工具栏上的"退出"按钮,返回系统管理。

[注意]

- 以上权限设置只是为了实验中的学习,与企业实际分工可能有所不同,企业相关操作员比较多,分工比较细致。

● 用友 ERP-U8 管理软件提供了权限的集中管理功能，除了提供用户对各模块的操作权限的管理之外，还相应地提供了金额的权限管理和对于数据的字段级和记录级的控制，不同的组合方式使得权限限制更灵活、更有效。在用友 ERP-U8 管理软件中可以实现以下三个层次的权限管理：

第一，功能级权限管理。功能级权限管理提供了更为细致的功能级权限管理功能，包括各功能模块相关业务的查看和分配权限。例如，赋予用户 SYSTEM 对某账套中总账模块、工资模块的全部功能。

第二，数据级权限管理。该权限可以通过两个方面进行控制：一个是字段级的权限控制，另一个是记录级的权限控制。例如，设定操作员陈旺只能录入某一种凭证类别的凭证。

第三，金额级权限管理。该权限主要用于完善内部金额控制，实现对具体金额数量划分级别，对不同岗位和职位的操作员进行金额级别控制，限定他们制单时可以使用的金额数量，不涉及系统内部控制的不在管理范围内。例如，设定操作员陈旺只能录入金额在 20 000 元以下的凭证。

第二节　系统启用与基础信息设置

一、系统启用

1. 登录企业应用平台

(1)执行"开始"—"程序"—"用友 U8V10.1"—"企业应用平台"命令，打开登录对话框。

(2)输入操作员 001 或"丁一"；输入密码 1；在"账套"下拉列表框中选择"001 武汉正大科技有限公司"；更改操作日期为 2023－08－01；单击"登录"按钮，进入 UFIDA U8 窗口。

2. 启用总账

(1)在企业应用平台中，单击"基础设置"—"基本信息"—"系统启用"选项，打开"系统启用"对话框。启用总账，启用时间为 2023－08－01。如图 2－16 所示。

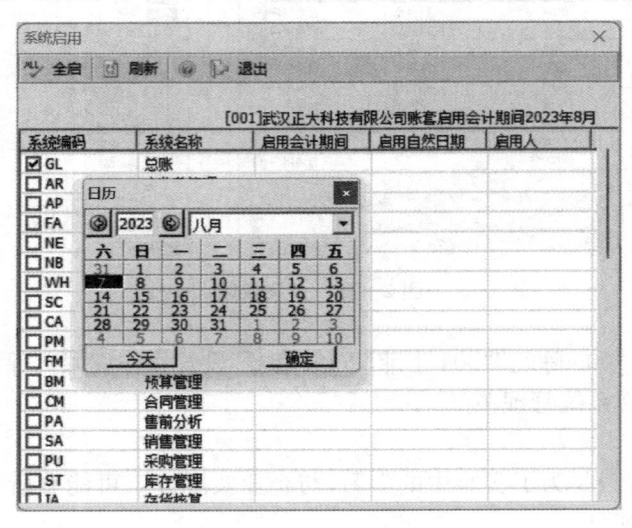

图 2－16　启用总账

（2）弹出"确实要启用当前系统吗？"窗口，单击"是"，完成总账系统启用。

二、基础信息设置

1. 部门档案

【实验资料】

表2—3　　　　　　　　　　　　部门档案资料

部门编码	部门名称	部门属性
1	行政中心	管理部门
101	总经理办公室	综合管理
102	财务部	财务管理
2	供销中心	供销管理
201	销售部	市场营销
202	采购部	采购供应
3	生产中心	生产部门
301	一车间	生产制造
302	二车间	生产制造

【操作指导】

（1）执行"基础设置"—"基础档案"—"机构人员"—"部门档案"命令，双击"部门档案"模块，进入部门档案窗口。

（2）单击"增加"按钮，输入数据完毕后单击"保存"按钮，再单击"增加"，依次进行增加直至资料录入完毕后退出。示例界面如图2—17所示。

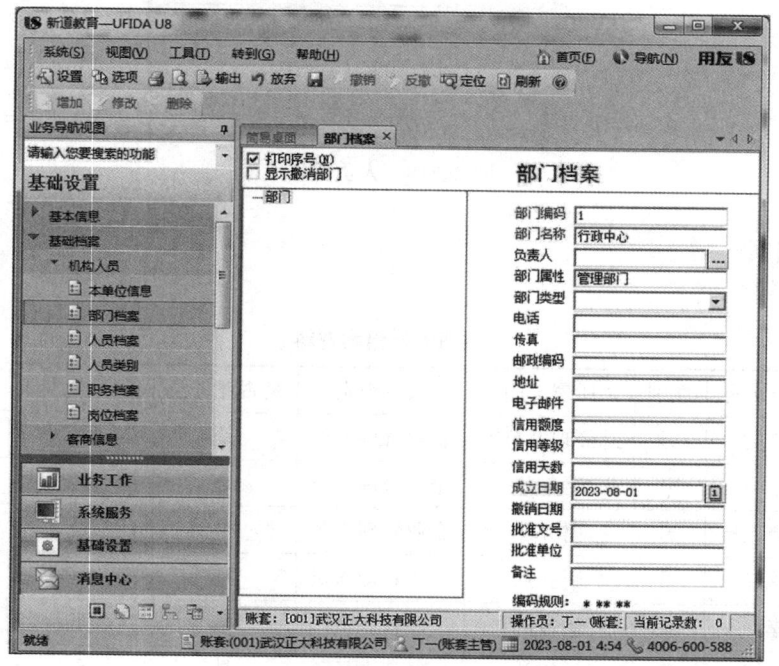

图2—17　部门档案

2. 人员类别

【实验资料】

表 2—4　　　　　　　　　　企业在职人员中正式工分类

分类编码	分类名称
1011	企业管理人员
1012	经营人员
1013	车间管理人员
1014	生产人员

【操作指导】

（1）执行"基础设置"—"基础档案"—"机构人员"—"人员类别"命令，双击"人员类别"模块，进入"人员类别"窗口。

（2）选中"正式工"，单击"增加"按钮，弹出"增加档案项"，录入编码、名称等档案内容，单击"确定"按钮。示例界面如图 2—18 所示。依次添加完成后单击"取消"按钮，再单击"退出"按钮。

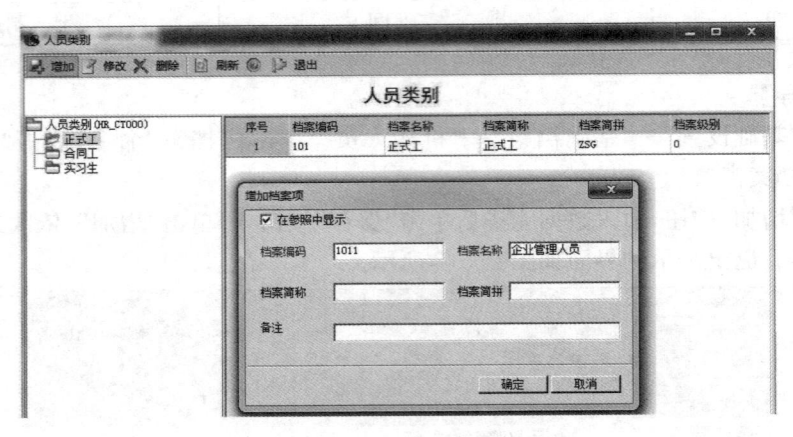

图 2—18　人员类别

3. 人员档案

【实验资料】

表 2—5　　　　　　　　　　在职人员档案资料

职员编码	职员名称	性别	所属部门	人员类别	是否业务员	是否操作员	对应操作员编码
101	余文	男	总经理办公室	企业管理人员	是	是	—
102	丁一	男	财务部	企业管理人员	是	是	001
103	卢飞	男	财务部	企业管理人员	是	是	002
104	陈旺	男	财务部	企业管理人员	是	是	003
201	李丽	女	销售部	经营人员	是	是	005
202	孙明	男	销售部	经营人员	是	是	

续表

职员编码	职员名称	性别	所属部门	人员类别	是否业务员	是否操作员	对应操作员编码
211	王菲	女	采购部	经营人员	是	是	004
212	李健	男	采购部	经营人员	是	是	—

【操作指导】

（1）执行"基础设置"—"基础档案"—"机构人员"—"人员档案"命令，双击"人员档案"模块，进入"人员档案"窗口。

（2）单击"增加"按钮，录入蓝色字体项目，录入完毕单击"保存"按钮。勾选"是否操作员"时，注意有对应操作员编码，在选中"是否操作员"后，单击"对应操作员名称"后的参照符号，在弹出的对话框双击选中对应的操作员。如图2—19所示。

（3）增加人员完毕，退出人员档案增加窗口，显示人员档案列表。

[注意]

● 设置"部门档案"、"人员类别"之后，才能设置"人员档案"。
● 勾选了"是否业务员"选项的人员档案在核算和业务管理中才能被调用。

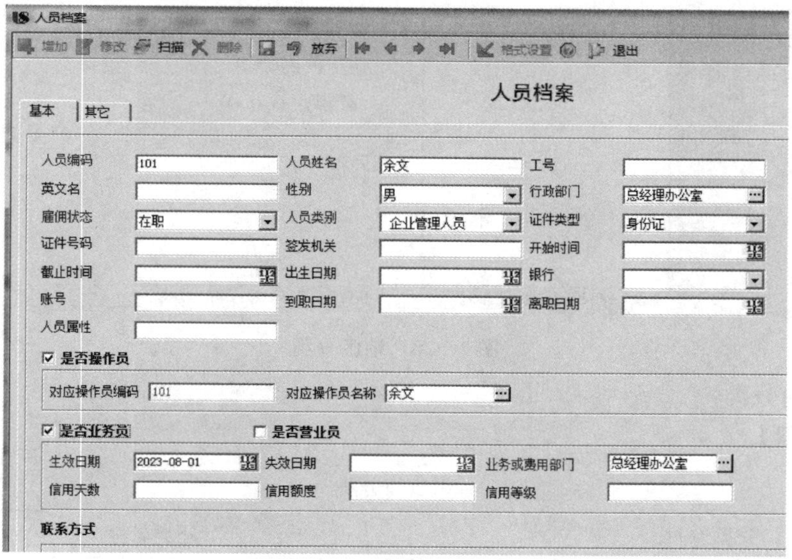

图2—19 人员添加

4. 地区分类

【实验资料】

表2—6　　　　　　　　　　　　地区分类

地区分类	分类名称
01	华北地区
02	东北地区
03	华东地区

续表

地区分类	分类名称
04	华中地区
05	华南地区
06	西北地区

【操作指导】

(1)执行"基础设置"—"基础档案"—"客商信息"—"地区分类"命令,双击"地区分类"模块,进入"地区分类"窗口。

(2)单击"增加"按钮,录入蓝色字体项目,单击保存,依次录入完成保存后,单击"退出"按钮。如图 2—20 所示。

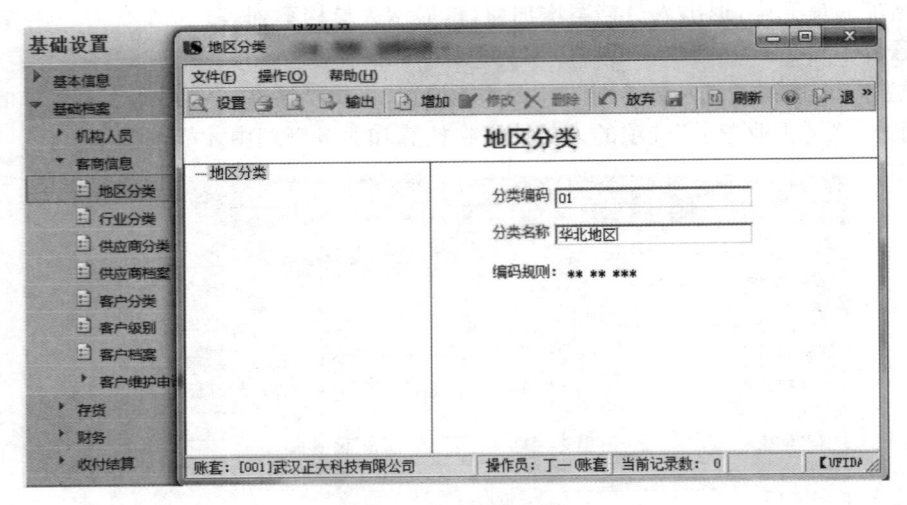

图 2—20 地区分类

5. 供应商分类

【实验资料】

表 2—7　　　　　　　　　　　　供应商分类

分类编码	分类名称
01	普通供应商
02	重点供应商

【操作指导】

(1)执行"基础设置"—"基础档案"—"客商信息"—"供应商分类"命令,双击"供应商分类"模块,进入"供应商分类"窗口。

(2)单击"增加"按钮,录入蓝色字体项目,单击保存。依次录入完毕单击"退出"按钮。如图 2—21 所示。

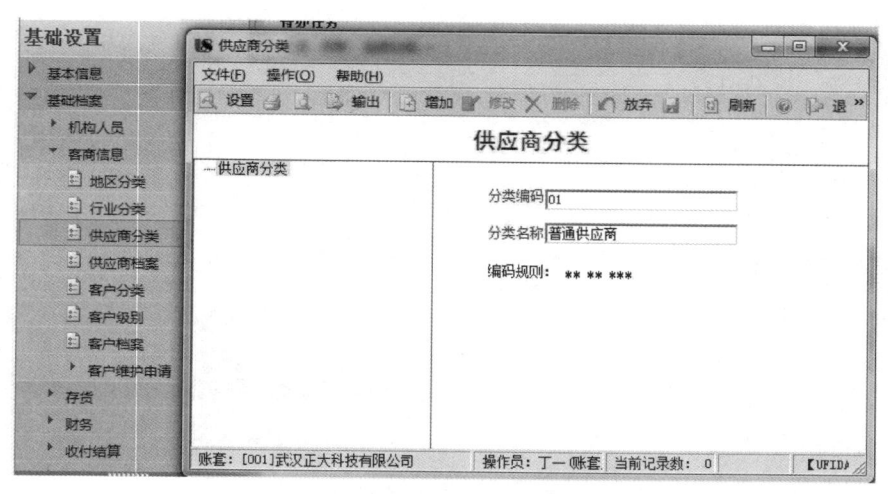

图 2—21　供应商分类

6. 供应商档案

【实验资料】

表 2—8　　　　　　　　　　　　　　供应商档案资料

供应商编号	供应商名称/简称	所属分类码	所属地区	税号	开户银行	银行账号	邮编	地址	分管部门	专管业务员
001	华昌公司	01	06	610522453698462	中行长安分行	42536367	714 300	西安市长安区8号	采购部	王菲
002	明珠公司	01	06	610522833677583	中行渭南分行	76425693	714 300	渭南市高新区1号	采购部	王菲
003	海王商行	02	04	420101465372657	工行东湖分行	55561278	430000	武汉市高新区9号	采购部	李健
004	东方公司	02	03	310103863231012	工行浦东分行	85223076	200232	上海市浦东新区东方路1号	采购部	李健

【操作指导】

（1）执行"基础设置"—"基础档案"—"客商信息"—"供应商档案"命令，双击"供应商档案"模块，进入"供应商档案"窗口。

（2）单击"增加"按钮，弹出"增加供应商档案"窗口，分别单击"基本"和"联系"录入对应的实验资料。

（3）单击左上角"银行"，在弹出的对话框中单击"增加"，输入相应的银行资料，默认值选择"是"。单击保存后返回供应商资料录入窗口，单击保存退出。如图2—22所示。

（4）依次录入其他供应商信息，录入完毕单击"保存"按钮。退出。

7. 客户分类

【实验资料】

表 2—9　　　　　　　　　　　　　　客户分类

分类编码	分类名称
01	批发
02	零售

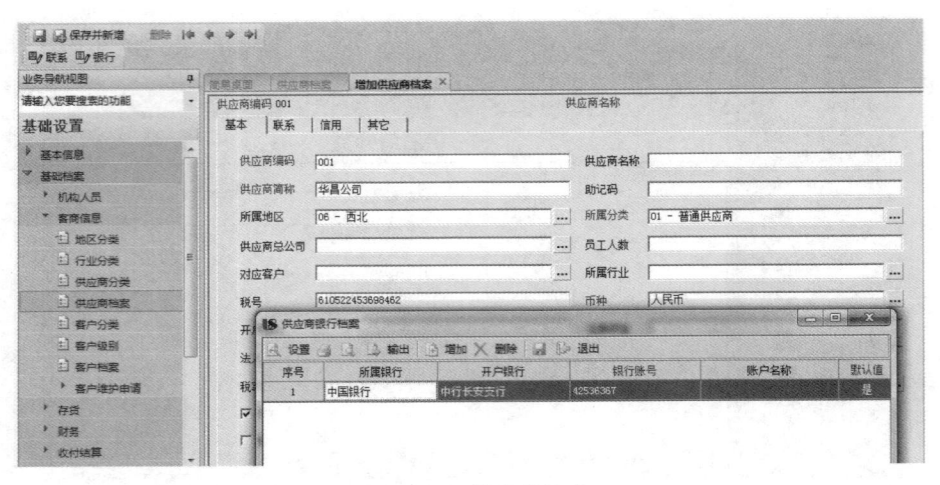

图 2—22　供应商档案

【操作指导】

(1) 执行"基础设置"—"基础档案"—"客商信息"—"客户分类"命令,双击"客户分类"模块,进入"客户分类"窗口。

(2) 单击"增加"按钮,录入蓝色字体项目,录入完毕单击"保存"按钮。如图 2—23 所示。

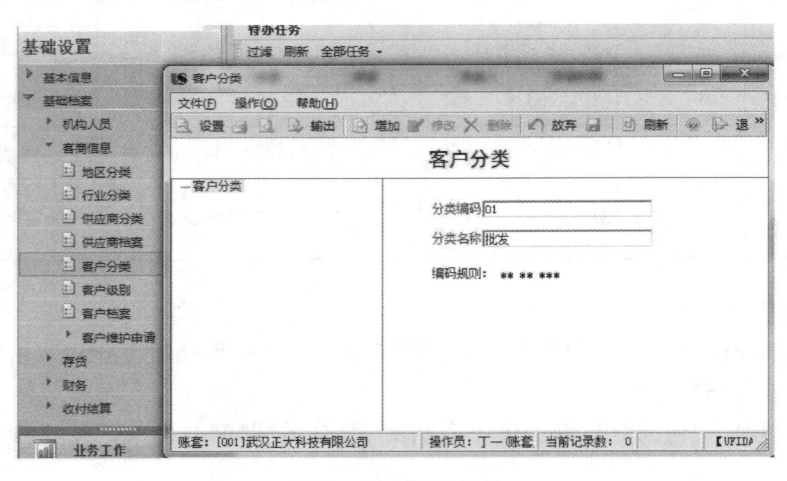

图 2—23　客户分类

8. 客户档案

【实验资料】

表 2—10　　　　　　　　　　　　　客户档案资料

客户编号	客户名称	所属分类码	所属地区	税号	开户银行	银行账号	邮政编码	分管部门	分管业务员
001	武汉商贸	01	04	420101884732766	工行徐东分行	73853654	430000	销售部	李丽
002	长沙贸易	01	04	430100456732310	工行华苑分行	69325581	410000	销售部	李丽

客户编号	客户名称	所属分类码	所属地区	税号	开户银行	银行账号	邮政编码	分管部门	分管业务员
003	上海科技	02	03	310106548321567	工行徐汇分行	36522443	200032	销售部	孙明
004	哈尔滨商贸	02	02	108369856765432	中行平房分行	45680548	150008	销售部	孙明

【操作指导】

(1)执行"基础设置"—"基础档案"—"客商信息"—"客户档案"命令,双击"客户档案"模块,进入"客户档案"窗口。

(2)单击"增加"按钮,弹出"增加客户档案"窗口,分别单击"基本"和"联系"录入对应的实验资料。

(3)单击左上角"银行",在弹出的对话框中单击"增加",输入相应的银行资料,默认值选择"是"。单击保存后返回供应商资料录入窗口,单击"保存并新增"。如图2—24所示。

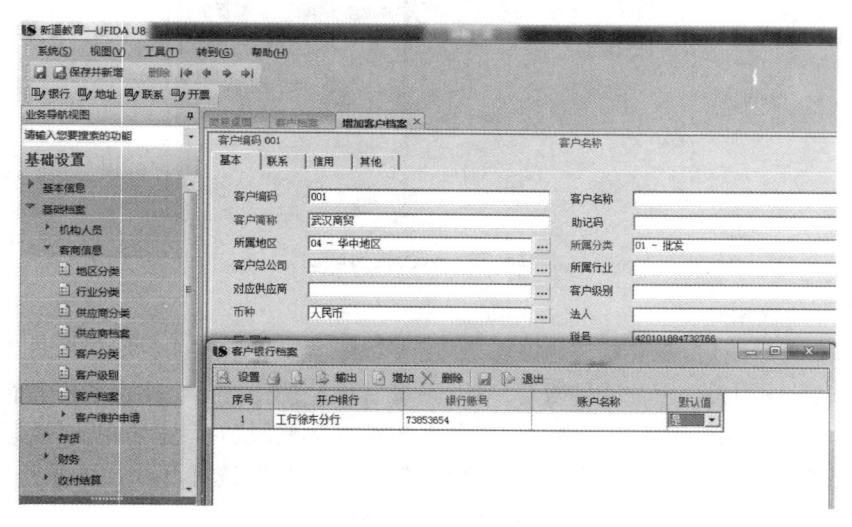

图2—24 客户档案

(4)依次录入其他客户信息,录入完毕单击"保存"按钮。退出。

[注意]

● 所有档案建立时,应遵循事先设定的编码原则。

● 必须先建立客户分类、供应商分类档案,才能建立客户档案、供应商档案,且客户档案、供应商档案应建立在最末级分类上。

三、账套管理

1. 备份账套数据

(1)以系统管理员admin的身份注册进入系统管理。

(2)执行"账套"—"输出"命令,打开"账套输出"对话框,选择需要输出的账套001,再单击输出文件位置后面的参照符号,选择需要将账套数据输出的驱动器及所在目录,单击"确认"按钮。如图2—25所示。

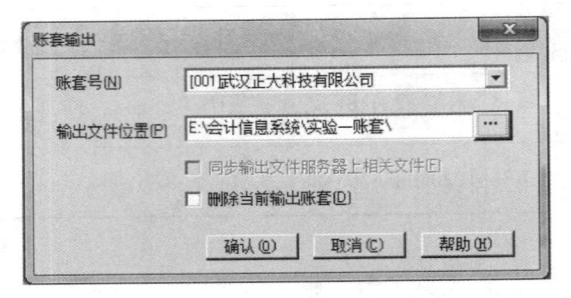

图 2—25　账套输出

（3）系统开始进行备份，备份完成后，弹出系统提示"输出成功"，单击"确定"按钮返回。如图 2—26 所示。

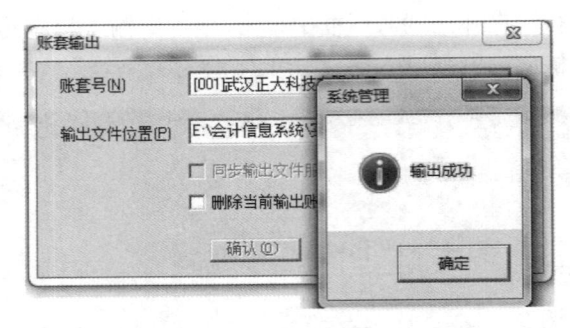

图 2—26　账套输出成功

2. 修改账套数据

（1）如果账套启用后，需要修改建账参数，需要以账套主管 001 的身份注册进入系统管理。

（2）单击任务栏上的"用友软件教育专版[系统管理]"按钮，进入"用友软件教育专版[系统管理]"窗口，执行"系统"—"注册"命令，打开"系统管理员登录"对话框。单击"管理员"下拉列表框，从下拉列表中选择"001"或者"丁一"选项，输入密码"1"，选择"[001]武汉正大科技有限公司"，操作日期"2023—08—01"。单击"账套"—"修改"。

（3）修改完成后，单击"完成"按钮，系统弹出"确认修改账套了么？"提示对话框，单击"是"按钮。如图 2—27 所示。

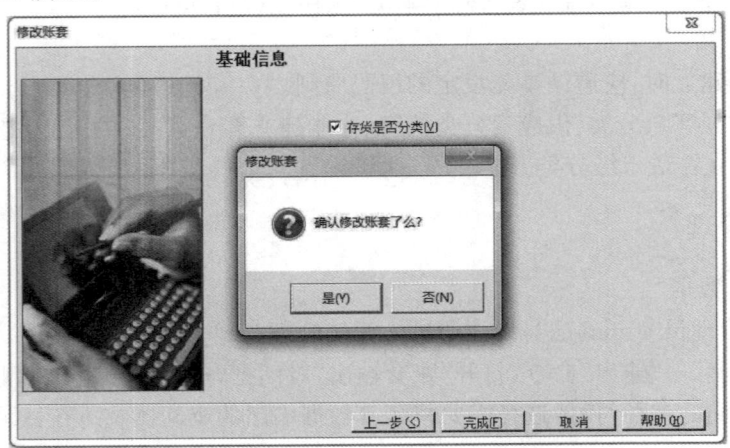

图 2—27　确认修改

（4）分别出现"编码方案"和"数据精度"对话框，单击"确定"按钮，弹出系统提示"修改账套成功"。如图 2—28 所示。

图 2—28　修改完成

[注意]
- 如果此前是以系统管理员的身份注册进入系统管理，那么需要首先执行"系统"—"注销"命令，注销当前系统操作员，再以账套主管的身份登录。
- 单击"确定"按钮，进入"用友软件教育专版[系统管理]"窗口，菜单中显示为黑色字体的部分为账套主管可以操作的内容。
- 执行"账套"—"修改"命令，打开"修改账套"对话框，可修改的账套信息以黑色字体显示，不可修改的账套信息以灰色字体显示。

第三章 总账管理系统初始设置

【内容概述】

为了最大范围地满足不同企业用户的信息化应用需求,总账作为通用商品化软件的核心子系统,是通过内置大量的选项参数提供面向不同企业应用的解决方案。企业可以根据自身的实际情况进行选择,以确定符合个性特点的应用模式。软件越通用,意味着系统内置的参数越多,系统参数的设置决定了企业的应用模式和应用流程。本章主要是在企业应用平台中进行操作,主要是由用户根据本企业的需要建立账务应用环境,把通用账务处理变成适合本单位实际需要的专用系统。

● 设置控制参数:设置控制参数是对总账系统的一些系统选项进行设置,以便为总账系统配置相应的功能或设置相应的控制。第一次启用总账系统时,即出现参数设置窗口,可以进行部分参数设置。

● 设置基础数据:由用户根据本企业的需要建立账务应用环境,把通用账务处理设置成适合本单位实际需要的专用系统。主要工作包括:设置会计科目、设置外币及汇率、期初余额的录入、凭证类别及结算方式的定义,以及各类辅助核算项目的定义等。

● 会计科目期初余额:本期期初余额以上期期末余额为基础,反映了以前期间的交易和上期采用的会计政策的结果,期初已存在的账户余额是由上期结转至本期的金额,或是上期期末余额调整的金额,本章需要在总账系统中录入上期的会计科目期末余额数据信息作为本期会计科目期初余额数据,以保证数据的完整性和连贯性。

【实验目标】

1. 掌握用友 ERP-U8 管理软件中总账系统初始设置的相关内容。
2. 理解总账系统初始设置的意义。
3. 掌握总账系统初始设置的具体内容和操作方法。

【实验内容】

1. 设置控制参数。主要包括选项卡中的凭证、账簿、凭证打印、预算控制、权限、会计日历、其他等参数设置。

2. 设置基础数据。
(1) 定义外币及汇率、建立会计科目。
(2) 设置辅助核算档案,包括设置凭证类别、结算方式。
3. 期初余额录入。
(1) 总账期初余额录入。
(2) 辅助账期初余额录入。

【实验准备】
引入"第二章　建账及基础设置"账套。

第一节　总账参数设置

一、设置总账控制参数

1. 登录企业应用平台
(1) 执行"开始"—"程序"—"用友 U8V10.1"—"企业应用平台"命令,打开对话框。输入操作员 001 或"丁一";输入密码 1;在"账套"下拉列表框中选择"001 武汉正大科技有限公司";更改操作日期为 2023－08－01;单击"登录"按钮,进入 UFIDA U8 窗口。
(2) 打开"业务工作"—"财务会计"—"总账"—"设置"—"选项(双击)"命令,点击"编辑"按钮,分别打开"凭证""账簿""凭证打印""预算控制""权限""会计日历""其他"选项卡,按照以下要求进行设置。
2. 选项设置——凭证
【实验资料】
(1) 制单控制:制单序时控制;支票控制。
(2) 赤字控制:资金及往来科目;赤字控制方式:提示。
(3) 可以使用应收、应付、存货受控科目。
(4) 取消"现金流量科目必录现金流量项目"选项。
(5) 凭证编号方式采用系统编号,其他采用系统默认选项。
【操作指导】
根据上述实验资料选择相应的要求进行勾选,如图 3－1 所示。
3. 选项设置——账簿
【实验资料】
(1) 账簿打印使用标准版。
(2) 明细账打印按年排页。
【操作指导】
单击"账簿",根据上述实验资料选择相应的要求进行勾选。
4. 选项设置——凭证打印
【实验资料】
打印凭证的制单、出纳、审核、记账等人员的姓名。

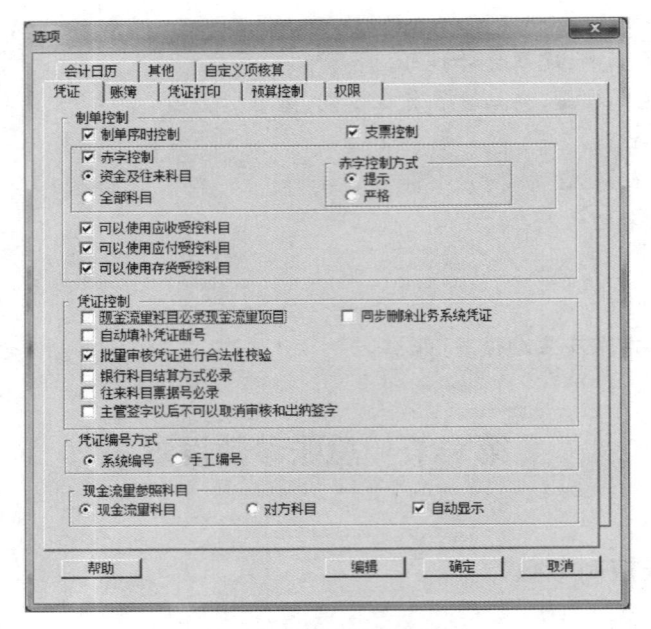

图 3—1 凭证控制设置

【操作指导】
单击"凭证打印",选中"打印凭证的制单、出纳、审核、记账等人员的姓名"。
5. 选项设置——权限
【实验资料】
(1)出纳凭证必须经由出纳签字。
(2)允许修改、作废他人填制的凭证。
(3)可查询他人凭证。
【操作指导】
单击"权限",勾选"权限"选项中"出纳凭证必须经由出纳签字""允许修改、作废他人填制的凭证""可查询他人凭证"。
6. 选项设置——会计日历
【实验资料】
(1)会计日历为1月1日～12月31日。
(2)数量小数位和单价小数位设置为2位。
【操作指导】
单击"会计日历",会计日历为1月1日～12月31日,将数量小数位和单价小数位设置为2位。
7. 选项设置——其他
【实验资料】
(1)外币核算采用固定汇率。
(2)部门、个人、项目按编码方式排序,其他默认系统选项。
【操作指导】
单击"其他",外币核算选中"固定汇率",部门、单位、项目选中"按编码方式排序"。完成以上设置后,点击"确定"按钮,然后退出。

二、设置外币及汇率

【实验资料】

币符:USD;币名:美元;固定汇率:1∶6.67。

【操作指导】

(1)在企业应用平台中打开"基础设置"—"基础档案"—"财务"—"外币设置"命令。单击"增加"按钮,输入上述实验资料的币符、币名,单击"确认"。如图3-2所示。

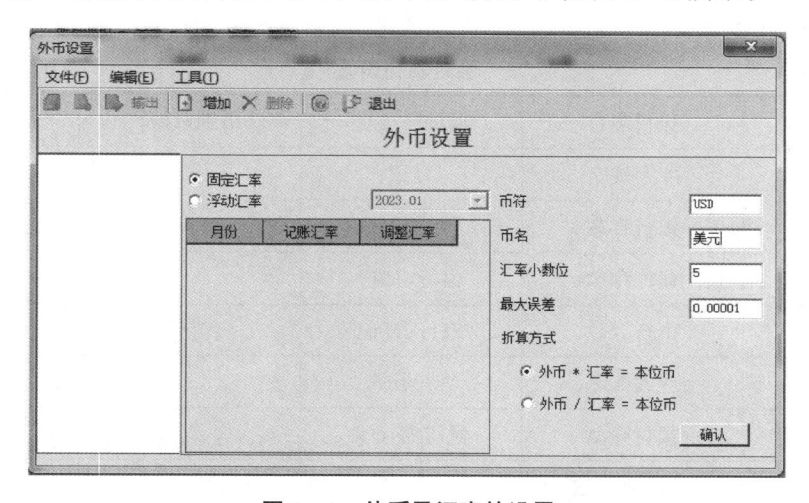

图3-2 外币及汇率的设置

(2)最后在2023.08的记账汇率处输入6.67,单击退出。如图3-3所示。

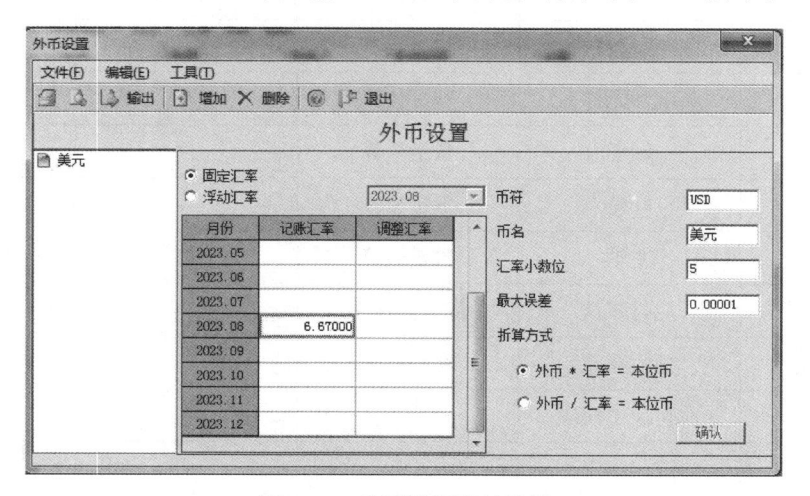

图3-3 外币及汇率的设置

[注意]

● 使用固定汇率的单位,在填制每月的凭证前,应预先录入该月的记账汇率。否则将会出现汇率为零的错误。

- "外币×汇率＝本位币"的折算方式是指直接汇率。
- "外币/汇率＝本位币"的折算方式是指间接汇率。
- 制单时使用固定汇率还是浮动汇率，需在总账系统选项"其他"选项卡中设置。
- 汇率管理是专为外币核算服务的。在此可以对本账套所使用的外币进行定义，以便在制单或进行其他有关操作时调用。

三、建立会计科目

1. 增加明细会计科目

【实验资料】

表 3－1　　　　　　　　　　会计科目设置

科目编码	科目名称	辅助账类型	币别/计量	余额方向
1001	库存现金	日记		借
1002	银行存款			借
100201	建行存款	银行、日记		借
100202	中行存款	银行、日记	美元	借
1122	应收账款	客户往来		借
1123	预付账款	供应商往来		借
1221	其他应收款			借
122101	应收单位款	客户往来		借
122102	应收个人款	个人往来		借
1403	原材料			借
140301	电器元件	数量核算	套	借
140302	轴承	数量核算	件	借
140303	叶轮	数量核算	件	借
140304	主轴	数量核算	件	借
2202	应付账款	供应商往来		贷
2203	预收账款	客户往来		贷
2211	应付职工薪酬			贷
221101	应付工资			贷
221102	应付福利费			贷
221103	工会经费			贷
221104	职工教育经费			贷
2221	应交税费			贷

续表

科目编码	科目名称	辅助账类型	币别/计量	余额方向
222101	应交增值税			贷
22210101	进项税额			贷
22210102	销项税额			贷
4104	利润分配			贷
410415	未分配利润			贷
5001	生产成本	项目核算		借
500101	直接材料	项目核算		借
500102	直接人工	项目核算		借
500103	制造费用	项目核算		借
500104	折旧费	项目核算		借
500105	其他	项目核算		借
5101	制造费用			借
510101	工资			借
510102	折旧费			借
6602	管理费用			借
660201	薪资	部门核算		借
660202	福利费	部门核算		借
660203	办公费	部门核算		借
660204	差旅费	部门核算		借
660205	招待费	部门核算		借
660206	折旧费	部门核算		借
660207	其他	部门核算		借

【操作指导】

（1）在企业应用平台中打开"基础设置"选项，依次打开"基础档案"—"财务"—"会计科目"命令进入"会计科目"窗口，显示所有按"2007年新会计制度科目"预置的科目（总账科目），如图3—4所示。

图 3—4 会计科目

(2)在对应的总账科目下新增明细科目。在弹出的会计科目对话框中单击"增加",弹出"新增会计科目"对话框,输入实验资料中所给的明细科目。例如增加明细科目"100201 建行存款"。输入科目编码"100201"、科目名称"建行存款",选择"日记账、银行账"、科目性质(余额方向)借方。单击"确定"按钮。如图 3—5 所示。

图 3—5 新增会计科目

(3)同理,添加实验资料中其他明细科目,全部输入完成后,单击"退出"。

[注意]
- 增加明细科目时,系统默认其类型与上级科目保持一致。
- 已经使用过的末级会计科目不能再增加下级科目。
- 非末级会计科目不能再修改科目编码,已有数据的科目不能修改科目性质。

2. 修改总账科目的辅助项

双击需要添加辅助项的总账科目,例如双击会计科目"生产成本",单击"修改",选中辅助核算"项目核算",如图3-6所示。单击"确定"然后退出。

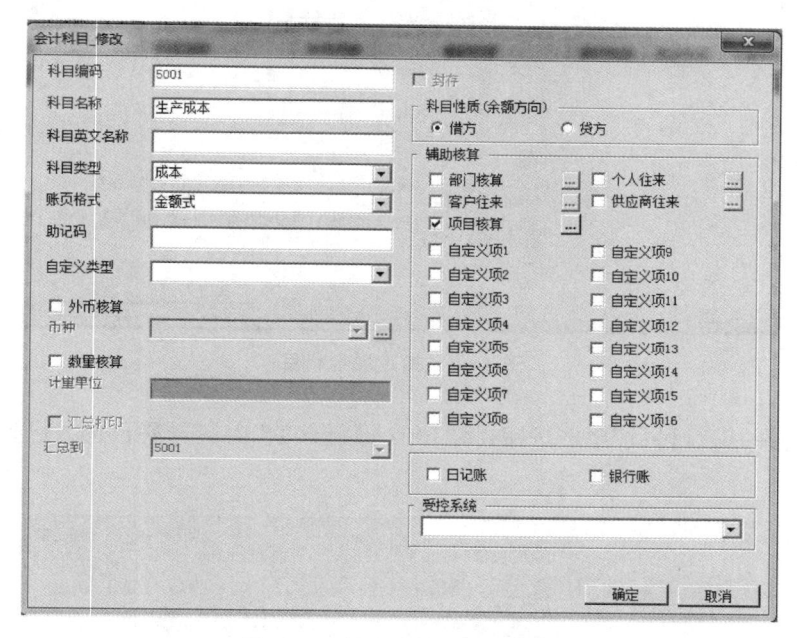

图3-6 修改会计科目辅助项

3. 删除会计科目

(1)单击会计科目列表中需要删除的会计科目,再单击上方"删除"按钮。
(2)系统提示"记录删除后不能修复!真的删除此记录吗?";单击"确定"按钮,完成删除。

[注意]
不能删除的情况包括:
- 已录入期初余额或者已制单的会计科目。
- 非末级会计科目。
- 被指定为"现金科目、银行科目"的会计科目,若想删除必须先取消指定。

4. 指定会计科目

【实验资料】
(1)将"库存现金"科目指定为现金总账科目。
(2)将"银行存款"科目指定为银行总账科目。
(3)将"库存现金、建行存款、中行存款"指定为现金流量科目。

【操作指导】

(1)在"会计科目"的窗口中,点击"编辑"—"指定科目",进入"指定科目"窗口。选择"现金科目"单选按钮,将"1001 库存现金"由待选科目选入已选科目,如图3—7所示。

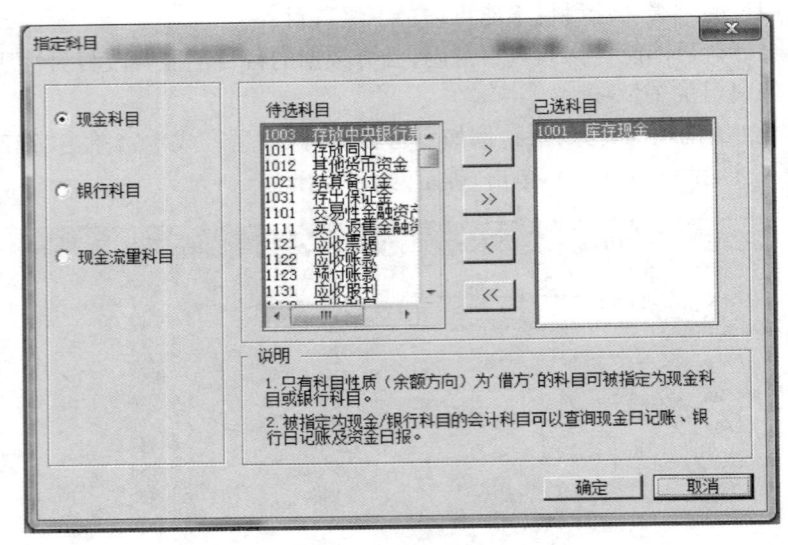

图3—7　指定现金科目

(2)继续选择"银行科目"单选按钮,将"1002 银行存款"由待选科目选入已选科目,如图3—8所示。

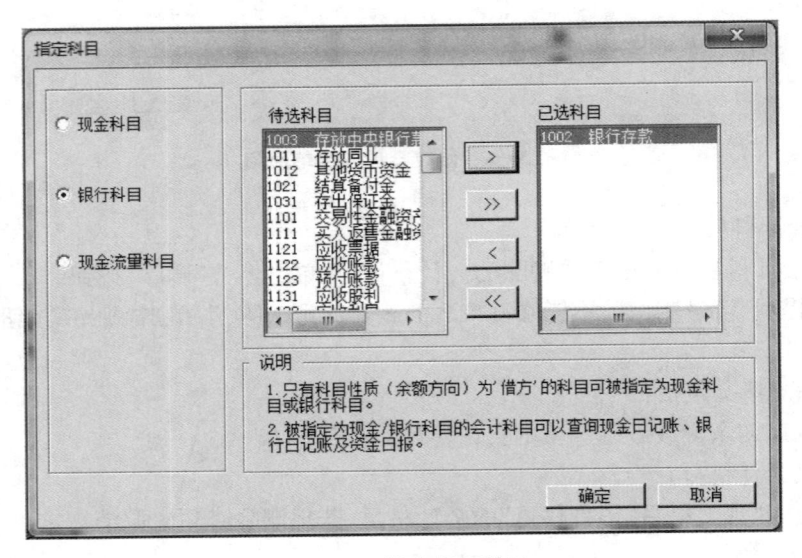

图3—8　指定银行科目

(3)最后选择"现金流量科目"单选按钮,将"1001 库存现金""100201 建行存款""100202 中行存款"由待选科目选入已选科目,如图3—9所示。单击"确定"按钮完成设置。

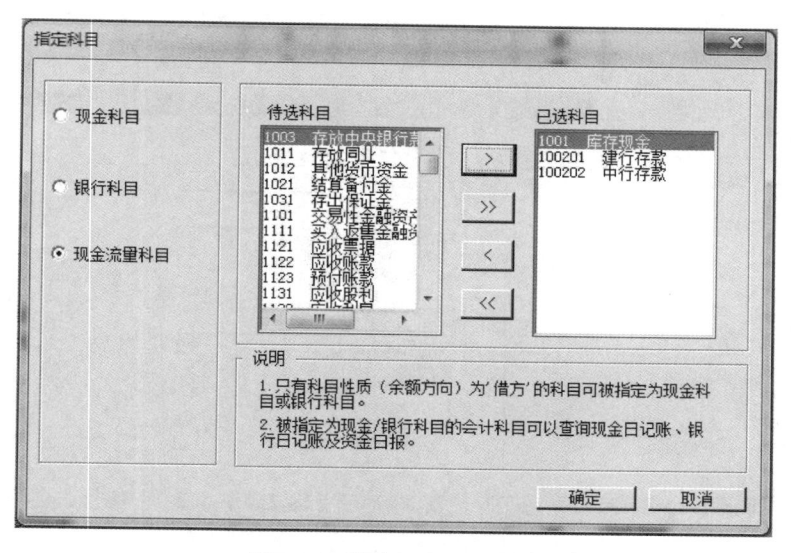

图 3—9　指定现金流量科目

[注意]
● 指定的现金、银行存款科目供出纳管理使用,所以在查询现金、银行存款日记账前,必须指定现金、银行存款总账科目;如果不指定,出纳就无法查询现金日记账和银行日记账。系统没有硬性规定只能指定现金及银行存款这两个科目,其他科目也可以指定,但该功能的主要用途是指定现金和银行存款这两个科目的。

四、辅助核算档案

1. 设置结算方式

【实验资料】

表 3—2　　　　　　　　　　　　　结算方式

结算方式编码	结算方式名称	票据管理
1	现金结算	否
2	支票结算	否
201	现金支票	是
202	转账支票	是
9	其他	否

【操作指导】
(1)在企业应用平台的"基础设置"选项中打开"基础档案"—"收付结算",双击"结算方式",进入"结算方式"窗口。
(2)单击"增加",按照给出的实验资料依次输入结算方式编码、结算方式名称,单击"保存"。保存后蓝色字体变为灰色,再继续进行添加。如图 3—10 所示。

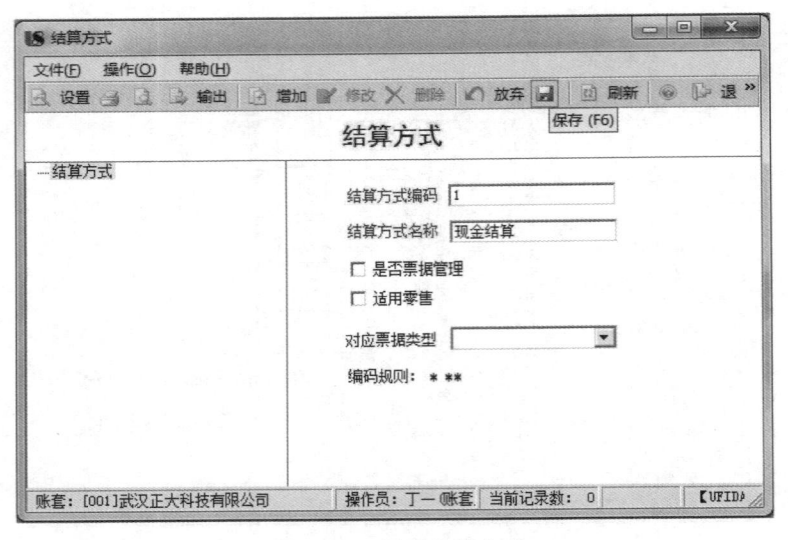

图 3—10 设置结算方式

(3) 同理，依次添加所有结算方式，保存后退出。

2. 设置凭证类别

【实验资料】

表 3—3　　　　　　　　　　　　凭证类别

凭证类别	限制类型	限制科目
收款凭证	借方必有	1001、1002
付款凭证	贷方必有	1001、1002
转账凭证	凭证必无	1001、1002

【操作指导】

(1) 在企业应用平台的"基础设置"选项中打开"基础档案"—"财务"，双击"凭证类别"，打开"凭证类别预置"对话框；选择"收款凭证 付款凭证 转账凭证"，单击"确定"。如图 3—11 所示。

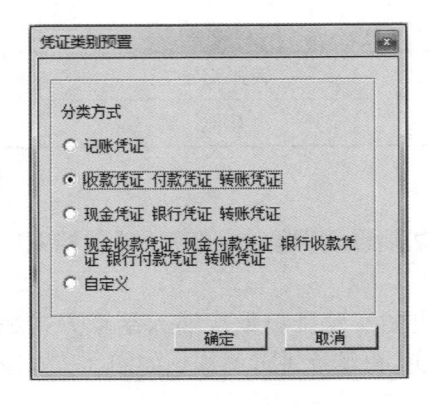

图 3—11 凭证类别预置

(2)在"凭证类别"窗口中,单击工具栏上的"修改"按钮。
(3)双击收款凭证"限制类型",再单击出现的倒三角按钮,选择"借方必有"。
(4)双击"限制科目"选择"1001、1002"。
(5)付款凭证和转账凭证类别依次按照上述实验资料进行设置。如图3－12所示。设置完成后,单击"退出"。

凭证类别

类别字	类别名称	限制类型	限制科目	调整期
收	收款凭证	借方必有	1001,1002	
付	付款凭证	贷方必有	1001,1002	
转	转账凭证	凭证必无	1001,1002	

图3－12 设置凭证类别

3. 设置项目目录
【实验资料】
表3－4　　　　　　　　　　　　　项目目录

项目大类	生产成本
核算科目	生产成本(5001)
	直接材料(500101)
	直接人工(500102)
	制造费用(500103)
	折旧费(500104)
项目分类	1. 自制产成品
	2. 委托加工成品
项目名称	电动机Ⅰ型所属分类码1
	电动机Ⅱ型所属分类码1

【操作指导】
■ 添加项目大类
(1)在企业应用平台的"基础设置"选项中打开"基础档案"—"财务"—"项目目录",进入"项目档案"窗口。如图3－13所示。
(2)单击"增加"按钮,打开"项目大类定义_增加"窗口,输入新增项目大类名称"生产成本"。如图3－14所示。
(3)单击"下一步"按钮,输入要定义的项目级次,本实验采用系统默认值。如图3－15所示。

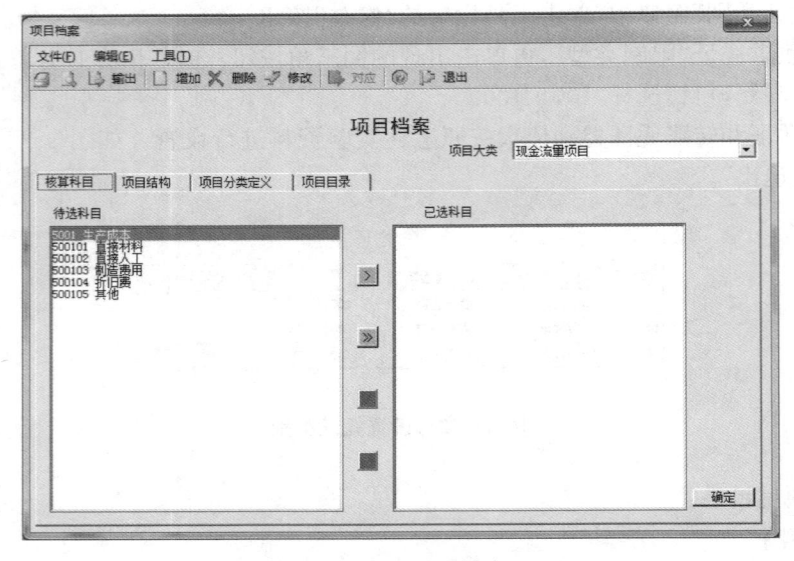

图3—13 项目档案

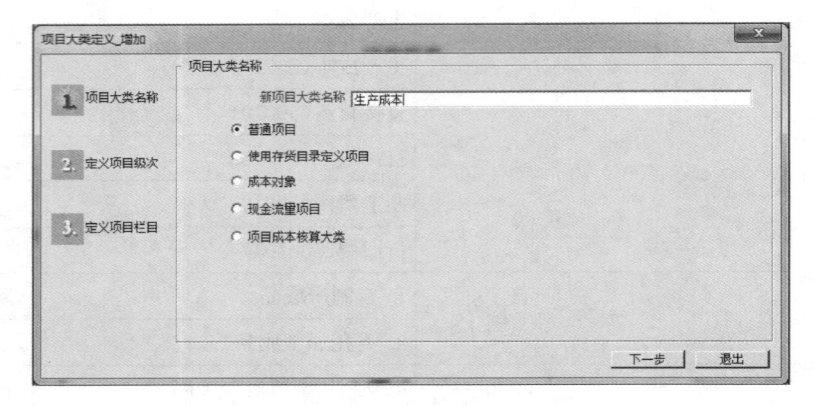

图3—14 添加项目大类

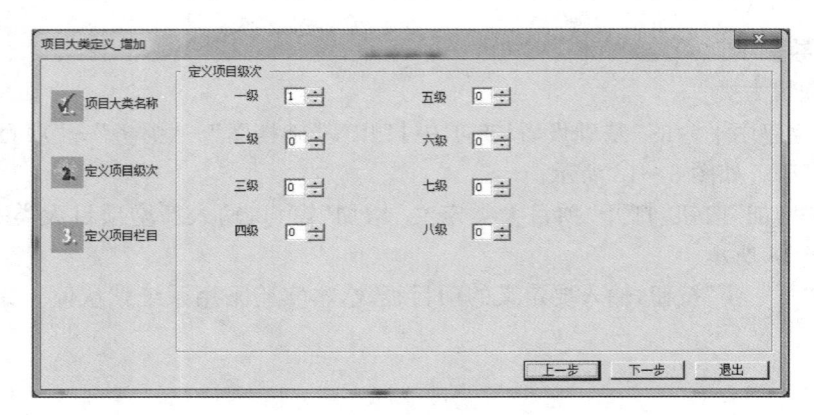

图3—15 定义项目级次

(4)单击"下一步"按钮,输入要修改的项目栏目,本实验采用系统默认值。单击"完成"按钮退出。如图 3-16 所示。

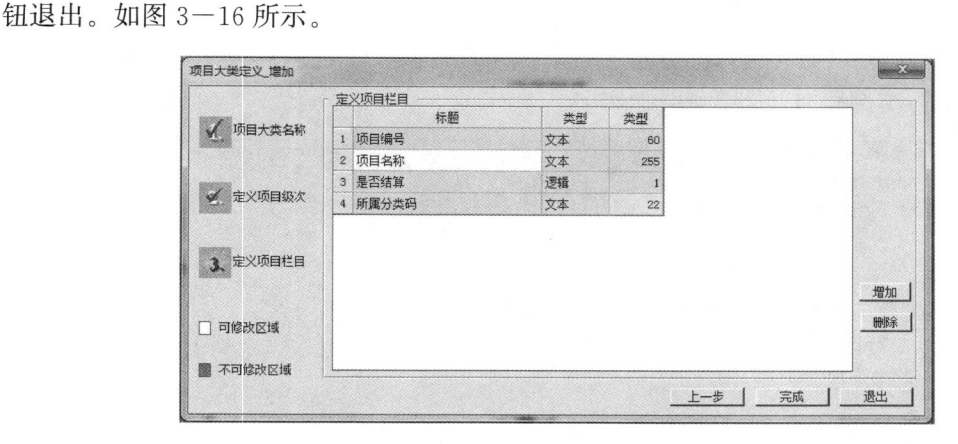

图 3-16 定义项目栏目

■ 指定核算项目
(1)在"项目档案"窗口中打开"核算科目"。
(2)选择项目大类"生产成本"。
(3)单击"》"按钮将生产成本及其明细科目从待选科目中选入已选科目,单击"确定"。如图 3-17 所示。

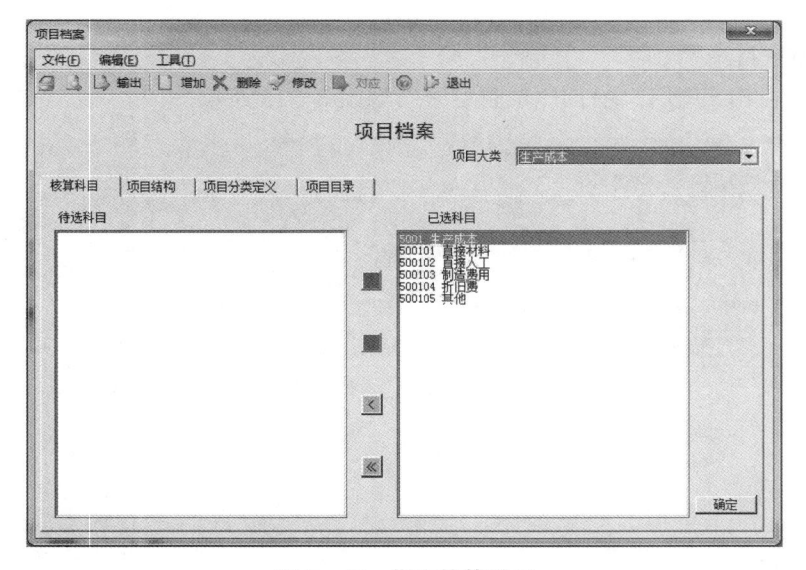

图 3-17 指定核算科目

[**注意**]
● 某科目一旦被选入某项目大类就不能被其他项目大类选中,即一个项目大类可以指定多个科目,但一个科目只能指定一个项目大类。

■ 定义项目分类

(1) 在"项目档案"窗口中单击"项目分类定义"。

(2) 单击右下角"增加"按钮,按照上述实验资料依次输入"1 自制产成品""2 委托加工成品",单击"确定",示例界面如图 3-18 所示。

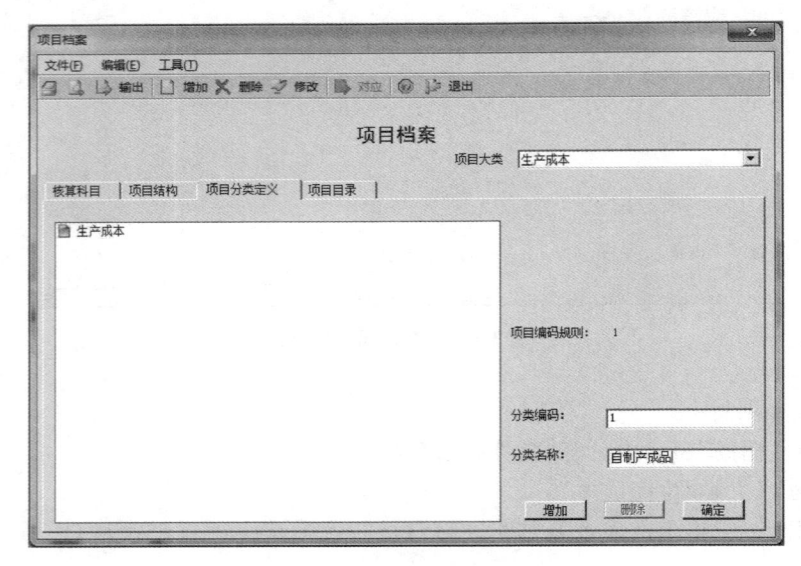

图 3-18　指定项目分类

■ 定义项目目录

(1) 在"项目档案"窗口中打开"项目目录",如图 3-19 所示。

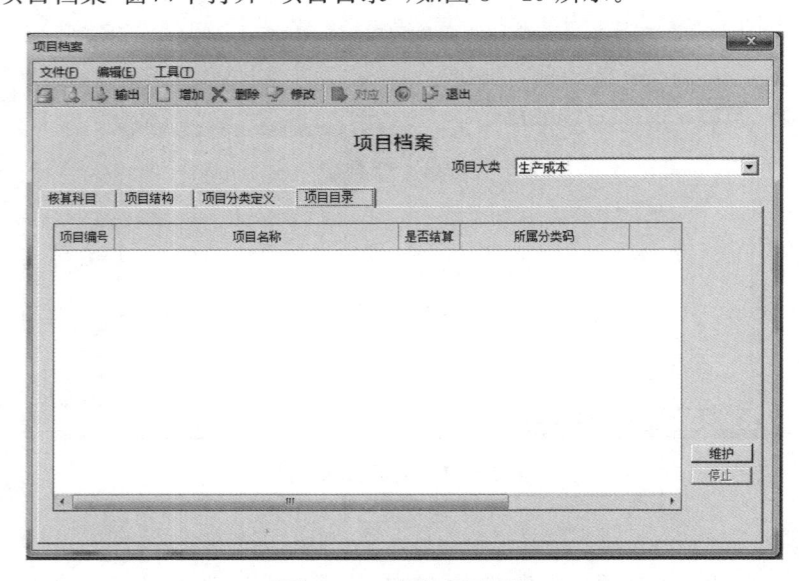

图 3-19　定义项目目录

(2) 单击右下角"维护"进入"项目目录维护窗口"。单击"增加"按钮,输入上述实验资料的项目编号、项目名称、所属分类码、所属分类名称。单击回车键,添加第二行。如图 3-20 所示。输入完成后退出。

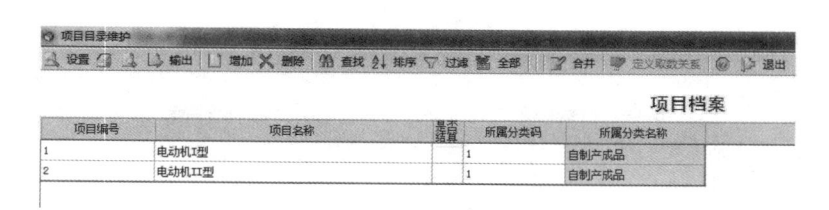

图 3—20　定义项目目录

4. 数据权限控制设置及分配

【实验资料】

表 3—5　　　　　　　　　　　　　操作员权限

操作员	权限
王菲	采购部的查询权限
卢飞	所有部门的查询权限和录入权限
陈旺	所有部门的查询权限和录入权限

【操作指导】

(1) 在企业应用平台的"系统服务"选项卡中执行"权限"—"数据权限控制设置",如图 3—21 所示。

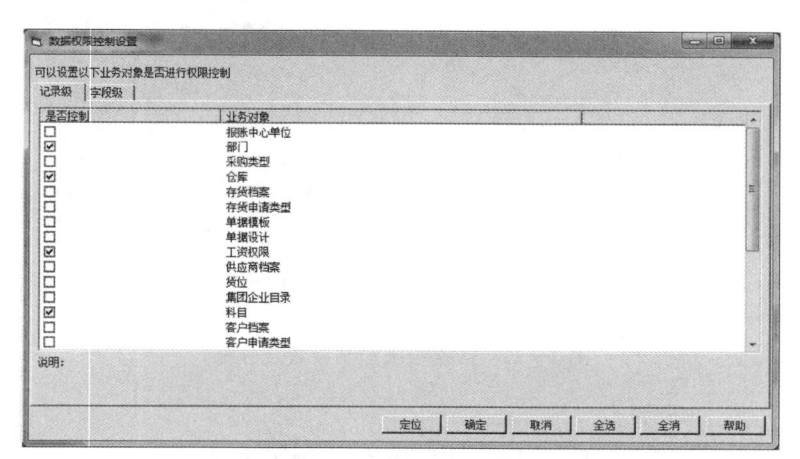

图 3—21　数据权限控制设置

(2) 打开"记录级",选中"部门"复选框,单击"确定"后返回。
(3) 单击"权限"—"数据权限分配",进入"权限浏览"窗口。
(4) 从"业务对象"下拉列表中选择"部门"。
(5) 从"用户及角色"列表框中选择"004 王菲"。如图 3—22 所示。
(6) 单击工具栏上的"授权",打开"记录权限设置"对话框,取消"录入"勾选。
(7) 将"采购部"从"禁用"列表选入"可用"列表框,单击"保存"。
(8) 系统提示"保存成功"单击"确定",返回记录权限设置。如图 3—23 所示。
(9) 同理,根据上述实验资料依次设置用户 002 卢飞和 003 陈旺数据权限。

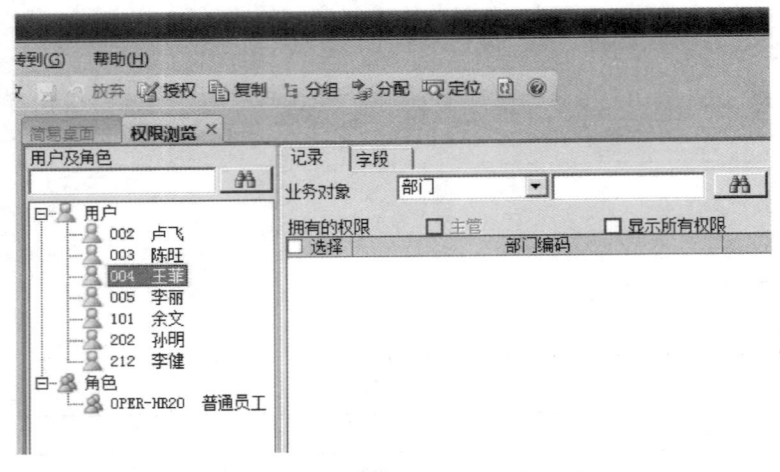

图 3—22　数据权限控制设置及分配

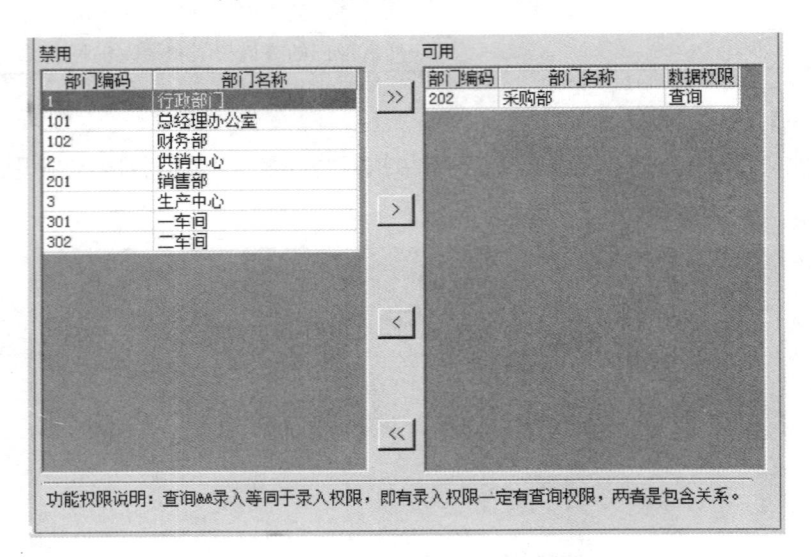

图 3—23　数据权限控制设置及分配

第二节　期初余额的录入

一、基础会计科目期初余额

【实验资料】

表 3—6　　　　　　　　　　　会计科目设置及期初余额

科目编码	科目名称	辅助账类型	币别/计量	余额方向	累计借方	累计贷方	期初余额
1001	库存现金	日记		借	30 096.24	15 000.00	41 100.62
1002	银行存款			借	972 257.00	920 000.00	312 354.00

续表

科目编码	科目名称	辅助账类型	币别/计量	余额方向	累计借方	累计贷方	期初余额
100201	建行存款	银行、日记		借	972 257.00	920 000.00	312 354.00
100202	中行存款	银行、日记	美元	借			
1122	应收账款	客户往来		借	50 000.00	71 700.00	25 772.00
1123	预付账款	供应商往来		借			
1221	其他应收款			借	5 200.00	5 410.00	4 800.00
122101	应收单位款	客户往来		借			
122102	应收个人款	个人往来		借	5 200.00	5 410.00	4 800.00
1231	坏账准备			贷			800.00
1401	材料采购			借			
1403	原材料			借	64 800.00	107 240.00	16 260.00
140301	电器元件	数量核算	套	借	64 800.00	107 240.00	14 260.00
140302	轴承	数量核算	件	借			
140303	叶轮	数量核算	件	借			2 000.00
140304	主轴	数量核算	件	借			
1404	材料成本差异			借			
1405	库存商品			借	900 000.00	825 000.00	317 500.00
1601	固定资产			借			216 000.00
1602	累计折旧			贷		6 012.00	39 103.20
1604	在建工程			借			
1605	工程物资			借			
1701	无形资产			借			72 000.00
1702	累计摊销			贷			
1901	待处理财产损溢						
2001	短期借款			贷			
2202	应付账款	供应商往来		贷	227 900.00	207 500.00	161 850.00
2203	预收账款	客户往来		贷			
2211	应付职工薪酬			贷	162 072.00	169 948.00	12 735.15
221101	应付工资			贷	130 000.00	130 000.00	
221102	应付福利费			贷	25 672.00	32 248.00	10 581.90
221103	工会经费			贷	2 800.00	3 200.00	957.00
221104	职工教育经费			贷	3 600.00	4 500.00	1 196.25
2221	应交税费			贷	105 795.47	140 270.71	47 843.57

续表

科目编码	科目名称	辅助账类型	币别/计量	余额方向	累计借方	累计贷方	期初余额
222101	应交增值税			贷	105 795.47	140 270.71	47 843.57
22210101	进项税额			贷	105 795.47		−33 800.00
22210102	销项税额			贷		140 270.71	81 643.57
2241	其他应付款			贷	20 868.00	25 308.00	10 622.70
2501	长期借款			贷			
4001	实收资本			贷			375 000.00
4103	本年利润			贷	1 267 347.00	1 312 947.00	45 600.00
4104	利润分配			贷			326 000.00
410415	未分配利润			贷			326 000.00
5001	生产成本	项目核算		借			13 768.00
500101	直接材料	项目核算		借			8 000.00
500102	直接人工	项目核算		借			2 400.00
500103	制造费用	项目核算		借			1 150.00
500104	折旧费	项目核算		借			2 218.00
500105	其他	项目核算		借			
5101	制造费用			借			
510101	工资			借			
510102	折旧费			借			
6001	主营业务收入			贷	1 890 000.00	1 890 000.00	
6051	其他业务收入			贷			
6401	主营业务成本			借	1 530 500.00	1 530 500.00	
6403	税金及附加			借	2 400.00	2 400.00	
6402	其他业务成本			借			
6601	销售费用			借	56 543.00	56 543.00	
6602	管理费用			借	117 128.00	117 128.00	
660201	薪资	部门核算		借	110 550.00	110 550.00	
660202	福利费	部门核算		借			
660203	办公费	部门核算		借			
660204	差旅费	部门核算		借			
660205	招待费	部门核算		借			
660206	折旧费	部门核算		借	1 934.00	1 934.00	
660207	其他	部门核算		借	4 644.00	4 644.00	

续表

科目编码	科目名称	辅助账类型	币别/计量	余额方向	累计借方	累计贷方	期初余额
6603	财务费用			借			
6701	资产减值损失			借			

【操作指导】

(1)在总账管理系统中,执行"业务工作"—"财务会计"—"总账"—"设置"—"期初余额",进行期初余额录入。

(2)直接输入末级科目(底色为白色)的累计借方、累计贷方、期初余额,上级科目的累计借方、累计贷方、期初余额会自动填列。例如:库存现金、银行存款等基本科目期初余额。如图3-24所示。

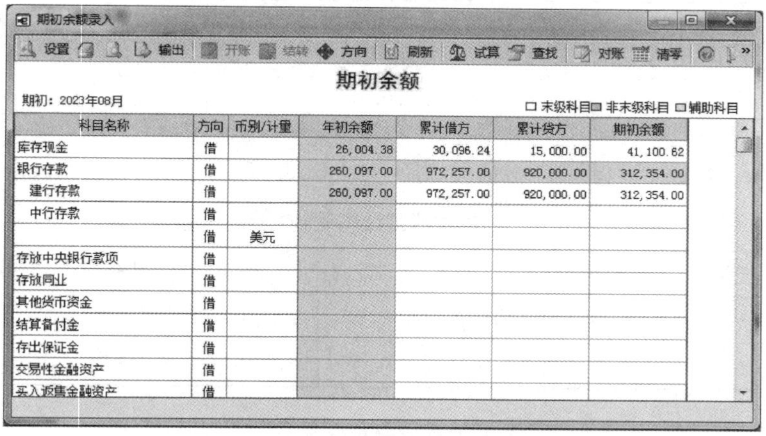

图 3-24　输入期初余额

[注意]
- 出现红字余额用负号输入。
- 修改余额时,直接输入正确数据即可,然后单击"刷新"按钮进行刷新。
- 凭证记账后,期初余额变为浏览只读状态,不能再修改。

二、辅助账期初余额表

【实验资料】

1. 会计科目:1122　应收账款　余额:借　25 772.00

表 3-7　　　　　　　　　　　应收账款往来明细

日期	凭证号	客户	摘要	方向	金额	业务员	票号	票据日期
2023-07-20	转-68	武汉商贸	销售商品	借	17 980.00	李丽	B211	2023-07-20
2023-07-24	转-76	长沙贸易	销售商品	借	7 792.00	孙明	B221	2023-07-24

表 3—8　　　　　　　　　　　应收账款辅助期初表

客户	累计借方金额	累计贷方金额
武汉商贸	30 000.00	61 700.00
长沙贸易	20 000.00	10 000.00

2. 会计科目:122102　其他应收款——应收个人款　余额:借 4 800.00

表 3—9　　　　　　　　　其他应收款——应收个人款往来明细

日期	凭证号	部门	个人	摘要	方向	期初余额
2023—07—01	付—35	总经理办公室	余文	出差借款	借	2 620.00
2023—07—20	付—46	采购部	王菲	出差借款	借	2 180.00

表 3—10　　　　　　　　　　应收个人款辅助期初表

个人	累计借方金额	累计贷方金额
余文	3 200.00	3 960.00
王菲	2 000.00	1 450.00

3. 会计科目:2202　应付账款　余额:贷　161 850.00

表 3—11　　　　　　　　　　　应付账款往来明细

日期	凭证号	供应商	摘要	方向	金额	业务员	票号	票据日期
2023—06—18	转—32	华昌公司	购买原材料	贷	102 500.00	王菲	C212	2023—06—15
2023—07—24	转—16	东方公司	购买原材料	贷	59 350.00	李健	C231	2023—07—22

表 3—12　　　　　　　　　　应付账款辅助期初表

供应商	累计借方金额	累计贷方金额
华昌公司	227 900.00	207 500.00

【操作指导】

(1)设置了辅助核算的科目底色显示为浅黄色,要先输入往来明细,进行汇总,再输入辅助期初表。

(2)在总账管理系统中,执行"设置"—"期初余额",进行期初余额录入。双击辅助核算科目"应收账款"累计借方,弹出"辅助期初余额"窗口。如图 3—25 所示。

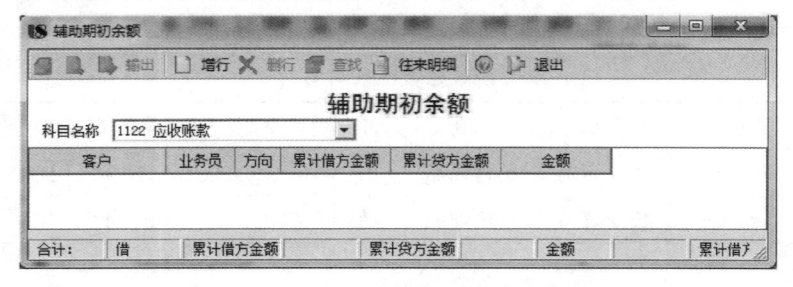

图 3—25　输入应收账款辅助期初余额

（3）在弹出的"辅助期初余额"的窗口中点击"往来明细"，弹出"期初往来明细"窗口，点击"增行"，根据上述资料输入应收账款期初往来明细，如图3－26所示。点击汇总后弹出"完成了往来明细辅助期初表的汇总"，点击确定。

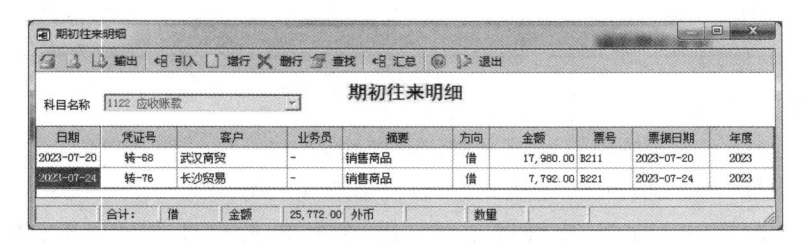

图3－26　输入应收账款辅助期初余额

（4）退出后在辅助期初余额界面中输入上述实验资料中应收账款的辅助期初表的数据。如图3－27所示。然后退出。

图3－27　输入应收账款辅助期初余额

（5）输入上述资料后，应收账款科目的累计借方、累计贷方、期初余额自动填列，如图2－28所示。

图3－28　应收账款期初余额

（6）同理，其他应收款——应收个人款和应付账款按以上步骤操作即可。

4．会计科目：5001　生产成本　余额：借　13 768.00

【实验资料】

表3－13　　　　　　　　　　　　　生产成本资料

科目编码	科目名称	电动机Ⅰ型	电动机Ⅱ型	合计
500101	直接材料	3 000.00	5 000.00	8 000.00
500102	直接人工	1 100.00	1 300.00	2 400.00

续表

科目编码	科目名称	电动机Ⅰ型	电动机Ⅱ型	合计
500103	制造费用	450.00	700.00	1 150.00
500104	折旧费	1 018.00	1 200.00	2 218.00

【操作指导】

(1)双击生产成本的明细科目"直接材料"的期初余额。

(2)点击"增行",输入项目"电动机Ⅰ型"以及金额 3 000.00。

(3)单击"增行",输入项目"电动机Ⅱ型"以及金额 5 000.00,然后退出。如图 3—29 所示。

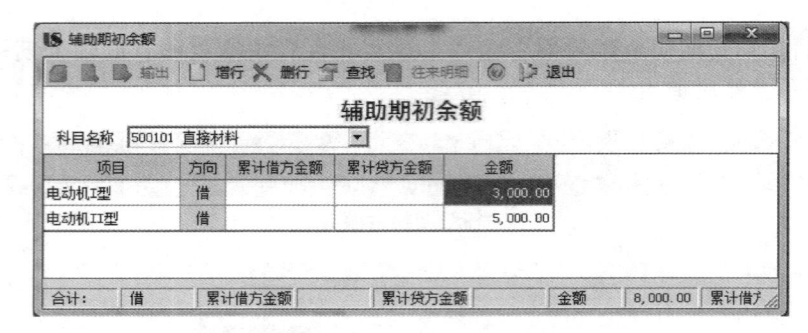

图 3—29　输入生产成本辅助期初余额

(4)同理,生产成本的其他明细科目按上述步骤进行即可。如图 3—30 所示。

图 3—30　生产成本辅助期初余额

5. 会计科目:6602　管理费用　累计借方:117 128.00　累计贷方:117 128.00

【实验资料】

表 3—14　　　　　　　　　　管理费用辅助期初表

	累计借方金额	累计贷方金额
管理费用	117 128.00	117 128.00
薪资合计	110 550.00	110 550.00
总经理办公室	40 000.00	40 000.00
财务部	25 000.00	25 000.00
销售部	25 000.00	25 000.00
采购部	20 550.00	20 550.00

续表

	累计借方金额	累计贷方金额
折旧费合计	1 934.00	1 934.00
总经理办公室	1 000.00	1 000.00
财务部	934.00	934.00
其他合计	4 644.00	4 644.00
一车间	3 000.00	3 000.00
二车间	1 644.00	1 644.00

【操作指导】

(1)双击管理费用的明细科目薪资的累计借方,进入"辅助期初余额"窗口,点击"增行"。

(2)选择"总经理办公室",输入累计借方金额 40 000.00,累计贷方金额 40 000.00。

(3)再单击"增行",依次增加"财务部""销售部""采购部"的累计借方、贷方金额。如图 3—31 所示。

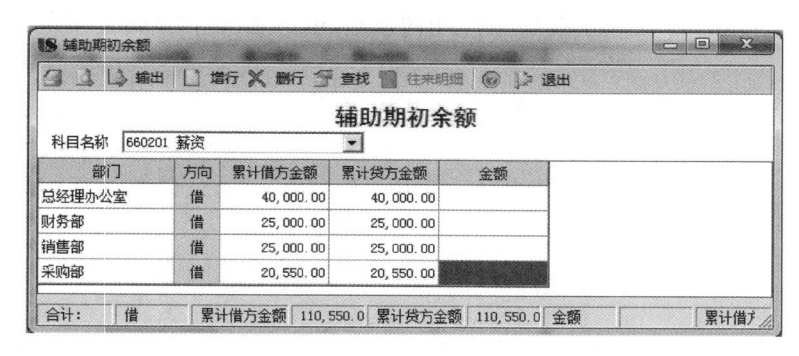

图 3—31　输入管理费用辅助期初余额

(4)输入完成后,点击"退出"。同理,管理费用的其他明细科目按以上步骤进行即可。输入完成界面显示,如图 3—32。

图 3—32　输入管理费用辅助期初余额

三、试算平衡

所有科目的期初数据录入完成后,单击科目栏"试算"按钮,打开"期初试算平衡表"对话框。如图 3—33 所示。如果期初余额试算不平衡,则进行检查,然后修改期初余额;若试算平衡,则单击"退出"按钮。

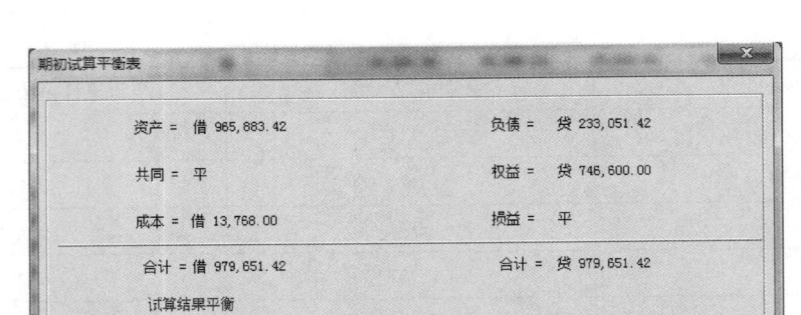

图 3—33 试算平衡

还可单击"对账",将总账、辅助账、明细账之间的数据进行核对。

[注意]

● 期初数据输入完毕后应进行试算平衡。如果期初余额试算不平衡,可以填制、审核凭证,但不能进行记账处理。

● 如已经记过账,则不能再输入、修改期初余额,也不能执行"结转上年余额"功能。

第四章 总账日常业务处理

【内容概述】

总账系统通过凭证录入、审核、记账后自动生成总分类账、明细账等各种账簿以供查询,同时接受从各业务模块所生成的凭证,如应收账款系统生成的销售发票和收款凭证等。如果仅使用总账系统,则所有凭证都在总账系统中进行填制;如果总账系统与其他业务系统连接使用,如使用了应付账款系统来管理所有供应商的往来业务,那么所有与供应商发生的业务,都可以在应收账款系统中生成相应的凭证,再传到总账系统,经过审核、记账后即可生成总分类账和明细分类账等账簿。

● 凭证处理:它是指对会计凭证、会计账簿、报表等会计核算流程和基本方法的规定,其内容主要包括:(1)根据国家统一会计制度的规定,确定单位会计科目和明细科目的设置和使用范围;(2)根据有关规定和单位会计核算的要求,确定本单位的会计凭证格式、填制要求、审核内容、传递程序和保管要求等,主要程序包括:填制凭证、查询凭证、修改凭证、作废及整理凭证、出纳签字、审核凭证、凭证记账以及取消凭证记账等。在实际工作中,可直接在计算机上根据审核无误准予报销的原始凭证填制记账凭证,也可以先由人工制单后集中输入,企业采用哪种方式应根据企业实际情况而定。为确保登记到账簿的每一笔经济业务的准确性和可靠性,制单人员所填制的凭证必须经过审核员的审核,审核凭证主要包括出纳签字、主管签字和审核凭证三方面的工作,且审核和制单不为同一人,最终将审核无误的凭证进行汇总和记账。

● 账簿管理:企业发生的经济业务,经过制单、审核、记账等程序后,就形成了正式的会计账簿,除了现金和银行存款的查询和输出外,账簿管理还包括基本会计核算账簿的查询输出以及各类辅助账簿的查询和输出。填制会计凭证后之所以还要设置和登记账簿,是由于二者虽然都是用来记录经济业务,但二者具有的作用不同。在会计核算中,对每一项经济业务,都必须取得和填制会计凭证,因而会计凭证数量很多,又很分散,而且每张凭证只能记载个别经济业务的内容,所提供的资料是零星的,不能全面、连续、系统地反映和监督一个经济单位在一定时期内某一类和全部经济业务活动情况,且不便于日后查阅。因此,为了给经济管理提供系统的会计核算资料,各单位都必须在凭证的基础上设置和运用登记账簿的方法,把分散在会计凭证上的大量核算资料,加以集中和归类整理,生成具有系统性的会计信息,从而为编制会计报表、进行会计分析以及审计提供主要依据。主要包括:现金日记账查询、银行存款日记账和其他基本账簿查询,总账、余额表、明细账、辅助核算账簿查询等。

【实验目标】

1. 掌握用友软件中总账系统日常业务处理的相关内容。
2. 熟悉总账系统日常业务处理的各种操作。
3. 掌握凭证管理、出纳管理和账簿管理具体内容和操作方法。

【实验内容】

1. 凭证处理。
（1）填制凭证：主要包括增加凭证、修改凭证、作废/恢复凭证、整理凭证以及查询凭证相关信息。
（2）审核凭证：主要包括出纳签字、主管签字和审核凭证。
（3）凭证记账：记账凭证经过审核签字后，即可用来登记总账、明细账、日记账、部门账、往来账、项目账和备查账等。记账一般采用向导方式，使记账过程更加明确，记账工作由计算机自动进行数据处理。

2. 账簿管理。
（1）基本会计账簿核算管理。
（2）各种辅助核算账簿管理。

【实验准备】

引入"第三章　总账管理系统初始设置"账套。

第一节　凭证处理

一、凭证填制要求

1. 表头
凭证类别：满足设置凭证时的限制类型。
（1）凭证编号：按凭证类别按月自动顺序编号。
（2）凭证日期：默认登录系统时的业务日期。
（3）附单据数：该记账凭证后所附的原始单据数。

2. 表体
（1）摘要：每个记录行都要有摘要。
（2）会计科目：必须选择末级科目。
（3）金额：保持借贷平衡，红字金额输入负数。

二、凭证填制

1. 登录系统
以"003 陈旺"的身份注册进入企业操作平台中的总账系统，进行凭证填制和凭证查询操作。

操作员：003；密码：3；账套：001；会计年度：2023；操作日期：2023－08－31。

[注意]
● 因为每张凭证的制单日期不一样,所以注册总账系统时把操作日期设置为2023-08-31。这样,只注册一次,在填制凭证时就可以输入不同的凭证日期。

2. 填制凭证

业务一　现金流量科目

【实验资料】

2023年8月8日,现金支付销售部业务招待费500元。附单据1张。

　　借:销售费用(6601)　　　　　　　　　　　　　　　　　　　500
　　　　贷:库存现金(1001)　　　　　　　　　　　　　　　　　　500

【操作指导】

(1)执行"业务工作"—"财务会计"—"总账"—"凭证"—"填制凭证"命令,进入"填制凭证"窗口。单击左上角" "按钮,增加一张空白凭证。

(2)选择凭证类型"付款凭证";输入制单日期"2023-08-08";输入附单据数1;输入摘要"支付业务招待费";输入科目名称"6601",借方金额"500",回车;摘要自动带到下一行,输入科目名称"1001",贷方金额"500"。如图4-1所示。

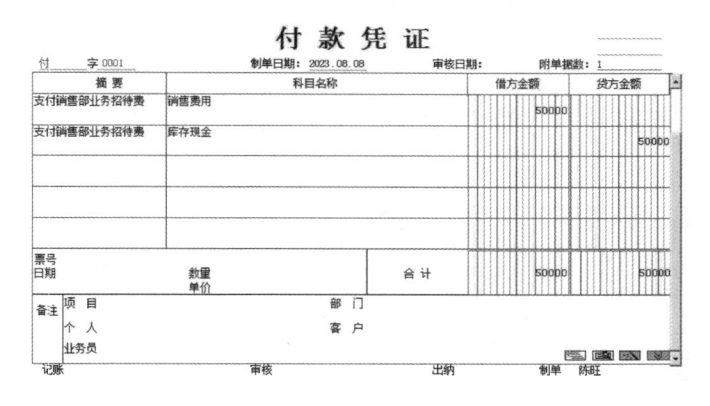

图4-1　业务一凭证

(3)因本例已取消"现金流量科目必录现金流量项目"参数选项,如需录入现金流量项目,可单击"流量"按钮,打开"现金流量录入修改"信息提示框,选择该现金流量对应的现金流量项目为"支付的与其他经营活动有关的现金",单击"确定"返回。

(4)单击"保存"按钮,弹出"凭证已成功保存!"信息提示框。单击"确定"按钮。如图4-2所示。

图4-2　业务一凭证保存

[注意]
- 采用序时控制时,凭证日期应大于等于系统启用日期,不能超过业务日期。
- 凭证一旦保存,其凭证类别、凭证编号不能修改。
- 正文中不同行的摘要可以相同也可以不同,但不能为空。每行摘要将随相应的会计科目在明细账、日记账中出现。
- 科目编码必须是末级的科目编码。既可以手工直接输入,也可利用右边的放大镜按钮选择输入。
- 金额不能为"零",红字以"－"号表示。
- 在凭证金额栏可按"＝"键取当前凭证借贷方金额的差额到当前光标位置。
- 在凭证填制过程中,若某科目为"银行科目""外币科目""数量科目""辅助核算科目",输完科目名称后,则须继续输入该科目的辅助核算信息。

业务二　银行科目

【实验资料】

2023年8月9日,财务部卢飞从建行提取现金1 200元,作为备用金。现金支票号XJ001。

　　借:库存现金(1001)　　　　　　　　　　　　　　　　　　　　　1 200
　　　　贷:银行存款——建行存款(100201)　　　　　　　　　　　　　　1 200

【操作指导】

(1)选择凭证类型"付款凭证";输入制单日期"2023－08－09",摘要"提取备用金";在填制凭证过程中,输完银行科目"100201",单击回车键,弹出"辅助项"对话框。输入结算方式"201",票号"XJ001",发生日期"2023－08－09"。如图4－3所示。

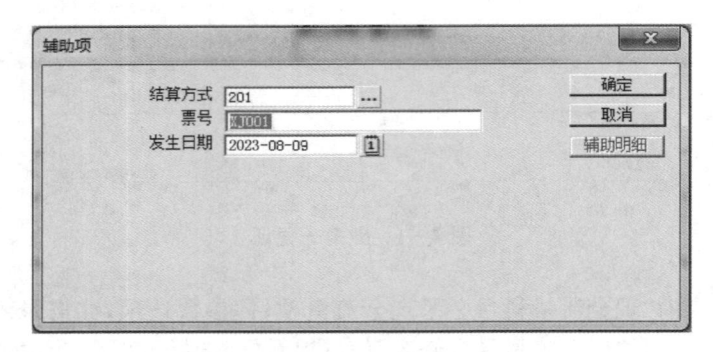

图4－3　业务二凭证辅助项

(2)单击"确定"按钮。凭证输完后,单击"保存"按钮,若此张支票未登记,则弹出"此支票尚未登记,是否登记?"对话框。如图4－4所示。

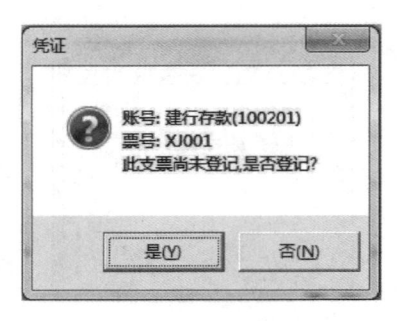

图4－4　业务二支票登记提示

(3)单击"是"按钮,弹出"票号登记"对话框。输入领用日期"2023—08—09",领用部门"财务部",姓名"卢飞",限额"1 200",用途"备用金"。单击"确定"按钮。如图4—5所示。

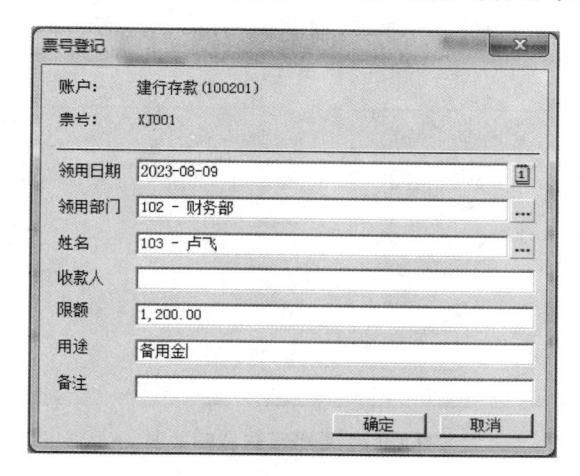

图4—5 业务二支票登记详情

(4)全部输入完成后,单击"保存"按钮,保存凭证。如图4—6所示。

图4—6 业务二凭证

[注意]
● 选择支票控制,即该结算方式设为支票管理,银行账辅助信息不能为空,而且该方式的票号应在支票登记簿中有记录。

业务三 辅助核算——数量核算
【实验资料】
2023年8月10日,采购部王菲购买了100件叶轮,单价150元,已验收入库,同时支付前欠包装物租金600元,款项以银行存款支付,转账支票号ZZ001。

借:原材料——叶轮(140303)　　　　　　　　　　　　　　　15 000
　　应交税费——应交增值税(进项税额)(22210101)　　　　　1 950
　　其他应付款(2241)　　　　　　　　　　　　　　　　　　 600
　　　贷:银行存款——建行存款(100201)　　　　　　　　　 17 550

【操作指导】

(1)选择凭证类型"付款凭证";输入制单日期"2023-08-10",摘要"采购叶轮"。在填制凭证过程中,输完数量科目"140303",弹出"辅助项"对话框。输入数量"100",单价"150.00"。单击"确定"按钮,如图4-7所示。

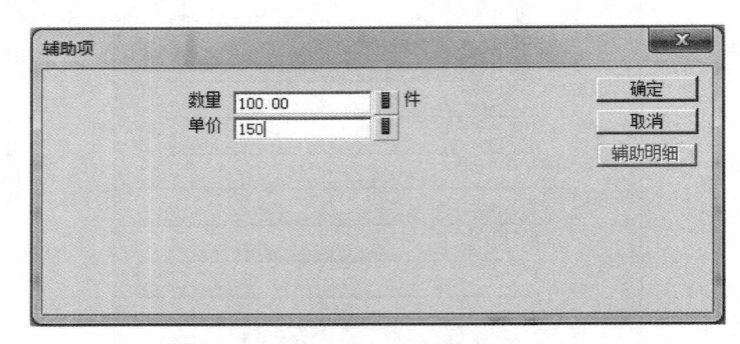

图4-7 业务三数量辅助项

(2)输入"100201"科目,并进行支票辅助项登记。结算方式选择"202",输入票号"ZZ001",发生日期为"2023-08-10"。如图4-8所示。

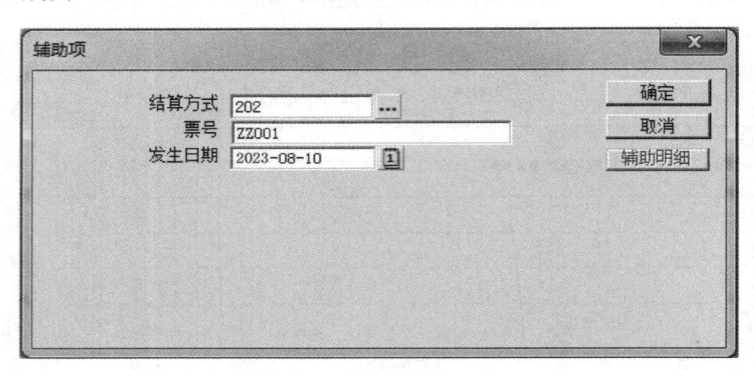

图4-8 业务三支票辅助项

(3)进行票号登记,输入相应的信息。如图4-9所示。

图4-9 业务三票号登记

(4)输入完毕,单击"保存"按钮,保存凭证。如图4—10所示。

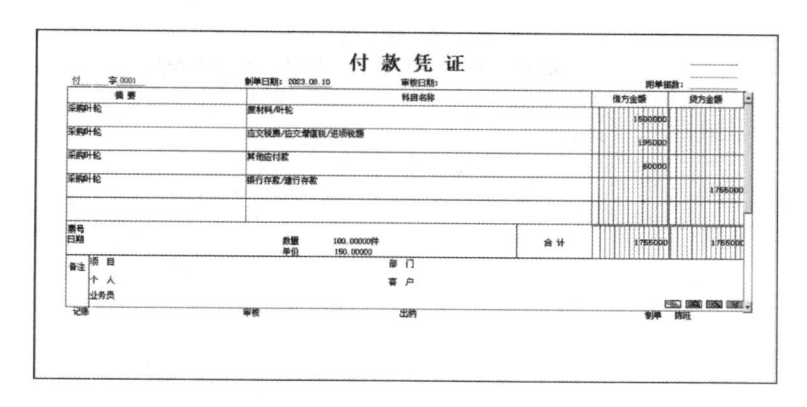

图4—10 业务三凭证

业务四 辅助核算——客户往来

【实验资料】

2023年8月12日,销售部李丽收到武汉商贸公司转账支票一张,金额为14 500元,支票号ZC001,偿还前欠货款。

借:银行存款——建行账户(100201)　　　　　　　　　　　　14 500
　　贷:应收账款——武汉商贸公司(1122)　　　　　　　　　　　14 500

【操作指导】

(1)选择凭证类型"收款凭证";输入制单日期"2023—08—12",摘要"收到前欠货款"。在输入"100201"科目后登记辅助项。如图4—11所示。

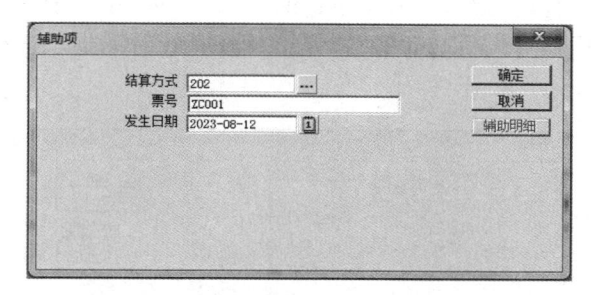

图4—11 业务四支票辅助项

(2)在填制凭证过程中,输完客户往来科目"1122",弹出"辅助项"对话框。选择输入客户"武汉商贸",业务员"李丽",输入票号"ZC001",发生日期"2023—08—12"。如图4—12所示。

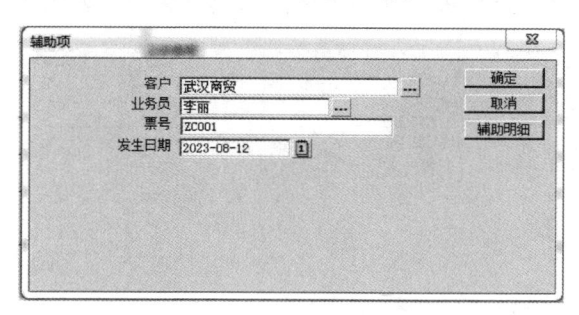

图4—12 业务四客户辅助项

(3)输入完毕,单击"保存"按钮,保存凭证。如图4-13所示。

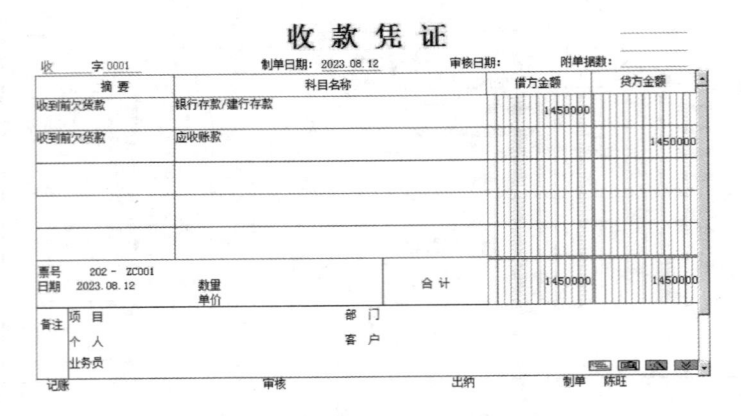

图4-13 业务四凭证

业务五 辅助核算——部门核算

【实验资料】

2023年8月13日,财务部购买了办公用品共计2 350元,以转账支票支付,支票号ZZ002。

借:管理费用——办公费（660203）　　　　　　　　　　　　　2 350
　　贷:银行存款——建行存款(100201)　　　　　　　　　　　　　　2 350

【操作指导】

(1)选择凭证类型"付款凭证";输入制单日期"2023-08-13",摘要"购买办公用品",在填制凭证过程中,输完部门核算科目"660203",弹出"辅助项"对话框。选择输入部门"财务部"。如图4-14所示。

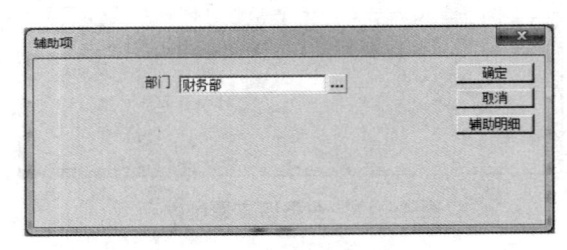

图4-14 业务五部门辅助项

(2)在输入"100201"科目后,进行辅助项登记和票号登记。如图4-15、图4-16所示。

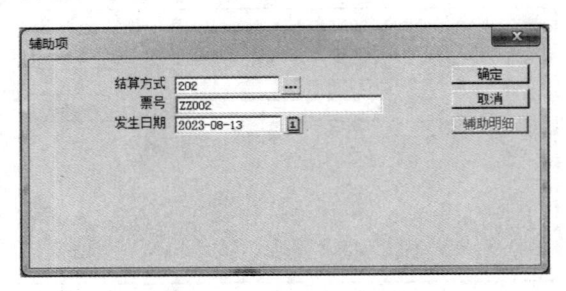

图4-15 业务五支票辅助项

图 4—16　业务五支票登记

（3）输入完毕，单击"保存"按钮，保存凭证。如图 4—17 所示。

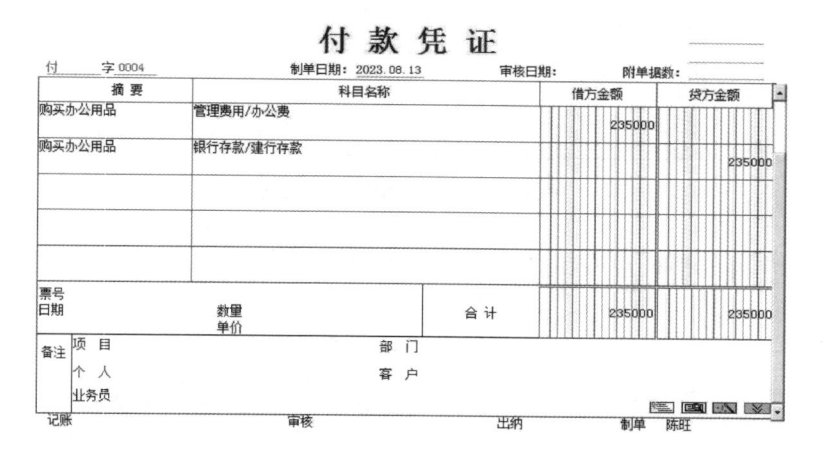

图 4—17　业务五凭证

业务六　辅助核算——个人往来
【实验资料】

2023 年 8 月 15 日，总经理余文出差回来，报销差旅费共计 2 970 元。

借：管理费用——差旅费(660204)　　　　　　　　　　　　2 970
　　贷：其他应收款——余文(122102)　　　　　　　　　　　2 620
　　　　库存现金(1001)　　　　　　　　　　　　　　　　　　350

【操作指导】

（1）选择凭证类型"付款凭证"；输入制单日期"2023—08—15"，摘要"报销差旅费"，在填制凭证过程中，输完"部门核算"科目"660204"，弹出"辅助项"对话框。选择部门"总经理办公室"。如图 4—18 所示。

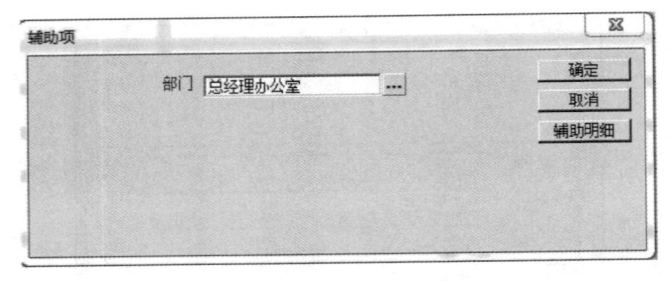

图 4—18　业务六部门辅助项

（2）在填制凭证过程中，输完个人往来科目"122102"，弹出"辅助项"对话框。选择输入部门"总经理办公室"，个人"余文"，发生日期"2023—08—15"。如图 4—19 所示。

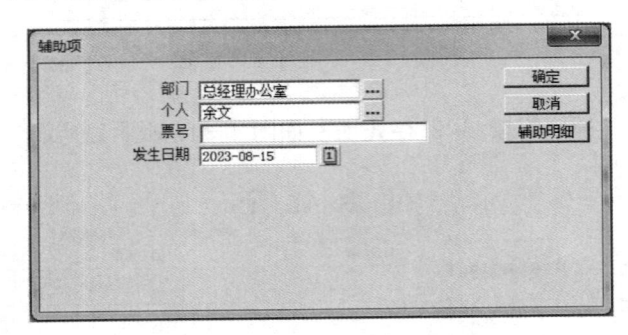

图 4—19　业务六个人辅助项

（3）输入完毕，单击"保存"按钮，保存凭证。如图 4—20 所示。

图 4—20　业务六凭证

［注意］

● 在输入个人信息时，若不输"部门名称"只输"个人名称"时，系统将根据所输个人名称自动输入其所属的部门。

业务七 辅助核算——外币科目

【实验资料】

2023年8月20日,收到外商投资75 000美元,汇率1∶6.67,转账支票号ZC002。

借:银行存款——中行存款(100202)   500 250
　　贷:实收资本(4001)   500 250

【操作指导】

(1)选择凭证类型"收款凭证";输入制单日期"2023－08－20",摘要"收到投资款",在填制凭证过程中,输完外币科目"100202",弹出"辅助项"对话框。如图4－21所示。

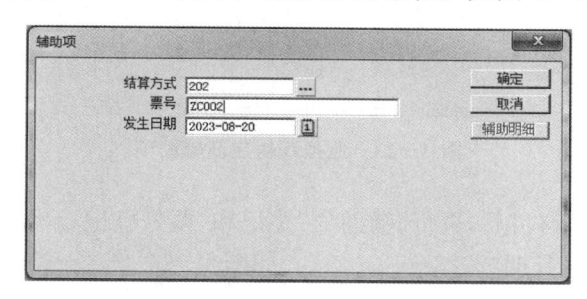

图4－21 业务七支票辅助项

(2)输入外币金额"75000",根据自动显示的外币汇率"1∶6.67",自动算出并显示本币金额"500250"。

(3)输入完毕,单击"保存"按钮,保存凭证。如图4－22所示。

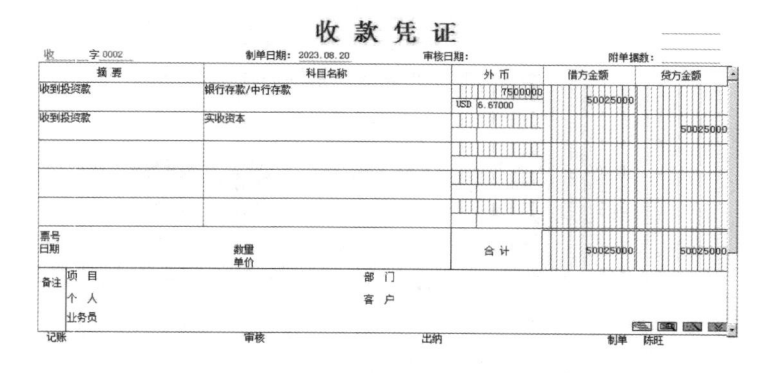

图4－22 业务七凭证

[注意]

● 汇率栏中内容是固定的,不能输入或修改。如使用变动汇率,汇率栏中显示最近一次汇率,可以直接在汇率栏中修改。

业务八 辅助核算——供应商往来

【实验资料】

2023年8月21日,向华昌公司转账支付采购原材料欠款102 500,转账支票票号ZZ003。

借:应付账款(2202)   102 500
　　贷:银行存款——建行账户(100201)   102 500

【操作指导】

（1）选择凭证类型"付款凭证"，输入制单日期"2023-08-21"，摘要"支付前欠货款"，在填制凭证过程中，输完供应商往来科目"2202"，弹出"辅助项"对话框。选择输入供应商"华昌公司"，业务员"王菲"，支票号ZZ003，发生日期"2023-08-21"。如图4-23所示。

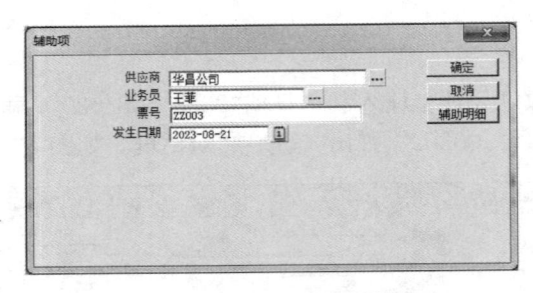

图4-23　业务八供应商辅助项

（2）在输入"100201"科目后，进行"辅助项"登记和"票号登记"。结算方式选择"202"转账支票，票号"ZZ003"，发生日期"2023-08-21"。如图4-24、图4-25所示。

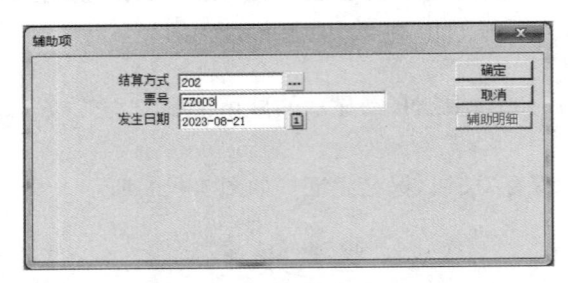

图4-24　业务八支票辅助项

图4-25　业务八票号登记

（3）输入完毕，单击"保存"按钮，保存凭证。如图4-26所示。

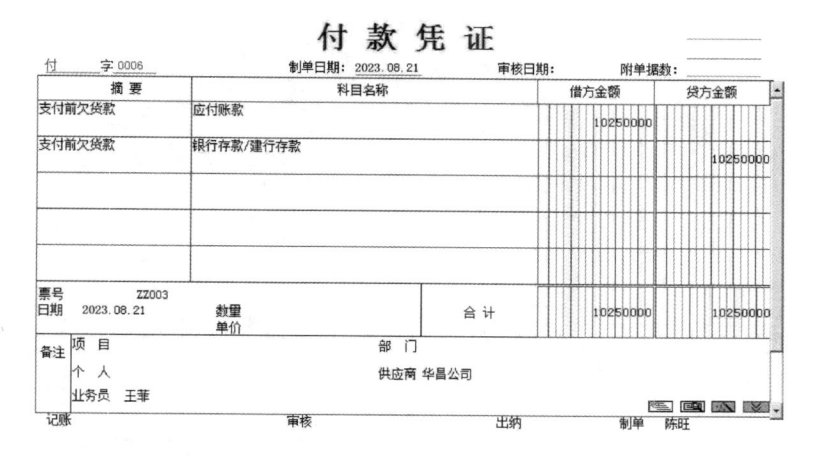

图4—26 业务八凭证

业务九 辅助核算——项目核算

【实验资料】

2023年8月25日,一车间领用电器元件60套,单价180元,用于生产电动机Ⅰ型。

借:生产成本——直接材料(500101)　　　　　　　　　　10 800
　　贷:原材料——电器元件(140301)　　　　　　　　　　　10 800

【操作指导】

(1)选择凭证类型"转账凭证",输入制单日期"2023-08-25",摘要"领用电器元件"。在填制凭证过程中,输完项目核算科目"500101",弹出"辅助项"对话框。选择输入项目名称"电动机Ⅰ型",单击"确定"按钮,如图4-27所示。

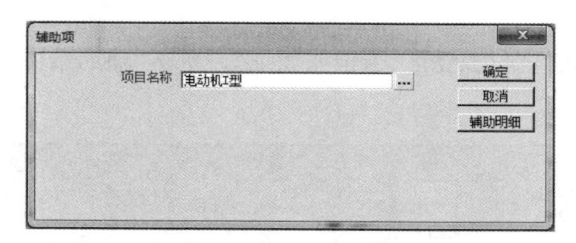

图4—27 业务九项目辅助项

(2)在输入"140301"科目后,输入"辅助项"数量和单价。如图4—28所示。

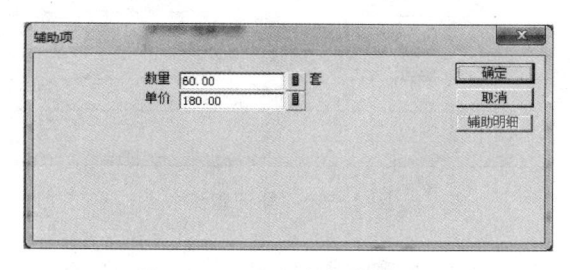

图4—28 业务九数量辅助项

(3)单击"确定"按钮。单击保存。如图4—29所示。

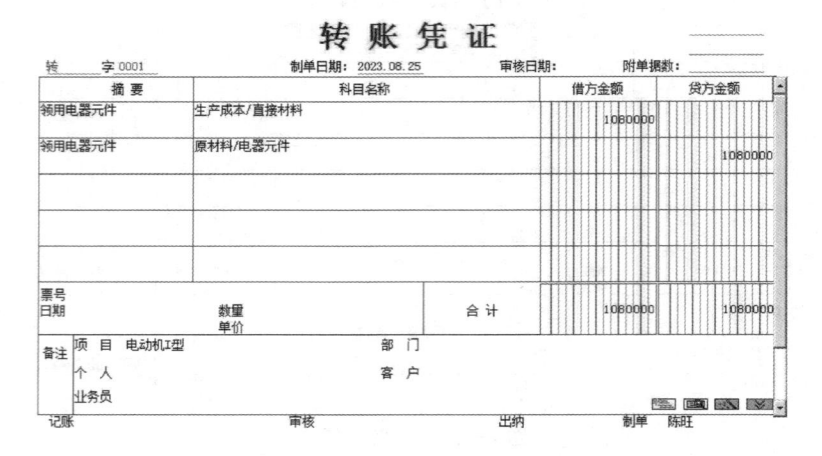

图4—29 业务九凭证

[注意]
● 系统根据数量×单价自动计算出金额,并将金额先放在借方,如果方向不符,可将光标移动到贷方后,按空格键即可调整金额方向。
● 业务一~业务九分别输入了凭证的不同辅助核算信息。这部分操作在上机练习时,应多体会,重点把握。

三、查询凭证

(1)执行系统菜单"业务工作"—"财务会计"—"总账"—"凭证"—"查询凭证"命令,打开"凭证查询"对话框。

(2)选择输入查询条件"付款凭证、未记账凭证"。单击"辅助条件"按钮,可输入更多查询条件。如图4—30所示。

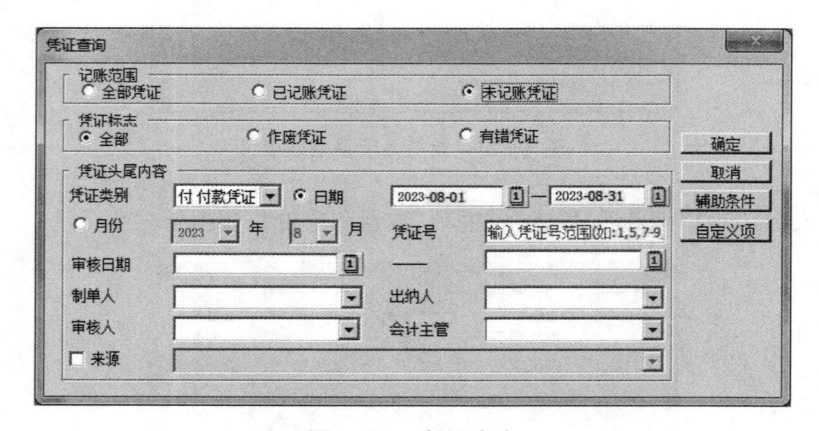

图4—30 凭证查询

(3)单击"确定"按钮,进入"查询凭证"窗口。如图4—31所示。
(4)双击某一凭证行,则屏幕可显示出此张凭证。

图4-31 凭证查询结果

四、修改凭证

(1)在"查询凭证"的窗口中双击某一需要修改的凭证。
(2)单击左上角的"修改"按钮,修改凭证的内容。
(3)单击保存。显示凭证已成功保存,点击"确定"。

五、作废及整理凭证

(1)在"查询凭证"的窗口中双击某一需要作废的凭证。
(2)单击左上角的"作废/恢复"按钮。如图4-32所示。

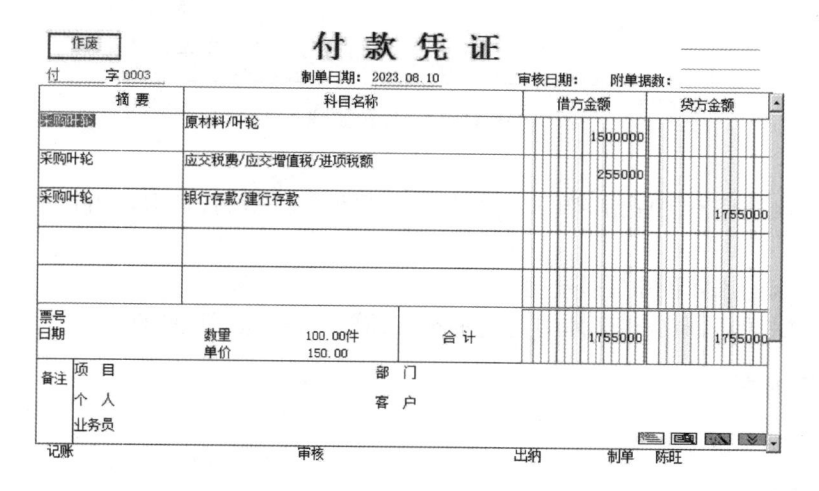

图4-32 凭证作废

(3)如作废凭证不想保留时,可在"填制凭证"窗口中,执行"整理凭证"命令,打开"凭证期间选择"对话框,选择要整理的"月份",对作废的凭证进行整理,即可将其彻底删除,并对剩下的凭证重新编号。如图4-33所示。
(4)在作废凭证表中点击"全选",点击确定。如图4-34所示。

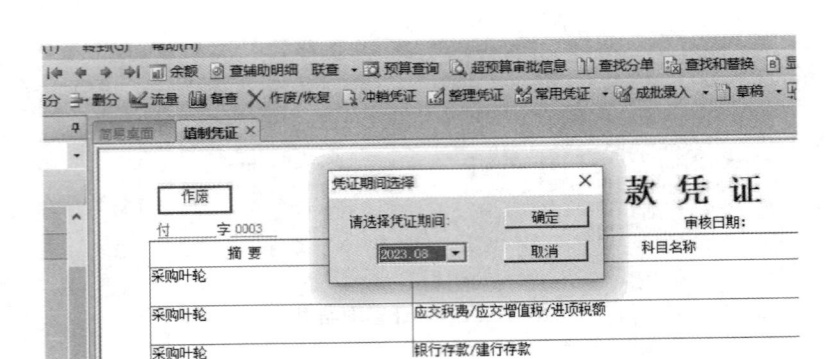

图 4—33 凭证整理选择

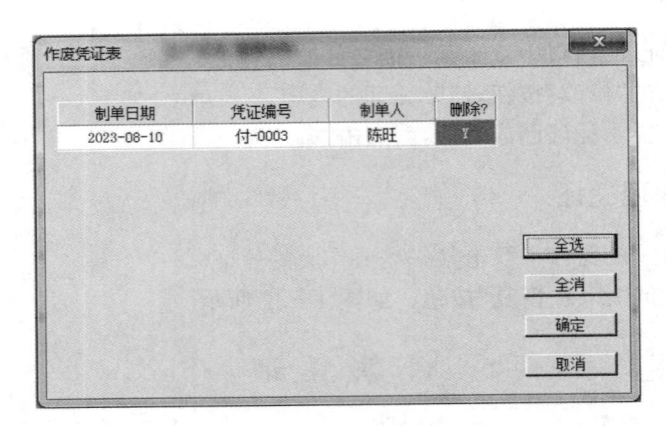

图 4—34 凭证整理

[注意]
● 如果作废凭证不想保留,则可以通过"整理凭证"功能,将其彻底删除,并对未记账凭证重新编号。
● 只能对未记账凭证做凭证整理。
● 对已记账凭证,应先恢复本月月初的记账前状态,再做凭证整理。

六、凭证复核

1. 出纳签字

【实验资料】
更换操作员,在用友的初始窗口,执行"系统"—"重新注册"命令,进入"注册控制台"窗口。以"002 卢飞"的身份重新注册总账系统,进行出纳签字,现金、银行存款日记账和资金日报的查询以及支票登记操作。操作员:002;密码:2;账套:001;会计年度:2023;操作日期:2023—08—31。

[注意]
● 凭证填制人和出纳签字人可以为不同的人,也可以为同一个人。
● 按照会计制度规定,凭证的填制与审核不能是同一个人。
● 在进行出纳签字和审核之前,通常需先更换操作员。
● 转账凭证不需要出纳签字。

【操作指导】
(1)执行"业务工作"—"财务会计"—"总账"—"凭证"—"出纳签字"命令,打开"出纳签字"

查询条件对话框。

(2)输入查询条件：选择"全部"单选按钮，月份自带。如图4－35所示。

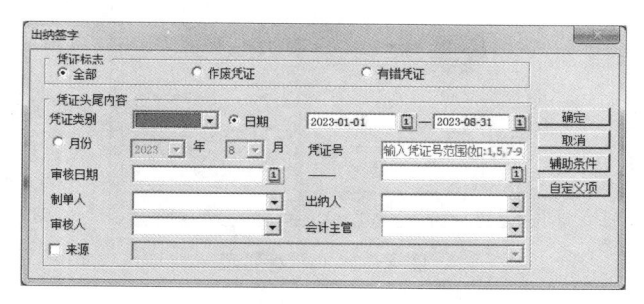

图4－35　查询凭证

(3)单击"确定"按钮，进入"出纳签字"的凭证列表窗口。如图4－36所示。

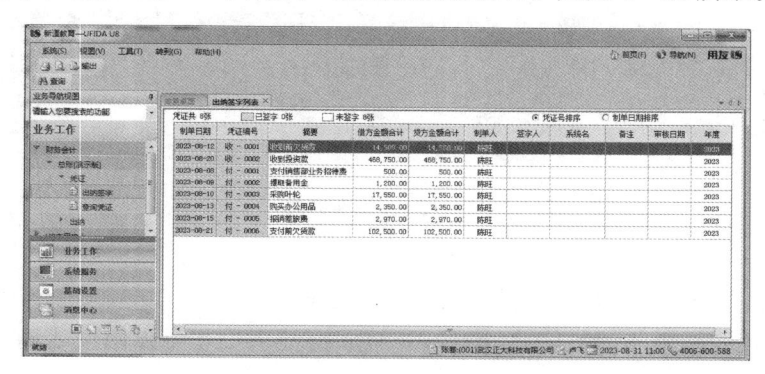

图4－36　查询结果

(4)双击某一要签字的凭证，进入"出纳签字"的签字窗口。
(5)选择"批处理"—"成批出纳签字"，凭证底部的"出纳"处自动签上出纳人姓名，也可进行单张签字。进行成批出纳签字，弹出"凭证"对话框，单击"确定"。如图4－37所示。

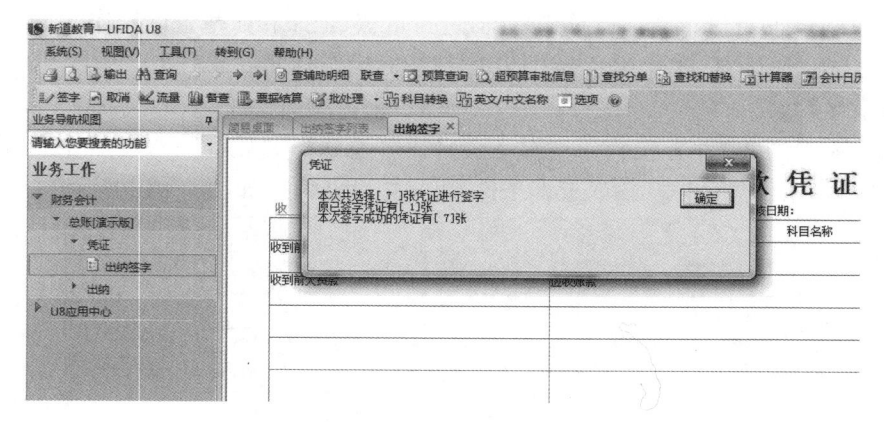

图4－37　批签字

(6)出现"是否重新刷新凭证列表数据"，单击"是"。如图4－38所示。

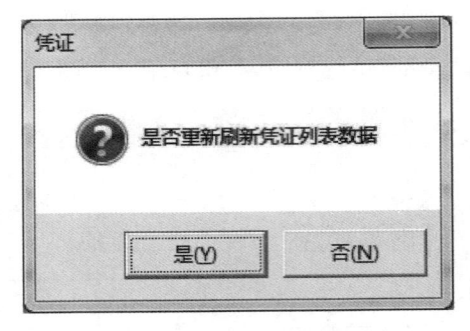

图 4—38　刷新列表

(7) 最后退出，返回完成签字的凭证列表。如图 4—39 所示。

图 4—39　签字完成

[注意]

● 涉及指定为现金科目和银行科目的凭证才需出纳签字。

● 凭证一经签字，就不能被修改、删除，只有取消签字后才可以修改或删除，取消签字只能由出纳自己进行。

● 凭证签字并非审核凭证的必要步骤。若在设置总账参数时，不选择"出纳凭证必须经由出纳签字"，则可以不执行"出纳签字"功能。

2. 审核凭证

【实验资料】

以"001 丁一"的身份重新注册总账系统，进行审核、记账和账簿查询操作。

操作员：001；密码：1；账套：001；会计年度：2023；操作日期：2023—08—31。

【操作指导】

(1) 执行系统菜单"业务工作"—"财务会计"—"总账"—"凭证"—"审核凭证"命令，打开"凭证审核"查询条件对话框。输入查询条件，可采用默认值。如图 4—40 所示。

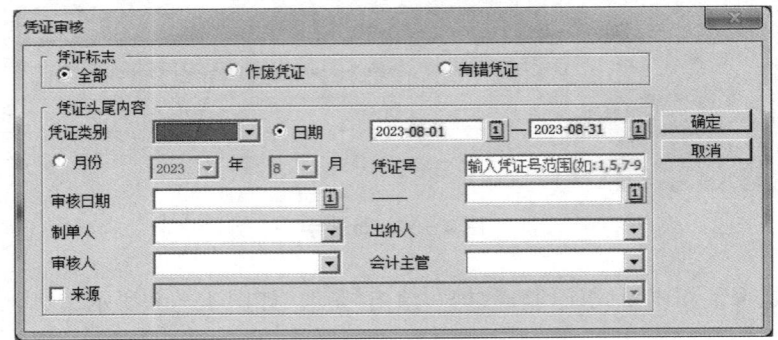

图 4—40　凭证查询

(2)单击"确定"按钮,进入"凭证审核"的凭证列表窗口。

(3)双击要审核的凭证,进入"凭证审核"的审核凭证窗口。

(4)检查要审核的凭证,无误后,单击"批处理"—"成批审核凭证"按钮,凭证底部的"审核"处自动签上审核人姓名。弹出"凭证"对话框,单击"确定"。如图4—41所示。也可进行单张审核。

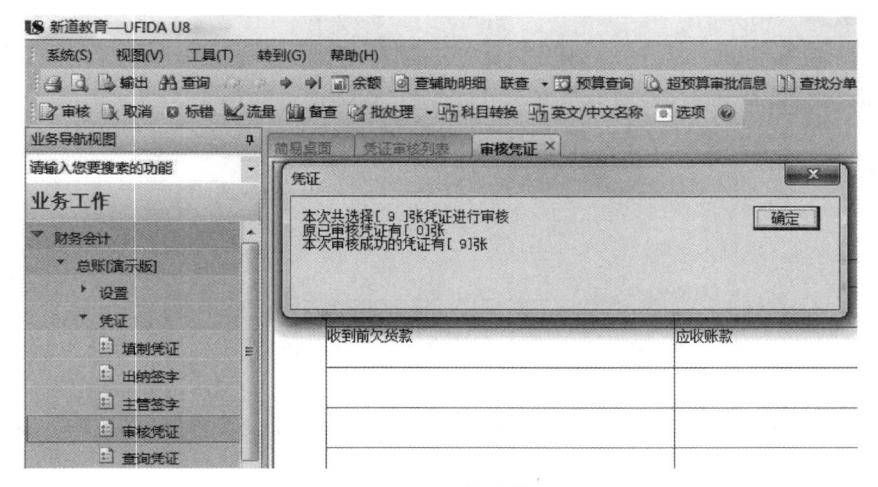

图4—41 批审核

(5)出现"是否重新刷新凭证列表数据",单击"是"。如图4—42所示。

图4—42 刷新凭证

(6)最后退出,完成审核。如图4—43所示。

图4—43 审核完成

[注意]

● 审核人必须具有审核权。当通过"凭证审核权限"设置了明细审核权限时,还需要有对制单人所制凭证的审核权。

● 作废凭证不能被审核,也不能被标错。

● 审核人和制单人不能是同一个人,凭证一经审核,不能被修改、删除,只有取消审核签字后才可修改或删除,已标记作废的凭证不能被审核,需先取消作废标记后才能审核。

七、凭证记账

1. 凭证记账

(1)执行系统菜单"业务工作"—"财务会计"—"总账"—"凭证"—"记账"命令,进入"记账"窗口。

(2)单击"全选"按钮,选择所有要记账的凭证。如图4—44所示。

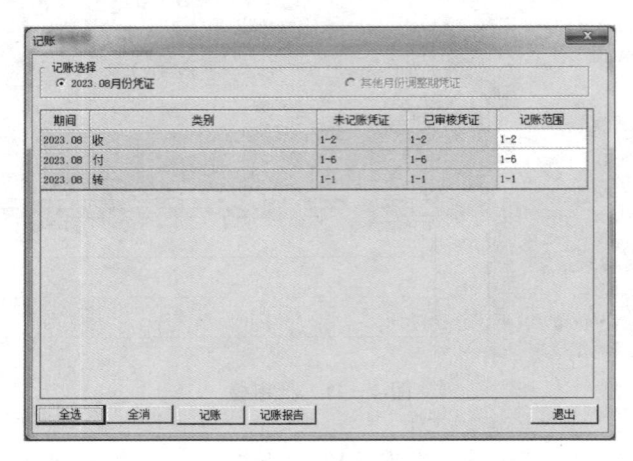

图4—44　记账

(3)单击"记账"按钮,打开"期初试算平衡表"对话框。如图4—45所示。

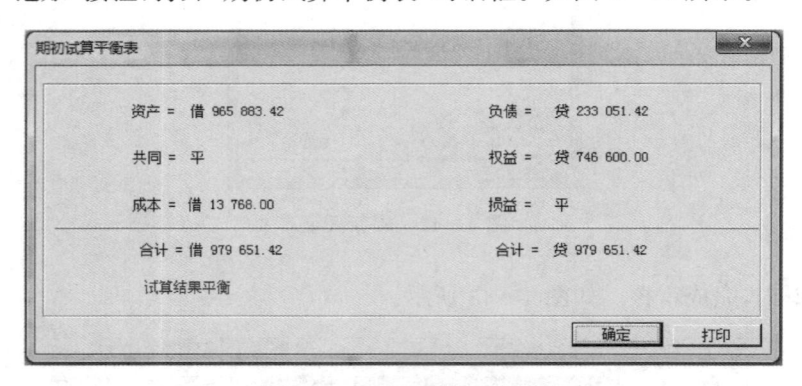

图4—45　期初试算平衡表

(4)单击"确定"按钮,系统开始登记有关的总账和明细账、辅助账。登记完后,弹出"记账完毕"信息提示对话框。单击"确定",记账完毕。如图4—46所示。

[注意]

● 第一次记账时,若期初余额试算不平衡,不能记账。

● 上月未记账,本月不能记账。

● 未审核凭证不能记账,记账范围应小于等于已审核范围。

● 作废凭证不需审核可直接记账。

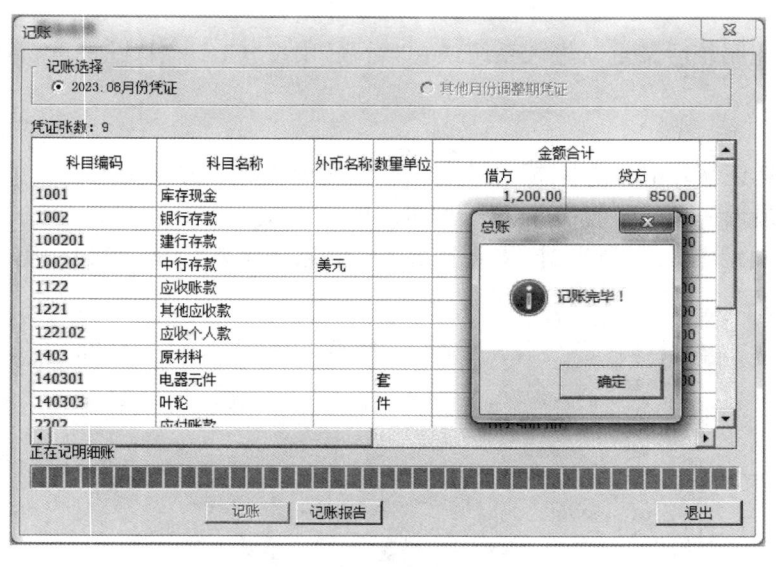

图 4-46 记账完成

● 记账过程一旦断电或其他原因造成中断,系统将自动调用"恢复记账前状态"恢复数据,然后再重新记账。

2. 取消记账

激活"恢复记账前状态"菜单,恢复记账前状态总共需要进行两次操作。

操作一:

(1)在总账初始窗口,执行"业务工作"—"财务会计"—"期末"—"对账"命令,进入"对账"窗口。

(2)按 Ctrl+H 键,弹出"恢复记账前状态功能已被激活"信息提示框。如图 4-47 所示。

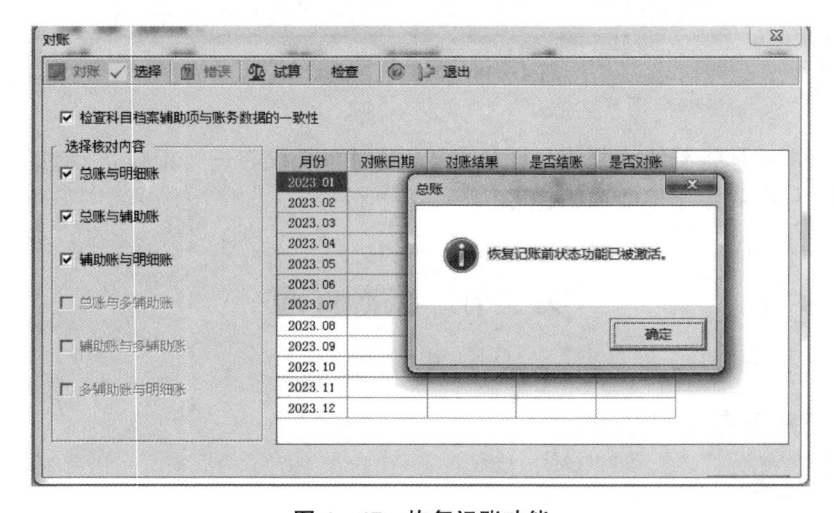

图 4-47 恢复记账功能

(3)单击"确定"按钮,单击"退出"按钮。

[注意]

● 如果退出系统后又重新进入系统或在"对账"中按"Ctrl+H"键将重新隐藏"恢复记账前状态"功能。

操作二：

(1)执行"凭证恢复记账前状态"命令，打开"恢复记账前状态"对话框。

(2)单击"最近一次记账前状态"单选按钮。单击"确定"，输入主管口令1。

(3)单击"确定"按钮，弹出"恢复记账完毕"信息提示对话框，单击"确定"按钮。如图4-48所示。

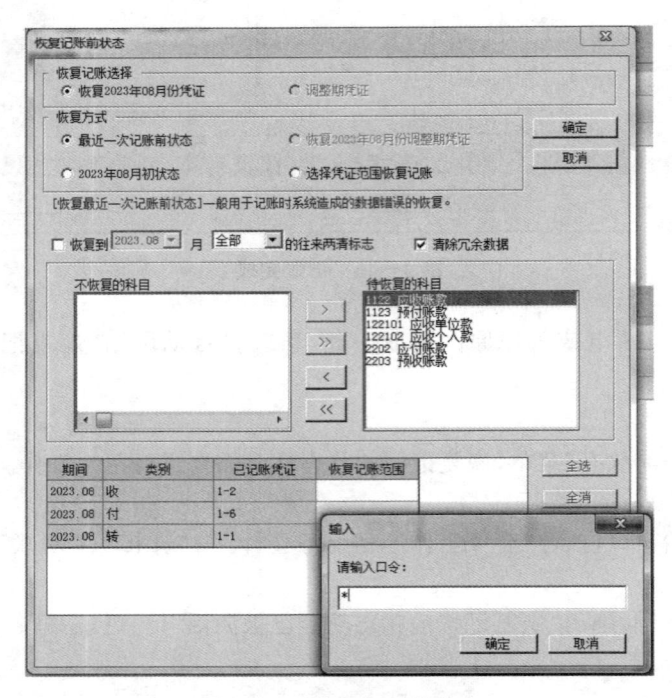

图4-48 恢复记账前状态

[注意]

● 取消记账后是将系统恢复为记账前状态，此时系统没有进行记账，一定要重新记账。

● 已结账月份的数据不能取消记账。

第二节 账簿查询

一、日记账及基本账查询

1. 现金日记账查询

【实验资料】

以"002 卢飞"的身份重新注册总账系统。

操作员:002;密码:2;账套:001;会计年度:2023;操作日期:2023-08-31。

【操作指导】

(1)执行系统菜单"业务工作"—"财务会计"—"出纳"——"现金日记账"命令,打开"现金日记账查询条件"对话框。

(2)选择科目"1001 库存现金",默认月份"2023.08"。如图 4－49 所示。

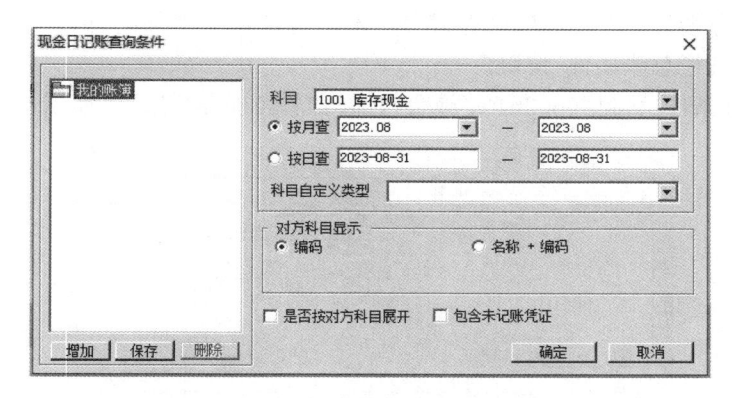

图 4－49　查询账簿

(3)单击"确定"按钮,进入"现金日记账"窗口。如图 4－50 所示。

图 4－50　现金日记账

(4)双击某行或将光标定在某行再单击"凭证"按钮,可查看相应的凭证。

(5)单击"退出"按钮。

2. 银行存款日记账

银行存款日记账查询与现金日记账查询操作基本相同,所不同的只是银行存款日记账多一结算号栏,主要是对账时用。

3. 基本账簿查询

【实验资料】

以"001 丁一"的身份重新注册总账系统。

操作员:001;密码:1;账套:001;会计年度:2023;操作日期:2023－08－31。

【操作指导】

(1)打开"业务工作"—"财务会计"—"总账",进行账表查询。

(2)执行系统菜单"账表"—"科目账"—"总账"命令,查询总账。

(3)执行系统菜单"账表"—"科目账"—"余额表"命令,查询发生额及余额表。

(4)执行系统菜单"账表"—"科目账"—"明细账"命令,查询月份综合明细账。

二、辅助核算账簿查询(以部门账为例)

1. 部门总账

(1)执行"账务会计"—"总账"—"账表"—"部门辅助账"—"部门总账"—"部门三栏总账"命令,进入"部门三栏总账条件"窗口。

(2)输入查询条件:科目"660204 差旅费",部门"总经理办公室"。如图4—51所示。

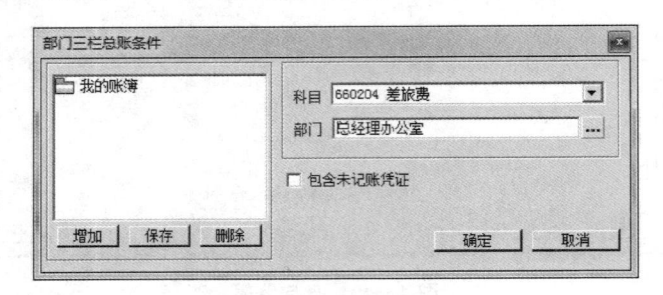

图4—51　部门三栏总账条件

(3)单击"确定"按钮,显示查询结果。

(4)将光标定在总账的某笔业务上,单击"明细"按钮,可以联查部门明细账。

2. 部门明细账

(1)执行系统菜单"账务会计"—"总账"—"账表"—"部门辅助账"—"部门明细账"—"部门多栏明细账"命令,进入"部门多栏明细账条件"窗口。

(2)选择科目"6602 管理费用",选择需要查询的部门,如财务部,月份范围"2023.08—2023.08",分析方式"金额分析"。如图4—52所示。

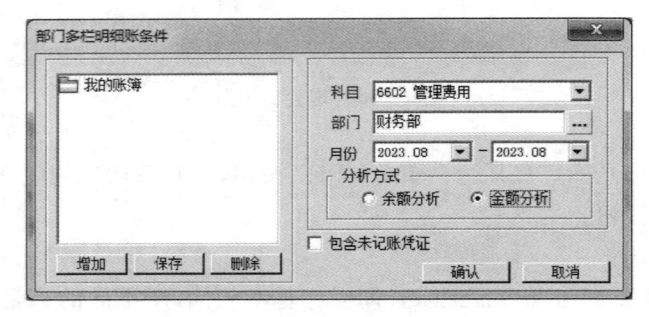

图4—52　部门多栏明细账条件

(3)单击"确认"按钮,显示查询结果。

(4)将光标定在多栏账的某笔业务上,单击"凭证"按钮,可以联查该笔业务的凭证。

3. 部门收支分析

(1)执行系统菜单"总账"—"账表"—"部门辅助账"—"部门收支分析",进入"部门收支分析条件"窗口。第一步选择分析科目:选择所有的部门核算科目。如图4—53所示。

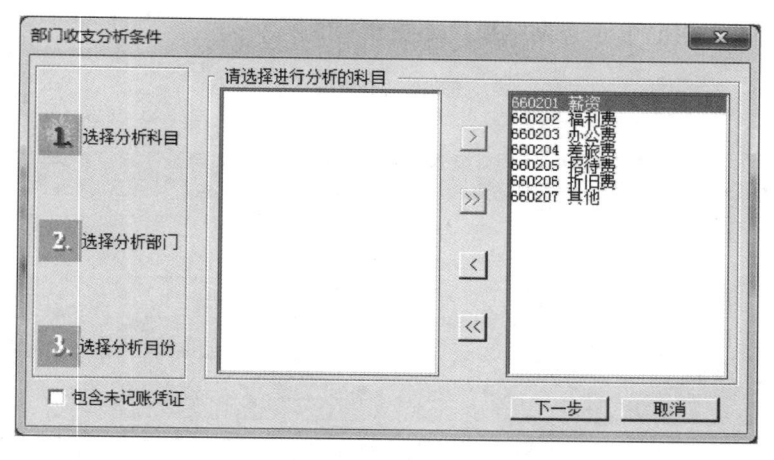

图 4-53　分析科目

(2)单击"下一步"按钮。第二步选择分析部门：选择所有的部门。如图 4-54 所示。

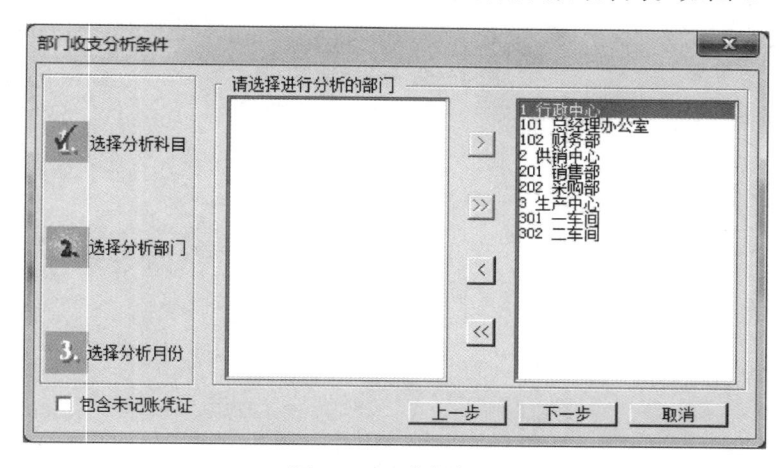

图 4-54　分析部门

(3)单击"下一步"按钮。第三步选择分析月份：起止月份"2023.08—2023.08"。如图 4-55 所示。

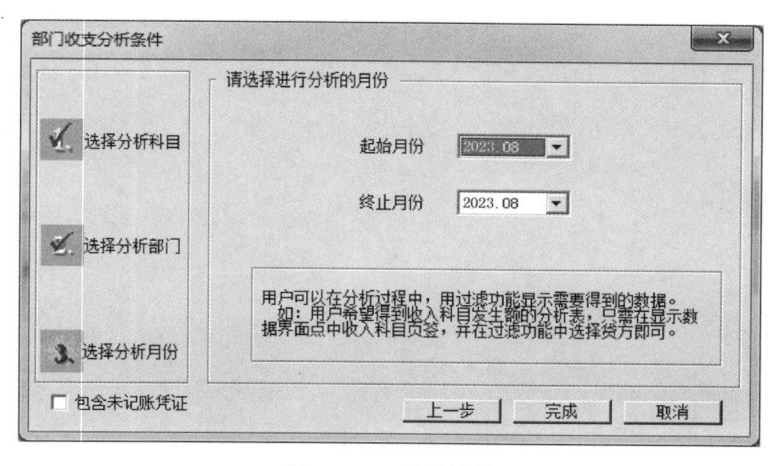

图 4-55　分析月份

(4)单击“完成”按钮，显示查询结果。如图 4—56 所示。

部门收支分析表

金额式

2023.08-2023.08

全部 | 收入科目 | 费用科目

科目编码	科目名称	统计方式	方向	合计 金额	1 行政中心 金额	101 总经理办公室 金额	102 财务部 金额	2 供销中心 金额	201 销售部 金额
660201	薪资	期初	借						
		借方							
		贷方							
		期末	借						
660202	福利费	期初	借						
		借方							
		贷方							
		期末	借						
660203	办公费	期初	借						
		借方		2,350.00	2,350.00		2,350.00		
		贷方							
		期末	借	2,350.00	2,350.00		2,350.00		
660204	差旅费	期初	借						
		借方		2,970.00	2,970.00	2,970.00			
		贷方							
		期末	借	2,970.00	2,970.00	2,970.00			
660205	招待费	期初	借						
		借方							
		贷方							
		期末	借						

图 4—56　分析结果

第五章 总账期末处理

【内容概述】

总账期末处理主要包括银行对账、自动转账、对账、结账。与日常业务相比，数量不多，但业务种类繁杂，在计算机环境下，由于各会计期间的许多期末业务具有较强的规律性，且方法很少改变，如费用计提、分摊的方法等，由计算机来处理这些有规律的业务，不但可以减少会计人员的工作量，也可以加强财务核算的规范性。

● 银行对账：银行对账即银行存款清查，通过将企业银行存款日记账与开户银行提供的银行对账单记录进行核对找出所有未达账项，并通过编制余额调节表使得调节后的银行存款日记账余额相符。大多数企业在使用总账管理系统时，先不使用银行对账模块，银行对账模块应该有一个启用日期，启用日期应为使用银行对账功能前最后一次手工对账的截止日期。

● 自动转账：转账分为外部转账和内部转账。外部转账是指将其他专项核算子系统生成的凭证转入总账管理系统中；内部转账是指在总账管理系统内部，把某个或某几个会计科目中的余额或本期发生额结转到一个或多个会计科目中去。

● 对账：对账是对账簿数据进行核算，以检查记账是否正确，以及账簿是否平衡，对账簿的数据进行检查和核对的工作，是对前一个清算周期的交易信息进行核对，以确认交易信息的一致性和正确性。

● 结账：在把一定时期内发生的全部经济业务登记入账的基础上，计算并结转本期发生额和期末余额。在电算化方式下，结账是一种成批数据处理，每月只结账一次，主要是对当月日常业务处理限制和对下月账簿的初始化，由计算机自动完成。

【实验目标】

1. 掌握用友软件中总账系统期末处理的相关内容。
2. 熟悉总账系统期末处理业务的各种操作。
3. 掌握银行对账、自动转账设置与生成、对账和结账的操作方法。

【实验内容】

1. 银行对账。

(1)输入银行对账期初数据。
(2)输入银行对账单。
(3)银行对账。
(4)余额调节表查询输出。

2. 自动转账。
(1)转账定义:自定义转账设置和期间损益结转设置。
(2)生成转账凭证:转账生成、审核、记账。

3. 对账。
通过总账与明细账核对、总账与辅助账核对,对账簿的数据进行核对,检查记账是否正确,账簿是否平衡。

4. 结账。
(1)结账前,检查本月业务是否已全部记账,有未记账凭证时不能结账。
(2)月末结转必须全部生成并记账。
(3)检查上月是否已结账,上月未结账,则本月不能结账。
(4)检查对账是否一致。
(5)损益类账户全部结转完毕。
(6)最后进行结账,结账后,当月不能再填制凭证;将当月各账户发生额及余额转到下月作为期初余额。

【实验准备】

引入"第四章 总账日常业务处理"账套数据。

第一节 银行对账

一、录入基础数据

1. 输入银行对账期初数据

【实验资料】

表 5—1　　　　　　　　银行存款余额调节表
科目:建行存款　　　　　　2023 年 7 月 31 日

项目	余额	项目	余额
单位日记账账面余额	312 354.00	银行对账单账面余额	329 004.00
加:银行已收,企业未收	16 650.00	加:企业已收,银行未收	
减:银行已付,企业未付		减:企业已付,银行未付	
调整后余额	329 004.00	调整后余额	329 004.00

以"002 卢飞"的身份启动和注册总账系统。
操作员:002;密码:2;账套:001;会计年度:2023;操作日期:2023—08—31。

【操作指导】

（1）执行系统菜单"业务工作"—"财务会计"—"总账"—"出纳"—"银行对账"—"银行对账期初录入"命令，打开"银行科目选择"对话框，选择科目"100201 建行存款"。如图 5—1 所示。

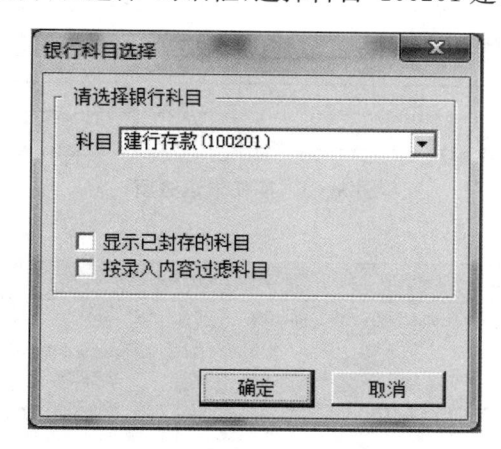

图 5—1　银行科目选择

（2）单击"确定"按钮，进入"银行对账期初"窗口。
（3）确定启用日期"2023—08—01"。
（4）输入单位日记账的调整前余额"312 354.00"；输入银行对账单的调整前余额"329 004.00"。如图 5—2 所示。

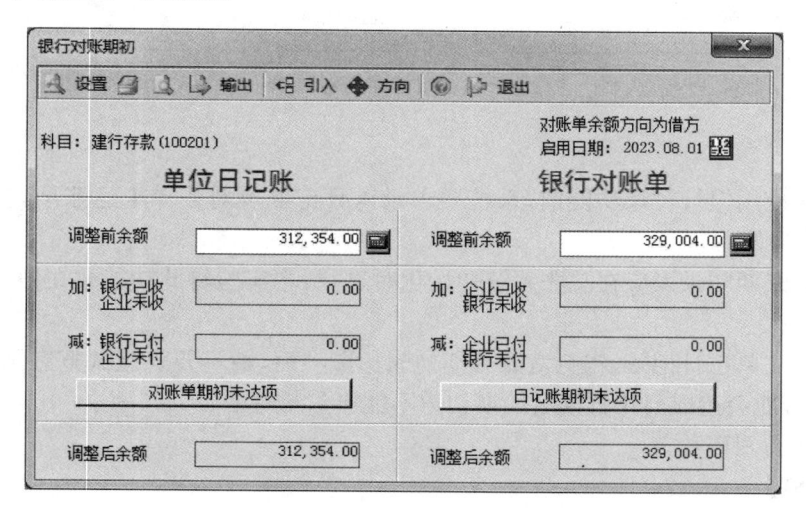

图 5—2　银行对账期初录入

（5）单击"对账单期初未达项"按钮，进入"银行方期初"窗口。
（6）单击"增加"按钮。
（7）输入日期"2023.07.31"，结算方式"202"，借方金额"16 650"。如图 5—3 所示。
（8）单击"保存"按钮，单击"退出"按钮。如图 5—4 所示。

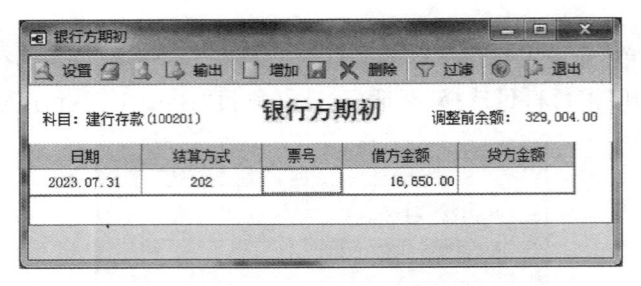

图 5—3　期初未达账项

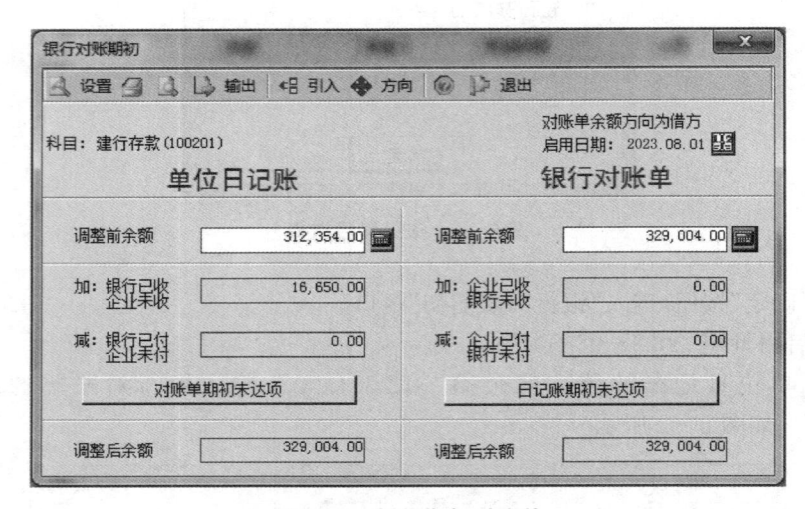

图 5—4　银行期初对账单

[注意]
● 第一次使用银行对账功能前,系统要求录入日记账及对账单未达账项,在开始使用银行对账之后不再使用。
● 银行对账期初录入应在总账系统初始化时进行,本实验将此功能放在银行对账功能中实现。
● 在录入完单位日记账、银行对账单期初未达账项后,请不要随意调整启用日期,尤其是向前调,这样可能会造成启用日期后的期初数不能再参与对账。

2. 录入银行对账单

【实验资料】

表 5—2　　　　　　　　　　2023 年 8 月建设银行对账单

日期	结算方式	票号	借方	贷方
2023.8.10	201	XJ001		1 200.00
2023.8.12	202	ZZ001		17 550.00
2023.8.14	202	ZC001	14 500.00	
2023.8.20	202	ZZ002		2 350.00

【操作指导】

(1)执行系统菜单"总账"—"出纳"—"银行对账"—"银行对账单"命令,打开"银行科目选择"对话框。选择科目"100201 建行存款"。月份选择"2023.08－2023.08"单击"确定"按钮,进入"银行对账单"窗口。如图 5－5 所示。

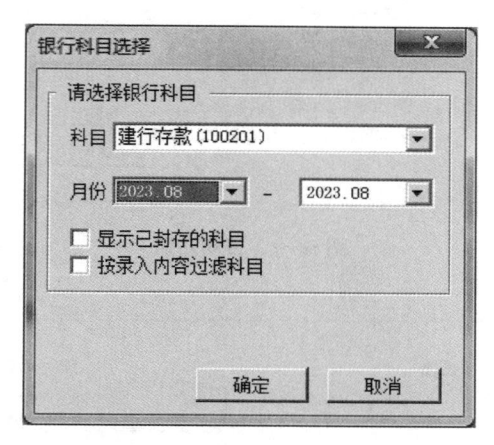

图 5－5　银行科目选择

(2)单击"增加"按钮。按实验资料输入银行对账单数据。如图 5－6 所示。

科目:建行存款(100201)　　　　　　银行对账单　　　　　对账单账面余额:322,404.00

日期	结算方式	票号	借方金额	贷方金额	余额
2023.08.10	201	XJ001		1,200.00	327,804.00
2023.08.12	202	ZZ001		17,550.00	310,254.00
2023.08.14	202	ZC001	14,500.00		324,754.00
2023.08.20	202	ZZ002		2,350.00	322,404.00

图 5－6　银行对账单

(3)单击"保存"按钮,退出。

二、银行对账

1. 自动对账

(1)执行"总账"—"出纳"—"银行对账"—"银行对账"命令,打开"银行科目选择"对话框。选择科目"100201 建行存款"。

(2)单击"确定"按钮,单击"银行对账",月份"2023.08 至 2023.08",单击"确定"按钮。

(3)进入银行对账窗口,单击左上角"对账",在弹出的自动对账窗口,选择截止日期"2023－08－31"。其他选项默认系统选项。如图 5－7 所示。

(4)单击"确定"按钮,显示自动对账结果。如图 5－8 所示。

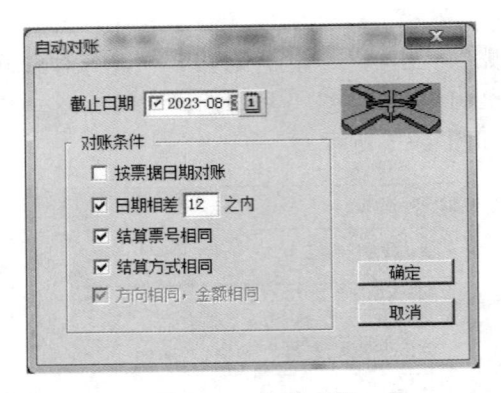

图 5—7　自动对账

图 5—8　对账结果

［注意］
● 对账条件中的方向、金额相同是必选条件,对账截止日期可输入可不输。
● 对于已达账项,系统自动在银行存款日记账和银行对账单双方的"两清"栏打上圆圈标志。

2. 手工对账
(1)在自动对账窗口,对于一些应勾对而未勾对上的账项,可分别双击"两清"栏,直接进行手工调整。
(2)对账完毕,单击"检查"按钮,检查结果平衡,单击"确认"按钮。

［注意］
● 在自动对账不能完全对上的情况下,可采用手工对账。

3. 输出余额调节表
(1)执行系统菜单"总账"—"出纳"—"银行对账"—"余额调节表查询"命令,进入"银行存款余额调节表"窗口。如图 5—9 所示。

银行存款余额调节表

银行科目（账户）	对账截止日期	单位账账面余额	对账单账面余额	调整后存款余额
建行存款(100201)	2023.08.31	203,254.00	322,404.00	219,904.00
中行存款(100202)		75,000.00	0.00	75,000.00

图 5—9　选择银行账户

（2）选中科目"100201 建行存款"。

（3）单击"查看"或双击该行，即显示该银行账户的银行存款余额调节表。如图 5—10 所示。

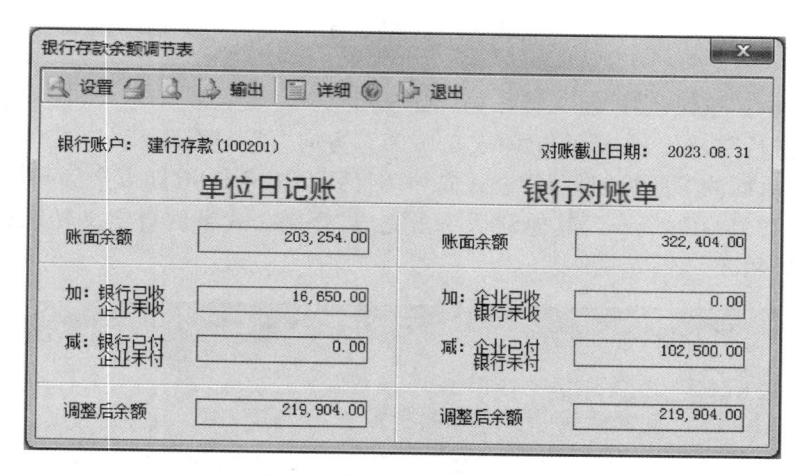

图 5—10　银行余额调节表

（4）其他银行余额调节表查询方法同上。

第二节　自动转账

一、转账定义

【实验资料】

以"003 陈旺"的身份重新注册总账系统。操作员：003；密码：3；账套：001；会计年度：2023；操作日期：2023—08—31。

自定义结转：无形资产（财务软件）摊销，按 5 年（60 个月）摊销，部门：财务部。

借：管理费用——其他费用（660207）　　　　　QM(1701,月)/60

　　贷：累计摊销（1702）　　　　　　　　　　　　JG（　）

【操作指导】

1. 自定义结转设置

（1）执行"业务工作"—"财务会计"—"总账"—"期末"—"转账定义"—"自定义转账"命令，进入"自定义转账设置"窗口。

(2)单击"增加",输入转账序号"0001",转账说明"摊销无形资产";选择凭证类别"转账凭证"。如图5—11所示。

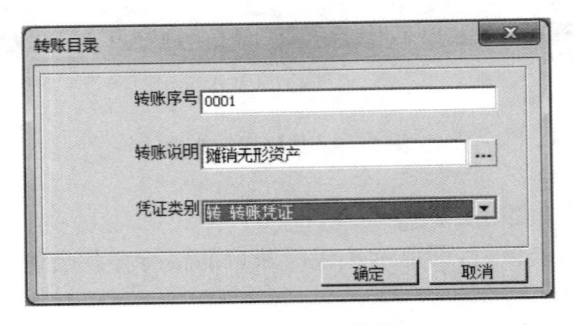

图5—11 转账目录

(3)单击"确定"按钮,继续定义转账凭证分录信息。
(4)单击"增行"按钮。选择科目编码"660207",方向"借",输入金额公式"QM(1701,月)/60"。双击公式后面的参照按钮打开"公式向导"对话框,选择QM(期末余额函数),单击"下一步",选择科目"1701无形资产",其他默认单击完成,金额公式带回自定义转账设置窗口。如图5—12所示。

图5—12 公式向导

(5)将光标移至末尾,输入"/60",按"Enter"键确认,部门选择"财务部"。确定分录的贷方信息。单击增行,选择科目编码"1702",方向"贷",输入金额公式"JG()"。单击"保存"按钮。如图5—13所示,然后退出。

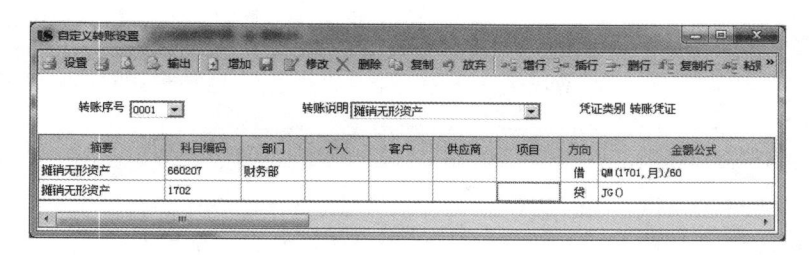

图 5-13 录入公式

[注意]
● JG( )含义为"取对方科目计算结果",其中的"( )"必须为英文符号,否则系统提示"金额公式不合法:未知函数名"。
● 转账科目可以为非末级科目,部门可为空,表示所有部门。
● 如果使用应收、应付系统,则在总账系统中,不能按客户、供应商辅助项进行结转,只能按科目总数进行结转。
● 输入转账计算公式有两种方法:一是直接输入计算公式;二是引导方式录入公式。

2. 期间损益结转设置

(1)执行系统菜单"总账"—"期末"—"转账定义"—"期间损益"命令,进入"期间损益结转设置"窗口。

(2)选择凭证类别"转账凭证",输入本年利润科目"4103"。单击确定。如图 5-14 所示。

图 5-14 期间损益结转设置

二、转账生成

1. 自定义转账生成

(1)执行系统菜单"总账"—"期末"—"转账生成"命令,进入"转账生成"窗口。单击"自定义转账"单选按钮。单击"全选"按钮。如图 5-15 所示。

图 5—15　转账生成

(2)单击"确定"按钮,单击工具栏中的"保存"按钮,生成转账凭证,系统自动将当前凭证追加到未记账凭证中。如图 5—16 所示。

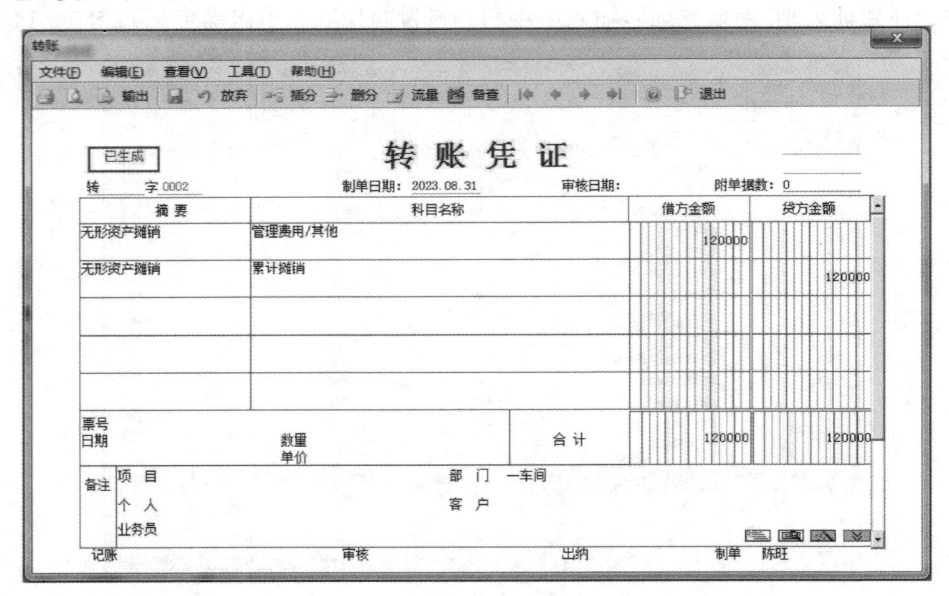

图 5—16　转账凭证

(3)以"001 丁一"身份重新注册总账系统,将生成的自动转账凭证审核、记账。此步操作非常重要,将对期间损益的结转将产生影响。

［注意］
● 转账生成之前,提示转账月份为当前会计月份。
● 进行转账生成之前,先将相关经济业务的记账凭证登记入账。

- 转账凭证每月只生成一次。
- 若使用应收、应付系统,则总账系统中,不能按客户、供应商进行结转。
- 生成的转账凭证,仍需审核,才能记账。

2. 期间损益结转生成

【实验资料】

以"003 陈旺"身份重新注册总账系统。

操作员:003;密码:3;账套:001;会计年度:2023;操作日期:2023－08－31。

【操作指导】

(1)执行系统菜单"财务会计"—"总账"—"期末"—"转账生成"命令,进入"转账生成"窗口,单击"期间损益结转"单选按钮。单击"全选"按钮。如图5－17所示。

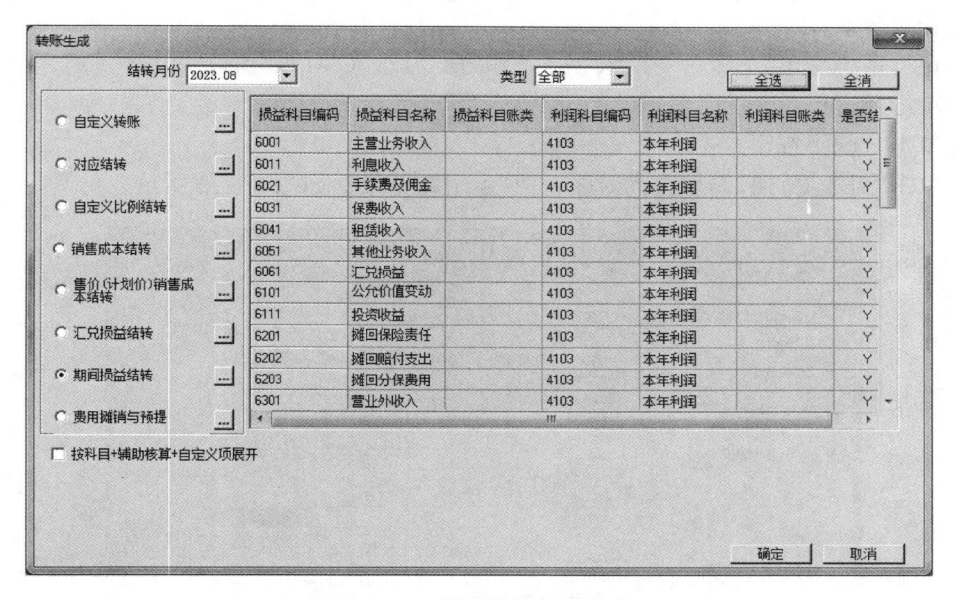

图5－17 期间损益转账生成

(2)单击"确定"按钮,生成转账凭证。如图5－18所示。

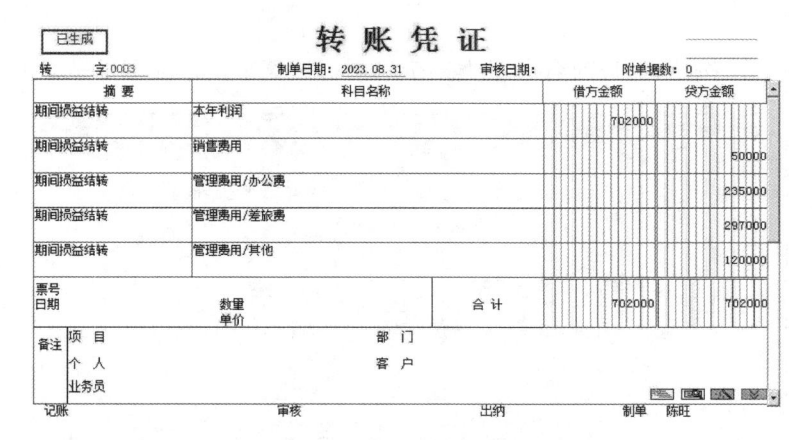

图5－18 期间损益凭证

(3)单击"保存"按钮,系统自动将当前凭证追加到未记账凭证中。
(4)以"001 丁一"的身份重新注册企业应用平台,将生成的期间损益结转凭证审核、记账。

第三节　期末处理

1. 对账

【实验资料】

以"001 丁一"身份注册企业应用平台。

操作员:001;密码:1;账套:001,会计年度:2023;操作日期:2023-08-31。

【操作指导】

(1)执行系统菜单"总账"—"期末"—"对账"命令,进入"对账"窗口。
(2)单击要进行对账的月份"2023.08"。
(3)单击"选择"按钮。
(4)单击"对账"按钮,开始自动对账,并显示对账结果。如图 5-19 所示。

图 5-19　对账

(5)单击"试算"按钮,可以对各科目类别余额进行试算平衡。如图 5-20 所示。

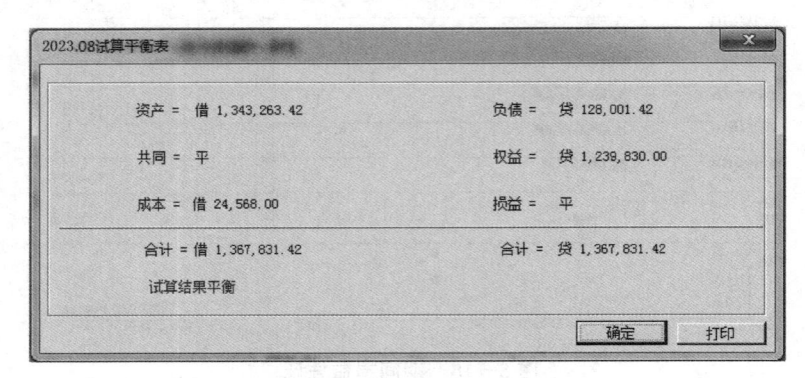

图 5-20　试算平衡

(6)单击"确定"按钮。
2. 结账
(1)执行系统菜单"总账"—"期末"—"结账"命令,进入"结账"窗口。
(2)单击要结账月份"2023.08"。如图5-21所示。
(3)单击"下一步"按钮。

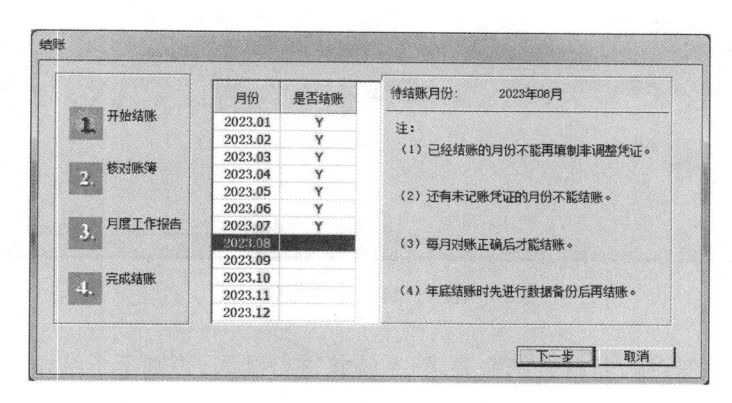

图5-21 结账

(4)单击"对账"按钮,系统对要结账的月份进行账账核对。如图5-22所示。

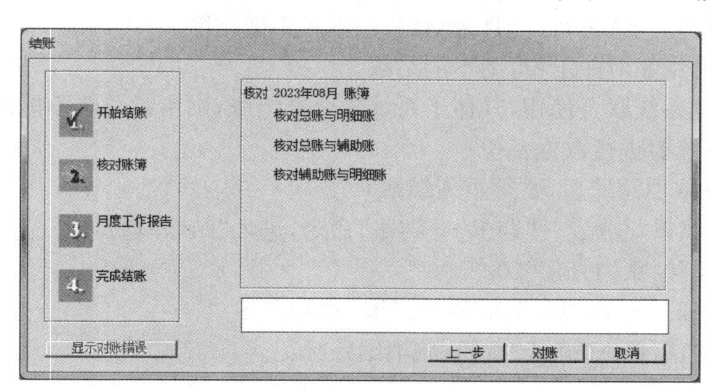

图5-22 对账

(5)单击"下一步"按钮,系统显示"2023年08月工作报告",如图5-23所示。

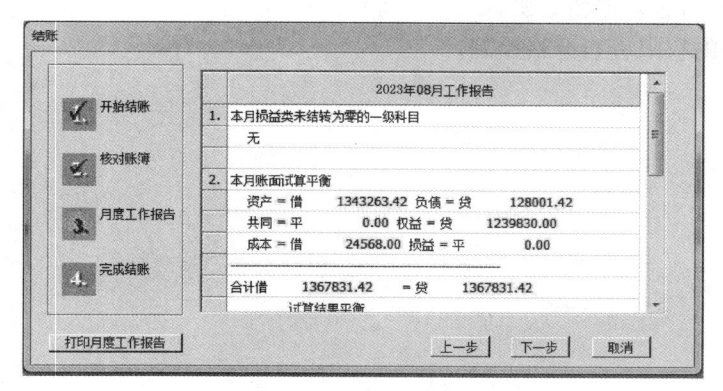

图5-23 结账完成

（6）查看工作报告后，单击"下一步"按钮。如图 5—24 所示。

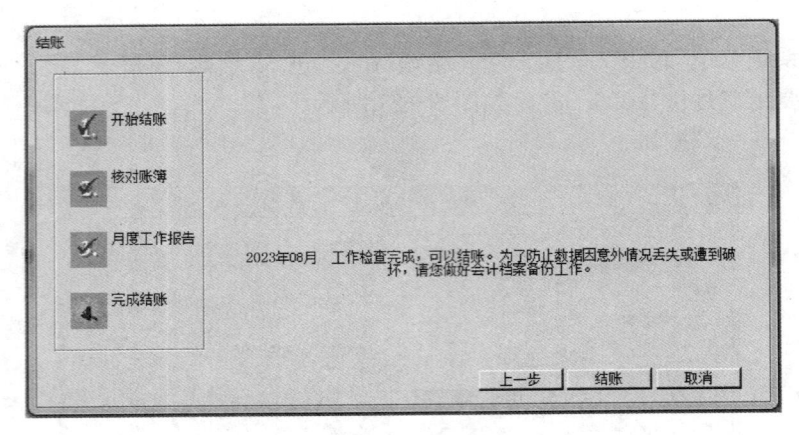

图 5—24 　工作报告

（7）单击"结账"按钮，若符合结账要求，系统将进行结账，否则不予结账。

[注意]
- 结账只能由有结账权限的人进行。
- 本月还有未记账凭证时，则本月不能结账。
- 结账必须按月连续进行，上月未结账，则本月不能结账。
- 若总账与明细账对账不符，则不能结账。
- 如果与其他系统联合使用，其他子系统未全部结账，则本月总账不能结账。
- 结账前，系统要进行数据备份。

3. 取消结账（取消结账后，必须重新结账）

(1) 执行系统菜单"总账"—"期末"—"结账"命令，进入"结账"窗口。
(2) 选择要取消结账的月份"2023.08"。
(3) 按"Ctrl＋Shift＋F6"键激活"取消结账"功能。
(4) 输入口令"1"，单击"确认"按钮，取消结账标记。

[注意]
- 结完账后，由于非法操作或计算机病毒或其他原因可能会造成数据被破坏，这时可以使用"取消结账"功能。
- 取消结账后，必须重新结账。
- 取消结账的权限应当严格控制。

第六章　UFO 报表管理

【内容概述】

用友财务软件的报表管理系统是报表事务处理的工具，又称 UFO，即 User Friend Office。它本身是一个独立于系统后台数据库的模块，但又通过定义各种函数与数据库保持了密切的联系。在财务软件中，报表属于特殊的部分，UFO 报表管理系统主要是从其他管理系统中提取编制报表所需的数据。总账、工资、固定资产、应收账、应付账、财务分析、采购、库存、存货核算和销售子系统均可向报表子系统传递数据，以生成财务部门所需要的各种会计报表。

- 格式状态：在此状态下所做的操作对本报表所有的表页都发生作用，不能进行数据的录入、计算等操作。此状态下，显示报表的格式，报表的数据全部隐藏。
- 数据状态：在此状态下管理报表的数据，如输入关键字、计算表页等，此时，不能修改报表的格式。此状态下，显示报表的全部内容，包括格式和数据。
- 格式设置：利用报表模块提供的丰富的格式设计功能，根据实际需要设置表格的格式，如定义组合单元格、画表格线及调整行高和列宽等。
- 公式设置：UFO 报表系统提供了单元计算公式的定义等功能。在格式状态下可以定义各种计算公式，在数据状态下进行单元格公式的计算。
- 表页：一个 UFO 报表最多可容纳 99 999 张表页，每一张表页是由许多单元组成的，一个报表中的所有表页具有相同的格式，但其中的数据不同。
- 关键字：处于单元格之外的特殊数据单元，可以唯一标识一个表页，可方便快速选择表页。关键字的显示位置在格式状态下设置，关键字的值则在数据状态下录入，每个报表可以定义多个关键字。

【实验目标】

1. 理解报表编制的原理及流程。
2. 掌握报表格式定义、公式定义的操作方法；掌握报表单元公式的用法。
3. 掌握报表数据处理、表页管理及图表功能等操作。
4. 掌握如何利用报表模板生成一张报表。

【实验内容】

1. 自定义一张报表。

定义报表的尺寸、定义组合单元格以及报表的单元风格和单元属性,关键字以及公式的设置,最终制成我们所需的报表。

2. 利用报表模板生成报表。

3. 利用报表模板自动生成资产负债表、利润表、现金流量表等。

【实验准备】

引入"第五章 总账期末处理"账套。

第一节 自定义报表

一、报表格式定义

【实验资料】

表 6—1　　　　　　　　　　管理费用明细表

编制单位:正大公司　　　　　　　　年　月　　　　　　　　　　　　　单位:元

项目序号	项目名称	本月发生额
1	薪资	
2	福利费	
3	办公费	
4	差旅费	
5	招待费	
6	折旧费	
7	其他	
合计		

制表人:

以套账主管"001 丁一"的身份进行 UFO 报表管理操作。

【操作指导】

1. 启动财务报表系统

(1)登录企业应用平台,操作员 001;密码 1;账套 001;会计年度 2023;操作日期 2023—08—31。

(2)单击"财务会计",执行"UFO 报表",进入"UFO 报表窗口"。

(3)执行工具栏中的"新建"按钮,建立一张空白报表,报表名默认为"report1"。

(4)单击空白报表底部左下角的"格式/数据"按钮,使当前状态为"格式"状态。报表定义需要在"格式"状态下进行。如图 6—1 所示。

图 6—1　新建财务报表

2. 设置报表尺寸

(1)执行"格式"—"表尺寸"命令,打开"表尺寸"对话框。

(2)输入行数"12",列数"3"。如图 6—2 所示。

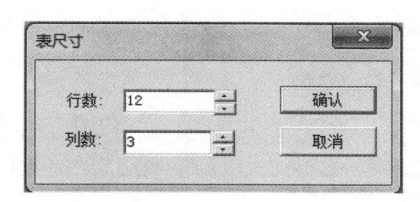

图 6—2　设置表尺寸

(3)单击"确认"按钮。

3. 定义组合单元

(1)选择需合并的区域"A1:C1"。

(2)执行"格式"—"组合单元"命令,打开"组合单元"对话框,如图 6—3 所示。

(3)选择组合方式"整体组合"或"按行组合",该单元即合并成一个单元格。

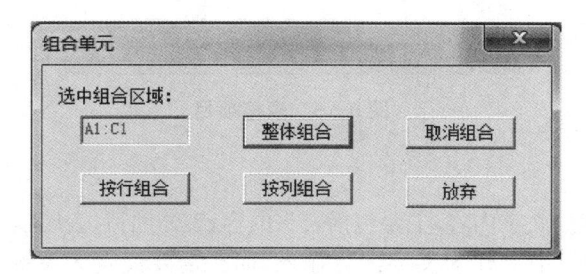

图 6—3　定义组合单元格

(4)同理,定义"A2:C2""A12:C12"单元为组合单元。

4. 画表格线

(1) 选中报表需要画线的区域"A3:C11"。
(2) 执行"格式"—"区域画线"命令，打开"区域画线"对话框。
(3) 选择"网线"，如图 6—4 所示。
(4) 单击"确认"按钮，将所选区域画上表格线。

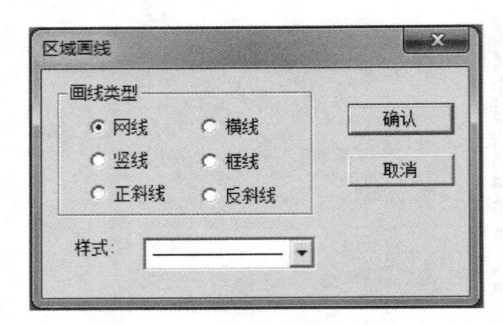

图 6—4　表格线

5. 输入报表项目

(1) 选中 A1 组合单元。
(2) 在该组合单元中输入"管理费用明细表"。
(3) 根据实验资料，输入其他单元的文字内容。如图 6—5 所示。

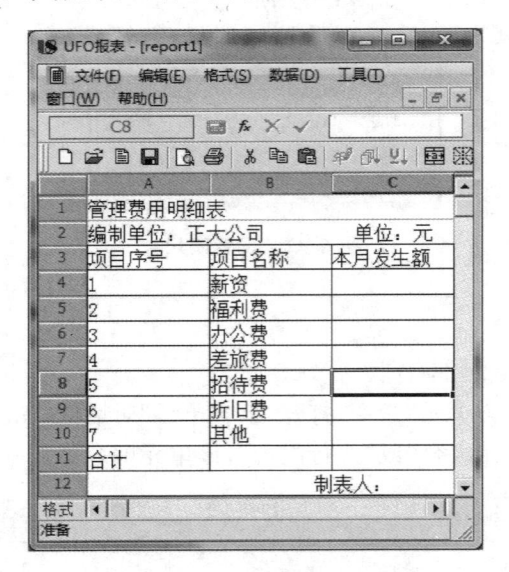

图 6—5　表格项目

[注意]
- 报表项目指报表的文字内容，主要包括表头内容、表体项目、表尾项目等。不包括关键字。
- 编制单位、日期一般不作为文字内容输入，而是需要设置为关键字。

6. 定义报表行高

(1) 选中需要调整的单元所在行"A1"。
(2) 执行"格式"—"行高"命令，打开"行高"对话框。

(3)输入行高"7",如图 6-6 所示,单击"确认"按钮。

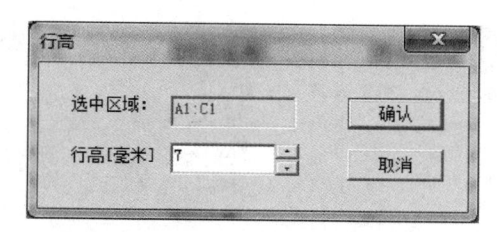

图 6-6　定义行高

[注意]
● 行高的单位为毫米。

7. 定义报表列宽
(1)选中 A 列到 C 列。
(2)执行"格式"—"列宽"命令,打开"列宽"对话框。
(3)输入列宽"35",或根据需要进行调整,如图 6-7 所示,单击"确认"按钮。

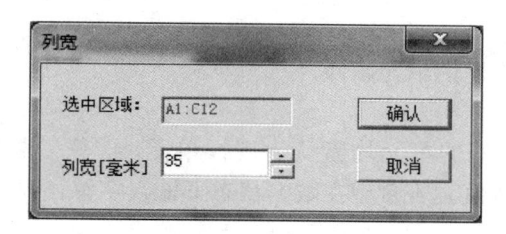

图 6-7　定义列宽

[注意]
● 列宽的单位为毫米。

8. 设置单元风格
(1)选中标题所在组合单元"A1"。
(2)执行"格式"—"单元属性"命令,打开"单元格属性"对话框。
(3)单击"字体图案"选项卡,设置字体"黑体",字号"14"。如图 6-8 所示。

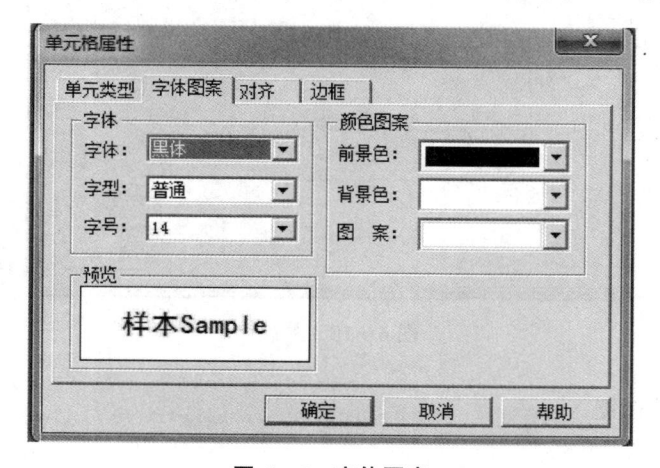

图 6-8　字体图案

(4)单击"对齐"选项卡,设置对齐方式,水平方向和垂直方向都选"居中"。如图 6-9 所示。

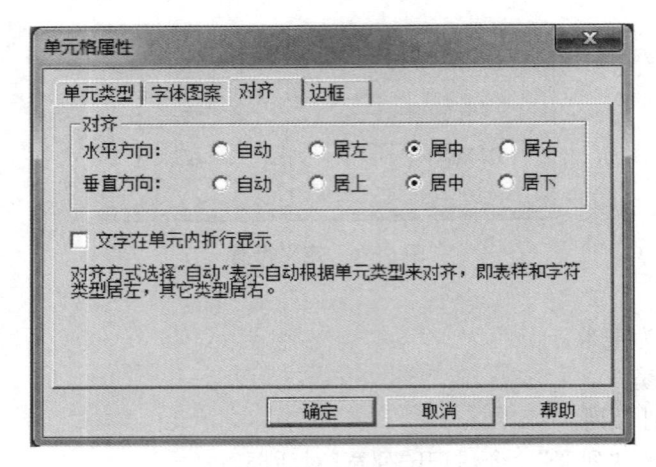

图 6-9　字体对齐

(5)单击"确定"按钮。
(6)同理,设置表体、表尾的单元属性。
[注意]
● 格式状态下输入内容的单元均默认为表样单元,未输入数据的单元均默认为数值单元,在数据状态下可输入数值。若希望在数据状态下输入字符,应将其定义为字符单元。

9. 设置关键字
(1)选中需要输入关键字的组合单元"A2"。
(2)执行"数据"—"关键字"—"设置"命令,打开"设置关键字"对话框。
(3)单击"年"单选按钮。如图 6-10 所示。

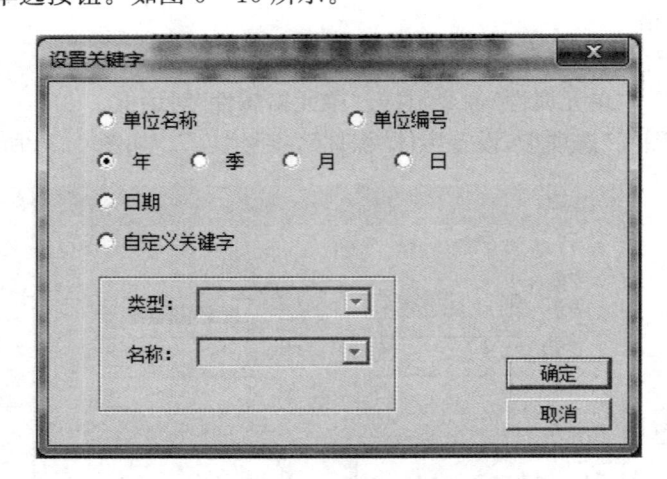

图 6-10　关键字

(4)单击"确定"按钮。
(5)同理,设置"月"关键字。
[注意]
● 每个报表可以同时定义多个关键字。

- 如果要取消关键字,须执行"数据"—"关键字"—"取消"命令。

10. 调整关键字位置

(1)执行"数据"—"关键字"—"偏移"命令,打开"定义关键字偏移"对话框。
(2)在需要调整位置的关键字后面输入偏移量。年"-120",月"-90"。如图 6-11 所示。
(3)单击"确定"按钮。如图 6-12 所示。

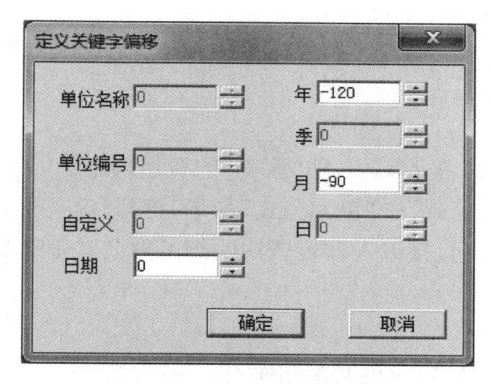

图 6-11 调整关键字位置

图 6-12 管理费用明细表

[注意]
- 关键字的位置可以用偏移量来表示,负数值表示向左移,正数值表示向右移。在调整时,可以通过输入正或负的数值来调整。
- 关键字偏移量单位为像素。

二、报表公式定义

【实验资料】

表 6-2   各项费用的公式

项目	公式
薪资费用明细	C4:FS("660201",月,"借")
福利费费用明细	C5:FS("660202",月,"借")
办公费费用明细	C6:FS("660203",月,"借")
差旅费费用明细	C7:FS("660204",月,"借")

续表

项目	公式
招待费费用明细	C8:FS("660205",月,"借")
折旧费费用明细	C9:FS("660206",月,"借")
其他费用明细	C10:FS("660207",月,"借")
合计	C11:PTOTAL(C4:C10)

【操作指导】

1. 直接输入

(1)选定需要定义公式的单元"C4",即"薪资"的费用明细。

(2)执行"数据"—"编辑公式"—"单元公式"命令,打开"定义公式"对话框。

(3)在定义公式对话框内直接输入薪资费用明细函数公式 FS("660201",月,"借")。

(4)单击"确认"按钮。

[注意]

- 单元公式中涉及的符号均为英文半角字符。
- 单击"fx"按钮或双击某公式单元或按"="键,都可打开"定义公式"对话框。

2. 引导输入公式

(1)选定被定义单元"C4",即"薪资费用明细"。

(2)单击"fx"按钮,打开"定义公式"对话框。如图 6—13 所示。

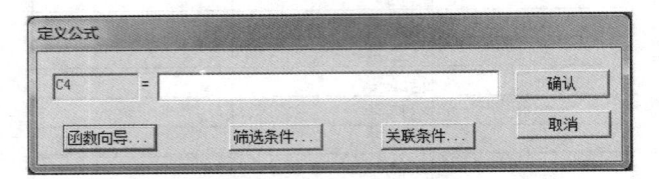

图 6—13 公式定义

(3)单击"函数向导"按钮,打开"函数向导"对话框。在函数分类列表框中选择"用友账务函数",在右边的函数名列表中选中"发生(FS)"。如图 6—14 所示。

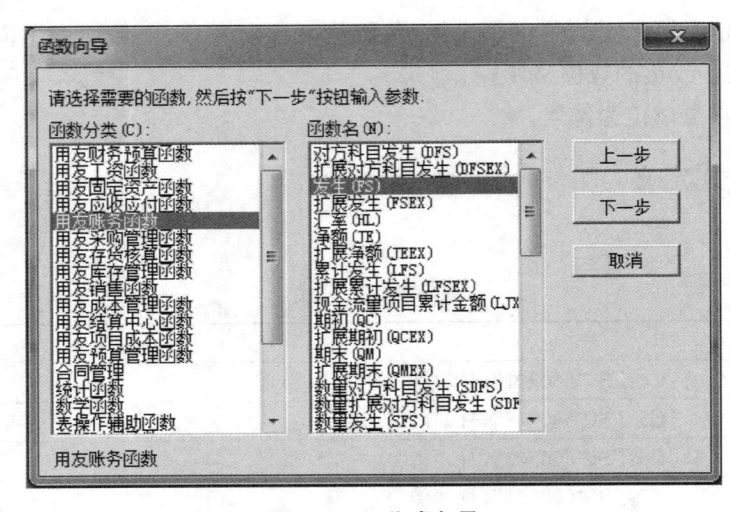

图 6—14 公式向导

(4)单击"下一步"按钮,打开"用友账务函数"对话框,如图 6—15 所示。双击"参照"按钮,打开"账务函数"对话框。

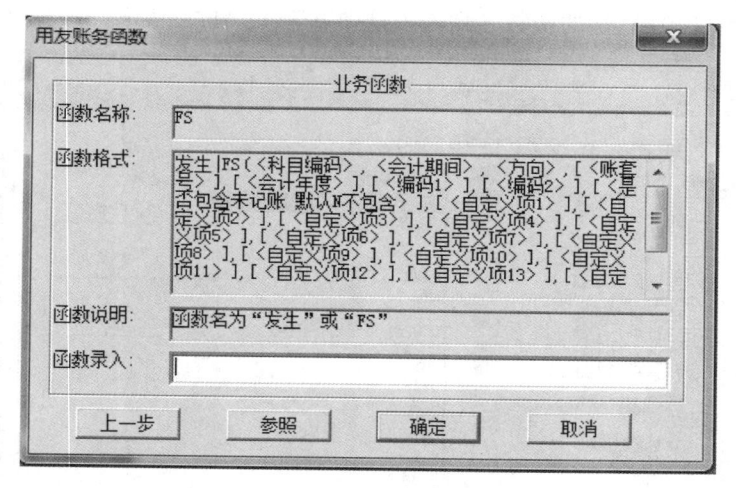

图 6—15　函数录入

(5)科目选择"660201",期间采用"月",其他各项均采用系统默认值,如图 6—16 所示。单击"确定"按钮,返回"用友账务函数"对话框。

图 6—16　财务函数

(6)单击"确定"按钮,返回"定义公式"对话框,如图 6—17 所示。单击"确认"按钮。

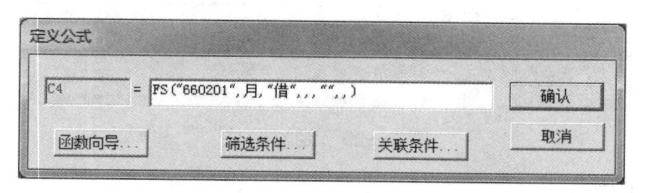

图 6—17　定义公式

(7)根据实验资料,直接或引导输入其他单元公式。

(8)合计栏公式设定操作指导:选定被定义单元"C11",即"合计本月发生额"。单击"fx"按钮,打开"定义公式"对话框。单击"函数向导"按钮,打开"函数向导"对话框。在函数分类列表框中选择"统计函数",在右边的函数名列表中选中"PTOTAL"。如图6-18所示。

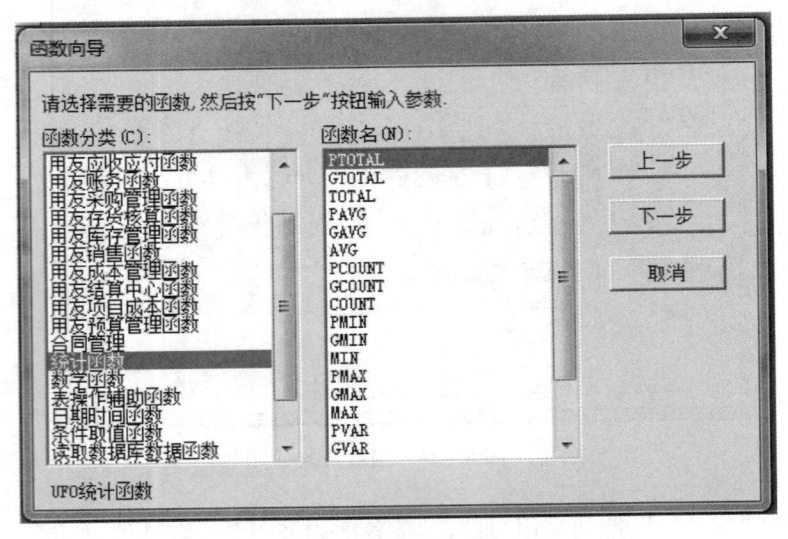

图6-18 函数向导

(9)单击"下一步"按钮,弹出"固定区统计函数"对话框,固定区区域输入"C4:C10",如图6-19所示,单击"确认"按钮。如6-20图所示。

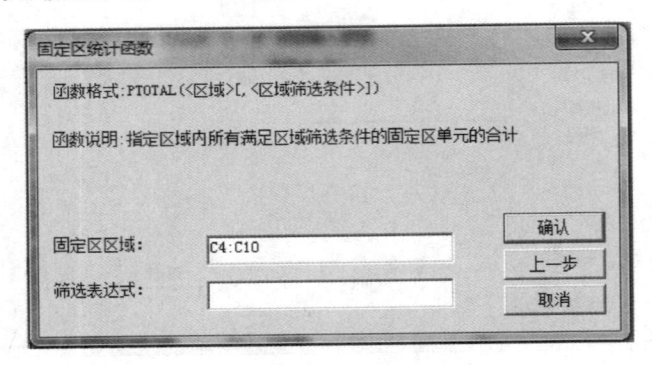

图6-19 固定区统计函数

图6-20 定义公式

3. 定义舍位平衡公式

(1)执行"数据"—"编辑公式"—"舍位公式"命令,打开"舍位平衡公式"对话框。

(2)确定信息:舍位表名SW1,舍位范围:C4:C11,舍位位数3,平衡公式:C11=C4+C5+C6+C7+C8+C9+C10,如图6-21所示,单击"完成"。

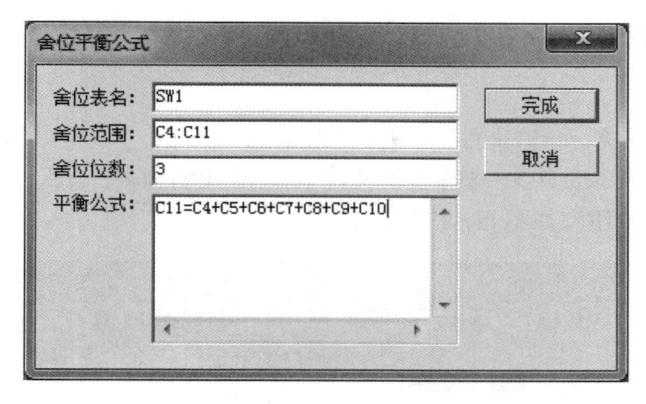

图 6—21　舍位平衡公式

[注意]
● 舍位平衡公式是指用来重新调整报表数据进位后的小数位平衡关系的公式。
● 如需设置几个公式,每个公式一行,各公式之间用逗号",",(半角)隔开,最后一条公式不写逗号。
● 等式左边只能为一个单元,舍位公式中只能用"+""−"符号。

4. 保存报表格式

(1) 执行"文件"—"保存"命令。如果是第一次保存,则打开"另存为"对话框。
(2) 选择要保存的文件夹,输入报表文件名"管理费用明细表",选择保存类型"*.rep",单击"另存为"按钮。如图 6—22 所示。

图 6—22　保存报表

[注意]
● 报表格式设置完以后切记要及时将这张报表格式保存下来,以便以后随时调用。
● 如果没有保存就退出,系统会出现提示:"是否保存报表?"以防止误操作。
● ".rep"为用友报表文件专用扩展名。

三、报表数据处理

1. 打开报表

(1)启动 UFO 系统,执行"文件"—"打开"命令。
(2)选择保存报表的文件夹,选择报表文件"管理费用明细表.rep"。
(3)单击"打开"按钮。如图 6—23 所示。

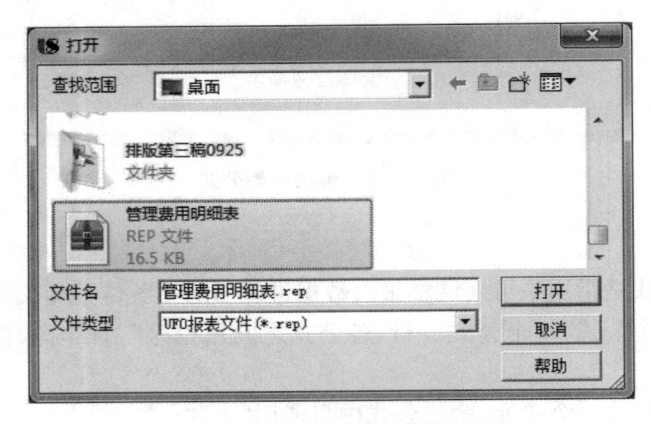

图 6—23　打开报表

(4)单击报表底部左下角的"格式/数据"按钮,使当前状态为"数据"状态。

[注意]

● 报表数据处理必须在"数据"状态下进行。

2. 增加表页

(1)执行"编辑"—"追加"—"表页"命令,打开"追加表页"对话框。
(2)输入需要增加的表页数"2"。
(3)单击"确认"按钮。如图 6—24 所示。

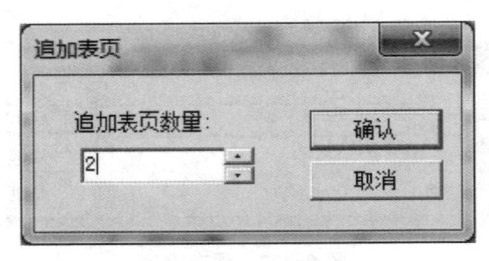

图 6—24　增加表页

[注意]

● 追加表页是在最后一张表页后追加 N 张空表页,插入表页是在当前表页后面插入一张空表页。

● 一张报表最多只能管理 99 999 张表页,演示版最多为 4 页。

3. 输入关键字值

(1)执行"数据"—"关键字"—"录入"命令,打开"录入关键字"对话框。
(2)输入年"2023",月"8",日"31"。如图 6—25 所示。

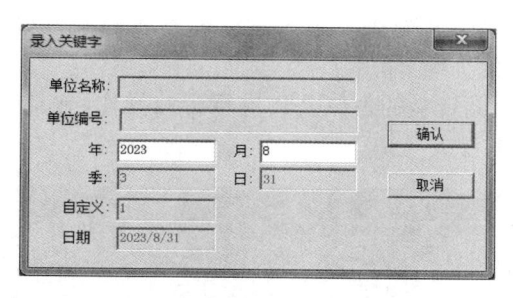

图 6-25 录入关键字

(3)单击"确认"按钮,弹出"是否重算第 1 页?"对话框。如图 6-26 所示。

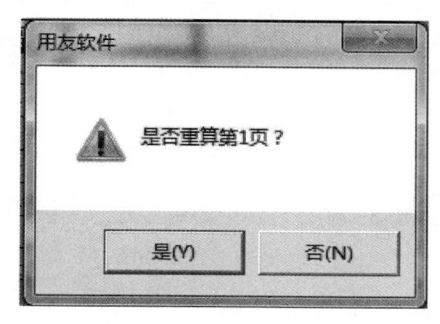

图 6-26 表页重算

(4)单击"是"按钮,系统会自动根据单元公式计算 8 月份数据;单击"否"按钮,系统不计算 8 月份数据,以后可利用"表页重算"功能生成 8 月数据。

[注意]
- 每一张表页均对应不同的关键字值,输出时随同单元一起显示。
- 日期关键字可以确认报表数据取数的时间范围,即确定数据生成的具体日期。

4. 生成报表

(1)执行"数据"—"表页重算"命令,弹出"是否重算第 1 页?"提示框。

(2)单击"是"按钮,系统会自动在初始的账套和会计年度范围内根据单元公式计算生成数据。如图 6-27 所示。

图 6-27 生成报表

5. 报表舍位操作

(1)执行"数据"—"舍位平衡"命令。

(2)系统会自动根据前面定义的舍位公式进行舍位操作,并将舍位后的报表保存在 sw1.rep 文件中。如图 6-28 所示。

图 6-28 舍位平衡

6. 表页排序

(1)执行"数据"—"排序"—"表页"命令,打开"表页排序"对话框。

(2)确定如下信息。选择第一关键值"年",排序方向"递增",第二关键字"月",排序方向"递增"。

(3)单击"确认"按钮。系统将自动把表页按年份递增顺序重新排列,如果年份相同则按月份递增顺序排序。如图 6-29 所示。

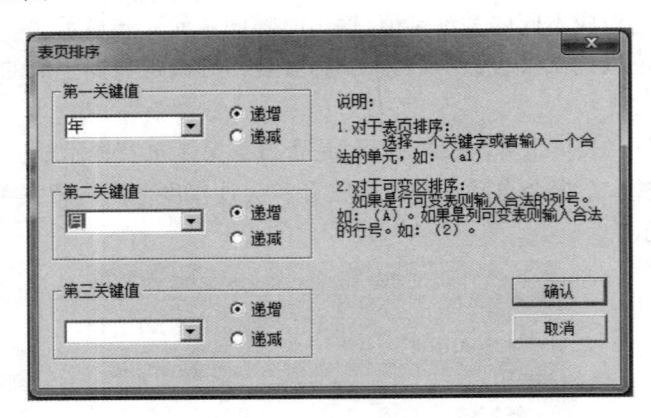

图 6-29 表页排序

7. 表页查找

(1)执行"编辑"—"查找"命令,打开"查找"对话框。

(2)确定查找内容"表页",确定查找条件"月=8"。如图 6-30 所示。

(3)单击"查找"按钮,查找到符合条件的表页作为当前表页。

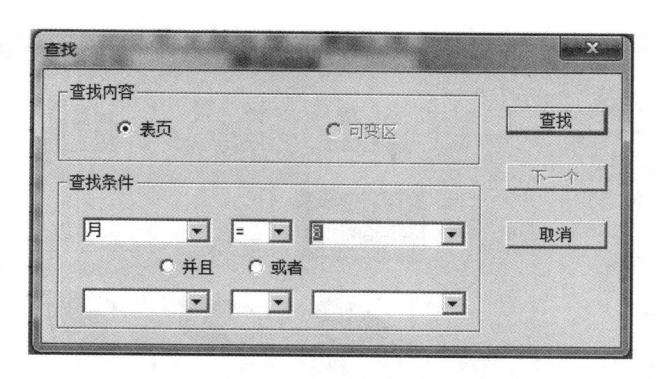

图6—30　表页查找

四、图表功能

1. 追加图表显示区域

(1)在格式状态下,执行"编辑"—"追加"—"行"命令,打开"追加行"对话框。
(2)输入追加行数"15"。如图6—31所示。
(3)单击"确认"按钮。

图6—31　追加行

[注意]
● 追加行或列须在格式状态下进行。

2. 插入图表对象

(1)在数据状态下,选取数据区域"B3:C10"。
(2)执行"工具"—"插入图表对象"命令,在追加的图表工作区,拖动鼠标左键至适当大小后,打开"区域作图"对话框。
(3)选择确定如下信息。数据组"行",操作范围"当前表页"。
(4)输入图表名称"管理费用分析图",图表标题"管理费用分析",X轴标题"项目名称",Y轴标题"本月发生额"。
(5)选择图表格式"成组直方图"。如图6—32所示。单击"确认"按钮。
(6)调整图中对象到适当位置。如图6—33所示。

[注意]
● 插入的图表对象实际上也属于报表的数据,因此有关图表对象的操作必须在数据状态下进行。
● 选择图表对象显示区域时,区域不能少于2行×2列,否则会提示出现错误。

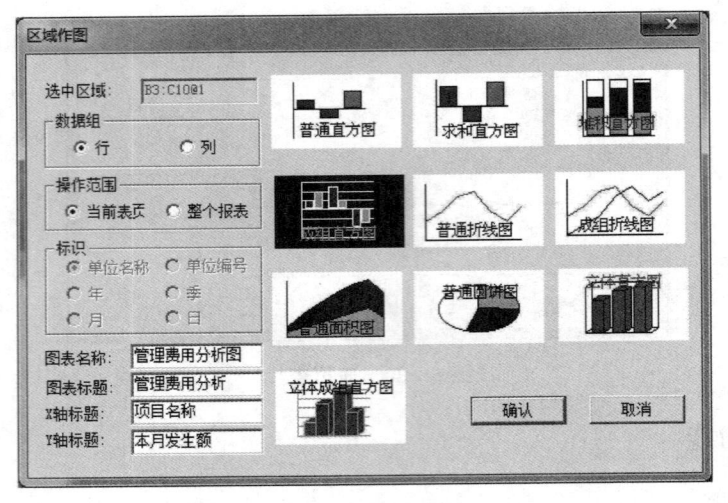

图 6-32 插入图表

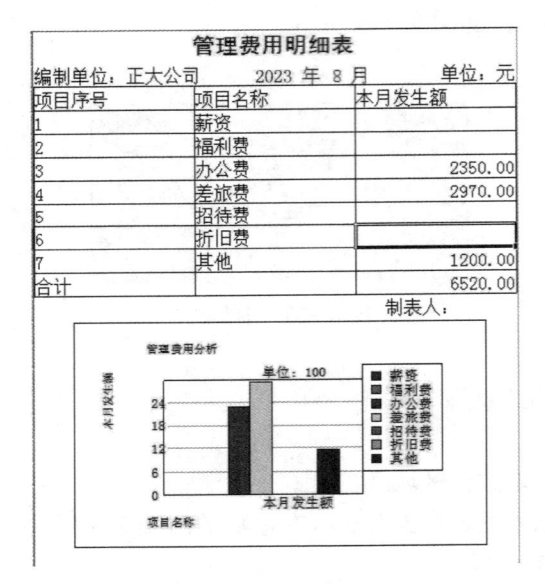

图 6-33 图表

3. 编辑图表对象

(1) 双击图表对象的任意位置,选中图表。
(2) 执行"编辑"—"主标题"命令,打开"编辑标题"对话框。
(3) 输入主标题"管理费用明细"如图 6-34 所示。
(4) 单击"确认"按钮。

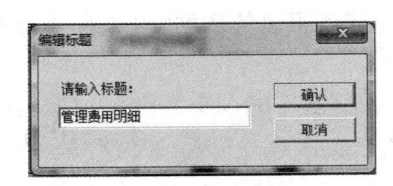

图 6-34 编辑图表对象

［注意］
● 将生成图表的货币资金表再次保存。

第二节　报表模板生成

一、资产负债表

1. 调用资产负债表模板
(1)在"格式"状态下,新建一空白报表。
(2)执行"格式"—"报表模板"命令,打开"报表模板"对话框。
(3)选择所在的行业"2007年新会计制度科目",财务报表"资产负债表"。如图6－35所示。

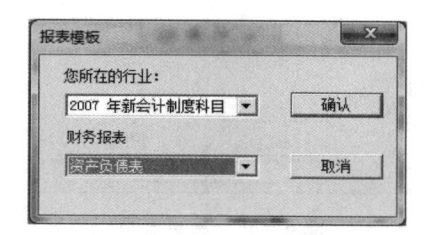

图6－35　资产负债表模板

(4)单击"确认"按钮,弹出"模板格式将覆盖本表格式!是否继续?"信息提示对话框。如图6－36所示。

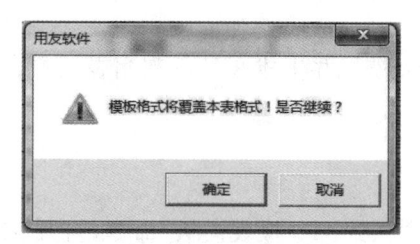

图6－36　打开资产负债表

(5)单击"确定"按钮,即可打开"资产负债表"模板。
2. 调整报表模板
(1)单击"数据/格式"按钮,将"资产负债表"处于"格式"状态。
(2)根据本单位的实际情况,调整报表格式,修改报表公式。
(3)保存调整后报表模板。
3. 生成资产负债表数据
(1)在数据状态下,执行"数据"—"关键字"—"录入"命令,打开"录入关键字"对话框。
(2)输入关键字:年"2023",月"8",日"31"。如图6－37所示。

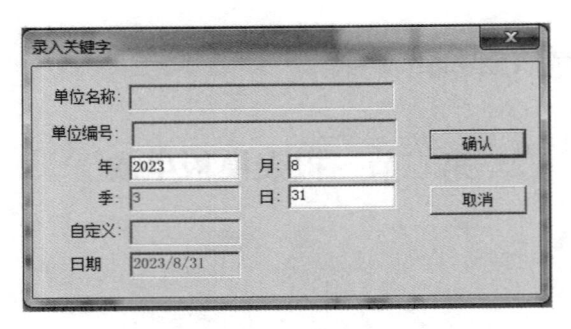

图 6—37　录入关键字

(3)单击"确认"按钮,弹出"是否重算第 1 页?"注意框。如图 6—38 所示。

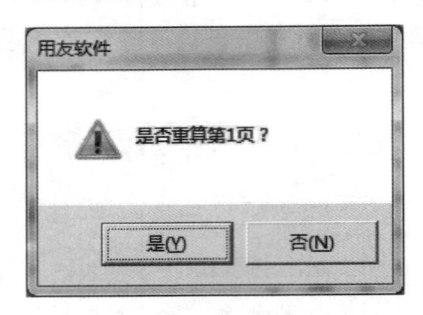

图 6—38　重算表页

(4)单击"是"按钮,系统会自动根据单元公式计算 8 月份数据;单击"否"按钮,系统不计算 8 月份数据,以后可利用"表页重算"功能生成 8 月数据。

(5)单击工具栏上的"保存"按钮,将生成的报表数据保存。

[注意]

● 同样的方法,调用利润表模板并生成 8 月份利润表。

二、现金流量表

1. 生成现金流量表主表

(1)在"格式"状态下,执行"格式"—"报表模板"命令,打开"报表模板"对话框。

(2)选择所在的行业"2007 年新会计制度科目",财务报表"现金流量表"。

(3)单击"确认"按钮,弹出"模板格式将覆盖本表格式!是否继续?"信息提示对话框。

(4)单击"确定"按钮,即可打开"现金流量表"模板。

2. 调整现金流量表模板

(1)单击"数据/格式"按钮,将"现金流量表"处于"格式"状态。

(2)采用引导输入方式调整报表公式。

(3)选中单元 C6。

(4)单击 fx 按钮,打开"定义公式"对话框。

(5)单击"函数向导"按钮,打开"函数向导"对话框。在"函数分类"列表中选择"用友账务函数",在右侧的"函数名"列表框中选择"现金流量项目金额(XJLL)",如图 6—39 所示。单击"下一步"按钮,打开"用友财务函数"对话框。

第六章 UFO报表管理   113

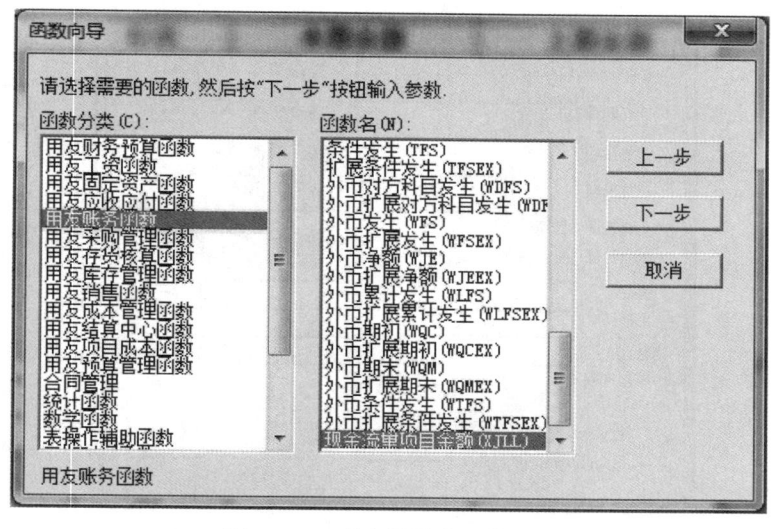

图6—39 现金流量表函数向导

(6)点击"参照"按钮,打开"账务函数"对话框。单击"现金流量项目编码"右侧的参照按钮,打开"现金流量项目"选项。如图6—40所示。

图6—40 函数参照

(7)双击选择与C6单元格左边相对应的项目,返回"账务函数"对话框。如图6—41所示。

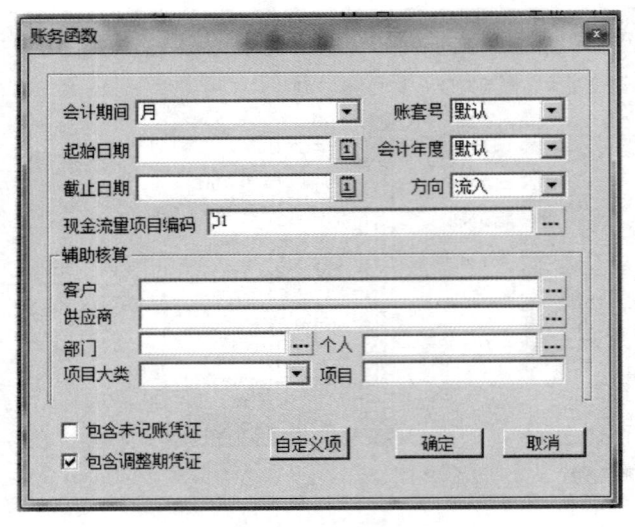

图 6—41　财务函数

(8)两次单击"确定"按钮,返回"定义公式"对话框,如图 6—42 所示。再点击"确认"按钮,返回现金流量表页面。

图 6—42　现金流量表公式

(9)重复步骤(3)~(8)的操作,输入其他单元公式。
(10)单击工具栏上的"保存"按钮,保存调整后的现金流量表模板。
3. 生成现金流量表主表数据(预先设置"现金流量凭证查询")
(1)在"数据"状态下,执行"数据"—"表页重算"命令。
(2)系统弹出"是否重算第 1 页?"信息提示对话框。
(3)单击"是"按钮,系统会自动根据单元公式计算 8 月份数据。
(4)执行"文件"—"另存为"命令,输入文件名"现金流量表 2023",单击"另存为"按钮,将生成的报表数据保存。

第七章　薪资管理

【内容概述】

薪资管理是企业管理的重要组成部分,职工工资的发放包括发给职工个人的劳动报酬和按国家规定发放的津贴、补贴等,它影响到企业的发展,涉及每一位员工的切身利益,不同的工资决策会给企业带来不同的结果。具有激励机制的工资方案,可以调动管理人员和普通员工的工作积极性,更好地提高效率。这些都建立在工资核算的基础上。如果企业中所有员工的工资发放项目相同、工资计算方法也相同,那么可以对全部员工进行统一的工资核算方案,对应地选择系统提供的单工资类别应用方案;如果企业存在下列情况之一,则需要选择系统提供的多工资类别应用方案。首先,企业存在不同类别的人员,不同类别的人员工资发放项目不同、计算公式也不相同,但需要进行统一的工资核算管理,如企业需要分别对在职人员、退休人员等进行工资核算等情况。其次,企业每月进行多次工资发放,月末需要进行统一核算。再次,企业在不同地区设有分支机构,而工资核算由总部统一管理或工资发放使用多种货币。如果在建账过程中选择进行多工资类别核算,系统就会提示建立相关工资类别。完成后会出现"打开工资类别"选项,通过该选项可以对各工资类别基础信息分别进行设置。

- 薪资类别管理:薪资管理系统提供处理多个工资类别的功能,企业有多种不同类别的人员,工资发放的项目不同,计算公式也不同,但需要进行统一工资核算管理,应选择建立多个工资类别。
- 人员档案管理:可以设置人员的基础信息并对人员变动进行调整,另外系统也提供了设置人员附加信息功能。
- 薪资数据管理:可以根据不同企业的需要设计工资项目和计算公式;管理所有人员的工资数据,并对日常发生的工资变动进行调整;计算个人所得税,结合工资发放形式进行扣零处理或向代发工资的银行传输工资数据,自动计算汇总工资数据;自动完成工资分摊、计提、转账业务。
- 薪资报表管理:提供多层次、多角度的工资数据查询。

【实验目标】

1. 掌握薪资管理的初始设置。

2. 设置工资项目计算公式。
3. 掌握薪资管理的日常业务处理。
4. 掌握工资的月末结转及工资分摊。
5. 掌握数据的查询。

【实验内容】

1. 薪资管理的初始设置。
(1)建立工资账套。
(2)工资项目设置、银行名称设置、人员类别设置、人员档案设置、计算公式设置、所得税纳税基数设置。
2. 薪资管理的日常处理。
(1)工资类别管理。
(2)工资数据管理。
(3)个人所得税的计算和申报。
(4)工资分摊。
(5)工资数据查询统计。
3. 期末处理。
月末处理和年末结转。

【实验准备】

引入"第三章　总账管理系统初始设置"账套。

第一节　薪资管理期初设置

一、建立工资账套

1. 启用薪资管理系统

以账套主管"001 丁一"身份登录企业应用平台,操作员:001;密码:1;账套:001;操作日期:2023—08—01。

(1)执行"基础设置"—"基础信息"命令。双击"系统启用"项目,进入"系统启用"窗口。
(2)选中"WA"—"薪资管理"复选框,弹出"日历"对话框,选择日期"2023 年 8 月 1 日"。如图 7—1 所示。
(3)单击"确定"按钮。系统提示:"确实要启用当前系统吗?"。单击"是"按钮。
(4)同理,启用"PR 计件薪资管理"模块,操作同上。如图 7—2 所示。

[注意]

● 薪资管理的启用月必须大于总账的未结账日期。

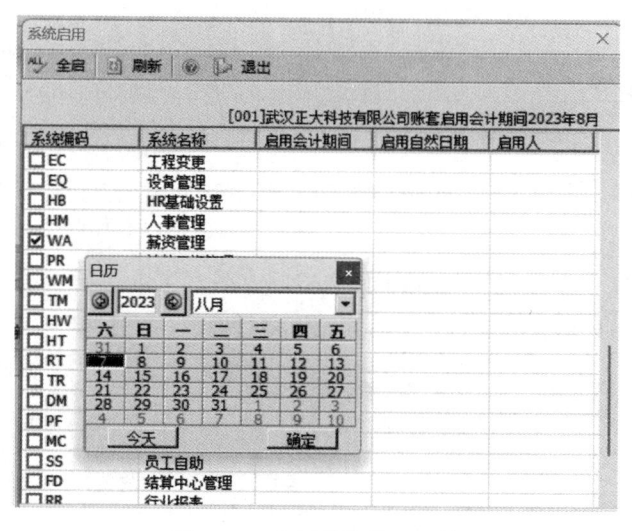

图7—1　启用薪资管理系统

图7—2　启用计件薪资管理

2. 建立工资账套
【实验资料】
(1)工资类别个数：多个；
(2)是否核算计件工资：核算；
(3)核算币种：人民币 RMB；
(4)要求代扣个人所得税；
(5)不进行扣零处理。
【操作指导】
(1)执行"业务工作"—"人力资源"—"薪资管理"命令,在弹出的"建立工资套"的对话框中选择本账套所处理的工资类别个数"多个",默认币别名称为"人民币 RMB"。选中"是否核算计件工资"复选框，单击"下一步"按钮。如图7-3所示。

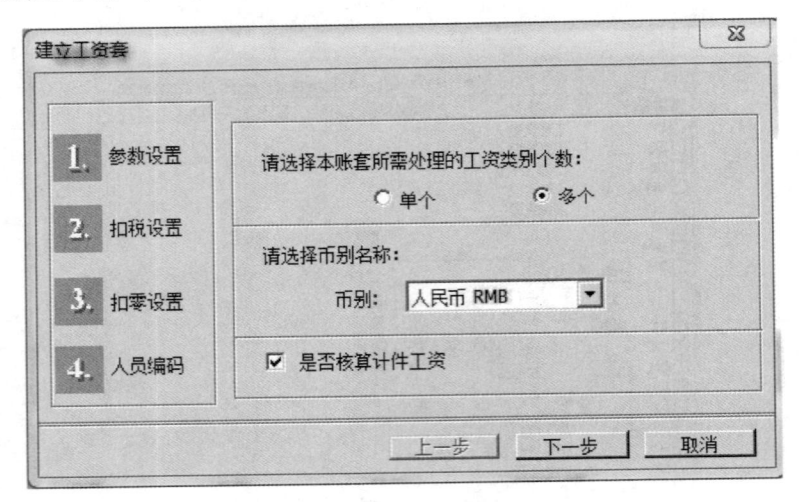

图7-3 参数设置

（2）在建账第二步"扣税设置"中，选中"是否从工资中代扣个人所得税"复选框。单击"下一步"按钮。如图7-4所示。

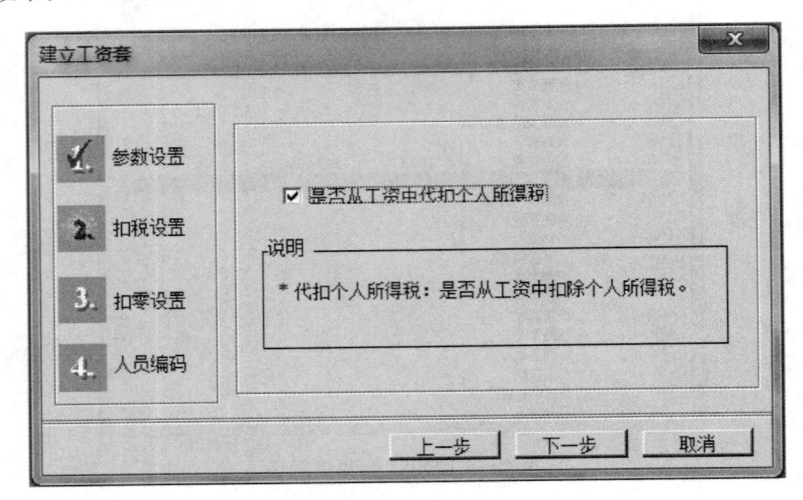

图7-4 扣税设置

（3）在建账第三步"扣零设置"中，不做选择，单击"下一步"按钮。如图7-5所示。
（4）在建账第四步"人员编码"中，系统要求对员工进行统一编号，人员编码同公共平台中的人员编码保持一致。单击"完成"按钮。如图7-6所示。

[注意]
● 工资类别可以是"单个"，也可以是"多个"。比如，若选择多个工资类别，可设置"正式员工"和"临时员工"工资类别。不同的工资类别工资项目是不一样的。
● 计件工资是按计件单价支付劳动报酬的一种形式，由于对计时工资和计件工资的核算方法不同，因此在薪资管理系统中对于企业是否存在计件工资特别设置了确认选项。选中该项，系统自动在工资项目设置中显示"计件工资"项目；在人员档案中"核算计件工资"项目可

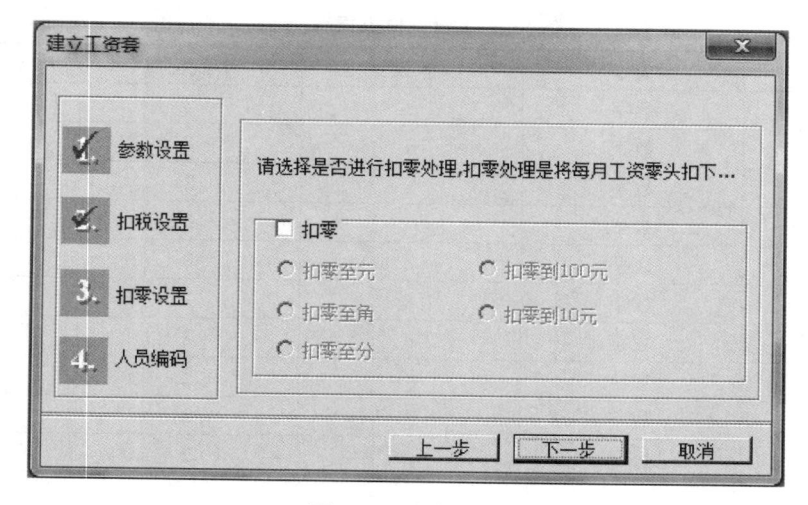

图 7-5　扣零设置

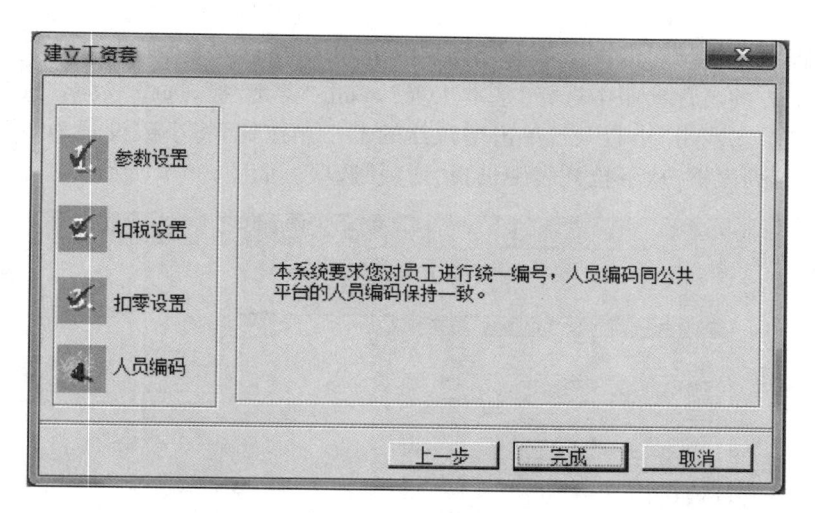

图 7-6　人员编码

选。
●选择代扣个人所得税后,系统将自动生成工资项目"代扣税",并自动进行代扣税金的计算。
●扣零处理是指每次发放工资时零头扣下,积累取整,于下次工资发放时补上,系统在计算工资时将依据扣零类型(扣零至元、扣零至角、扣零至分)进行扣零计算。用户一旦选择了"扣零处理",系统自动在固定工资项目中增加"本月扣零"和"上月扣零"两个项目,扣零的计算公式将由系统自动定义无须设置。
●在银行代发工资的情况上,扣零处理没有意义。

二、基础信息设置

1. 工资项目设置
【实验资料】

表 7—1 工资项目设置

项目名称	类型	长度	小数位数	增减项
基本工资	数字	8	2	增项
奖金	数字	8	2	增项
交通补贴	数字	8	2	增项
应发合计	数字	10	2	增项
请假天数	数字	2	0	其他
请假扣款	数字	8	2	减项
养老保险金	数字	8	2	减项
扣款合计	数字	10	2	减项
实发合计	数字	10	2	增项
代扣税	数字	10	2	减项

【操作指导】

(1)执行系统菜单"业务工作"—"人力资源"—"薪资管理"—"设置"—"工资项目设置"命令,打开"工资项目设置"对话框。单击"增加"按钮,工资项目列表中增加一空行。

(2)在右上方的名称参照中选择"基本工资",双击"类型"栏,选择"数字"选项。"长度"采用系统默认值"8"。双击"小数"栏,单击增减器的上三角按钮,将小数设置为"2"。双击"增减项"栏,单击下拉列表框,从下拉列表中选择"增项"选项。如图 7—7 所示。

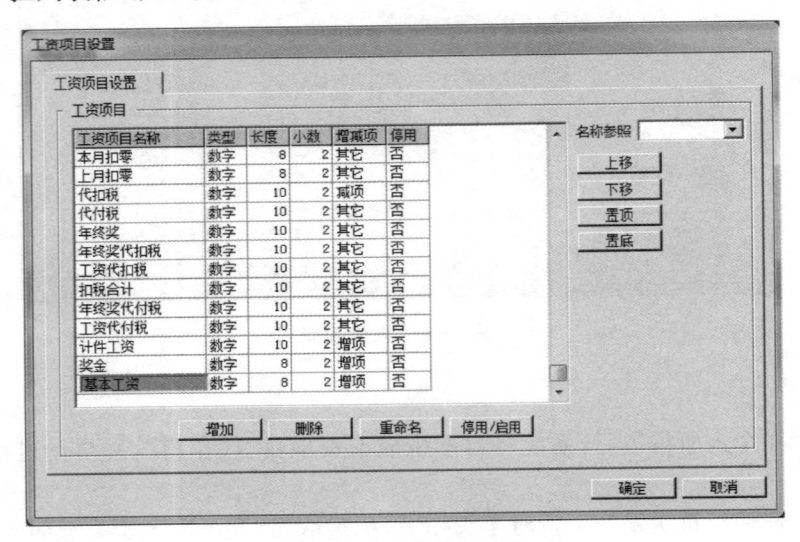

图 7—7 工资项目添加

(3)同理,单击"增加"按钮根据实验资料增加其他工资项目。所有项目增加完成后,利用"工资项目设置"界面上的"上移"和"下移"按照实验资料所给顺序调整工资项目的排列位置。单击"确定"按钮。添加完成情况如 7—8 所示。

[注意]

● 系统提供若干常用工资项目供参考,可选择输入。对于参考中未提供的工资项目,可以双击"工资项目名称"一栏直接输入,或先从"名称参照"中选择一个项目,然后单击"重命名"按钮,将其修改为需要的项目。

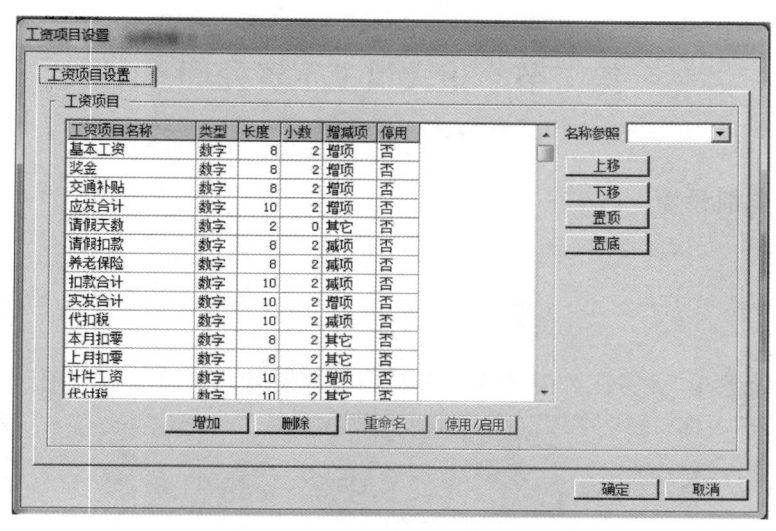

图 7—8 工资项目排序

2. 银行名称设置

【实验资料】

银行编码:0101。

银行名称:工商银行东湖分行。

个人账户规则:定长;账号长度:11;自动带出账号长度:7。

【操作指导】

执行系统菜单"基础设置"—"基础档案"—"收付结算"—"银行档案"命令,打开"银行档案"对话框。单击"增加"按钮。银行编码输入"0101",银行名称输入"工商银行东湖分行",默认账号定长,且账号长度为"11",自动带出个人账号长度"7"。单击"保存",即可退出。如图 7—9 所示。

图 7—9 增加银行档案

第二节　正式员工工资处理

一、人员类别设置

【实验资料】
员工类别：正式员工。

【操作指导】
(1)执行系统菜单"业务工作"—"人力资源"—"薪资管理"—"工资类别"—"新建工资类别"，输入工资类别名称"正式员工"。如图7—10所示。

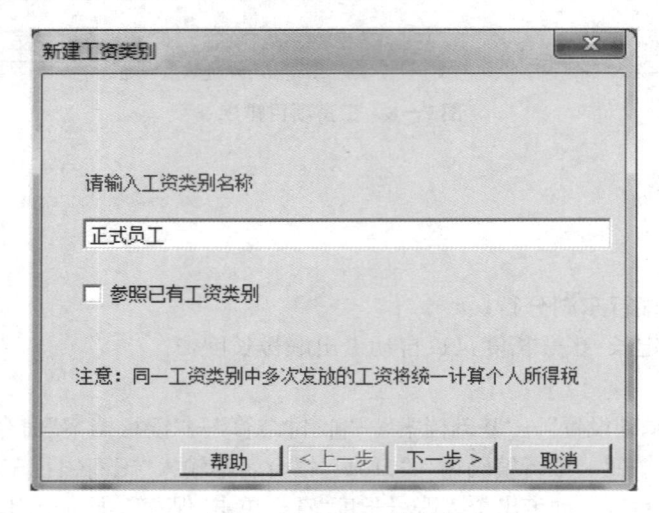

图7—10　新建工资类别

(2)单击"下一步"，单击"选定全部部门"，单击"完成"。系统弹出"是否以2023-08-01为当前工资类别的启用日期？"，单击"是"。如图7—11所示。

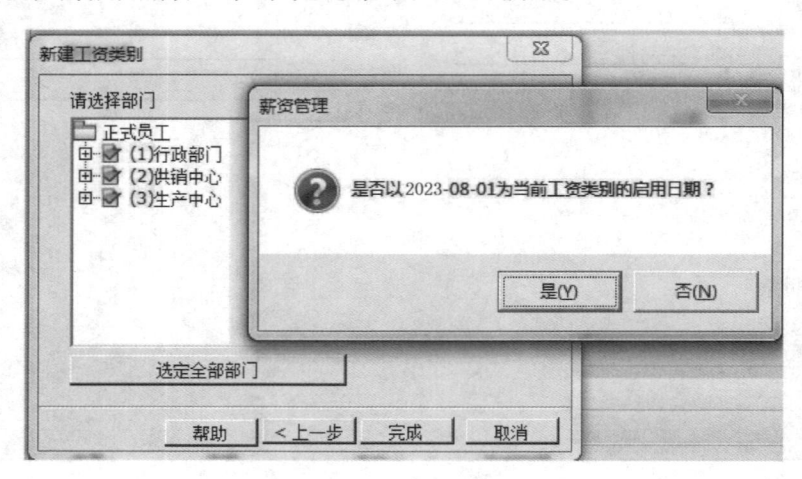

图7—11　启用正式员工

二、设置正式员工人员档案

【实验资料】

1. 添加在职人员

表 7-2　　　　　　　　　　　　　需添加的在职人员

编号	姓名	性别	所属部门	人员类别	银行名称	银行账号
301	杨心	女	一车间	车间管理人员	工商银行东湖分行	20160080009
302	赵晨	男	二车间	生产人员	工商银行东湖分行	20160080010

2. 正式员工档案(在职人员)

表 7-3　　　　　　　　　　　　　正式员工人员档案

职员编码	职员名称	所属部门	人员类别	账号	中方人员	是否计税
101	余文	总经理办公室	企业管理人员	20160080001	是	是
102	丁一	财务部	企业管理人员	20160080002	是	是
103	卢飞	财务部	企业管理人员	20160080003	是	是
104	陈旺	财务部	企业管理人员	20160080004	是	是
201	李丽	销售部	经营人员	20160080005	是	是
202	孙明	销售部	经营人员	20160080006	是	是
211	王菲	采购部	经营人员	20160080007	是	是
212	李健	采购部	经营人员	20160080008	是	是
301	杨心	一车间	车间管理人员	20160080009	是	是
302	赵晨	二车间	生产人员	20160080010	是	是

【操作指导】

1. 添加正式员工

(1)在薪资管理系统中执行"业务工作"—"人力资源"—"薪资管理"—"打开工资类别"命令,单击"001 正式员工"所属行。单击"确定"按钮。如图 7-12 所示。

(2)执行系统菜单"基础设置"—"基础档案"—"机构人员"—"人员档案"命令,进入"人员档案"窗口。单击工具栏中的"增加"按钮,打开"人员档案"对话框。增加杨心和赵晨两位职工。

(3)添加 301 杨心,如图 7-13 所示。保存后,退出。同理,添加赵晨。

2. 完善员工银行信息

根据资料提供的职员档案表建立职员档案,包括职员编号、职员名称、所属部门、职员属性、职员类别等。由于之前已经录入相关人员资料,此处只需设置代发银行、银行账号。

(1)执行"业务工作"—"人力资源"—"薪资管理"—"设置"—"人员档案"命令,打开"人员档案"窗口。

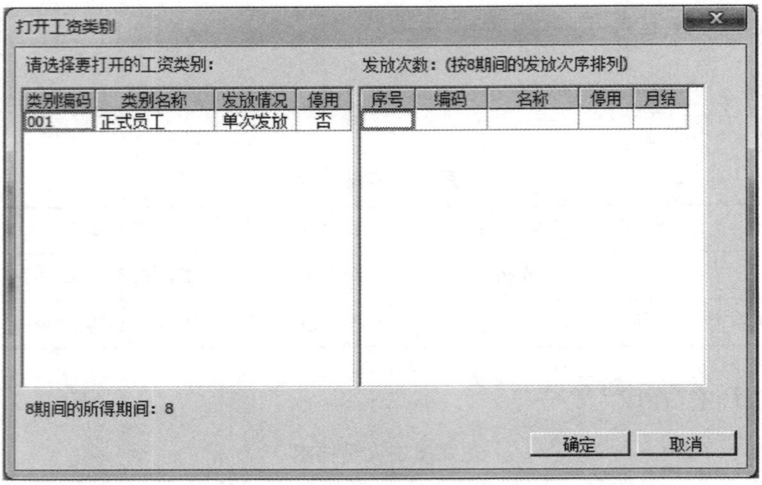

图7-12 打开正式员工类别

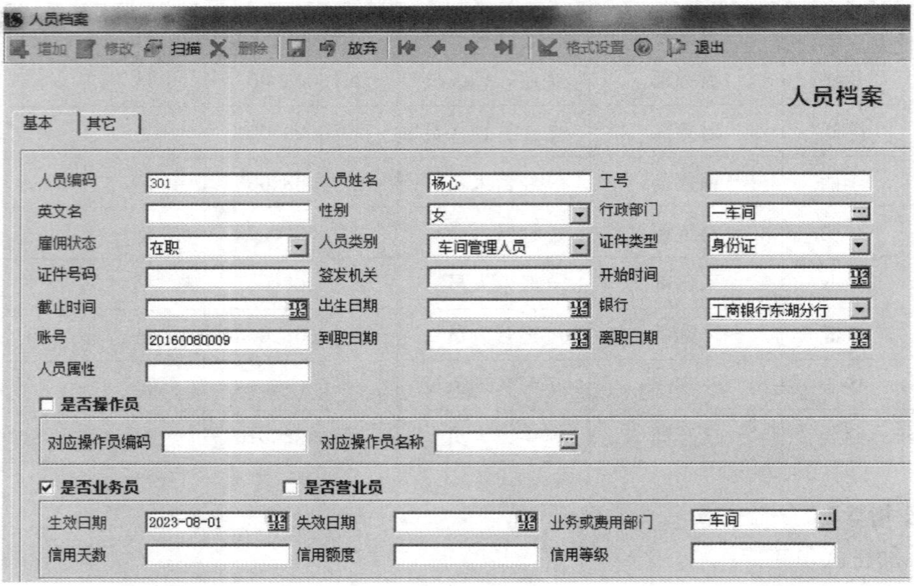

图7-13 添加正式员工

(2)在"人员档案"窗口中,单击"批增"按钮,打开"人员批量增加"对话框。选中左侧"行政部门""供销中心""生产中心",单击右侧"查询",点击确定。如图7-14所示。

(3)在"人员档案"界面中,单击人员姓名选择"余文",单击银行名称栏下三角按钮,选择"工商银行东湖分行",在银行账号栏录入"20160080001"。本案例中正式员工不核算计件工资,取消"核算计件工资"选项。单击"确定",弹出"写入该人员档案信息吗?",单击"确定"。如图7-15所示。

(4)同理,继续录入其他的人员的银行信息及账号。如图7-16所示。

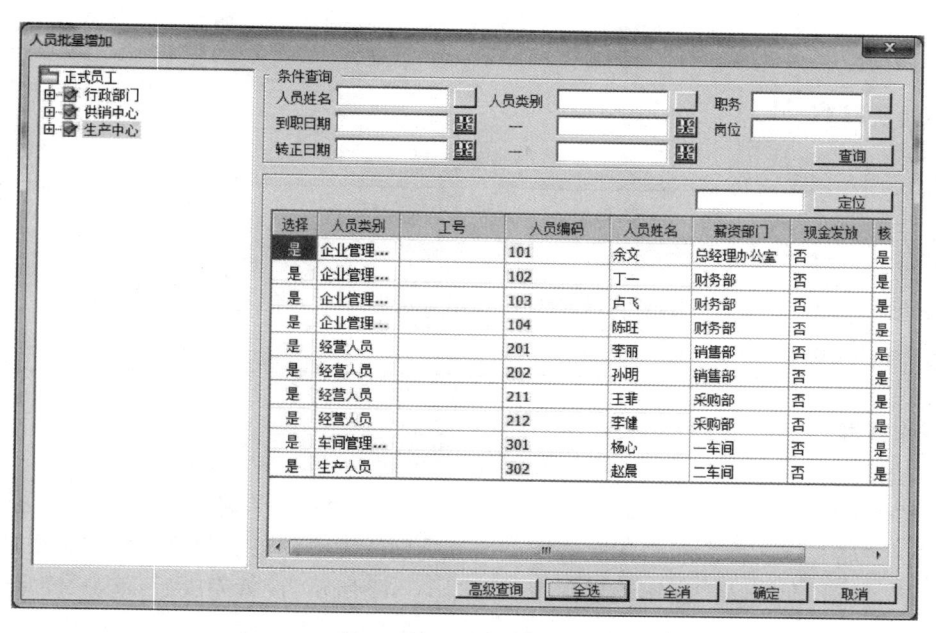

图7—14 正式员工批增

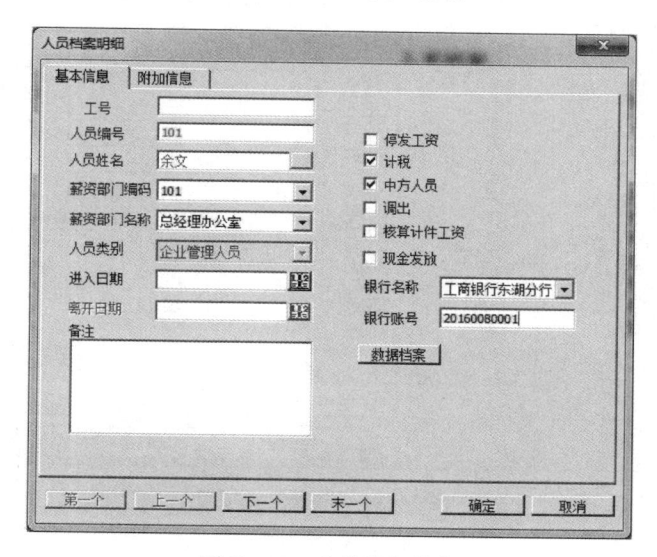

图7—15 完善银行信息

图7—16 人员信息

三、设置计算公式

【实验资料】

表7—4 计算公式

工资项目	公式
请假扣款	请假天数×基本工资/30
交通补贴	iff(人员类别="企业管理人员",90,iff(人员类别="经营人员",100,80))
养老保险金	(基本工资+奖金)*0.08

【操作指导】

1. 选择工资项目

打开"001 正式员工工资类别"后,执行"人力资源"—"薪资管理"—"设置"—"工资项目设置",单击"增加",在名称参照中依次选择该项目类别所需要的工资项目。并按照要求通过"上移""下移""置顶"和"置底"按钮调整顺序。如图7—17所示,设置完成后,单击"确定"。

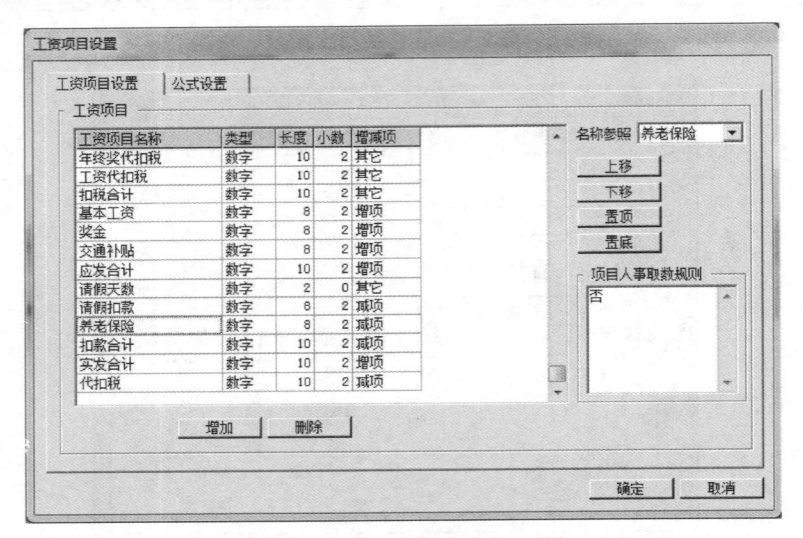

图7—17 选择工资项目

2. 设置公式

(1)设置公式"请假扣款=请假天数×基本工资/30"。执行系统菜单"人力资源"—"薪资管理"—"设置"—"工资项目设置"命令,进入"工资项目设置"窗口。

(2)在"工资项目设置"对话框中单击"公式设置"选项卡。单击"增加"按钮,在"工资项目"列表中增加一空行。单击该空行下拉列表框选择"请假扣款"选项。单击"请假扣款公式定义"文本框。单击工资项目列表中的"请假天数",使"请假天数"出现在公式定义文本框中,单击公式输入参照"*",然后单击工资项目中的"基本工资",再单击"/",输入"30",单击"公式确认"按钮。如图7—18所示。

(3)同理,设置"养老保险"的公式。如图7—19所示。

(4)设置"交通补贴"的公式"iff(人员类别="企业管理人员",90,iff(人员类别="经营人

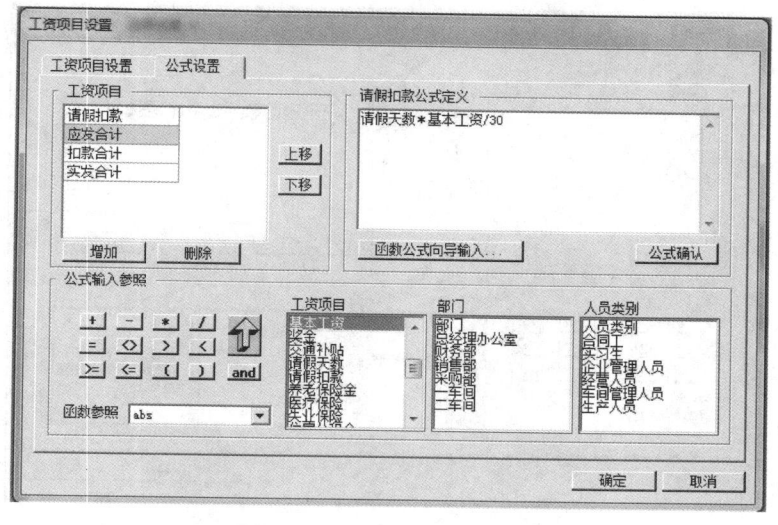

图 7—18 基本工资公式设置

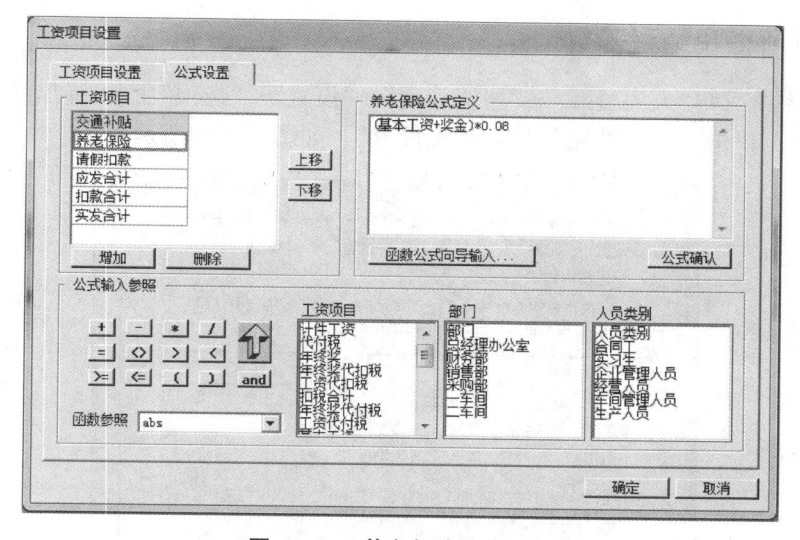

图 7—19 养老保险公式设置

员",100,80))"。

(5)在"工资项目设置"对话框中的"公式设置"选项卡下,单击"增加"按钮,在工资项目列表中增加一空行。

(6)单击下拉列表框选择"交通补贴"选项。在"公式定义"文本框中直接输入公式"iff(人员类别="企业管理人员",90,iff(人员类别="经营人员",100,80))"。单击"公式确认"按钮。如图 7—20 所示,最后单击"确定"按钮。

[注意]
- 公式中的标点符号均为英文方式。
- 本公式还可以采用"函数公式向导输入"方式来输入。

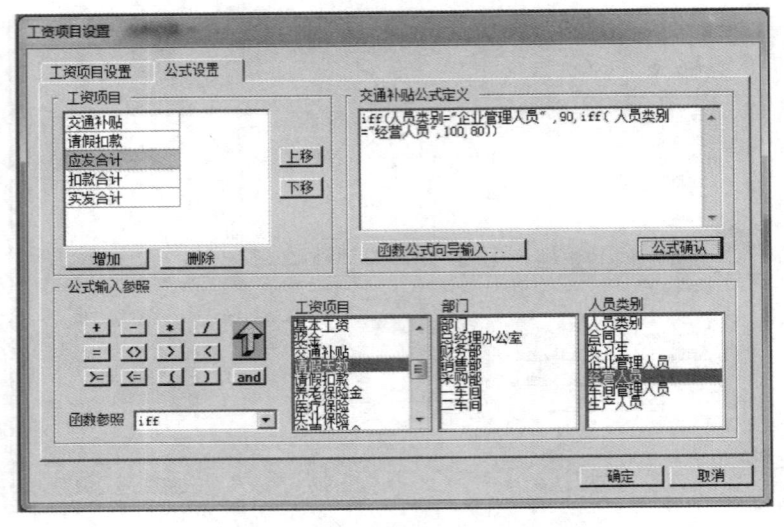

图7—20 交通补贴公式设置

四、设置所得税纳税基数

(1)执行系统菜单"人力资源"—"薪资管理"—"设置"—"选项"命令,弹出系统提示。打开"选项"对话框。单击"编辑"按钮,单击"扣税设置"。如图7—21所示。

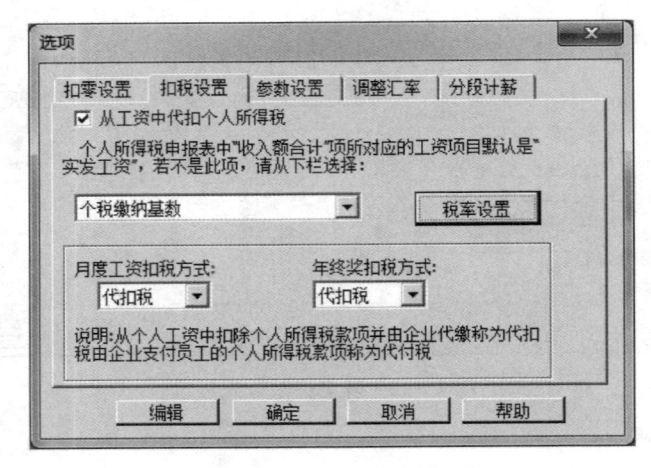

图7—21 扣税设置

(2)单击工具栏中的"税率设置"按钮。进入"个人所得税申报表"窗口。如图7—22所示。可根据现行税法修改所得税纳税基数为"5000",附加费用"0",并修改代扣税中每个级次的"应纳税所得额上限""税率"和"速算扣除数",单击"确定"按钮即可。

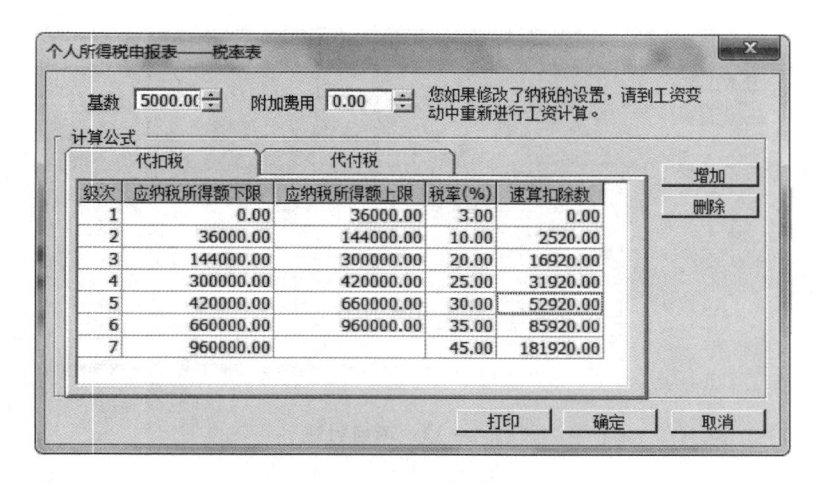

图7-22 个人所得税申报表

五、工资系统日常业务处理

1. 正式员工基本工资数据

【实验资料】

表7-5 正式员工基本工资数据

职员名称	基本工资	奖金
余文	5 000	500
丁一	3 000	300
卢飞	2 000	200
陈旺	2 500	200
李丽	4 500	400
孙明	3 000	300
王菲	3 000	300
李健	2 000	200
杨心	4 500	450
赵晨	3 000	300

【操作指导】

以账套主管"001 丁一"身份登录，更改操作日期为2023-08-31。

(1)单击"人力资源"—"薪资管理"—"业务处理"—"工资变动"命令，进入"工资变动"窗口。

(2)根据实验资料输入基本工资和奖金数据。单击过滤器的倒三角，选择"〈过滤设置〉"，在弹出的对话框中将"基本工资"和"奖金"选为已选项目，如图7-23所示，单击"确定"按钮。

(3)输入实验资料中正式员工的基本工资和奖金。如图7-24所示。

(4)录入完成后，关闭工资变动窗口，弹出信息提示框。单击"否"按钮。

[注意]

● 这里只需输入没有进行公式设定的项目，如基本工资、奖金，其余各项由系统根据计算公式自动计算生成。

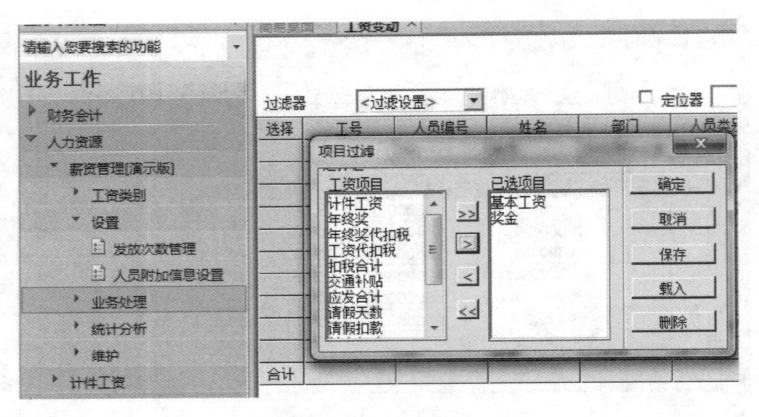

图7—23 项目过滤

图7—24 基本工资及奖金工资输入

2. 输入工资变动数据

【实验资料】

(1)正式员工考勤情况:李丽请假2天;王菲请假1天。

(2)由于销售部业绩良好,本月销售部每人奖励600元。

【操作指导】

(1)输入考勤数据,单击"业务处理"—"工资变动"命令,进入"工资变动"窗口。输入考勤情况:李丽请假2天;王菲请假1天。录入完成后,关闭工资变动窗口,弹出信息提示框。单击"否"按钮。如图7—25所示。

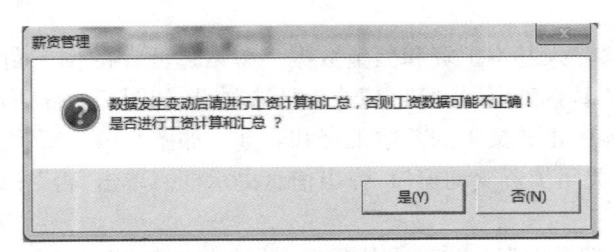

图7—25 信息提示窗口

(2)输入增加奖励工资。单击"业务处理"—"工资变动"命令,进入"工资变动"窗口。单击"全选"按钮,人员前面的"选择"栏出现选中标记"Y"。

(3)单击工具栏中的"替换"按钮。单击"将工资项目"下拉列表框,选择"奖金"选项。在"替换成"文本框中,输入"奖金＋600"。在替换条件处分别选择:"部门""＝""销售部"。如图7－26 所示。

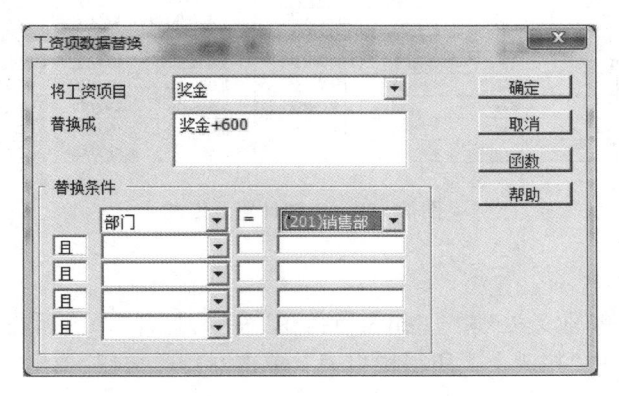

图7－26 工资项数替换

(4)单击"确定"按钮,弹出"数据替换后将不可恢复。是否继续?"提示框。如图7－27 所示。

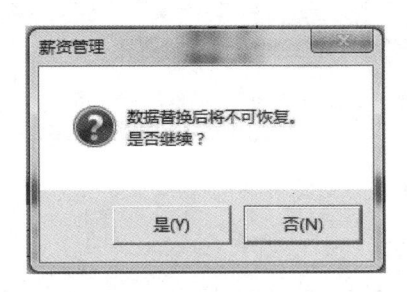

图7－27 信息提示框

(5)单击"是"按钮,系统提示"2 条记录被替换,是否重新计算?"。如图7－28 所示。单击"是"按钮,系统自动完成工资计算。

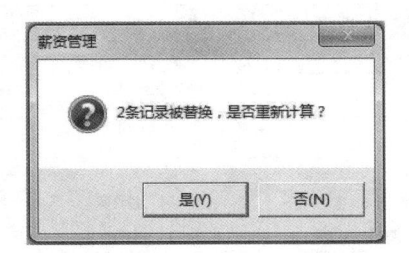

图7－28 信息提示框

3. 数据计算与汇总

在"工资变动"窗口中,单击工具栏中的"计算"按钮,计算工资数据。单击工具栏中的"汇总"按钮,汇总工资数据。如图7－29 所示。所有操作完成后,关闭工资变动窗口。

图 7-29　工资计算及汇总

4. 查看个人所得税

(1)执行系统菜单"业务处理"—"扣缴所得税"命令,打开"个人所得税申报模板"对话框。如图 7-30 所示。选中"扣缴个人所得税报表",单击"打开"按钮,弹出"所得税申报"的查询窗口,如图 7-31 所示。

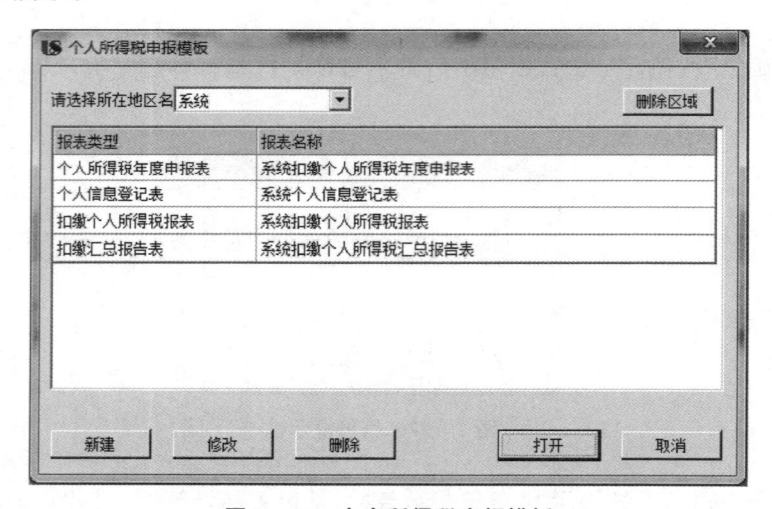

图 7-30　个人所得税申报模板

图 7-31　查询范围

(2)起始期间和结束期间均选择"08",单击"确定"按钮,即可查看"个人所得税扣缴申报表"。

六、工资费用分摊

【实验资料】

应付工资总额等于工资项目"实发合计",工会经费、职工教育经费、工资费用分配的转账分录如表7—6。

表7—6　　　　　　　　　　　　　工资费用分摊表

部门	工资分摊	应付职工薪酬 借方科目	应付职工薪酬 贷方科目	工会经费2% 借方科目	工会经费2% 贷方科目	职工教育经费1.5% 借方科目	职工教育经费1.5% 贷方科目
总经理办公室、财务部	企业管理人员	660201	221101	660207	221103	660207	221104
采购部 销售部	经营人员	6601	221101				
一车间	车间管理人员	510101	221101				
二车间	生产人员	500102	221101				

【操作指导】

1. 设置工资分摊类型

(1)执行"业务处理"—"工资分摊"命令,双击打开"工资分摊"对话框。如图7—32所示。

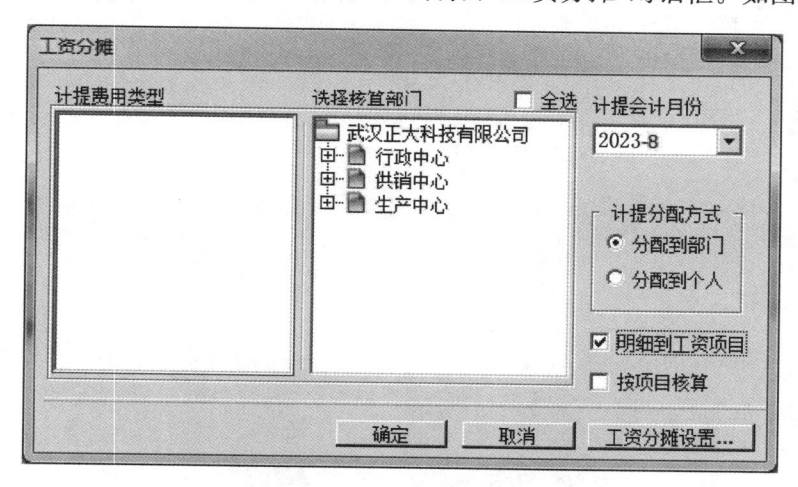

图7—32　工资分摊设置

(2)选中"明细到工资项目",单击"工资分摊设置"按钮,打开"分摊类型设置"对话框。如图7—33所示。

(3)单击"增加"按钮,打开"分摊计提比例设置"对话框。输入计提类型名称"应付工资",分摊计提比例"100%"。如图7—34所示。

(4)单击"下一步"按钮,打开"分摊构成设置"对话框。根据实验资料选择输入"部门名称""人员类别""工资项目""借贷方金额"等数据。生产成本设了项目大类,所以必须选择借方项

图7—33 分摊类型设置

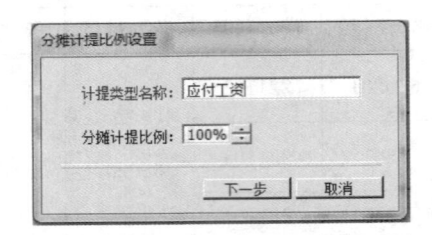

图7—34 分摊计提比例设置

目大类和借方项目。如图7—35所示。

图7—35 分摊构成设置

(5)借方科目为"500102生产成本——直接人工",借方项目大类选择"生产成本",借方项目选择"电动机Ⅰ型"。如图7—36、7—37所示。

图7—36 参照窗口

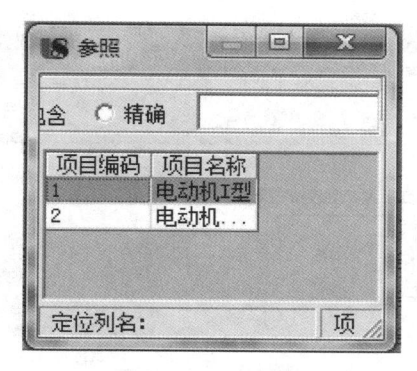

图 7—37 参照窗口

（6）输完后单击"完成"按钮。同理，参照上述步骤根据实验资料完成工会经费、职工教育经费的分摊类型设置。此处应当注意，虽然工会经费和职工教育经费分摊类型的借贷方科目相同，但由于人员类别不同，所以设置与工资分摊类似，分为四种人员类别，设置完成后，返回"工资分摊"窗口。

2. 分摊工资费用

（1）在"工资分摊"对话框，选择计提费用类型"应付工资"，单击选择"行政部门""供销中心""生产中心"，单击选择"明细到工资项目"。单击"确定"按钮。如图 7—38 所示。

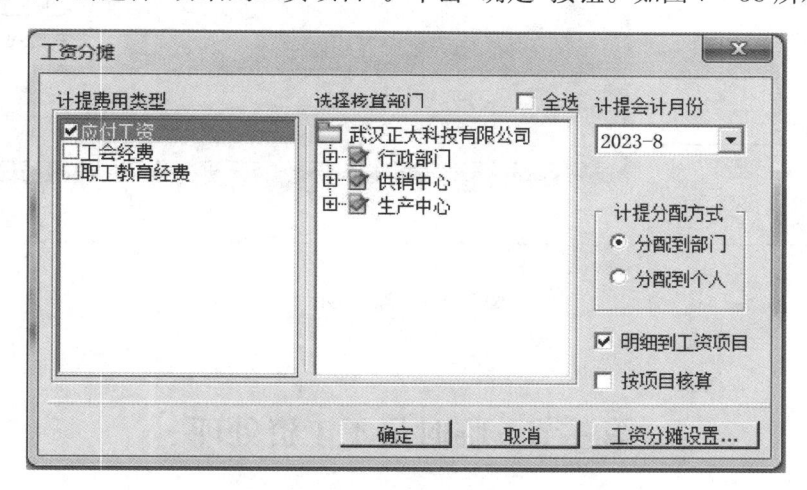

图 7—38 工资分摊

（2）在弹出的"工资分摊明细"中，单击选择"合并科目相同、辅助项相同的分录"。如图 7—39 所示。单击窗口上方"制单"按钮，进入"填制凭证"窗口。

（3）在会计凭证窗口，选择凭证类型"转账凭证"。单击有辅助核算的"生产成本/直接人工"此行，将鼠标放在凭证下面的备注区域，当出现铅笔形状时，双击弹出辅助项录入窗口。选择"电动机Ⅰ型"即可，如图 7—40 所示，单击"确定"按钮，保存凭证，转账凭证上出现"已生成"，关闭该凭证填制窗口。

（4）同理，生成分摊工会经费、职工教育经费的凭证。

（5）生成的凭证自动传递到总账系统，需要对其进行审核和计账。

（6）执行"人力资源"—"薪资管理"—"工资类别"—"关闭工资类别"，关闭正式员工工资类别。

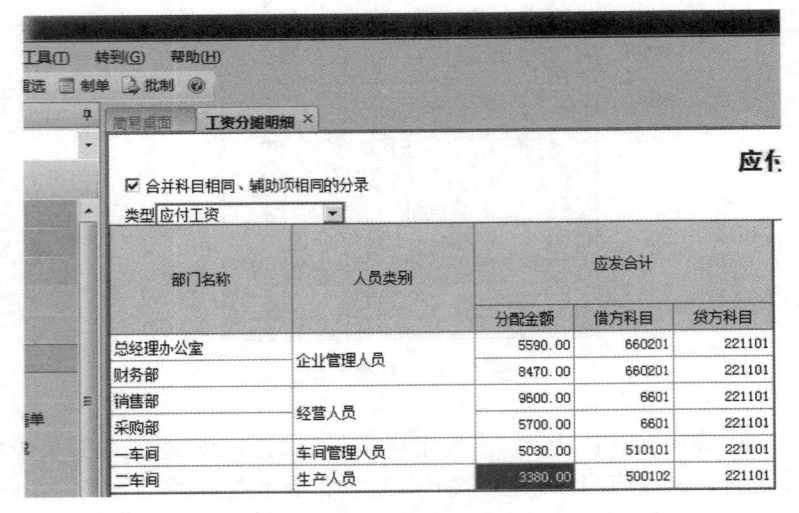

图7—39 工资分摊明细

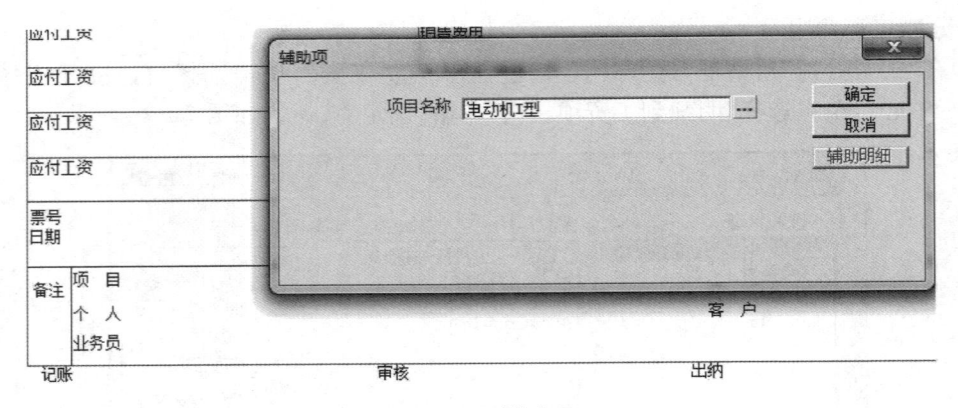

图7—40 辅助项

第三节 临时员工工资处理

一、基础信息设置

1. 新增工资类别

【实验资料】

工资类别：临时员工。

【操作指导】

(1)执行"业务工作"—"人力资源"—"薪资管理"—"工资类别"—"新建工资类别"命令,输入"临时员工",如图7—41所示。

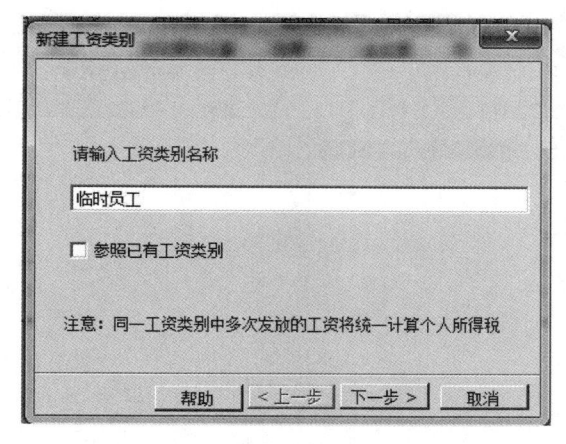

图7—41　新建临时员工

（2）单击"下一步"选择上级部门"生产中心"和下级部门"一车间"和"二车间"，如图7—42所示。单击"完成"按钮，弹出"是否以2023—08—01为当前工资类别的启用日期"提示框，单击"是"。

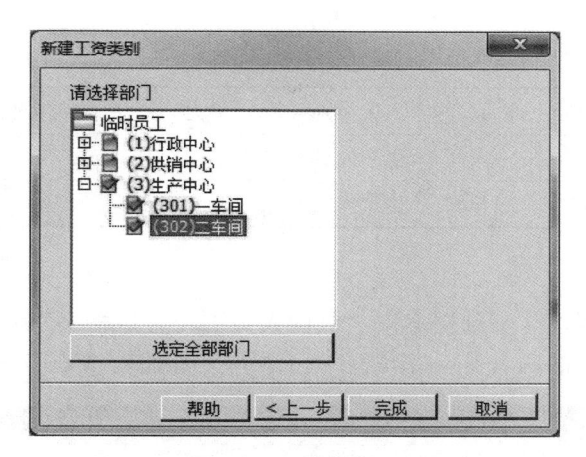

图7—42　选择部门

2．打开临时员工工资类别

执行"工资类别"—"打开工资类别"—"打开002临时员工"命令，打开工资类别临时员工。如图7—43所示。

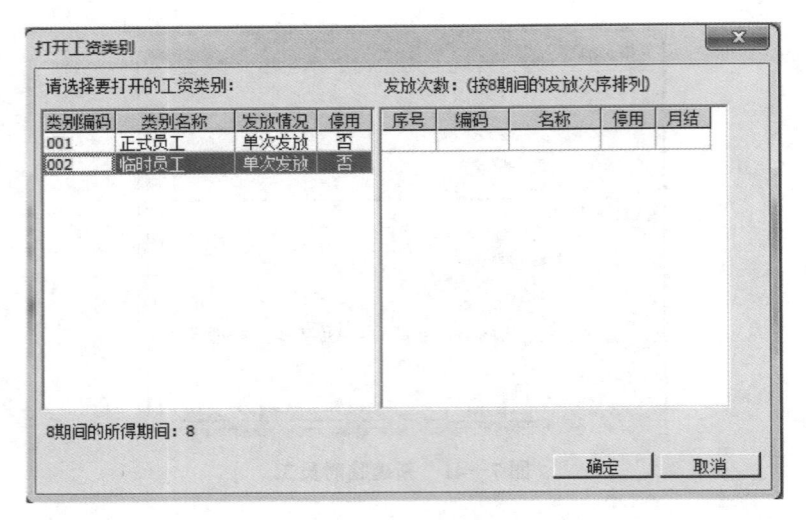

图 7—43 打开临时员工类别

3. 添加临时人员

【实验资料】

表 7—7　　　　　　　　　　　临时人员档案

人员编号	姓名	性别	部门名称	人员类别	账号	中方人员	是否计税	计件工资
311	宋杰	男	一车间	生产人员	20160080021	是	是	是
312	许静	女	二车间	生产人员	20160080022	是	是	是

【操作指导】

(1)执行"基础设置"—"基础档案"—"机构人员"—"人员档案"命令,增加临时员工的资料。依次添加宋杰和许静两名员工(步骤参照正式员工添加)。如图 7—44 所示。

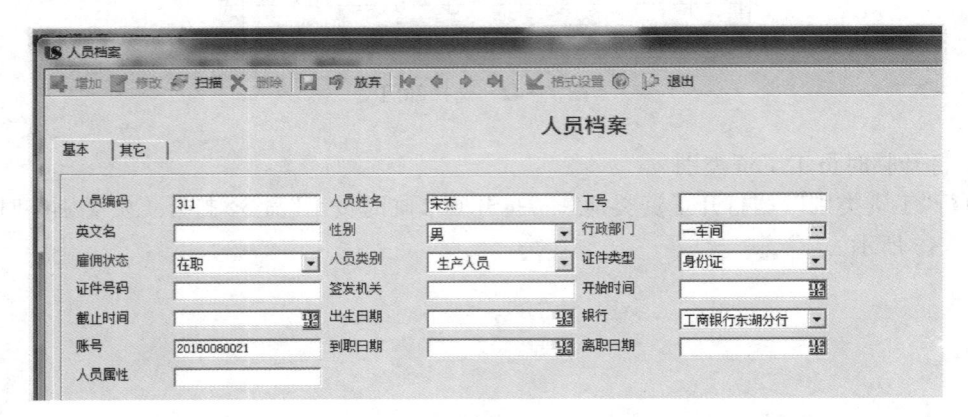

图 7—44　增加人员档案

(2)执行"业务工作"—"人力资源"—"薪资管理"—"设置"—"人员档案"命令,单击批增,选中"生产中心",单击"查询",选择宋杰和许静两名员工进行添加,单击确定,注意要设置"核算计件工资"标志。如图 7—45 所示。

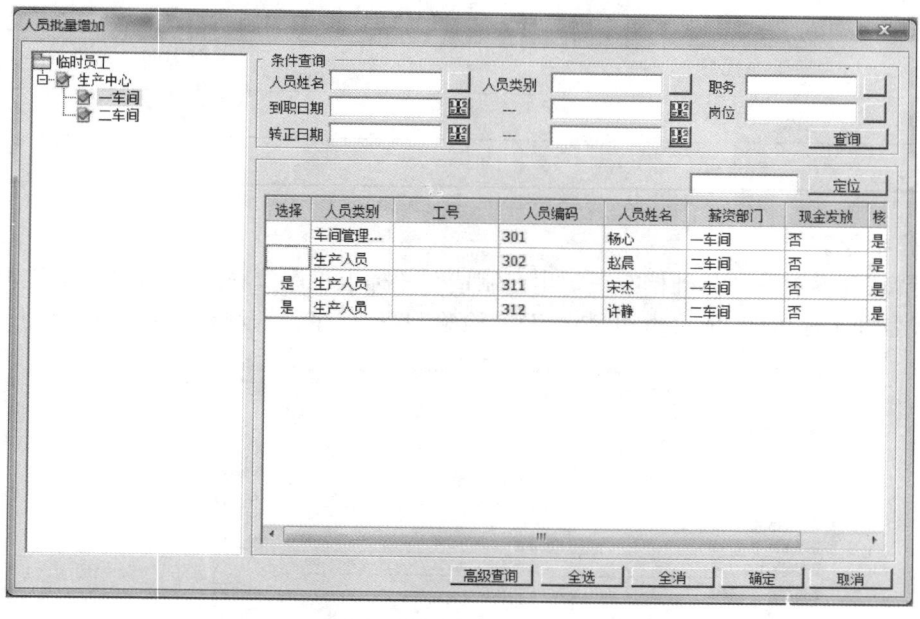

图7—45　添加临时员工

4. 计件要素设置

执行"人力资源"—"计件工资"—"设置"—"计件要素设置"命令,查看是否包含"工序"计件要素并为"启用"状态。如图7—46所示。

图7—46　计件要素设置

5. 工序设置

【实验资料】

表 7—8　　　　　　　　　　　　　　　　工序说明

工序代号	工序说明
01	装配
02	检验

【操作指导】

执行"基础设置"—"基础档案"—"生产制造"—"标准工序资料维护"命令,单击"增加",输入工序代号和工序说明,依次添加"装配"和"检验"两种工序。示例界面如图 7—47 所示。

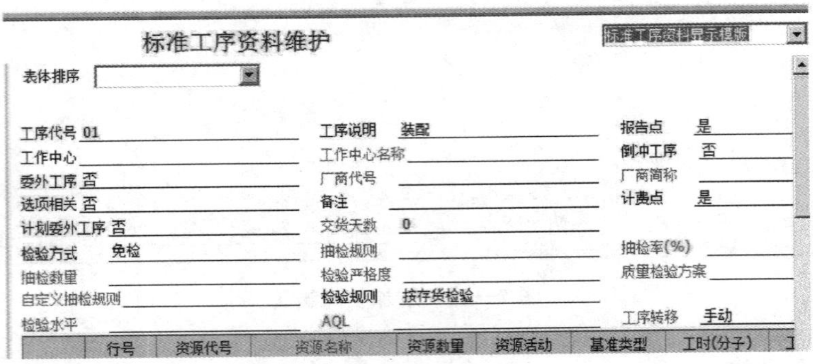

图 7—47　工序设置

6. 计件工价设置

【实验资料】

表 7—9　　　　　　　　　　　　　　　　计件工价

工序	计件单价（元）
装配	25.00
检验	20.00

【操作指导】

执行"人力资源"—"计件工资"—"设置"—"计件工价设置"命令,单击"增加",然后选择工序,输入对应工价。如图 7—48 所示,保存后退出。

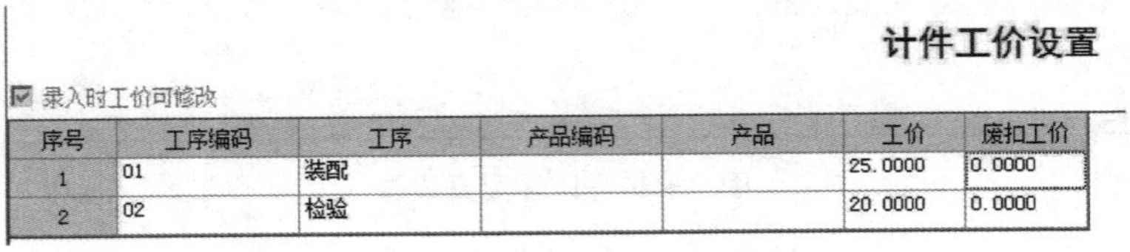

图 7—48　计件工价设置

二、工资处理

1. 个人计件

【实验资料】

表7－10 　　　　　　　　　　　　　计件数量

姓名	工序	数量
宋杰	装配	100
许静	检验	120

【操作指导】

（1）执行"业务工作"—"人力资源"—"计件工资"—"个人计件"—"计件工资录入"命令，出现"计件工资录入"窗口。

（2）选择工资类别"临时员工"，部门"生产中心"，单击"批增"，出现"计件数据录入"窗口，单击"增行"，录入宋杰的工资数据。单击"计算"和"确定"。示例如图7－49所示。同理，录入许静的工资。

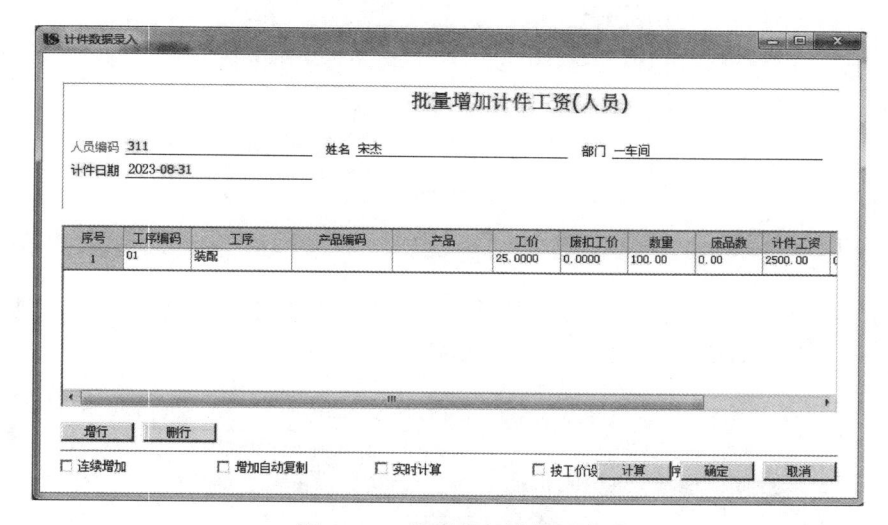

图7－49　批量增加计件工资

（3）全部录入完成后，退出"批量增加计件工资"窗口，如图7－50所示，在计件工资录入窗口，单击"审核的倒三角符号"，选择"全部审核"。

图7－50　计件工资录入

2. 计件工资汇总

执行"业务工作"—"人力资源"—"计件工资"—"计件工资汇总"命令,选择临时员工,部门选择"生产中心",单击"汇总"按钮进行汇总处理。

3. 工资变动处理

(1)执行"设置"—"选项"—"扣税设置"命令,设置扣税基数和税率表,参照"正式员工"的操作步骤。

(2)执行"业务处理"—"工资变动"命令,进行工资变动处理,参照"正式员工"的操作步骤。

(3)执行"业务处理"—"工资分摊"命令,进行工资分摊设置和工资分摊处理,参照"正式员工"的操作步骤。

4. 汇总工资类别

(1)执行"工资类别"—"关闭工资类别"命令,关闭临时员工。

(2)执行"维护"—"工资类别汇总"命令,打开"选择工资类别"。

(3)选择"正式员工"和"临时员工",单击"确定",完成工资类别汇总。如图7—51所示。

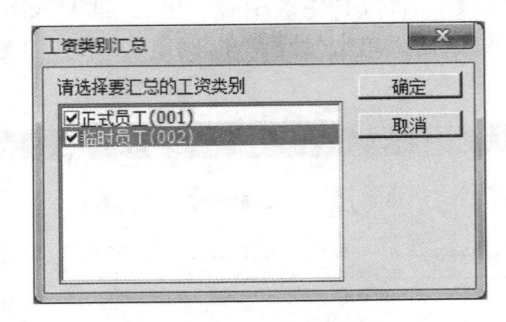

图7—51 工资类别汇总

(4)执行"工资类别"—"打开工资类别"命令,选择"998汇总工资类别",单击"确定",查看工资类别汇总后的各项数据。如图7—52所示。

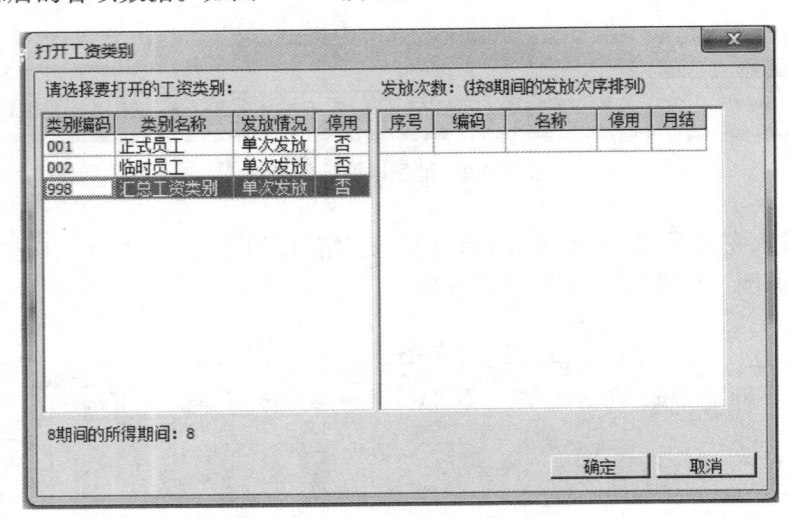

图7—52 汇总工资类别

[注意]
- 汇总工资类别并进行月末结算和年末结算。
- 汇总工资类别前,必须关闭其他所有工资类别。

三、期末处理

1. 账表查询

(1)执行系统菜单"业务处理"—"工资分钱清单"命令,查看工资分钱清单。
(2)执行系统菜单"业务处理"—"扣缴所得税"命令,查看个人所得税扣缴申报表。
(3)执行系统菜单"统计分析"—"账表"—"工资表"命令,查看各种工资表。

2. 月末处理

(1)打开正式员工工资类别后,执行系统菜单"业务处理"—"月末处理"命令,打开"月末处理"对话框。

(2)单击"确定"按钮,弹出"月末处理之后,本月工资将不许变动!继续月末处理吗?"信息提示框。如图7-53所示。

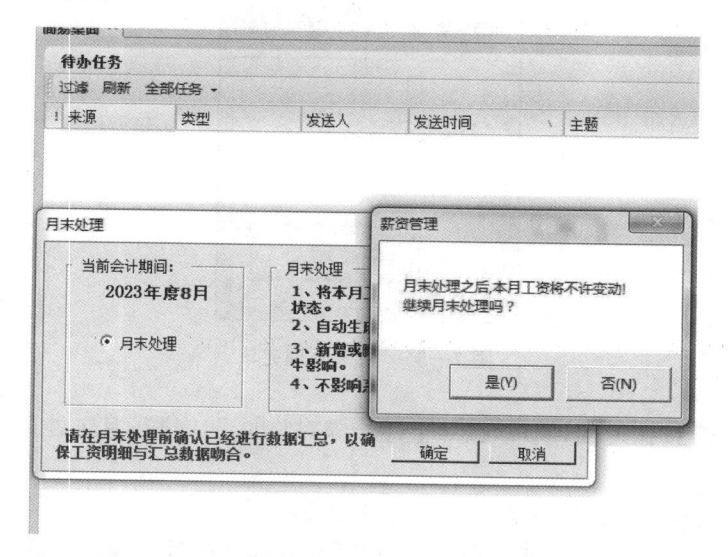

图7-53 信息提示框

(3)单击"是"按钮。系统继续提示"是否选择清零项?"如图7-54所示。

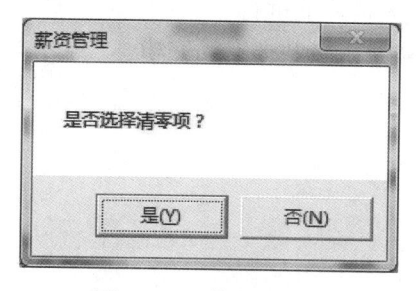

图7-54 信息提示框

(4)单击"是"按钮,打开"选择清零项目"对话框。

（5）在"请选择清零项目"列表中，单击鼠标，选择"请假天数""请假扣款"和"奖金"，单击">"，将所选项目移动到右侧的列表框中。如图7—55所示。

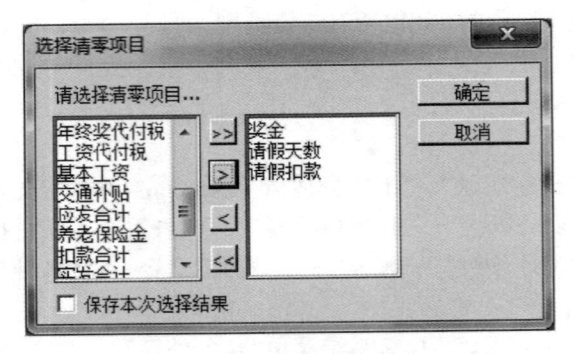

图7—55　选择清零项目

（6）单击"确定"按钮，弹出系统提示"月末处理完毕！"。如图7—56所示。

图7—56　月末处理完毕

（7）单击"确定"按钮返回，同理，按照上述步骤对临时员工进行月末处理。

［注意］
- 月末结转只有在会计年度的1月至11月进行。
- 如果处理多个工资类别，则应打开工资类别，分别进行月末处理结算。
- 如果本月工资数据未汇总，系统将不允许月末结转。
- 进行期末处理后，当月数据将不再允许变动。
- 月末结转功能只有主管人员才能进行。
- 月末处理之前，要保证本月工资数据变动完毕。

第八章　固定资产管理

【内容概述】

固定资产是指使用年限超过一年的建筑物、机器设备、运输工具等。"固定"是相对于"流动"而言，流动资产的价值在一个生产周期内得到全部转移，而固定资产的价值能够连续在若干生产周期中发挥作用，并保持其原有实物形态，但其价值随着损耗逐渐地、部分地转移到生产的产品中去，构成产品成本的一部分。

● 固定资产管理系统：固定资产管理系统中资产的增加、减少，以及原值和累计折旧的调整、折旧计提都要将相关的数据通过记账凭证的形式传输到总账管理系统；同时通过对账保持固定资产账目与总账的平衡，可以修改、删除及查询凭证。固定资产管理系统为成本核算系统提供计提折旧有关费用的数据。UFO报表系统也可以通过相应的取数函数从固定资产管理系统中提取分析的数据。

● 固定资产管理系统的功能：固定资产管理及核算是企业财务核算的重要组成部分，为此，一般的固定资产管理系统应具备以下主要功能：管理固定资产卡片、管理固定资产的增减变动情况、计提折旧、计算净值。

● 固定资产卡片：固定资产卡片是指登记固定资产各种资料的卡片，固定资产进行明细分类核算的一种账簿形式，它是每一项固定资产的全部档案记录，即固定资产从进入企业开始到退出企业的整个生命周期所发生的全部情况，都要在卡片上予以记载。

【实验目标】

1. 掌握用友ERP-U8管理系统的子系统固定资产管理系统的内容。
2. 掌握固定资产系统初始化。
3. 掌握日常业务处理。
4. 掌握月末处理的操作。

【实验内容】

1. 固定资产系统参数设置、原始卡片的录入。
2. 固定资产日常业务处理：资产增加、资产减少、资产变动、资产评估、生成凭证、账表查询。

3. 月末处理：计提减值准备、计提折旧、对账和结账。

【实验准备】
引入"第三章 总账管理系统初始设置"账套数据。

第一节 固定资产初始设置

一、账套初始化及参数设置

【实验资料】
1. 启用日期：2023－08－01。
2. 计提折旧主要折旧方法：平均年限法（一）。
3. 折旧汇总分配期间：1个月，当（月初已计提月份＝可使用月份－1）时，将剩余折旧全部提足。
4. 类别编码：2－1－1－2，固定资产编码按"类别编码＋部门编码＋序号"自动编码。
5. 与账务系统对账，对账科目："1601 固定资产"。
累计折旧对账科目："1602 累计折旧"。
6. 业务发生后立即制单，月末结账前一定要完成制单登账业务。
7. 固定资产默认入账科目：1601 固定资产。
累计折旧默认入账科目：1602 累计折旧。

【操作指导】
(1) 执行"开始"—"用友 ERP"—"企业门户"命令，打开"企业应用平台"。输入操作员"001 丁一"，输入密码1；在"账套"下拉列表框中选择"001 武汉正大有限公司"；"操作日期"为"2023－08－01"，单击"确定"按钮，进入企业应用平台。

(2) 执行"基础信息"—"基本信息"—"系统启用"命令，打开"系统启用对话框"，选中"FA 固定资产管理"复选框，弹出"日历"对话框，选择固定资产管理系统启用日期为"2023 年 8 月 1 日"，单击"确定"按钮。如图 8－1 所示。

(3) 系统弹出"确实要启用当前系统吗？"信息提示对话框，单击"是"按钮返回。如图 8－2 所示。

二、运行固定资产管理系统

(1) 执行"业务工作"—"财务会计"—"固定资产"命令，系统弹出"这是第一次打开此账套，还未进行过初始化，是否进行初始化？"信息提示对话框，如图 8－3 所示，单击"是"按钮。

(2) 打开固定资产"初始化账套向导"—"约定与说明"对话框。单击"我同意"。如图 8－4 所示。

(3) 单击"下一步"按钮，打开"初始化账套向导"—"启用月份"对话框。默认启用月份"2023.08"。如图 8－5 所示。

(4) 单击"下一步"按钮，打开"初始化账套向导"—"折旧信息"对话框。选中"本账套计提折旧"复选框；选择折旧方法"平均年限法（一）"，折旧分配周期"1 个月"；选中"当（月初已计提

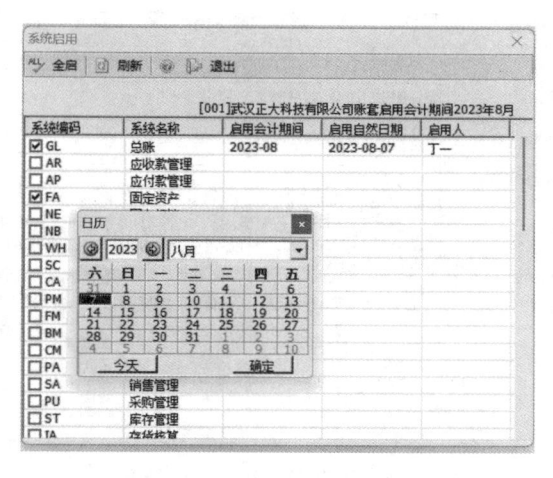

图 8-1 启用固定资产

图 8-2 确认启用

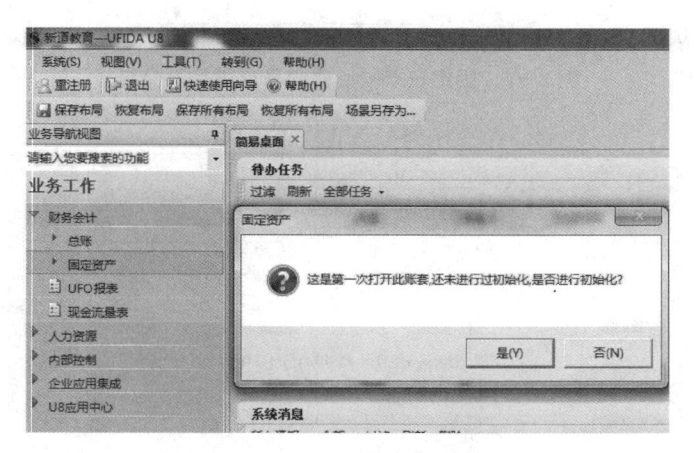

图 8-3 固定资产初始化向导窗口

月份＝可使用月份－1）时,将剩余折旧全部提足"复选框。如图 8-6 所示。

(5) 单击"下一步"按钮,打开"初始化账套向导"—"编码方式"对话框。确定资产类别编码长度 2112;选择"固定资产编码方式"为"自动编码"单选按钮,选择"类别编号＋部门编号＋序号",序号长度为3。如图 8-7 所示。

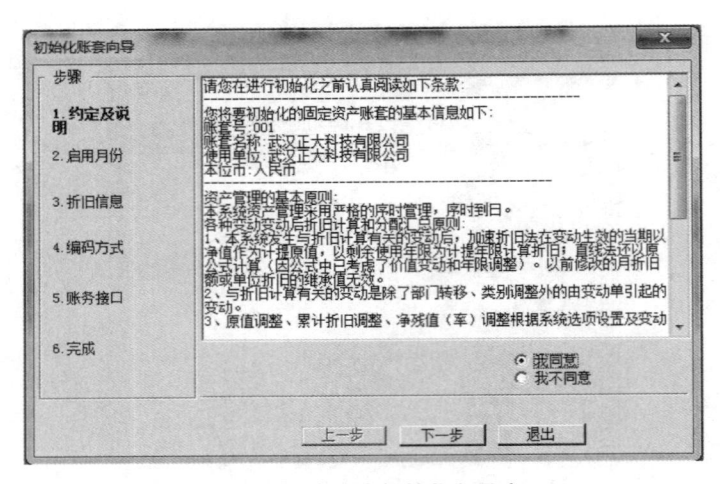

图 8—4　固定资产初始化向导窗口

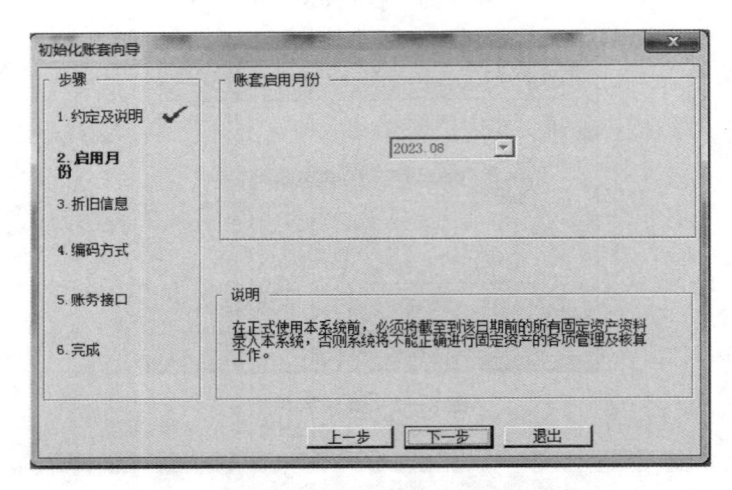

图 8—5　固定资产初始化向导启用月份窗口

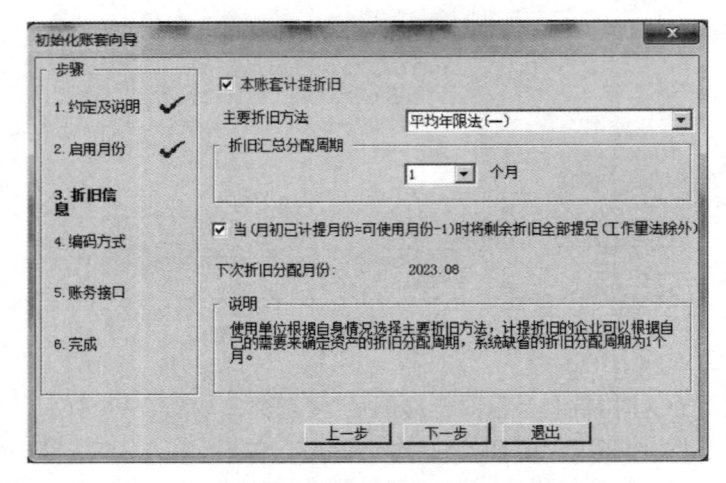

图 8—6　固定资产初始化向导折旧信息窗口

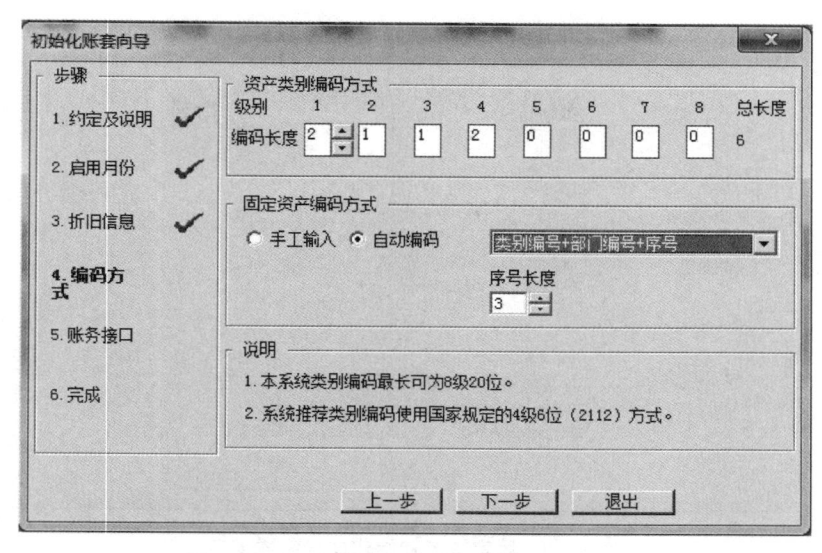

图 8—7　固定资产初始化向导编码方式窗口

（6）单击"下一步"按钮，打开"初始化账套向导"—"财务接口"对话框。选中"与账务系统进行对账"复选框；选择固定资产的对账科目"固定资产（1601）"，累计折旧的对账科目"累计折旧（1602）"。选择"在对账不平情况下允许固定资产月末结账"选择框，如图 8—8 所示。

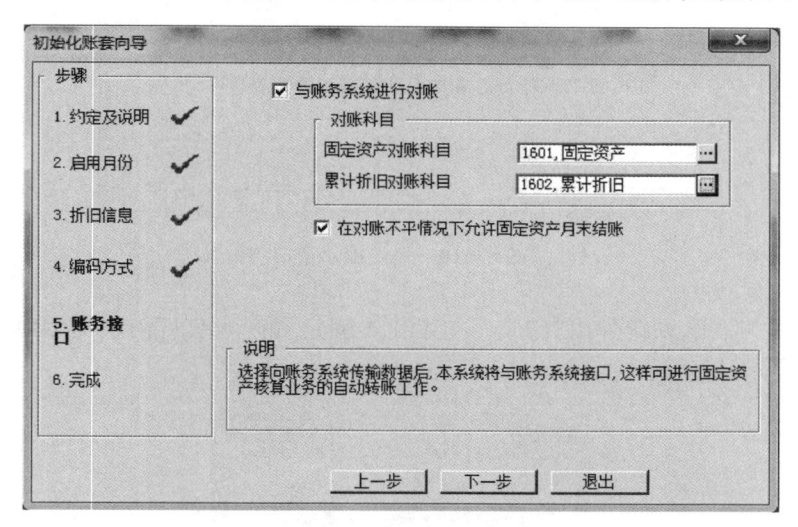

图 8—8　固定资产初始化向导财务接口窗口

（7）单击"下一步"按钮，打开"初始化账套向导"—"完成"对话框。如图 8—9 所示。

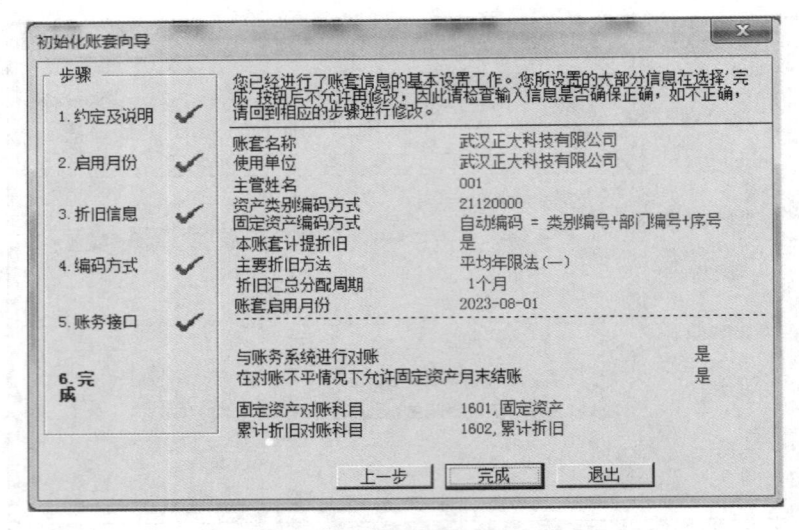

图 8—9　固定资产初始化向导完成窗口

(8)单击"完成"按钮,完成本账套的初始化,系统弹出"是否确定所设置的信息完全正确并保存对新账套的所有设置?"信息提示对话框。如图 8—10 所示。

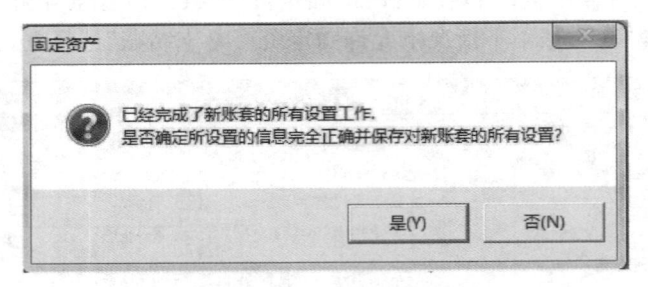

图 8—10　信息提示窗口

(9)单击"是"按钮,系统弹出"已成功初始化本固定资产账套!"信息提示对话框,点击"确定"按钮。如图 8—11 所示。

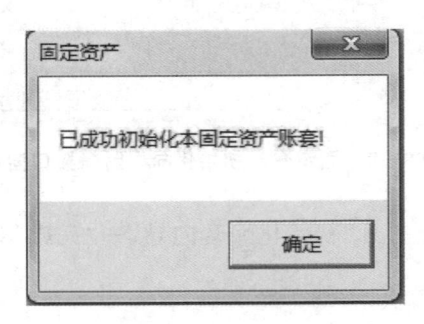

图 8—11　初始化完成

[注意]
● 初始化设置完成后,有些参数不能修改,所以要慎重。
● 如果发现参数有错,必须改正,只能通过固定资产系统"工具"—"重新初始化账套功

三、固定资产管理系统相关设置

1. 选项卡设置

(1)执行"财务会计"—"固定资产"—"设置"—"选项"命令,进入"选项"窗口。

(2)单击左下方的"编辑"按钮,打开"与账务系统接口"选项卡。

(3)选中"业务发生后立即制单",固定资产缺省入账科目为"1601 固定资产",累计折旧缺省入账科目为"1602 累计折旧",减值准备缺省入账科目为"1603 固定资产减值准备",增值税进项税额缺省入账科目为"22210101 进项税额",固定资产清理缺省入账科目为"1606 固定资产清理",单击"确定"按钮。如图8—12所示。

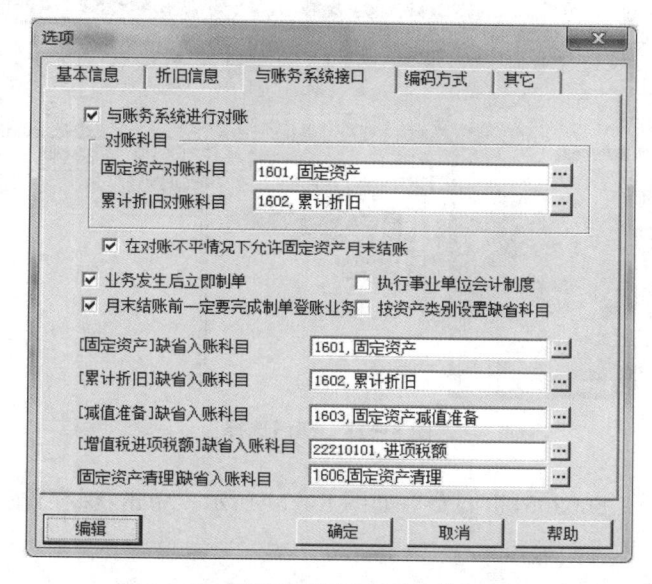

图8—12 选项卡(与账务系统接口)窗口

2. 设置部门对应折旧科目

【实验资料】

表8—1　　　　　　　　　　　　　部门对应折旧科目

部门编码	部门名称	折旧科目
1	行政部门	
101	总经理办公室	管理费用——折旧费660206
102	财务部	管理费用——折旧费660206
2	供销中心	
201	销售部	销售费用6601
202	采购部	管理费用——折旧费660206
3	生产中心	

部门编码	部门名称	折旧科目
301	一车间	制造费用——折旧费 510102
302	二车间	制造费用——折旧费 510102

【操作指导】

(1)执行"财务会计"—"固定资产"—"设置"—"部门对应折旧科目"命令,进入"部门编码表"窗口。

(2)选择部门"总经理办公室",如图 8—13 所示。单击"修改"按钮。

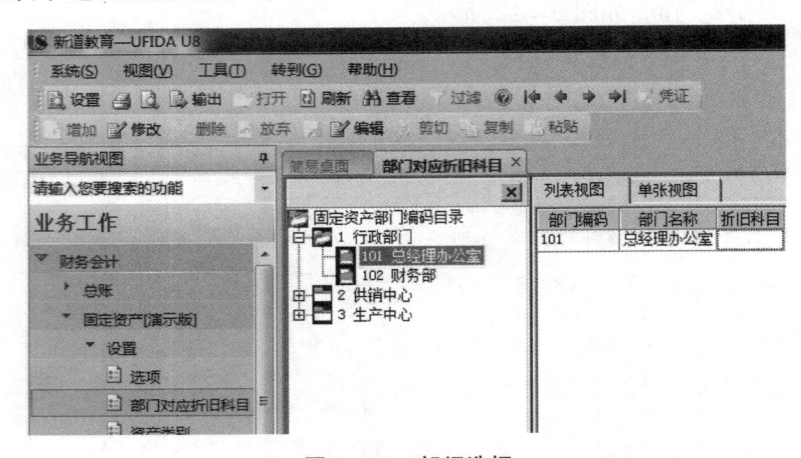

图 8—13　部门选择

(3)选择折旧科目"660206,折旧费",如图 8—14 所示。单击"保存"按钮。

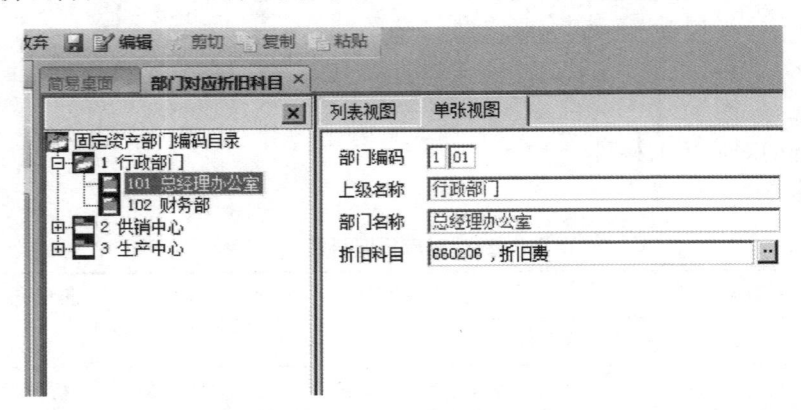

图 8—14　部门对应折旧科目窗口

(4)同理,完成其他部门折旧科目的设置。

3. 固定资产类别设置

【实验资料】

表 8-2　　　　　　　　　　　　　固定资产类别

类别编码	类别名称	计提属性	折旧方法	净残值率
01	房屋及建筑物	正常计提	平均年限法（一）	4%
02	专用设备	正常计提	平均年限法（一）	4%
03	通用设备	正常计提	平均年限法（一）	4%
04	交通运输设备	正常计提	平均年限法（一）	4%
05	电子设备	正常计提	平均年限法（一）	4%
06	其他	正常计提	平均年限法（一）	4%

【操作指导】

（1）执行"财务会计"—"固定资产"—"设置"—"资产类别"，进入"类别编码表"窗口。

（2）单击"增加"按钮，输入类别名称"房屋及建筑物"，净残值率"4%"；选择计提属性"正常计提"，折旧方法"平均年限法（一）"，卡片样式"通用样式"，单击"保存"按钮。

（3）同理，完成其他资产类别的设置。如图 8-15 所示。

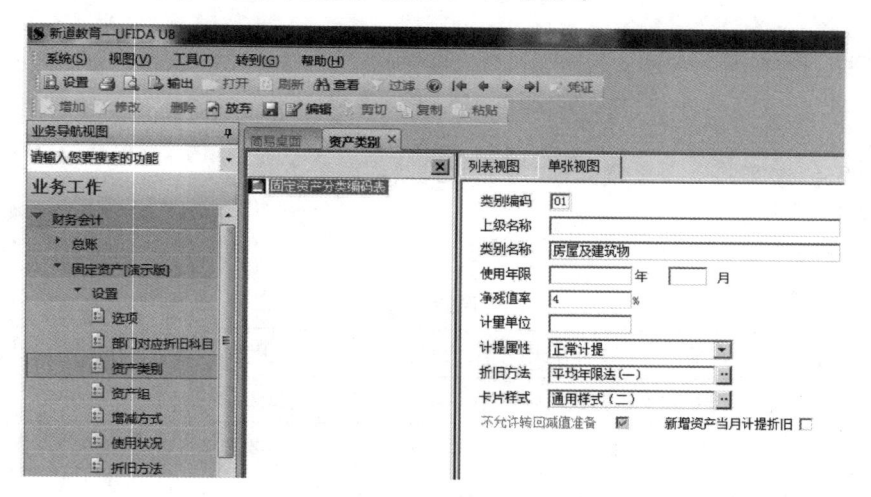

图 8-15　设置资产类别结果窗口

[注意]

● 资产类别编码不能重复，同一级的类别名称不能相同。类别编码、名称、计提属性、卡片样式不能为空。已使用过的类别不能设置新下级。

4．设置增减方式

【实验资料】

表 8-3　　　　　　　　　　　　　　增减方式

增加方式	对应科目	减少方式	对应科目
直接购入	100201 银行存款/建行	出售	1606 固定资产清理
投资者投入	4001 实收资本	毁损	1606 固定资产清理
捐赠	6301 营业外收入	盘亏	1901 待处理财产损益

【操作指导】

(1)执行"财务会计"—"固定资产"—"增减方式"命令,进入增减方式窗口。

(2)在左侧列表框中,单击"直接购入"增加方式,单击"修改"按钮。

(3)输入对应入账科目"建行存款(100201)",如图8-16所示。单击"保存"按钮。

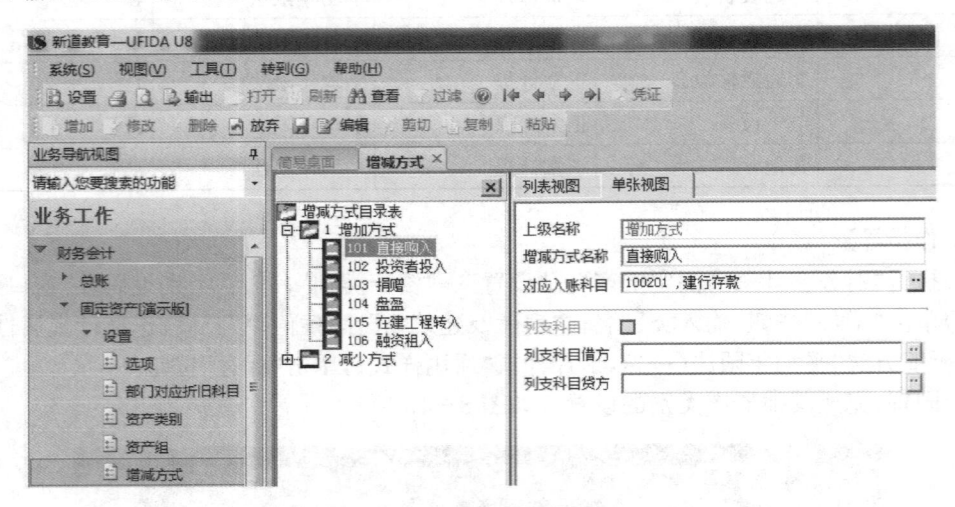

图8-16 增减方式

(4)同理,依据实验资料设置其他"增加方式"和"减少方式"。

5. 录入原始卡片

【实验资料】

表8-4　　　　　　　　　　　　　　　　原始卡片

名称	类别编码	所在部门	增加方式	使用状况	年限(月)	开始日期	原值(元)	累计折旧(元)
轿车	04	总经理办公室	直接购入	在用	72	2022.06.01	170 610.00	29 237.04
计算机1	05	财务部	直接购入	在用	60	2022.07.01	6 490.00	1 246.08
传真机	06	财务部	直接购入	在用	60	2022.06.01	3 510.00	1 825.20
计算机2	05	一车间	直接购入	在用	60	2022.07.01	6 490.00	1 246.08
铣床	03	二车间	直接购入	在用	60	2022.07.01	28 900.00	5 548.80

【操作指导】

(1)执行"财务会计"—"固定资产"—"卡片"—"录入原始卡片"命令,进入"固定资产类别档案"窗口。

(2)选择固定资产类别"交通运输设备",单击"确定"按钮,进入"固定资产卡片录入"窗口。如图8-17所示。

(3)"固定资产编号"由机器自动生成,在"固定资产名称"处输入"轿车",双击"使用部门"选择"总经理办公室",双击"增加方式"选择"直接购入",双击"使用状况"选择"在用";使用年限(月)输入"72";在"开始使用日期"处输入"2022-06-01",在"原值"处输入170 610.00,累计折旧输入29 237.04;其他信息自动计算出。如图8-18所示。

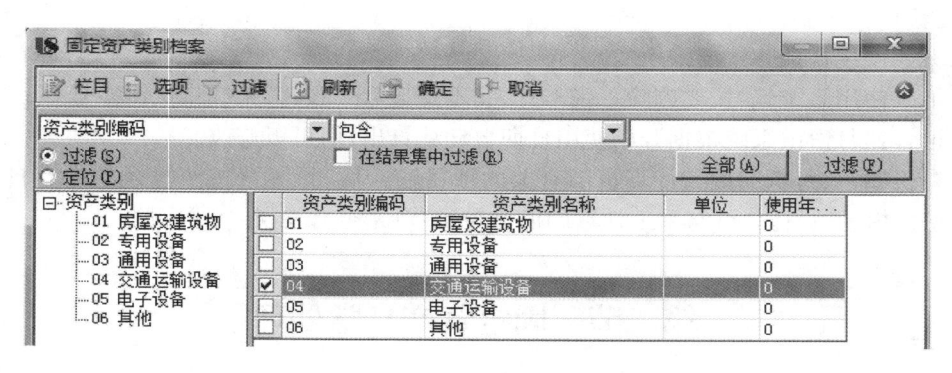

图 8—17　资产类别参照窗口

图 8—18　固定资产卡片窗口

(4)单击"保存"按钮,系统弹出"数据成功保存!"信息提示对话框,单击"确定"按钮。

(5)同理,完成其他固定资产卡片的输入。

(6)执行"固定资产"—"处理"—"对账"命令,系统将固定资产录入的明细资料数据汇总,并与财务核对,显示与财务对账结果,单击"确定"按钮返回。如图 8—19 所示。

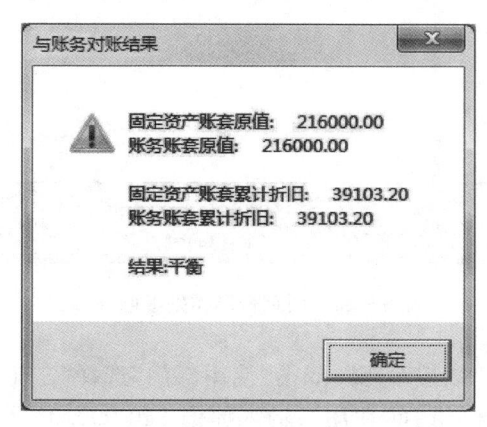

图 8—19　固定资产与财务核对

[注意]
- 开始使用日期一定要采用"20××—××—××"的方式。
- 如果使用系统编号,要删除一张卡片,又不是最后一张时,系统将保留空号。
- 已计提月份由系统根据开始使用日期自动计算出,但可以修改。
- 月折旧率、月折旧额与计算折旧有关的项目输入后,系统会按照输入的内容自动计算出并显示在相应项目内,可与手工计算的值比较,核对是否有错误。

第二节 固定资产日常处理

1. 业务一:资产增加

【实验资料】

8月1日,二车间购入数控车床1台,价值240 000.00元,预计使用6年(72个月),净残值率为4%。暂不考虑增值税。

【操作指导】

(1)执行"卡片"—"资产增加"命令,进入"资产类别参照"窗口。

(2)选择资产类别:"专用设备",如图8—20所示。单击"确定"按钮,进入"固定资产卡片新增"窗口。

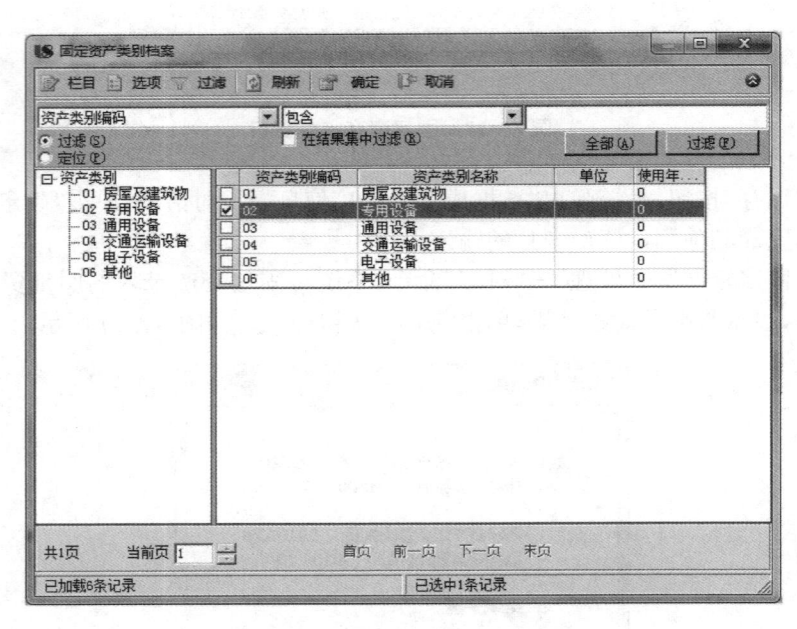

图8—20 固定资产类别参照窗口

(3)输入固定资产名称"数控车床",双击"使用部门"选择"二车间",双击"增加方式"选择"直接购入",双击"使用状况"选择"在用";输入原值240 000.00,可使用年限"72",开始使用日期"2023—08—01"。如图8—21所示。

图 8—21 固定资产卡片窗口

(4) 单击"保存"按钮,进入"填制凭证"窗口。
(5) 选择凭证类型为"付款凭证",修改制单日期、附件数,单击"保存"按钮,如图 8—22 所示。

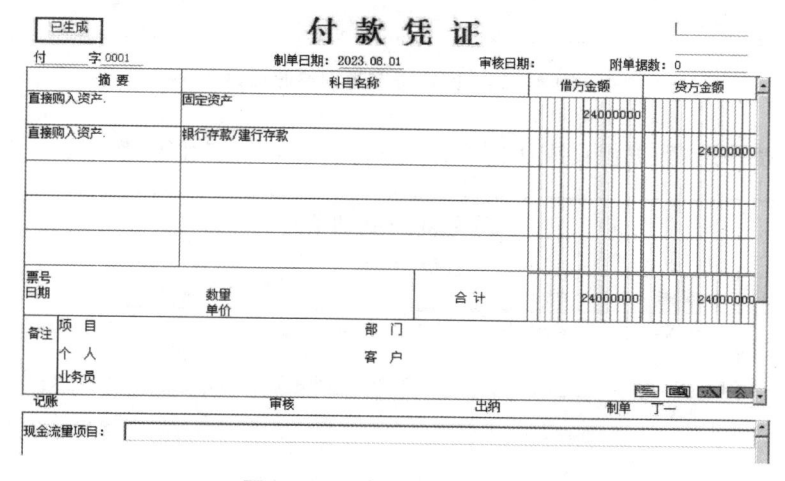

图 8—22 购入固定资产凭证

[注意]
● 新卡片第一个月不计提折旧,累计折旧为空或 0。
● 卡片输入完后,也可以不立即制单,月末可以批量制单。

2. 业务二:资产变动

【实验资料】
8 月 31 日,总经理办公室使用的轿车需要进行大修理,变更固定资产卡片,将使用状况由"在用"变更为"大修理停用"。

【操作指导】
(1) 执行"卡片"—"变动单"—"使用状况调整"命令,进入"固定资产变动单"窗口,如图 8—23 所示。
(2) 选择"卡片编号"为 00001 的卡片,系统自动显示资产编号、开始使用日期、资产名称及变动前使用情况。
(3) 选择变动后使用状态为"大修理停用",变动原因为"大修理",如图 8—24 所示。单击

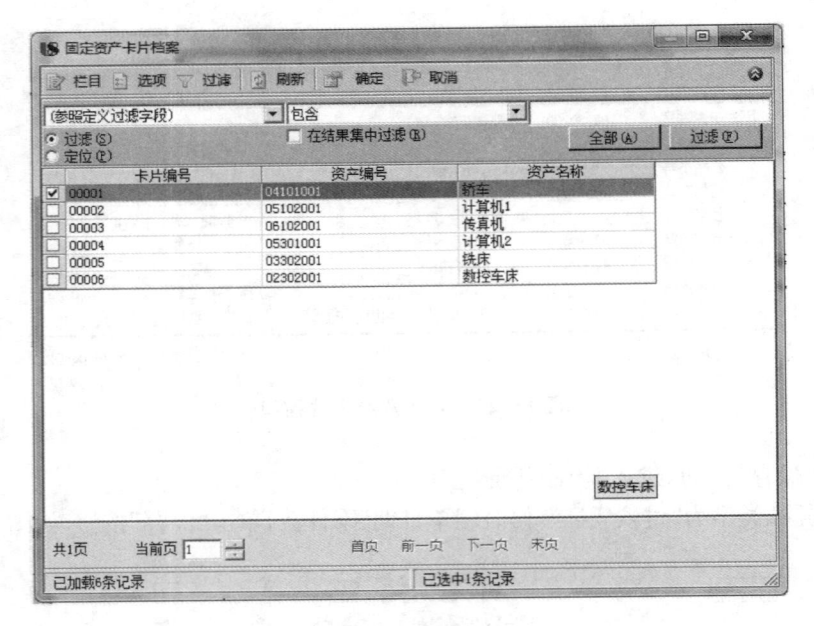

图 8—23　固定资产类别参照窗口

"保存"按钮,系统弹出"数据保存成功!"信息提示对话框,单击"确定"按钮。

图 8—24　固定资产变动

3. 业务三:折旧处理(计提本月折旧费用)

(1)执行"处理"—"计提本月折旧"命令,系统弹出"是否要查看折旧清单?"信息提示对话框,如图 8—25 所示。单击"是"按钮。

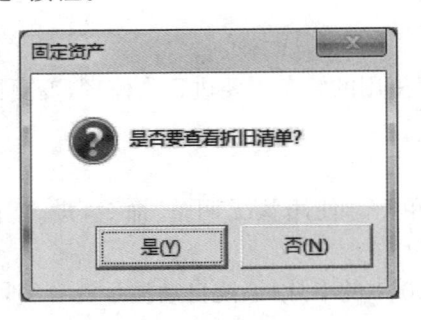

图 8—25　信息提示窗口

（2）系统继续弹出"本操作将计提本月折旧，并花费一定时间，是否要继续？"信息提示对话框，如图8—26所示。单击"是"按钮。弹出"折旧清单"，如图8—27所示。

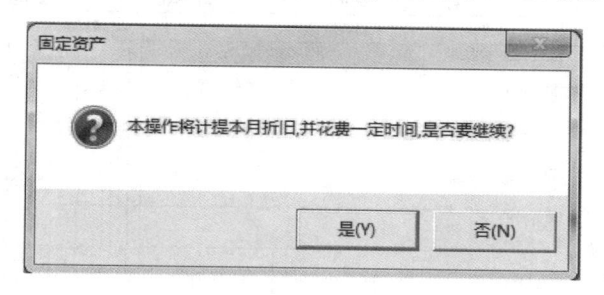

图8—26 信息提示窗口

卡片编号	资产编号	资产名称	原值	计提原值	本月计提折旧额	累计折旧	本年计提折旧	减值准备	净值	净残值	折旧率
00001	04101001	轿车	610.00	170,610.00	2,269.11	31,506.15	2,269.11	0.00	103.85	6,824.40	0.0133
00002	05102001	计算机1	490.00	6,490.00	103.84	1,349.92	103.84	0.00	140.08	259.60	0.0160
00003	06102001	传真机	510.00	3,510.00	56.16	1,881.36	56.16	0.00	628.64	140.40	0.0160
00004	05301001	计算机2	490.00	1,349.92	103.84	1,349.92	103.84	0.00	140.08	259.60	0.0160
00005	03302001	铣床	900.00	28,900.00	462.40	6,011.20	462.40	0.00	888.80	1,156.00	0.0160
合计			000.00	216,000.00	2,995.35	42,098.55	2,995.35	0.00	901.45	8,640.00	

图8—27 折旧清单

（3）系统计提折旧完成后，进入"折旧分配表"窗口，如图8—28所示。单击"凭证"按钮，进入"填制凭证"窗口。

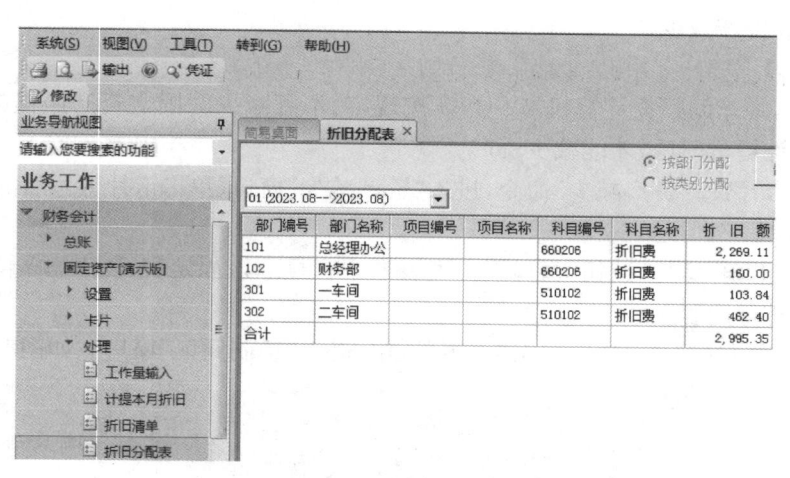

部门编号	部门名称	项目编号	项目名称	科目编号	科目名称	折旧额
101	总经理办公			660206	折旧费	2,269.11
102	财务部			660208	折旧费	160.00
301	一车间			510102	折旧费	103.84
302	二车间			510102	折旧费	462.40
合计						2,995.35

图8—28 折旧分配表

（4）选择"转账凭证"，按实验内容修改其他项目，单击"保存"按钮。如图8—29所示。

转账凭证

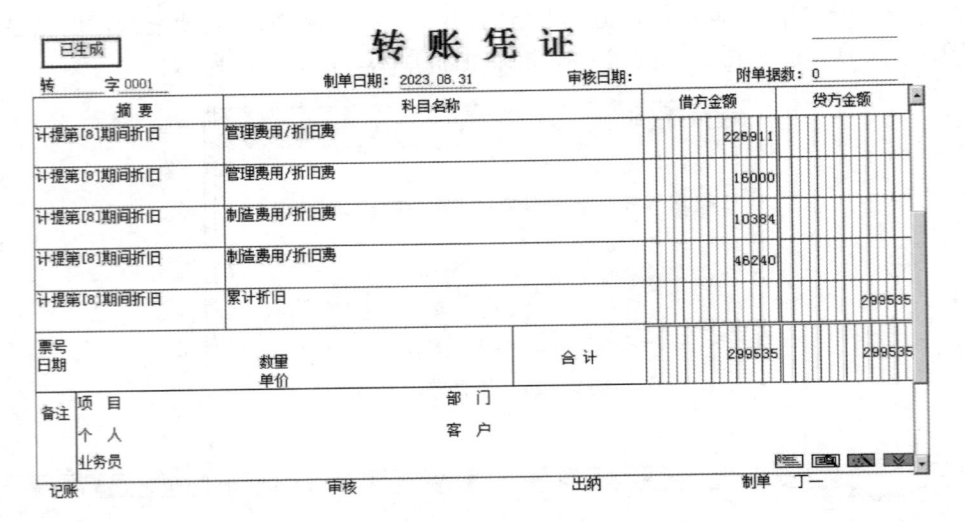

摘要	科目名称	借方金额	贷方金额
计提第[8]期间折旧	管理费用/折旧费	226911	
计提第[8]期间折旧	管理费用/折旧费	16000	
计提第[8]期间折旧	制造费用/折旧费	10384	
计提第[8]期间折旧	制造费用/折旧费	46240	
计提第[8]期间折旧	累计折旧		299535
	合计	299535	299535

制单日期：2023.08.31 附单据数：0
转 字 0001

图8—29 计提折旧凭证

[注意]

● 如果上次计提折旧已通过记账凭证把数据传递到账务系统，则必须删除该凭证才能重新计提折旧。

● 计提折旧后，又对账套进行了影响折旧计算或分配的操作，必须重新计提折旧，否则系统不允许结账。

4. 业务四：资产减少

【实验资料】

8月31日，一车间毁损计算机2一台。按规定：本月减少的固定资产照提折旧，因此，本账套需要进行计提折旧后，才能减少资产。

(1) 执行"卡片"—"资产减少"命令，进入"资产减少"窗口，单击卡片编号后的参照符号，选择"00004 计算机2"。

(2) 单击右上角"增加"按钮，窗口下方列表框中将显示该固定资产相应的卡片编号、资产编号和资产名称等内容。

(3) 选择减少方式为"毁损"，单击"确定"按钮，进入"填制凭证"窗口。如图8—30所示。

卡片编号	资产编号	资产名称	原值	净值	减少日期	减少方式
00004	05301001	计算机2	6490.00	5140.08	2023-08-31	毁损

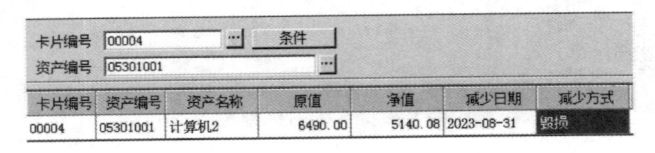

图8—30 固定资产毁损设置

(4) 选择"转账凭证"，修改其他项目，单击"保存"按钮。如图8—31所示。

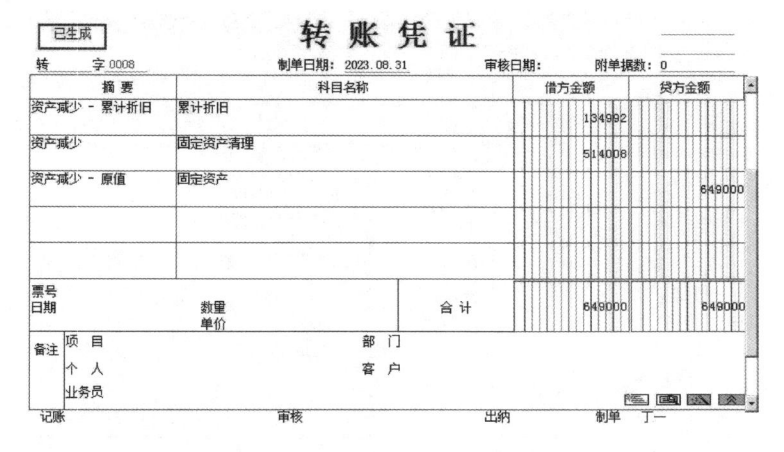

图 8－31　固定资产毁损凭证

第三节　期末处理

1. 总账系统处理

固定资产管理系统生成的凭证自动传递到总账管理系统,在总账管理系统中,对传递过来的凭证进行审核和记账。

(1)以操作员 002 卢飞登录企业应用平台,执行"财务会计"—"总账"—"凭证"—"出纳签字"命令,进行出纳签字。

(2)以操作员 003 陈旺登录企业应用平台,执行"财务会计"—"总账"—"凭证"—"审核凭证"命令进行凭证审核并记账。

[注意]

● 只有总账管理系统记账完毕,固定资产管理系统期末才能和总账进行对账工作。

2. 账表管理

(1)执行"固定资产"—"账表"—"我的账表"命令,进入"固定资产报表"窗口。

(2)单击"折旧表",选择"(部门)折旧计提汇总表",双击"(部门)折旧计提汇总表"按钮,打开"条件"对话框。

(3)选择期间为"2023.08 至 2023.08",汇总部门级次为"1－3",如图 8－32 所示。单击"确定"按钮,打开(部门)折旧计提汇总表,如图 8－33 所示。

3. 对账

执行"固定资产"—"处理"—"对账"命令,系统弹出"与财务对账结果"信息提示对话框。单击"确定"按钮。如图 8－34 所示。

[注意]

● 当总账记账完毕,固定资产系统才可以进行对账。对账平衡,开始月末结账。如果在初始设置时,选择了"与账务系统对账"功能,对账的操作不限制执行时间,任何时候都可以进行对账。

● 若在财务接口中选中"在对账不平情况下允许固定资产月末结账"复选框,则可以直接

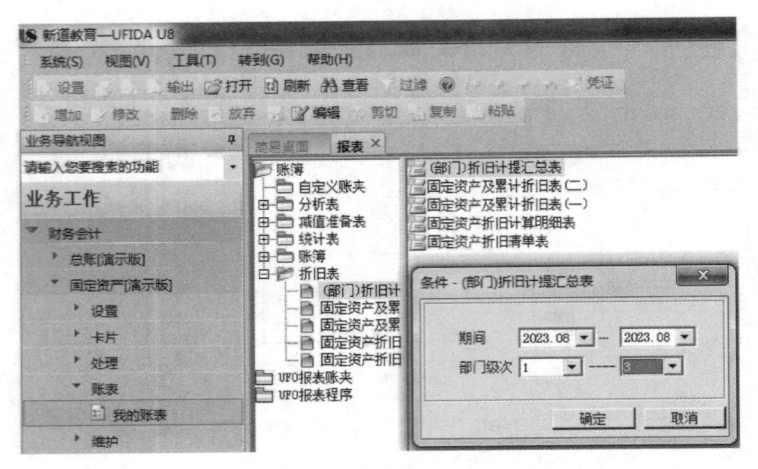

图 8－32　条件窗口

图 8－33　部门折旧计提汇总表窗口

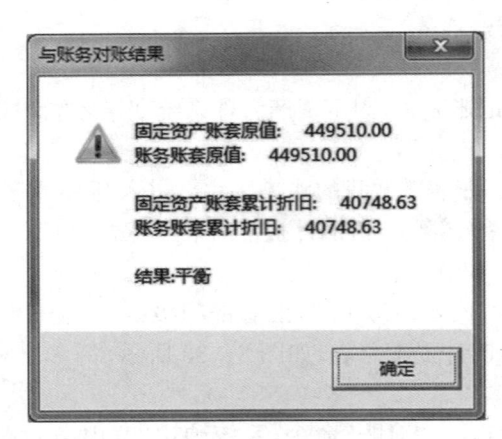

图 8－34　对账窗口

进行月末结账。

4. 结账

(1) 执行"固定资产"—"处理"—"月末结账"命令,打开"月末结账"对话框。

(2) 单击"开始结账"按钮,系统弹出"月末结账成功完成!"信息提示对话框。

(3)单击"确定"按钮。

[注意]

● 本会计期间做完月末结账工作后,所有数据资料将不能再进行修改。

● 本会计期间不做完月末结账工作,系统将不允许处理下一个会计期间的数据。月末结账前一定要进行数据备份,否则数据一旦丢失,将造成无法挽回的后果。

5. 取消结账

(1)执行"处理"—"恢复月末结账前状态"命令,系统弹出"是否继续?"信息提示对话框。

(2)单击"是"按钮,系统弹出"成功恢复月末结账前状态!"信息提示对话框。

(3)单击"确定"按钮。

[注意]

● 如果在结账后发现结账前操作有误,必须修改结账前的数据,则可以使用"恢复结账前状态"功能,又称"反结账",即将数据恢复到月末结账前状态,结账时所做的所有工作都被无痕迹删除。

● 在总账管理系统未进行月末结账时,才可以使用恢复结账前状态功能。一旦成本系统提取了某期的数据,该期不能反结账。如果当前的账套已经做了年末处理,就不允许再执行恢复月初状态功能。

第九章 应收款管理系统

【内容概述】

应收款管理系统是企业会计信息系统中一个非常重要的子系统,其以发票、费用单及其他应收单等原始单据为依据,记录销售业务及其他业务所形成的往来款项,处理应收账款的收回、坏账、转账等情况,同时也提供了票据处理功能,主要用于核算和管理客户往来款项。根据输入单据或其他子系统传递过来的单据记录应收账款,处理应收项目的收款及转账业务并生成凭证且向总账管理系统传递,对应收票据进行记录和管理,处理外币业务及汇兑损益业务,其他查询和分析业务等。不难看出,该子系统业务功能与其他子系统特别是销售管理系统存在密切关系,一般而言,销售管理系统向应收款管理系统提供已复核的销售发票、销售调拨单及代垫费用单,在应收款系统中对发票进行审核并进行收款结算处理且生成凭证。

【实验目标】

1. 掌握用友软件中应收款管理系统的相关内容。
2. 掌握应收款管理系统初始化、日常业务处理及月末处理的操作。

【实验内容】

1. 初始化。

(1)账套参数设置。选择应收账款的核销方式、设置控制科目的依据、设置存货销售科目的依据、预收款的核销方式、制单方式、计算汇兑损益的方式、坏账处理的方式、核算代垫费用的单据类型、是否显示现金折扣、录入发票是否显示提示信息等。

(2)初始设置。包括设置科目、坏账准备、账龄区间、报警级别、存货分类和档案、单据类型、期初余额录入等。

2. 日常处理。包括应收处理、票据管理、坏账处理、制单处理、查询统计等操作。

3. 期末处理。

(1)汇兑损益。如果客户往来有外币核算,且在总账管理系统的"账簿选项"中选中客户往来由"应收系统"核算,则在此计算外币单据的汇兑损益并对其进行相应处理。

(2)月末结账。本月业务处理完毕后,执行月末结账功能。结账后如需进行业务的增、删、改、审等处理,可在总账未结账前提下取消月末结账后再行处理,处理完毕后记得再结账。

【实验准备】

引入"第三章 总账管理系统初始设置"账套数据。

第一节 初始化设置

一、启用并进入应收款管理系统

1. 以"001 丁一"的身份登录企业应用平台,"基础设置"—"基本信息"—"系统启用(双击)",启用"应收款管理"系统,启用日期为"2023-08-01"。

2. 在企业应用平台的"业务工作"选项卡中,选择"财务会计"—"应收款管理"选项,打开应收款管理菜单。

二、初始设置

1. 选项设置

【实验资料】

本实验系统"常规"选项中坏账处理方式采用"应收余额百分比法",如图9-1所示。如果当年已计提过坏账准备,则坏账处理方式不允许修改,只能在下一年度修改。本系统自动计算现金折扣,其他参数采用默认值。"凭证"选项中,受控科目制单方式"明细到单据",如图9-2所示。应收款管理系统的核销方式一经确定,不允许调整。

【操作指导】

执行"设置"—"选项"命令,打开"账套参数设置"对话框,单击"编辑"按钮,按实验要求进行控制参数设置。

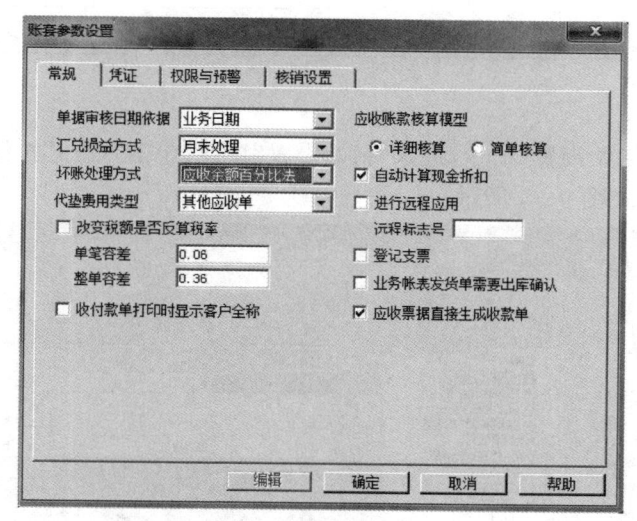

图9-1 账套参数设置——常规

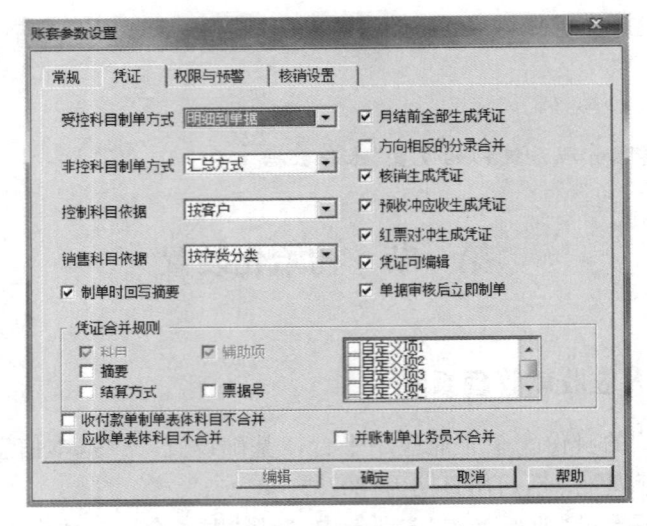

图 9-2 账套参数设置——凭证

2. 科目设置

【实验资料】

表 9-1　　　　　　　　　　　　　科目设置

科目类别	设置方式
基本科目设置	应收科目(本币)：1122
	预收科目(本币)：2203
	销售收入科目：6001
	税金科目：22210102
结算方式科目设置	现金(人民币)：1001
	现金支票(人民币)：100201
	转账支票(人民币)：100201

【操作指导】

执行"设置"—"初始设置"命令，进入"初始设置"窗口，单击"增加"按钮。按实验要求进行相应设置。如图 9-3、图 9-4 所示。

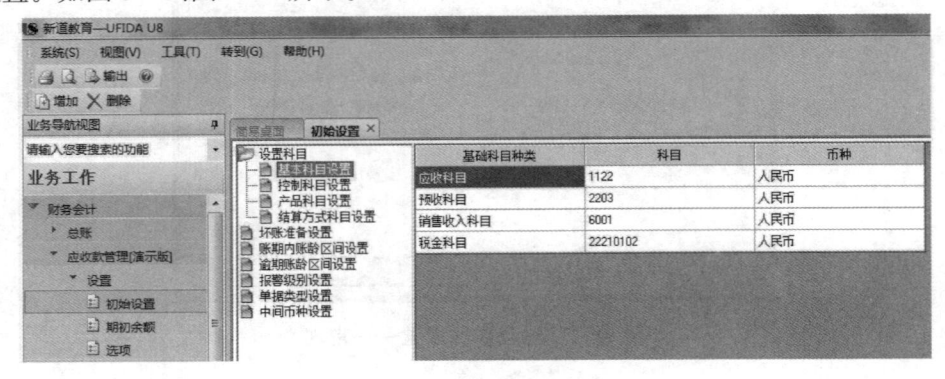

图 9-3　基础科目设置

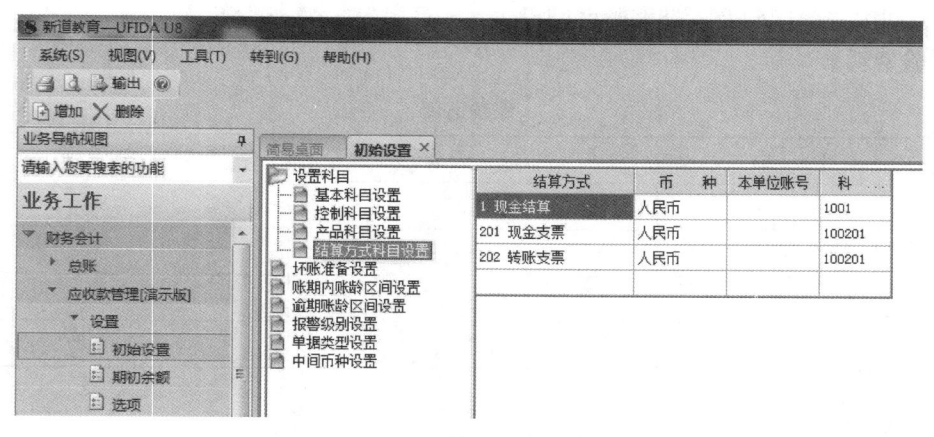

图 9—4　结算方式科目设置

3. 坏账准备设置

【实验资料】

表 9—2　　　　　　　　　　　　　坏账准备参数

控制参数	参数设置
提取比例	0.5%
坏账准备期初余额	800
坏账准备科目	1231
对方科目	6701

【操作指导】

执行"设置"—"初始设置"命令,进入"初始设置"窗口,按实验要求选择"坏账准备设置"。如图 9—5 所示。

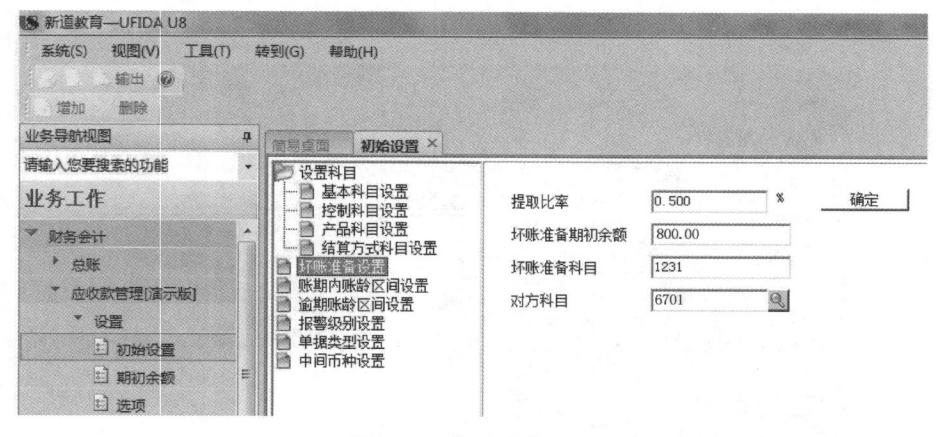

图 9—5　坏账准备设置

4. 账期内账龄区间及逾期账龄区间设置

【实验资料】

表 9—3　　　　　　　　　　　账龄区间

序号	起止天数	总天数
01	0～30	30
02	31～60	60
03	61～90	90
04	91 以上	

【操作指导】

执行"设置"—"初始设置"命令,进入"初始设置"窗口,按实验要求分别选择"账期内账龄区间设置"和"逾期账龄区间设置"。如图 9—6、图 9—7 所示。

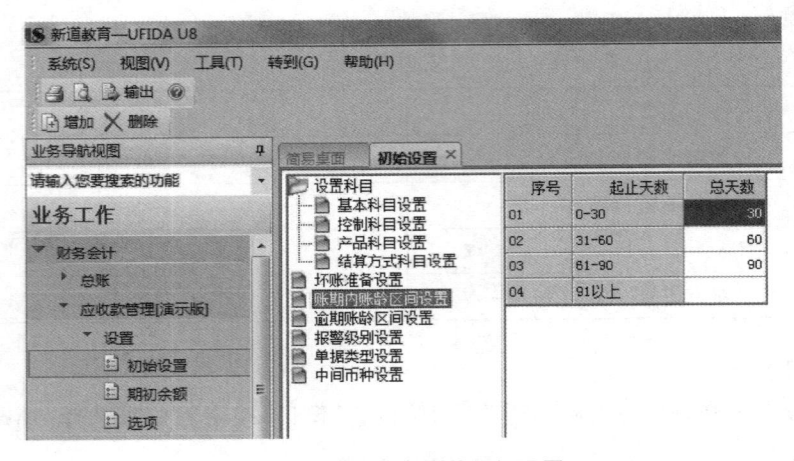

图 9—6　账期内账龄区间设置

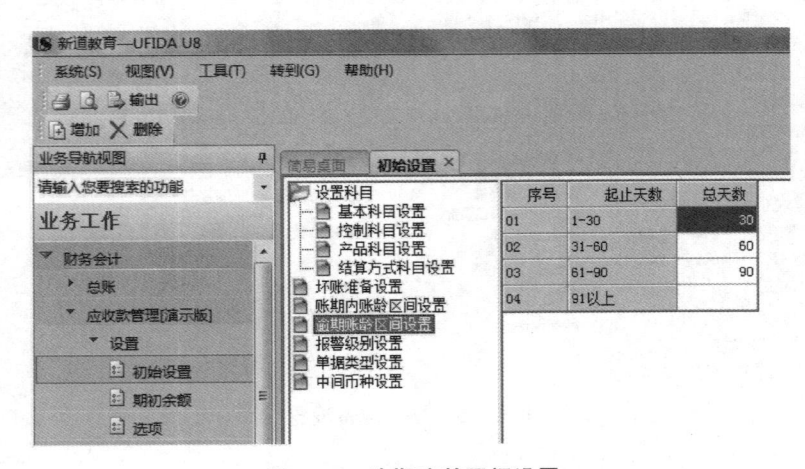

图 9—7　逾期账龄区间设置

只需输入序号 01 的"总天数"30,然后按回车键进入下一序号"总天数"。

5. 计量单位组设置

【实验资料】

本实验设置计量单位组编码为"01",计量单位组名称为"无换算关系",计量单位组类别为"无换算率"。

【操作指导】

在"企业应用平台"中,执行"基础设置"—"基础档案"—"存货"—"计量单位"命令,进入"计量单位-计量单位组"窗口,单击"分组"按钮,打开"计量单位组"对话框,单击"增加"按钮,按实验要求输入计量单位组信息并保存。如图 9—8 所示。

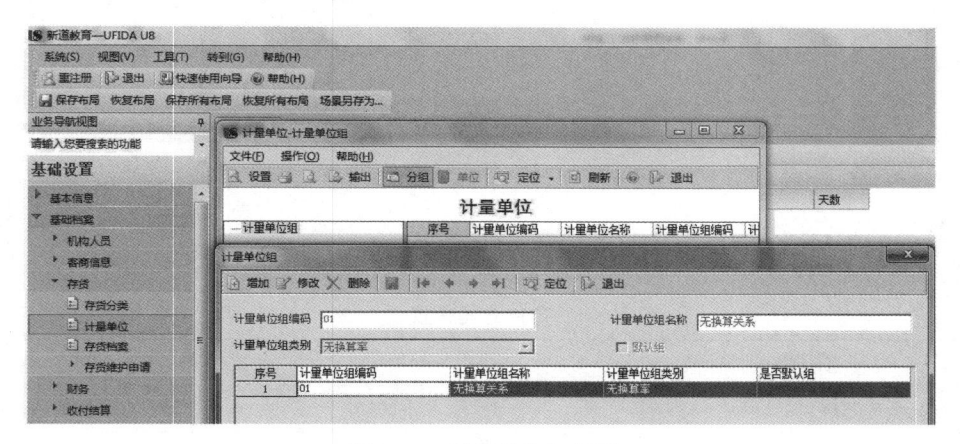

图 9—8 计量单位组设置

6. 计量单位设置

【实验资料】

表 9—4　　　　　　　　　　　　　　计量单位设置

计量单位编码	计量单位名称	计量单位组名称
01	套	无换算关系
02	件	无换算关系
03	组	无换算关系
04	千米	无换算关系

【操作指导】

在"企业应用平台"中,执行"基础设置"—"基础档案"—"存货"—"计量单位"命令,进入"计量单位-计量单位组"窗口,选择左侧"无换算关系"计量单位组,单击"单位"按钮,打开"计量单位"对话框,单击"增加"按钮,按实验要求输入单位信息。如图 9—9 所示。

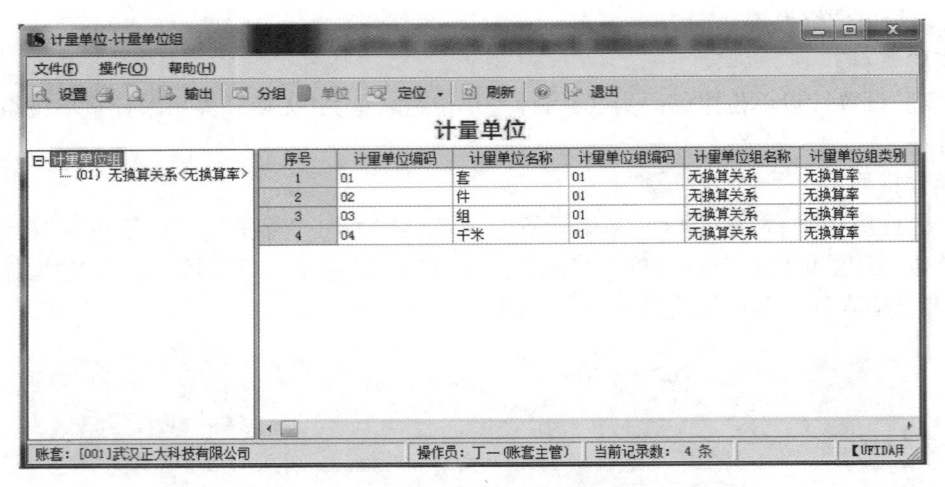

图 9-9 计量单位设置

7. 存货分类设置

【实验资料】

表 9-5　　　　　　　　　　存货分类设置

存货类别编码	存货类别名称
1	原材料
101	电器元件
10101	电磁阀
10102	接线箱
102	主轴
103	叶轮
2	产成品
201	电动机Ⅰ型
202	电动机Ⅱ型
3	辅助材料
301	铜芯线
302	防水胶
303	轴承
9	应税劳务

【操作指导】

在"企业应用平台"中,执行"基础设置"—"基础档案"—"存货"—"存货分类"命令,进入"存货分类"窗口,按实验要求输入相关信息。如图 9-10 所示。

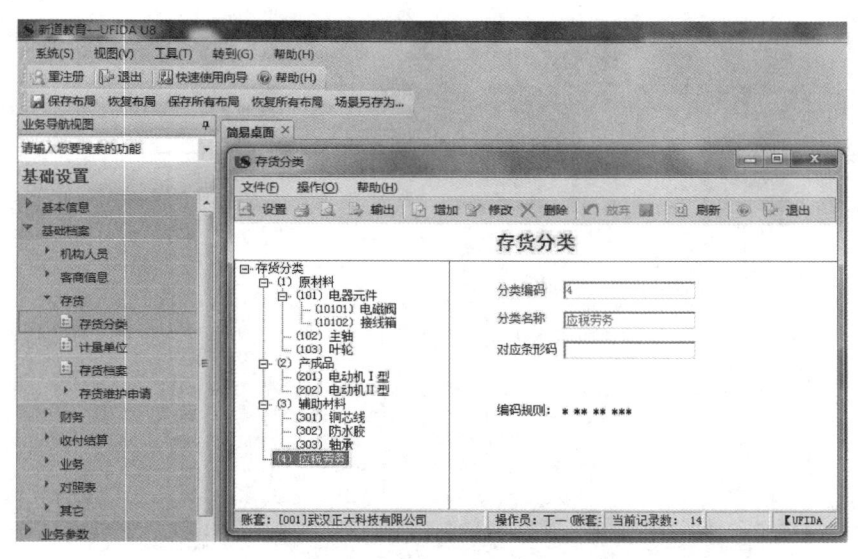

图9—10 存货分类设置

8. 存货档案设置
【实验资料】

表9—6　　　　　　　　　　　　　　存货档案

存货编码	存货名称	所属类别编码	计量单位	税率	存货属性	参考成本	参考售价
01	GB级电磁阀	10101	组	13%	外购、内销、生产耗用	800	1 100
02	HX—6型接线箱	10102	套	13%	外购、内销、生产耗用	600	880
03	L260mm 主轴	102	件	13%	外购、内销、生产耗用	300	450
04	φ150mm 叶轮	103	件	13%	外购、内销、生产耗用	100	150
05	电动机Ⅰ型	201	组	13%	内销、自制	3 600	4 500
06	φ20mm 铜芯线	301	千米	13%	内销、外购	280	320
07	L580mm 轴承	303	套	13%	外购、内销、生产耗用	300	400
08	运输费	4	千米	9%	内销、外购、应税劳务	100	150

【操作指导】
在"企业应用平台"中,执行"基础设置"—"基础档案"—"存货"—"存货档案"命令,进入"存货档案"窗口,单击"增加"按钮,弹出"增加存货档案"窗口,按实验要求输入相关信息。以存货01为例,先录入"基本"项,再录入"成本"等其他项,录入完毕后单击"保存并新增"按钮,示例界面如图9—11所示。

全部信息资料输入完毕,单击保存并退出,显示操作结果界面如图9—12所示。

9. 期初余额录入
【实验资料】
(1)2023年6月16日,销售部李丽向武汉商贸公司出售φ150mm叶轮一批,数量124件,单价145元(含税),开具普通发票一张,金额17 980元。
(2)2023年7月25日,销售部孙明向长沙贸易公司出售L260mm主轴一批,数量12件,

图9—11 存货档案设置

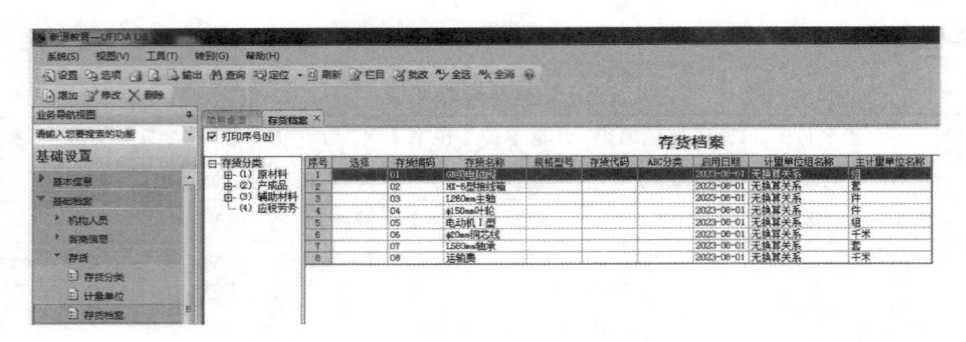

图9—12 存货档案设置结果

单价511.50元(不含税),开具增值税专用发票一张,金额6 936元。另代垫运费856元,其中运输里程80千米,单价100元。

【操作指导】

执行"业务工作"—"应收款管理"—"设置"—"期初余额"命令,打开"期初余额—查询"对话框,单击"确定"按钮,进入"期初余额明细表"窗口,单击"增加"按钮,打开"单据类别"对话框。选择单据名称为"销售发票",单据类型"销售普通发票""正向",单击"确定"按钮,进入"期初销售发票—销售普通发票"窗口。单击"增加"按钮,输入开票日期"2023—6—16",客户名称"武汉商贸公司",销售部门"销售部",科目"1122"。选择货物名称"φ150mm叶轮",输入数量"124",单价"145",金额自动算出,单击"保存"按钮。如图9—13所示。

同理,打开"单据类别"对话框,选择单据名称为"销售发票",单据类型"销售专用发票""正向",单击"确定"按钮,进入"期初销售发票—销售专用发票"窗口。根据实验要求输入增值税专用发票。如图9—14所示。

同理,打开"单据类别"对话框,选择单据名称为"应收单",单据类型"其他应收单""正向",单击"确定"按钮,进入"单据录入—应收单"窗口。根据实验要求输入期初其他应收单。

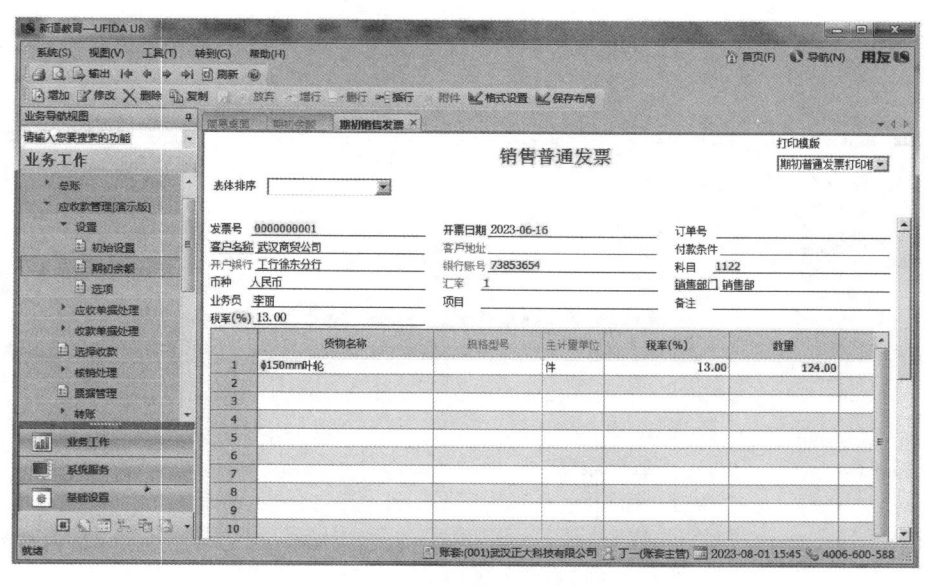

图9-13　开具销售普通发票

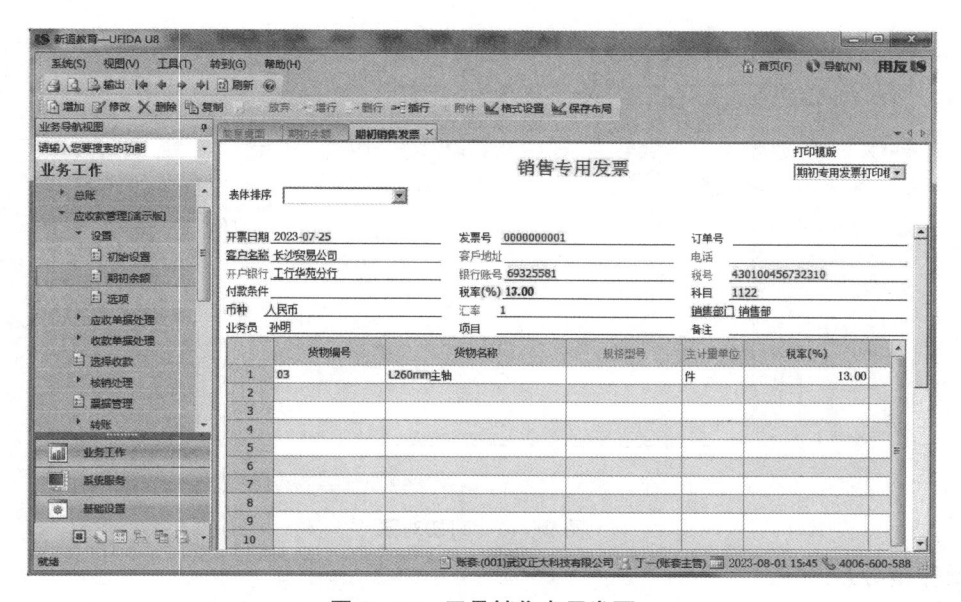

图9-14　开具销售专用发票

如图9-15所示。

输入期初余额完毕,退出后重新打开"期初余额-查询"对话框,进入"期初余额明细表"窗口,单击"对账"按钮,进入"期初对账"窗口,查看应收款管理系统与总账管理系统的期初余额是否平衡,此处对账差额应为零,即两个系统的客户往来科目的期初余额应完全一致。如图9-16所示。

10. 输入开户银行信息

【实验资料】

编码:01;名称:工商银行武汉分行东湖高新分理处;账号:683165577688。

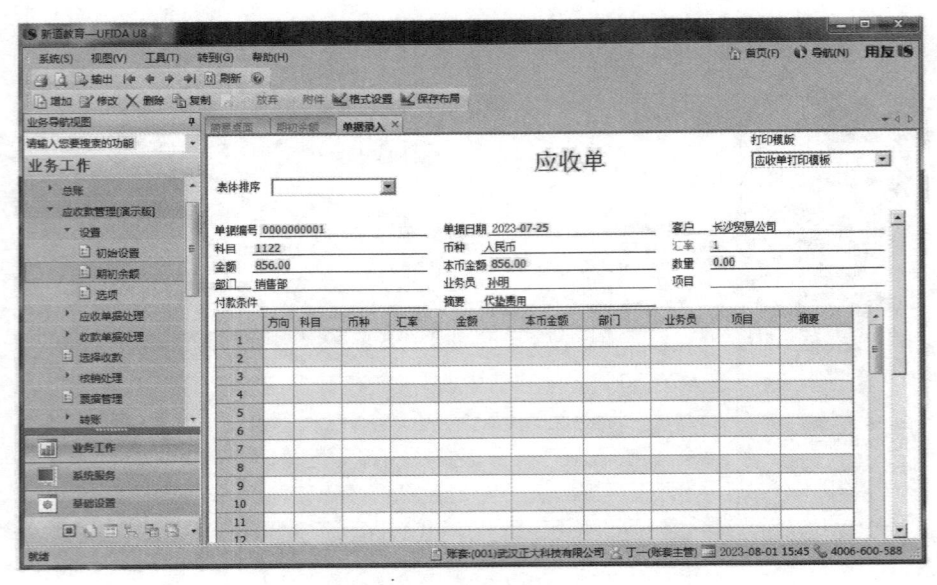

图9-15 开具应收单

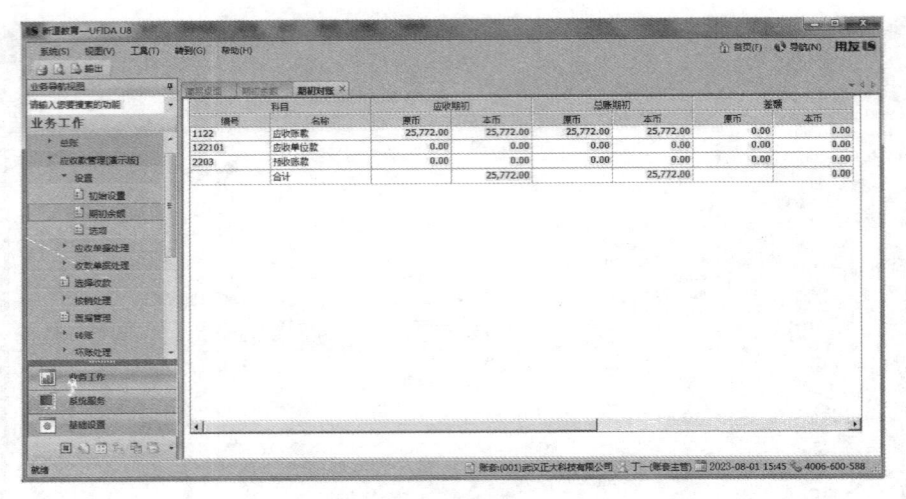

图9-16 期初对账

【操作指导】
在企业应用平台的"基础设置"中,执行"基础档案"—"收付结算"—"本单位开户银行"命令,单击"增加"按钮,输入本单位开户银行信息,单击"保存"按钮后退出。如图9-17所示。

三、备份账套

将账套备份至"应收款管理初始化",以备后续实验调用。

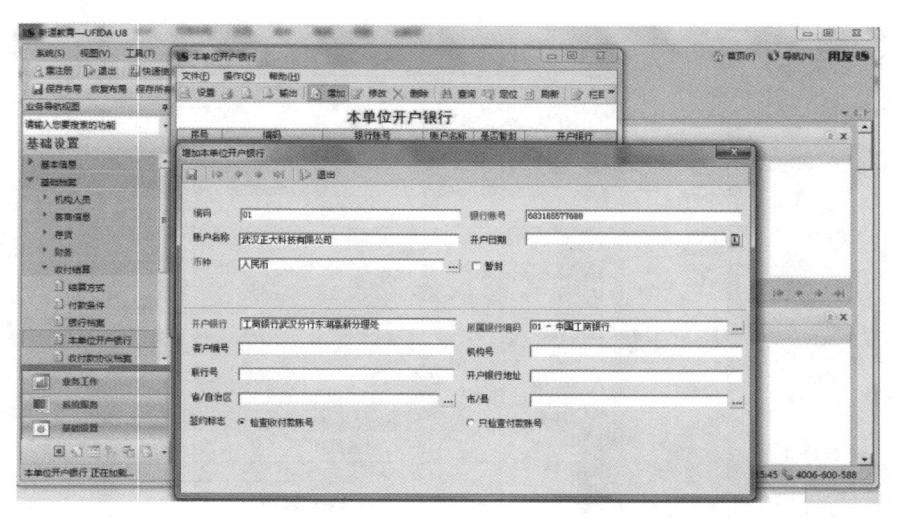

图 9—17　开户银行信息

第二节　日常业务处理

一、增加应收款

1. 输入并审核普通发票

【实验资料】

8月3日,销售部李丽向武汉商贸公司出售电动机Ⅰ型5组,单价4 500元(含税),开出普通发票,货已发出。

【操作指导】

(1)执行"业务工作"—"财务会计"—"应收账款管理"—"应收单据处理"—"应收单据录入"命令,打开"单据类别"对话框,选择单据名称"销售发票",单据类型"销售普通发票""正向",单击"确定"按钮,进入"销售普通发票"窗口,单击"增加"按钮,输入开票日期"2023－08－03",单击销售类型参照按钮,打开"销售类型基本参照"窗口,单击"编辑"按钮,打开"销售类型"窗口,单击"增加"按钮,销售类型编码"1",销售类型名称"经销"。同理,出库类别也需要编辑,单击出库类别参照按钮,打开"收发类别档案基本参照"窗口,单击"编辑"按钮,打开"收发类别"窗口,单击"增加"按钮,收发类别编码"1",收发类别名称"销售出库"。如图9—18所示。

(2)单击"保存"按钮退出,单击"确定"按钮再退出,回到"销售类型"窗口,出库类别选择"销售出库",采用默认值;单击"增加"按钮,同理继续增加销售类型"2代销",不采用默认值。单击"退出"按钮,完成销售类型参照编辑。如图9—19所示。

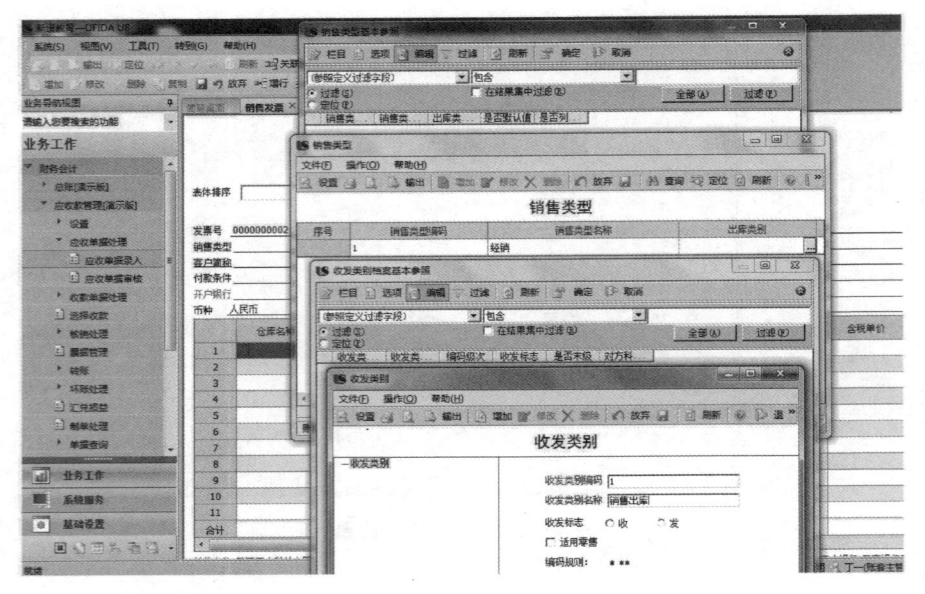

图 9—18　收发类别设置

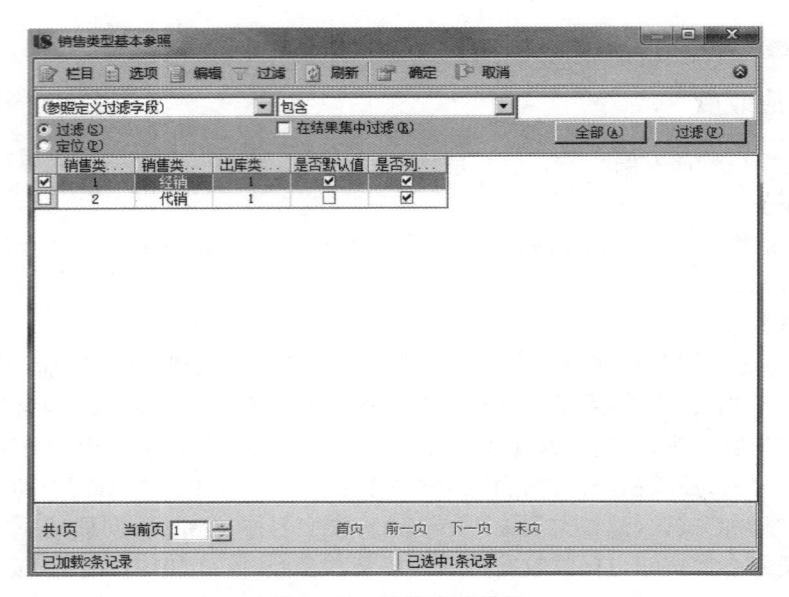

图 9—19　销售类型设置

(3)本例选择"代销";选择客户名称"武汉商贸公司";选择货物名称"电动机Ⅰ型";输入数量 5 组,单价 4 500 元(含税),金额自动算出,单击"保存"按钮并退出。

(4)录入的单据必须经过审核才能进行后续的核销、转账、制单等处理。执行"业务工作"—"财务会计"—"应收账款管理"—"应收单据处理"—"应收单据审核"命令,打开"单据处理—应收单据列表"窗口,双击打开需要审核的单据,单击"审核"按钮,系统弹出"是否立即制单?"对话框,单击"否"按钮,暂不生成凭证,单击"退出"按钮。如图 9—20 所示。

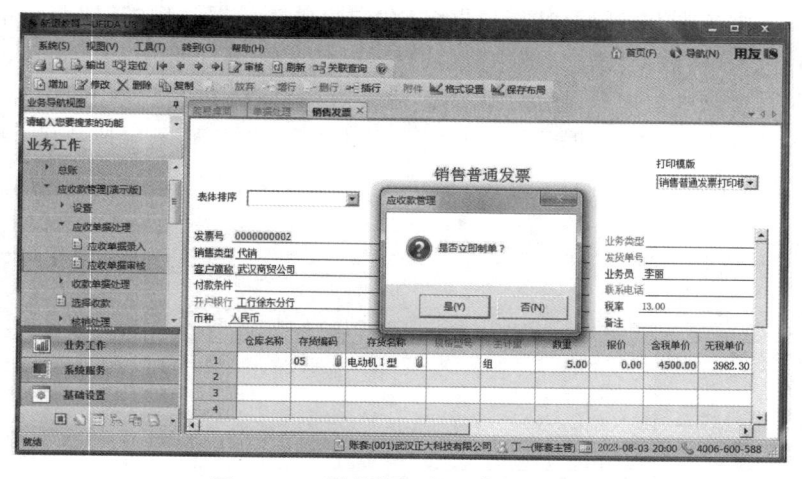

图 9—20　销售普通发票填制与审核

2. 输入并审核专用发票与应收单
【实验资料】
8月6日，销售部李丽向上海科技公司出售 L260mm 主轴一批，数量 10 件，单价 450 元（不含税），开具增值税专用发票，货已发出，同时代垫运费 3 000 元(不含税)。
【操作指导】
（1）执行"业务工作"—"财务会计"—"应收账款管理"—"应收单据处理"—"应收单据录入"命令，打开"单据类别"对话框，选择单据名称"销售发票"，单据类型"销售专用发票""正向"，单击"确定"按钮，进入"销售专用发票"窗口，单击"增加"按钮，输入开票日期"2023－08－6"，销售类型"经销"，客户名称"上海科技公司"，选择货物名称" L260mm 主轴"，输入数量 10件，不含税单价 450 元，金额自动算出，单击"保存"按钮。单击"审核"按钮，系统弹出"是否立即制单？"对话框，单击"否"按钮，暂不生成凭证，单击"退出"按钮。如图 9－21 所示。

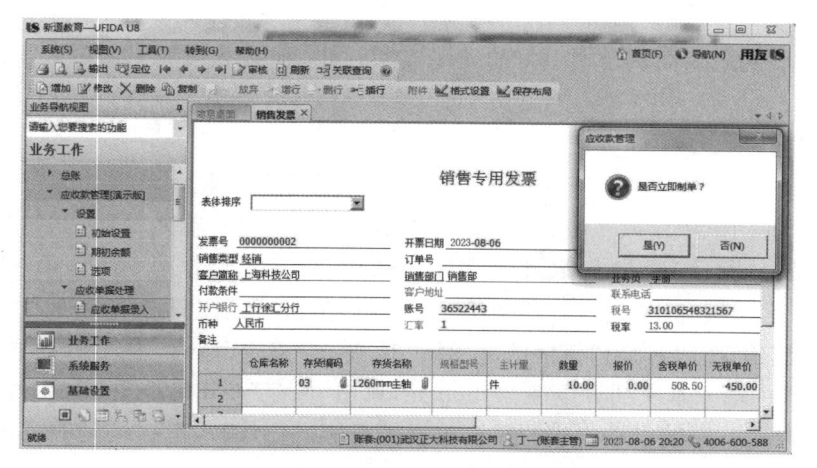

图 9—21　销售专用发票填制与审核

同理，执行"业务工作"—"财务会计"—"应收账款管理"—"应收单据处理"—"应收单据录入"命令,打开"单据类别"对话框,选择单据名称"应收单",单据类型"其他应收单""正向",单击"确定"按钮,进入"应收单"窗口,单击"增加"按钮,输入开票日期"2023-08-06",客户名称"上海科技公司",金额 3 000 元,摘要"代垫运费",对应科目"1122",单击"保存"按钮。单击"审核"按钮,系统弹出"是否立即制单?"对话框,单击"否"按钮,暂不生成凭证,单击"退出"按钮。如图 9—22 所示。

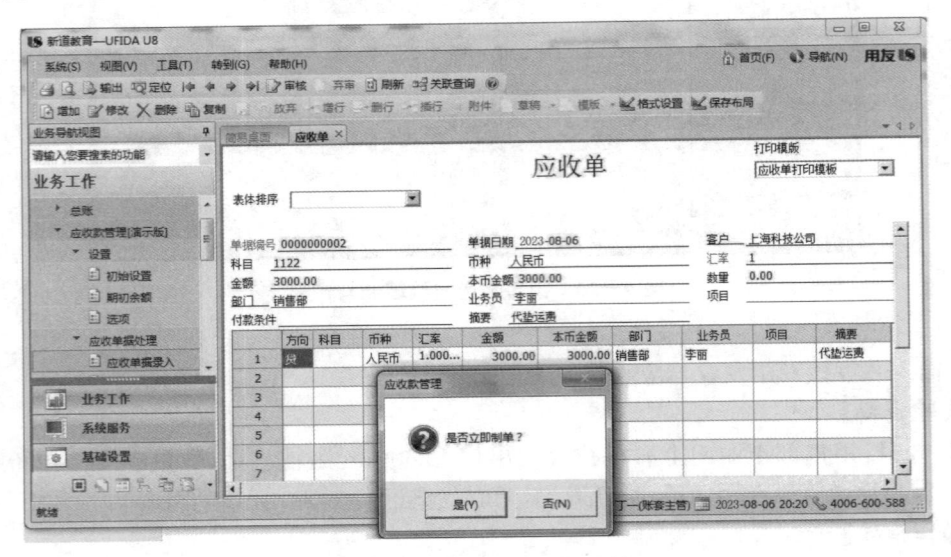

图 9—22 应收单填制与审核

上述已审核和生成凭证的应收单不能修改或删除。若要修改或删除,必须取消审核。

二、收款结算

1. 输入收款单据,并完全核销应收款

【实验资料】

8 月 7 日,收到武汉商贸公司交付的转账支票一张,金额 22 500 元,支票号 ZZ01,用以归还前欠货款。

【操作指导】

(1)执行"业务工作"—"财务会计"—"应收账款管理"—"收款单据处理"—"收款单据录入"命令,打开"收付款单录入—收款单"窗口,单击"增加"按钮,输入日期"2023-8-7",选择客户"武汉商贸公司",结算方式"转账支票",金额 22 500 元,票据号 ZZ01,单击"保存"按钮。单击"审核"按钮,系统弹出"是否立即制单?"对话框,单击"否"按钮,暂不生成凭证。

(2)单击"核销"按钮,弹出"核销条件"对话框,单击"确定"按钮,进入"单据核销"窗口。在 8 月 3 日的发票中输入本次结算金额 22 500 元,单击"保存"按钮后退出。如图 9—23 所示。

(3)上述操作中,系统自动生成的结算单据号不能进行修改,已核销的收款单据不能修改或删除。

2. 输入收款单据,部分核销部分形成预收款

【实验资料】

8 月 10 日,收到长沙贸易公司交付转账支票一张,金额 10 000 元,票据号 ZZ02,用以归还

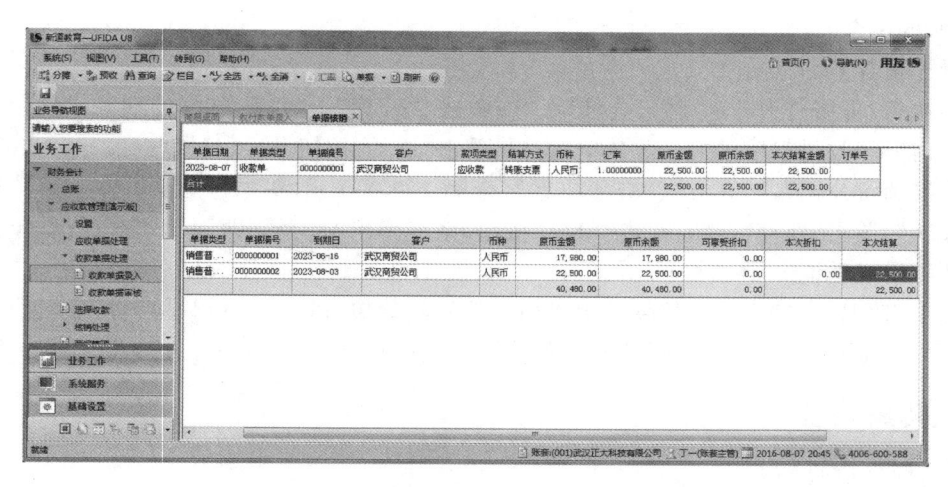

图 9—23　单据核销

前欠货款及代垫运费,剩余款转为预收账款。

【操作指导】

(1)执行"业务工作"—"财务会计"—"应收账款管理"—"收款单据处理"—"收款单据录入"命令,打开"收付款单录入收款单"窗口,单击"增加"按钮,输入日期"2023-8-10",选择客户"长沙贸易公司",结算方式"转账支票",金额 10 000 元,票据号 ZZ02;在表体中分别选择款项类型为应收款金额 7 792 元和预收款金额 2 208 元,单击"保存"按钮;单击"审核"按钮,系统弹出"是否立即制单?"对话框,单击"否"按钮,暂不生成凭证。

(2)单击"核销"按钮,弹出"核销条件"对话框,单击"确定"按钮。进入"单据核销"窗口,在结算单据中,输入专用发票本次结算额 6 936 元,其他应收单据本次结算额 856 元,收款单据本次结算额 7 792 元,单击"保存"按钮。如图 9—24 所示。

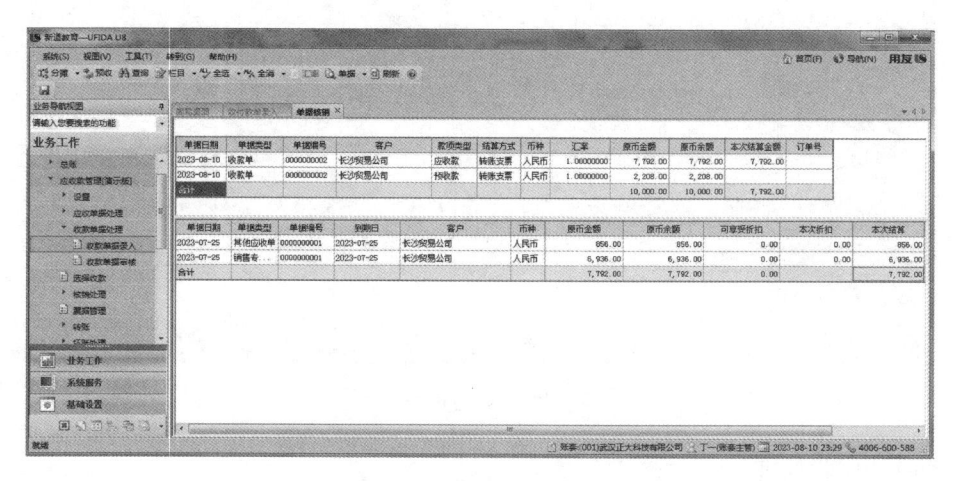

图 9—24　单据部分核销

3. 输入收款单据,全部形成预收款

【实验资料】

8 月 13 日,武汉商贸公司交付转账支票一张,金额 100 000 元,票据号 ZZ03,作为预购 GB

级电磁阀的定金。

【操作指导】

(1)执行"业务工作"—"财务会计"—"应收账款管理"—"收款单据处理"—"收款单据录入"命令,打开"收付款单录入—收款单"窗口,单击"增加"按钮,输入日期"2023—8—13",选择客户"武汉商贸公司",结算方式"转账支票",金额100 000元,票据号ZZ03;输入表体款项类型"预收款",单击"保存"按钮;单击"审核"按钮,系统弹出"是否立即制单?"对话框,单击"否"按钮,暂不生成凭证。

(2)单击"退出"按钮。全部款项形成预收款的收款单,可在"收付款单"查询功能中查看,后期可通过"预收冲应收"或"核销"等操作使用此笔预收款。

三、转账处理

1. 应收冲应收处理

【实验资料】

8月16日,将上海科技公司购买L260mm主轴的应收款5 085元转给长沙贸易公司。

【操作指导】

执行"业务工作"—"财务会计"—"应收账款管理"—"转账"—"应收冲应收"命令,进入"应收冲应收"窗口,选择转出客户"上海科技公司",转入客户"长沙贸易公司";单击"查询"按钮,系统列出转出客户"上海科技公司"的未核销应收款;在2023—08—06的销售专用发票单据行最后一栏并账金额中输入5 085元,单击"保存"按钮,系统弹出"是否立即制单?"对话框,单击"否"按钮,暂不生成凭证。随后退出"应收冲应收"窗口。如图9—25所示。

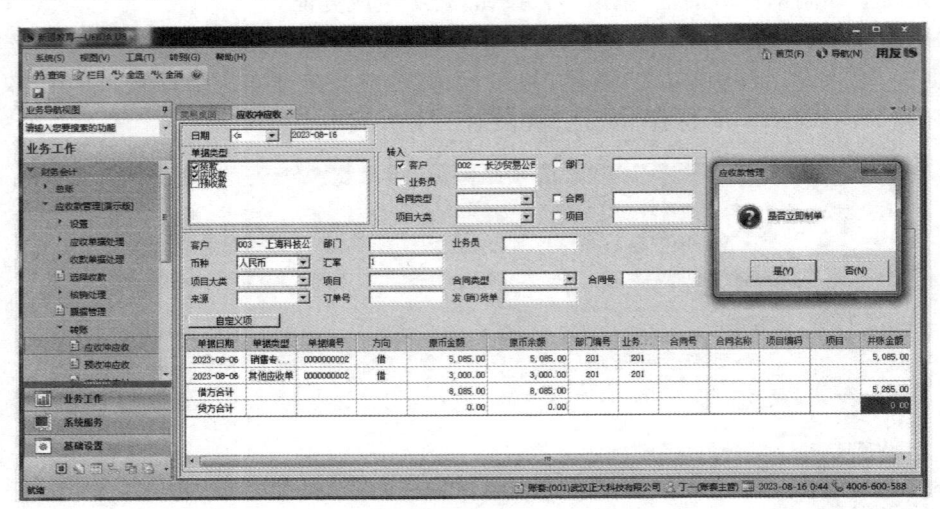

图9—25 应收冲应收处理

2. 预收冲应收处理

【实验资料】

8月25日,用武汉商贸公司交来的100 000元定金冲抵其期初应收账款。

【操作指导】

(1)执行"业务工作"—"财务会计"—"应收账款管理"—"转账"—"预收冲应收"命令,进入

"预收冲应收"窗口,输入日期"2023—08—25",单击打开"预收款"选项卡,选择客户"武汉商贸公司"。单击"过滤"按钮,系统列出该客户的预收款,输入转账金额 17 980 元;打开"应收款"选项卡,单击"过滤"按钮,系统列出该客户的应收款,输入转账金额 17 980 元;单击"确定"按钮,系统弹出"是否立即制单?"对话框,单击"否"按钮,暂不生成凭证。单击"取消"按钮退出。如图 9—26 所示。

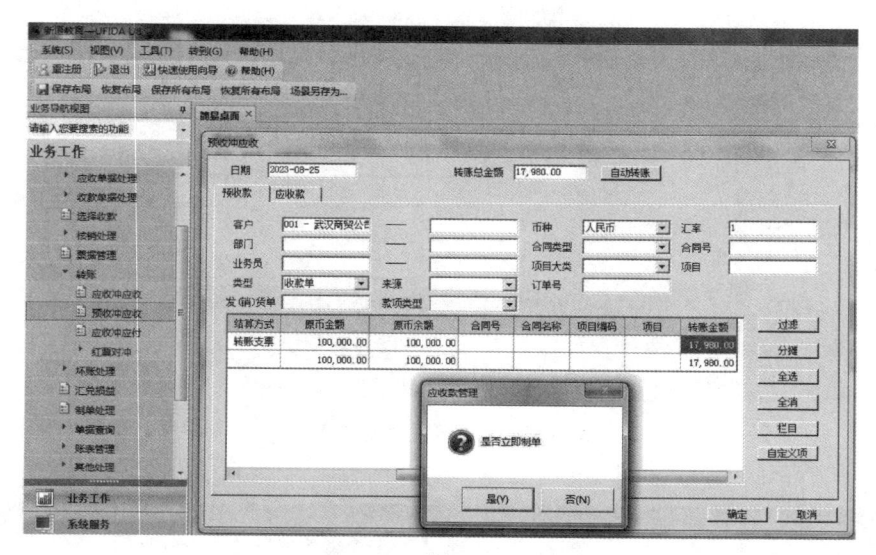

图 9—26 预收冲应收处理

(2)上述操作中,每一笔应收款的转账金额都不能大于其余额,应收款的转账金额合计应该等于预收款的转账金额合计。在初始设置时,如果应收科目和预设科目设置为同一科目,将无法进行"预收冲应收"生成凭证。

四、坏账处理

【实验资料】

8 月 27 日,确认本月 6 日为上海科技公司代垫运费 3 000 元成为坏账。

【操作指导】

执行"业务工作"—"财务会计"—"应收账款管理"—"坏账处理"—"坏账发生"命令,打开"坏账发生"对话框,选择客户"上海科技公司",输入日期"2023—08—27",选择币种"人民币",单击"确定"按钮。如图 9—27 所示。

进入"坏账发生单据明细"窗口,系统列出该客户所有未核销的应收单据。在"本次发生坏账金额"处输入 3 000 元,单击"ok 确认"按钮,系统弹出"是否立即制单?"对话框,单击"否"按钮,暂不生成凭证。如图 9—28 所示。

执行"业务工作"—"财务会计"—"应收账款管理"—"坏账处理"—"计提坏账准备(双击)"命令,打开"应收账款百分比法"窗口,单击"ok 确认"按钮,系统弹出"是否立即制单?"对话框,单击"否"按钮,暂不生成凭证。

如果此处坏账计提成功,本年度不能再次计提坏账准备。

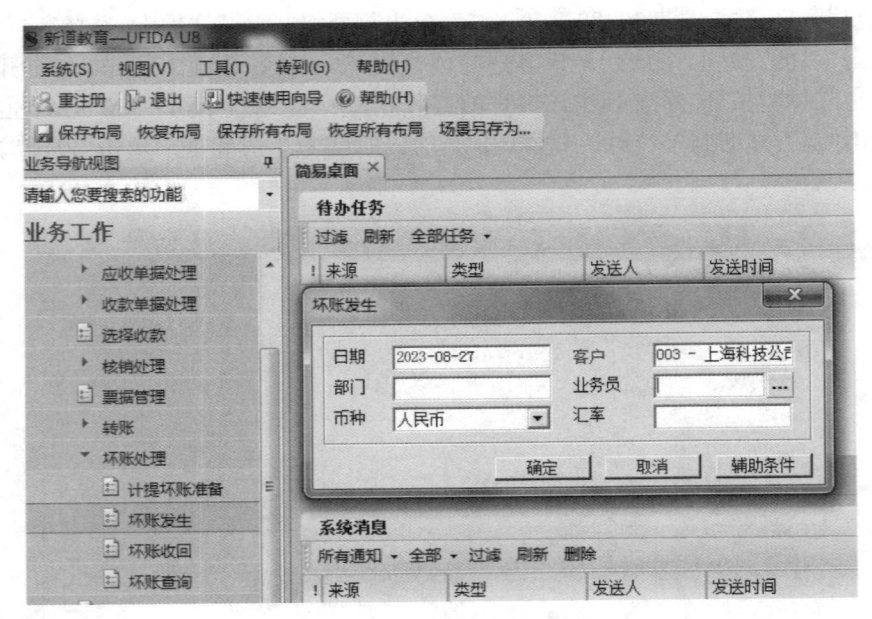

图 9—27　坏账发生查询条件

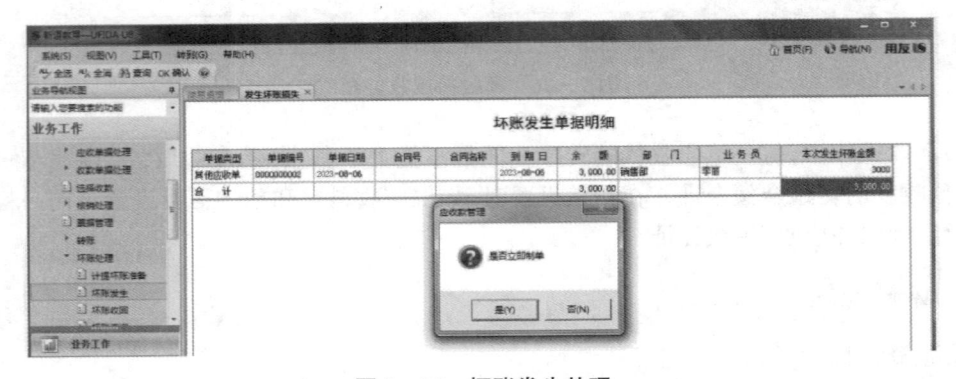

图 9—28　坏账发生处理

五、制单处理

打开"制单查询"窗口,勾选除"坏账处理制单"以外的其他选项,单击"确定"按钮。如图 9—29 所示。

执行"全选"按钮,单击"制单"命令,依次保存以下凭证。如图 9—30 所示。

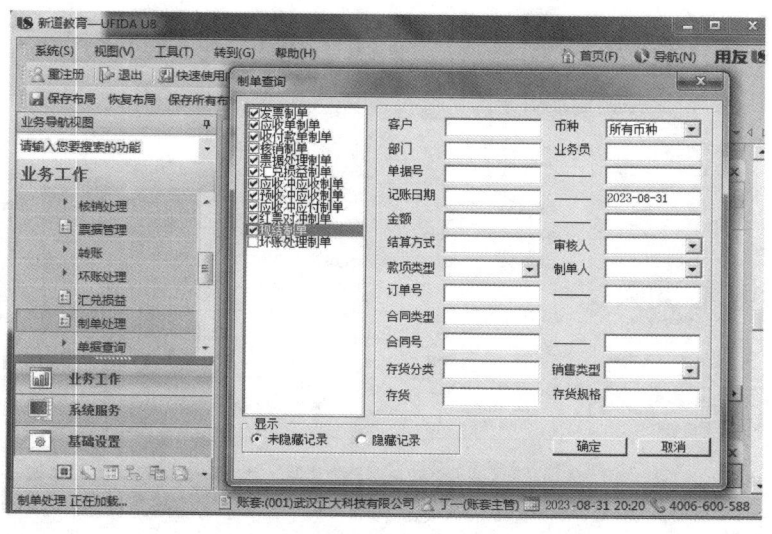

图 9-29 制单查询

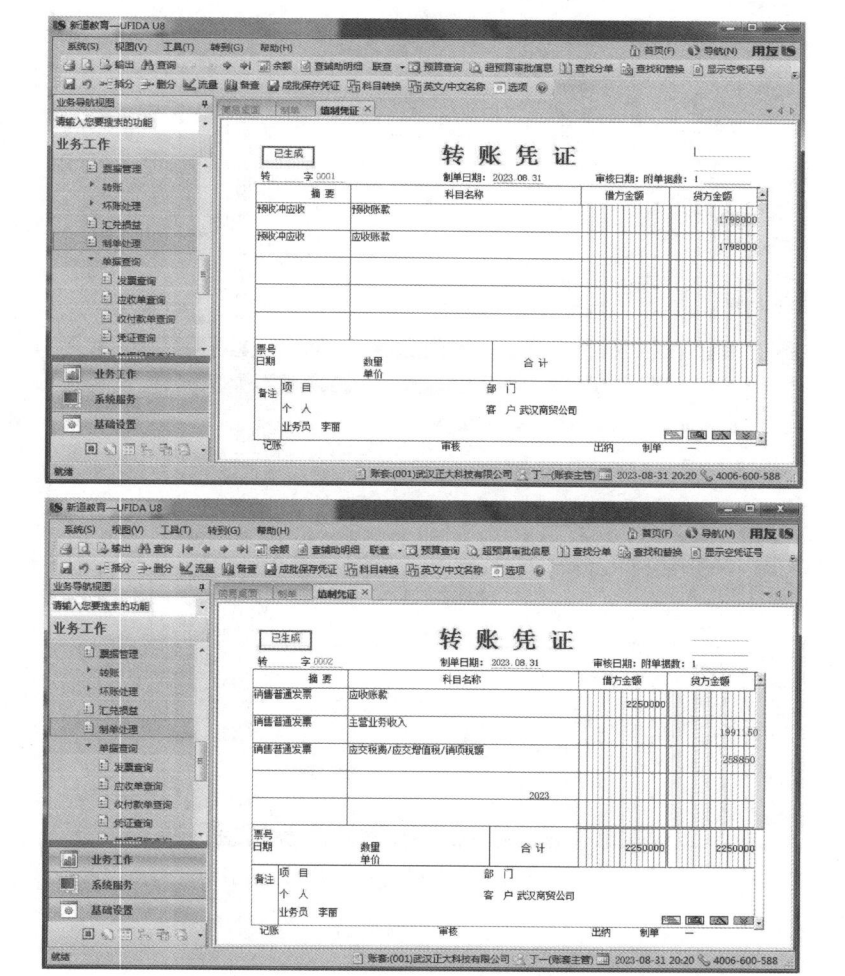

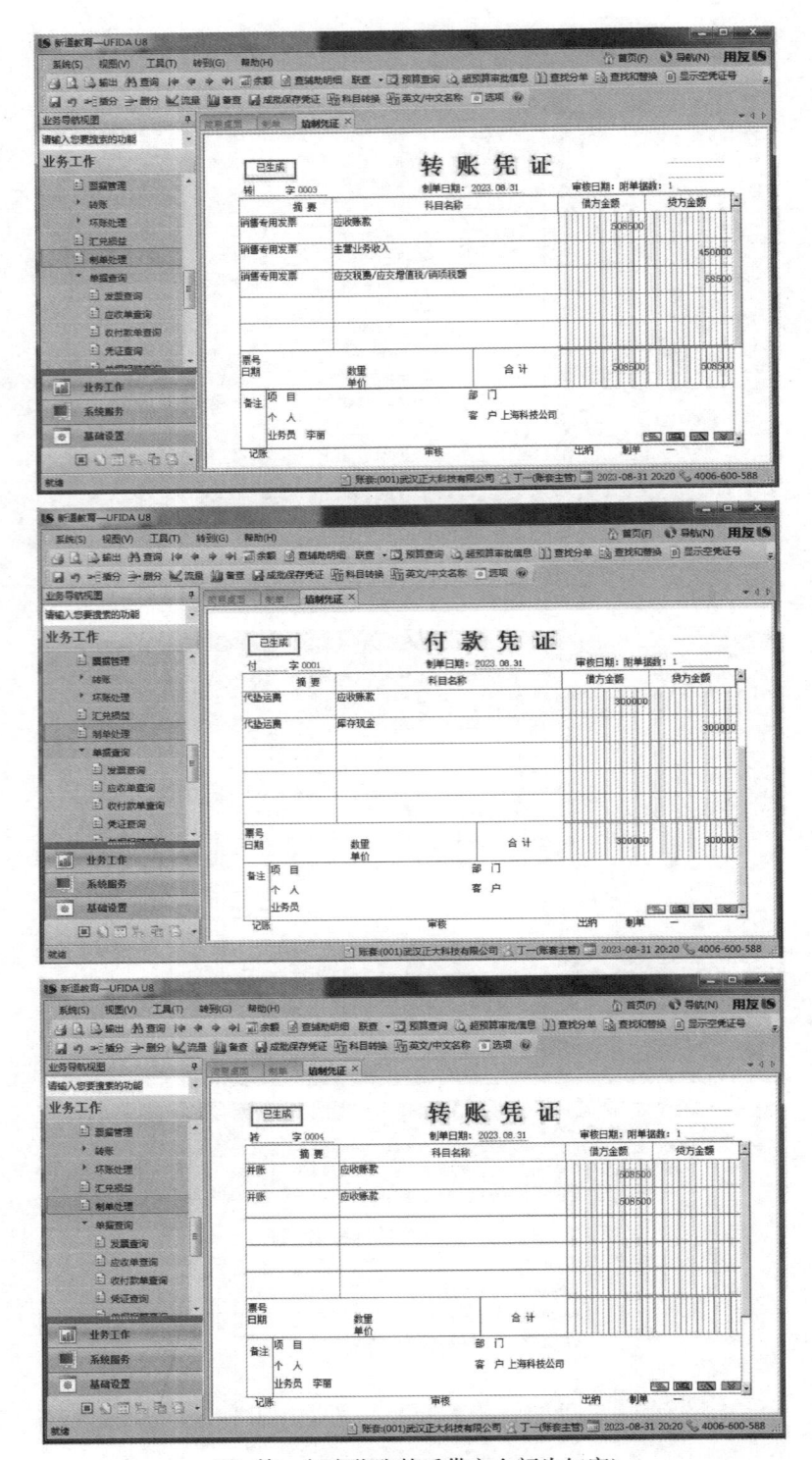

（注：第一行应收账款后借方金额为红字）

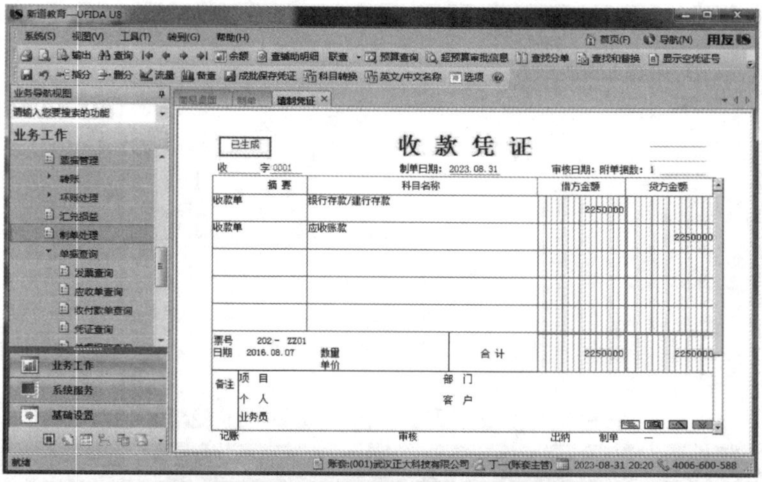
收款凭证
已生成
收 字 0001
制单日期：2023.08.31
审核日期：附单据数：1
摘要
科目名称
借方金额
贷方金额
收款单
银行存款/建行存款
2250000
收款单
应收账款
2250000
票号 202－ ZZ01
日期 2016.08.07
合计
2250000
2250000
出纳
制单

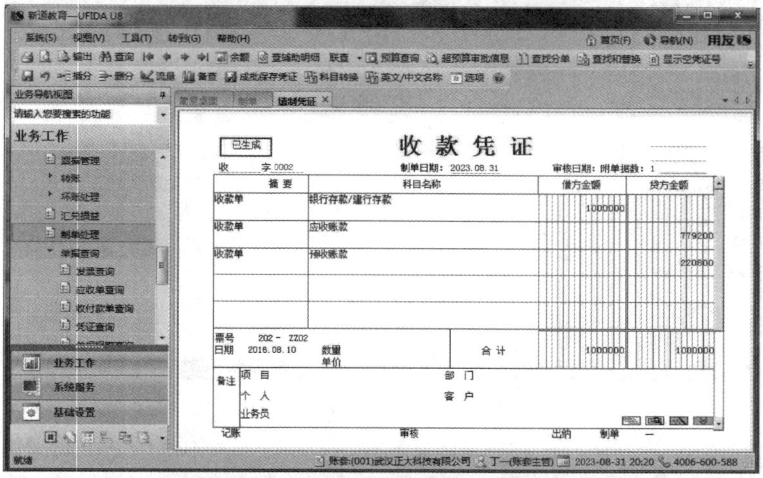
收款凭证
已生成
收 字 0002
制单日期：2023.08.31
审核日期：附单据数：1
摘要
科目名称
借方金额
贷方金额
收款单
银行存款/建行存款
1000000
收款单
应收账款
779200
收款单
预收账款
220800
票号 202－ ZZ02
日期 2016.08.10
合计
1000000
1000000

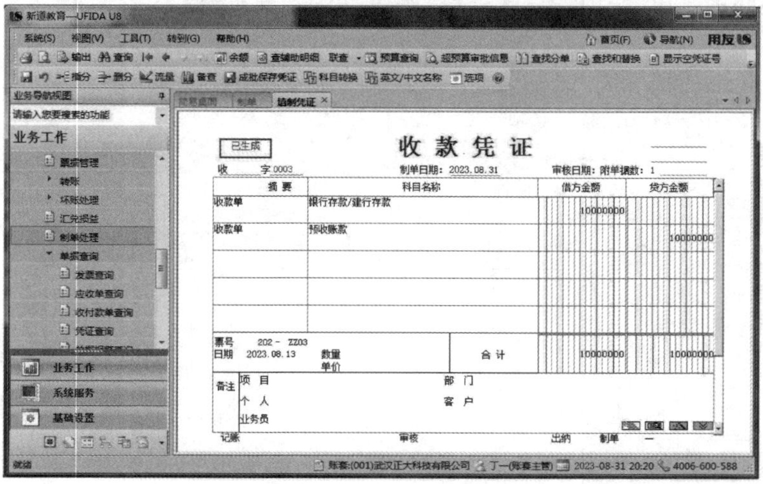
收款凭证
已生成
收 字 0003
制单日期：2023.08.31
审核日期：附单据数：1
摘要
科目名称
借方金额
贷方金额
收款单
银行存款/建行存款
10000000
收款单
预收账款
10000000
票号 202－ ZZ03
日期 2023.08.13
合计
10000000
10000000

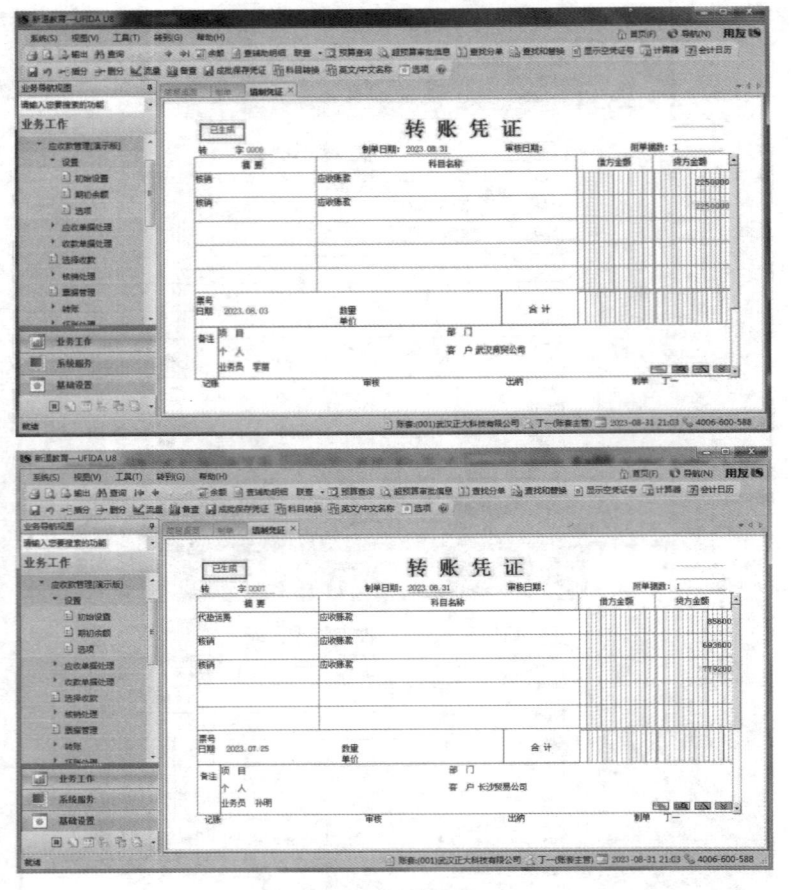

图 9－30　制单结果（一）

勾选"坏账处理制单"选项，执行"全选"按钮，单击"制单"命令，依次保存以下凭证。如图 9－31 所示。

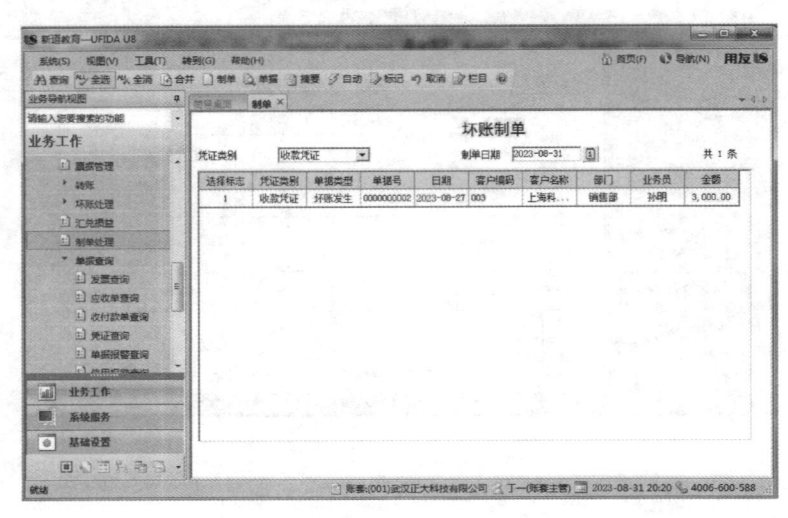

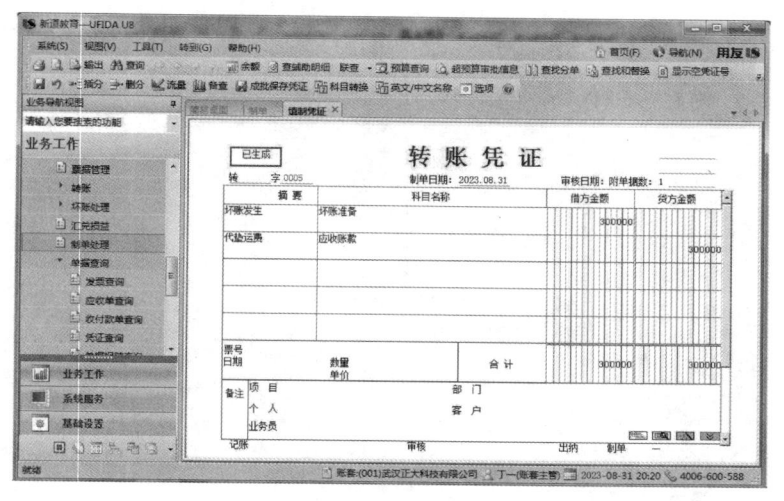

图 9—31　制单结果(二)

第三节　期末处理

一、结账

执行"期末处理"—"月末结账"命令,双击选中 8 月份的"结账标志"栏,单击"下一步"。如图 9—32 所示。

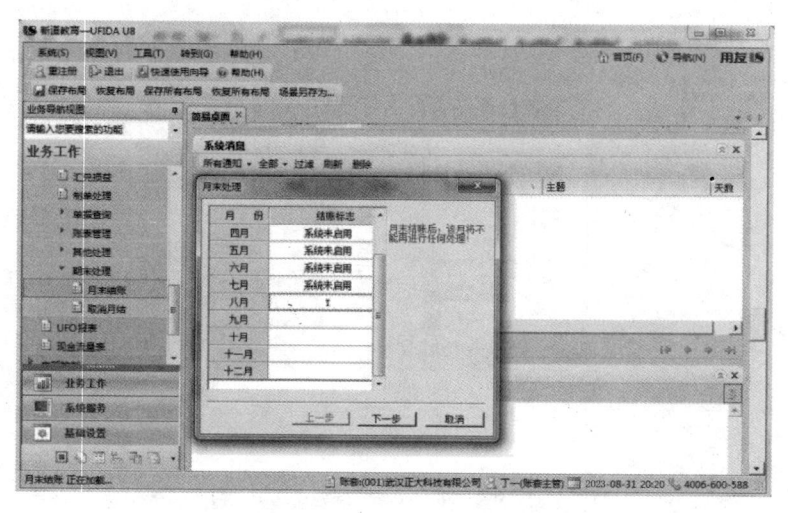

图 9—32　月末处理

单击"完成按钮",自动弹出"8 月份结账成功"对话框。如图 9—33 所示。
单击"确定"按钮,系统自动在对应的结账月份的"结账标志"栏中显示"已结账"字样。

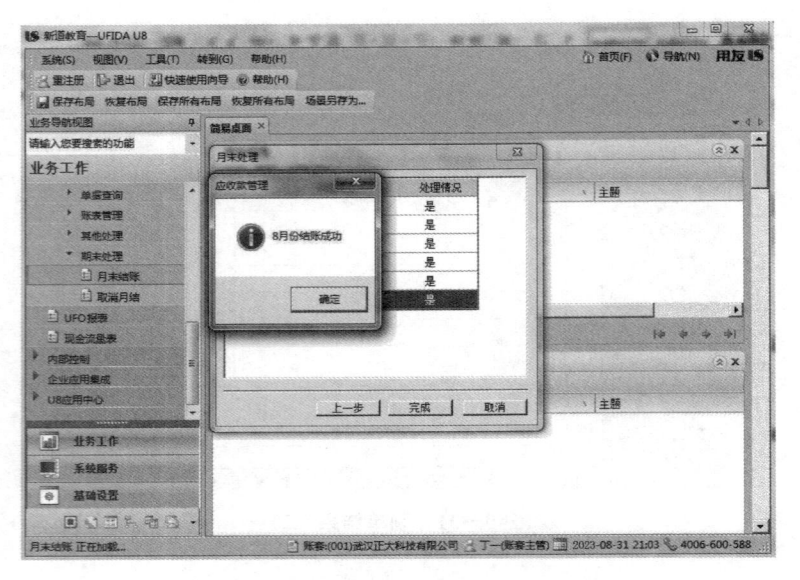

图 9—33 结账成功

二、取消结账

执行"期末处理"—"取消月结"命令,打开"取消结账"对话框,选择"8月已结账"月份,单击"确定"按钮,自动弹出"应收款管理"对话框提示"取消结账成功",单击"确定"退出。如图 9—34 所示。

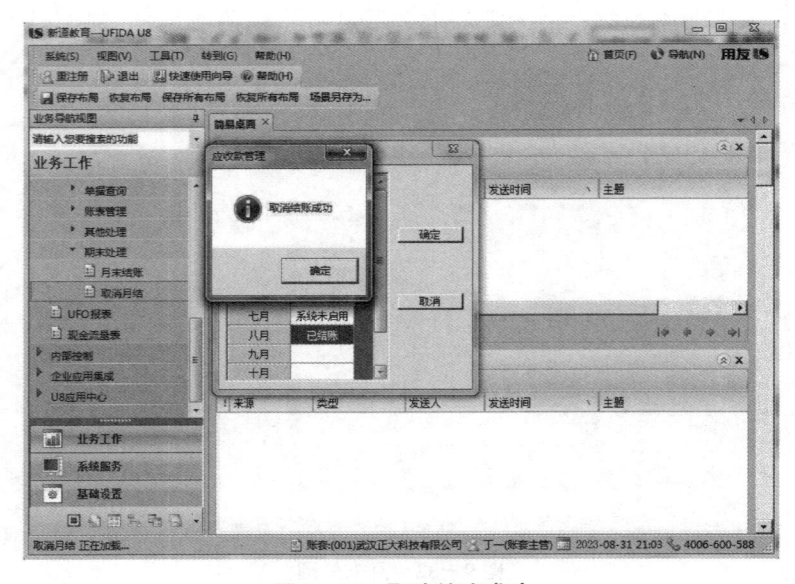

图 9—34 取消结账成功

第十章 供应链管理系统

【内容概述】
　　在企业的日常工作中,采购供应部门、仓库、销售部门、财务部门等都涉及购销存业务及其核算的处理,各个部门的管理内容是不同的,工作的延续性是通过单据在不同部门间的传递来完成而单一子系统在模块业务处理中存在一定的局限性。供应链管理系统突破了会计核算软件单一财务核算的局限,实现了从财务管理到企业财务业务一体化的全面管理,融合了物流、资金流管理,是会计信息系统中综合性最强、涉及子系统最多的部分,主要包括采购管理、销售管理、库存管理及存货核算等模块,此处各个模块可单独使用,也可联合应用,所涉及的管理内容存在明显差异,通过单据在各个部门传递来实现协同管理。

【实验目标】
　　1. 掌握用友软件中供应链管理系统初始设置的相关内容。
　　2. 理解供应链管理系统业务处理流程。
　　3. 掌握供应链管理系统基础信息设置、期初余额录入的操作方法。

【实验内容】
　　1. 基础信息设置。
　　(1) 包括存货分类、计量单位组、计量单位、存货档案、仓库档案、收发类别、采购类型、销售类型、本单位开户银行等信息的设置。
　　(2) 包括存货核算系统、应收款管理系统及应付款管理系统等子系统的选项设置和初始设置。
　　2. 期初数据录入。
　　(1) 采购管理系统。录入期初暂估入库和期初在途存货,进行采购期初数据的记账,没有期初数据也要执行期初记账,否则不能开始日常业务。
　　(2) 销售管理系统。录入并审核期初发货单、期初委托代销发货单及期初分期收款发货单等。
　　(3) 库存管理系统。录入并审核库存期初余额和不合格产品期初余额,前者是库存和存货共用期初数据,后者是未处理的不合格品的结存量。
　　(4) 存货管理系统。录入存货期初余额和期初分期收款发出商品余额,并进行记账。

【实验准备】

引入"第三章 总账管理系统初始设置"账套,启用采购管理系统、销售管理系统、库存管理系统、存货核算系统、应收款管理系统、应付款管理系统,启用日期为"2023—08—01"。

第一节 基础信息设置

一、登录企业应用平台并启用供应链管理相关子系统

以"001 丁一"的身份登录企业应用平台,执行"基础设置"—"基本信息"—"系统启用"(双击)命令,启用"应收款管理""应付款管理""销售管理""采购管理""库存管理""存货核算"等子系统,启用日期均为"2023—08—01"。

二、基础信息设置

1. 业务设置

在企业应用平台窗口执行"基础设置"—"基础档案"—"业务"命令,依次分别双击进入"仓库档案""收发类别""采购类型""销售类型"选项,根据以下资料完善相关基本信息。

(1)仓库档案

【实验资料】

表 10—1 仓库档案

仓库编码	仓库名称	计价方式
1	原料库	移动平均法
2	成品库	移动平均法
3	辅料库	全月平均法

【操作指导】

执行"基础设置"—"基础档案"—"业务"命令,双击"仓库档案"选项,进入"仓库档案"窗口,单击"增加"按钮,依次输入仓库档案并保存。输入完毕后退出。如图 10—1 所示。

(2)收发类别

【实验资料】

表 10—2 收发类别

类别编码	类别名称	收发标志	类别编码	类别名称	收发标志
1	正常入库	收	3	正常出库	发
101	采购入库	收	301	销售出库	发
102	产成品入库	收	302	领料出库	发
103	调拨入库	收	303	调拨出库	发
2	非正常入库	收	4	非正常出库	发
201	盘盈入库	收	401	盘亏出库	发
202	其他入库	收	402	其他出库	发

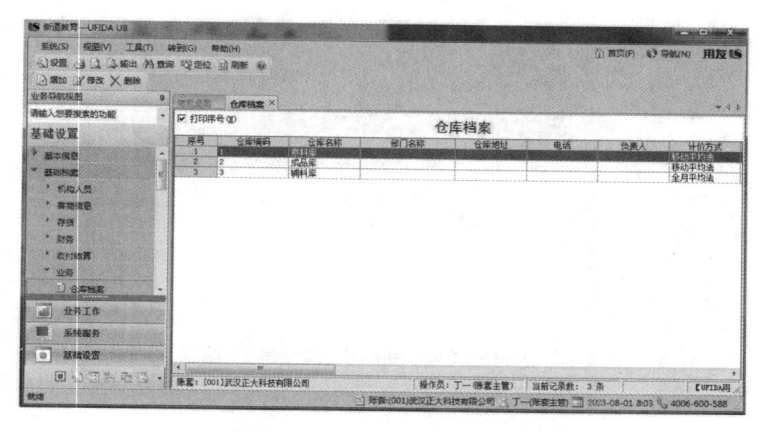

图10-1 仓库档案设置结果

【操作指导】
执行"基础设置"—"基础档案"—"业务"命令,双击"收发类别"选项,进入"收发类别"窗口,单击"增加"按钮,依次输入收发类别并保存。输入完毕后退出。如图10-2所示。

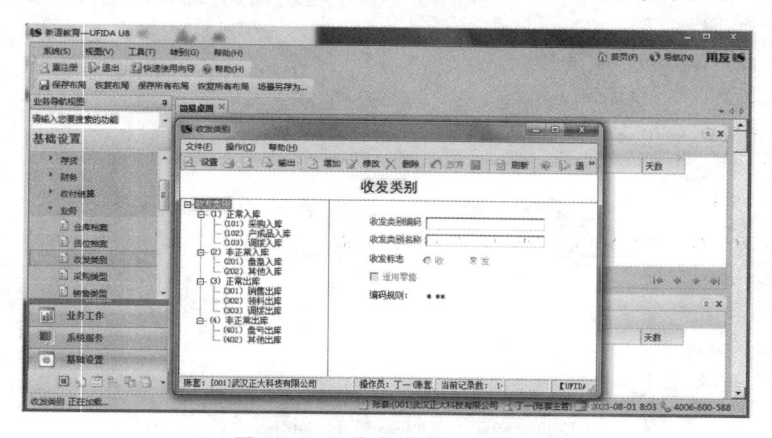

图10-2 收发类别设置结果

(3)采购类型
【实验资料】
本实验采购类型为"普通采购",此类型编码为"1",入库类别属于"采购入库",采用默认值。
【操作指导】
执行"基础设置"—"基础档案"—"业务"命令,双击"采购类型"选项,进入"采购类型"窗口,单击"增加"按钮,依次输入采购类型并保存后退出。如图10-3所示。

(4)销售类型
【实验资料】
本实验设置"1 经销""2 代销"两种销售类型,均为"销售出库",前者采用默认值,后者不采用。
【操作指导】

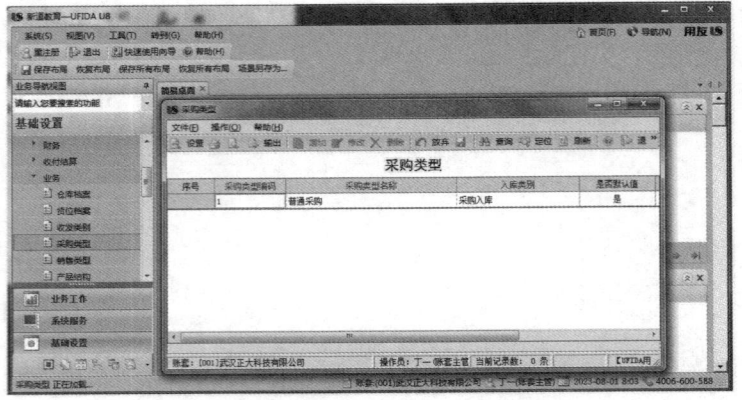

图 10－3　采购类型设置

执行"基础设置"—"基础档案"—"业务"命令,双击"销售类型"选项,进入"销售类型"窗口,单击"增加"按钮,依次输入销售类型并保存后退出。如图10－4所示。

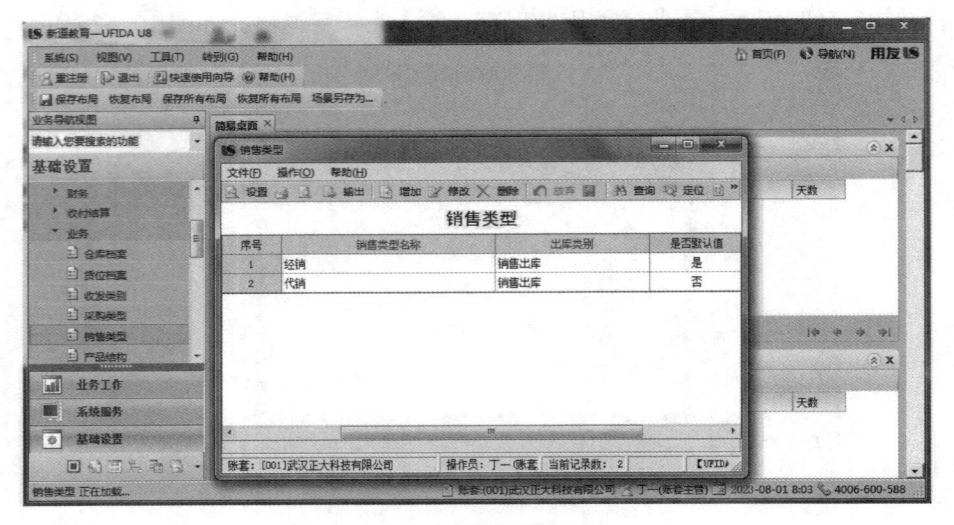

图 10－4　销售类型设置

2. 收付结算设置

【实验资料】

编码:01;名称:工商银行武汉分行东湖高新分理处;账号:683165577688。

【操作指导】

在企业应用平台窗口执行"基础设置"—"基础档案"—"收付结算"命令,双击进入"本单位开户银行"选项,单击"增加"按钮,输入本单位开户银行信息,单击"保存"按钮后退出。

三、基础科目参数设置

1. 存货核算系统科目参数设置

(1)存货科目:按照存货分类设置存货科目。

【实验资料】

表 10—3　　　　　　　　　　　　　　　存货科目

仓库	存货科目
原料库	电器元件(140301)
成品库	库存商品(1405)
辅料库	库存商品(1405)

【操作指导】

在企业应用平台窗口执行"业务工作"—"供应链"—"存货核算"—"初始设置"—"科目设置"—"存货科目(双击)"命令,打开"存货科目"窗口,单击"增加"按钮,按照实验要求进行设置。

(2)对方科目:按照收发类别设置对方科目。

【实验资料】

表 10—4　　　　　　　　　　　　　　　对方科目

收发类别	对方科目
101 采购入库	材料采购(1401)
102 产成品入库	生产成本/直接材料(500101)
201 盘盈入库	待处理流动资产损益(1901)
301 销售出库	主营业务成本(6401)
302 领料出库	生产成本/直接材料(500101)

【操作指导】

在企业应用平台窗口执行"业务工作"—"供应链"—"存货核算"—"初始设置"—"科目设置"—"对方科目(双击)"命令,打开"对方科目"窗口,单击"增加"按钮,按照实验要求进行设置。

2. 应付款管理系统科目参数设置

从企业应用平台进入应付款管理系统,执行"业务工作"—"财务会计"—"应付款管理"—"设置"—"选项(双击)"命令,打开"账套参数设置"对话框,单击"编辑"按钮,选择"核销设置"选项卡,选择应付款核销方式为"按单据",其他参数采用系统默认,单击"确定"按钮。如图 10—5 所示。

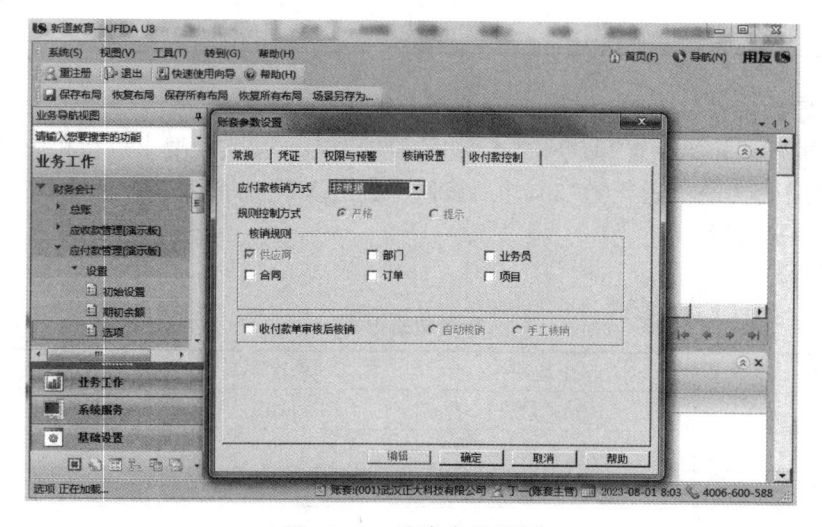

图 10—5　账套参数设置

执行"业务工作"—"财务会计"—"应付款管理"—"设置"—"初始设置(双击)"命令,进入"初始设置"窗口,进行相应的档案设置。

(1)科目设置

【实验资料】

表 10—5　　　　　　　　　　　　　科目设置

科目类别	设置方式
基本科目设置	应付科目(本币):2202
	预付科目(本币):1123
	采购科目:1401
	税金科目:22210101
结算方式科目设置	现金(人民币):1001
	现金支票(人民币):100201
	转账支票(人民币):100201

【操作指导】

执行"设置"—"初始设置"命令,进入"初始设置"窗口,单击"增加"按钮。按实验要求进行相应设置。

(2)账期内账龄区间设置

【实验资料】

表 10—6　　　　　　　　　　　　账龄区间设置

序号	起止天数	总天数
01	0～30	30
02	31～60	60
03	61～90	90
04	91 以上	

【操作指导】

执行"设置"—"初始设置"命令,进入"初始设置"窗口,按实验要求进行相应设置。

只需输入序号 01 的"总天数"30,然后按回车键进入下一序号"总天数"。

(3)报警级别设置

【实验资料】

表 10—7　　　　　　　　　　　　报警级别设置

序号	起止比率	总比率	级别名称
01	0 以上	10	A
02	10%～30%	30	B
03	30%～50%	50	C
04	50%～100%	100	D

续表

序号	起止比率	总比率	级别名称
05	100%以上		E

【操作指导】

执行"设置"—"初始设置"命令,进入"初始设置"窗口,按实验要求进行相应设置。

第二节 期初数据录入

基本信息设置完成后,根据业务资料录入期初余额。

一、应付款管理系统期初数据录入

【实验资料】

根据表10—8资料以应付单形式录入期初余额。

表10—8　　　　　　　　　　　应付款期初余额

日期	供应商	方向	金额	业务员
2023—6—6	华昌公司	贷	161 850.00	李建

【操作指导】

(1)执行"业务工作"—"应付款管理"—"设置"—"期初余额"命令,打开"期初余额—查询"对话框,单击"确定"按钮,进入"期初余额明细表"窗口,单击"增加"按钮,打开"单据类别"对话框。选择单据名称为"应付单",单据类型"其他应付单""正向",单击"确定"按钮,进入"单据录入—应付单"窗口。

(2)单击"增加"按钮,输入单据日期"2023—06—06",供应商"华昌公司",金额"161 850.00",部门"采购部",业务员"李建",单击"保存"按钮。如图10—6所示。

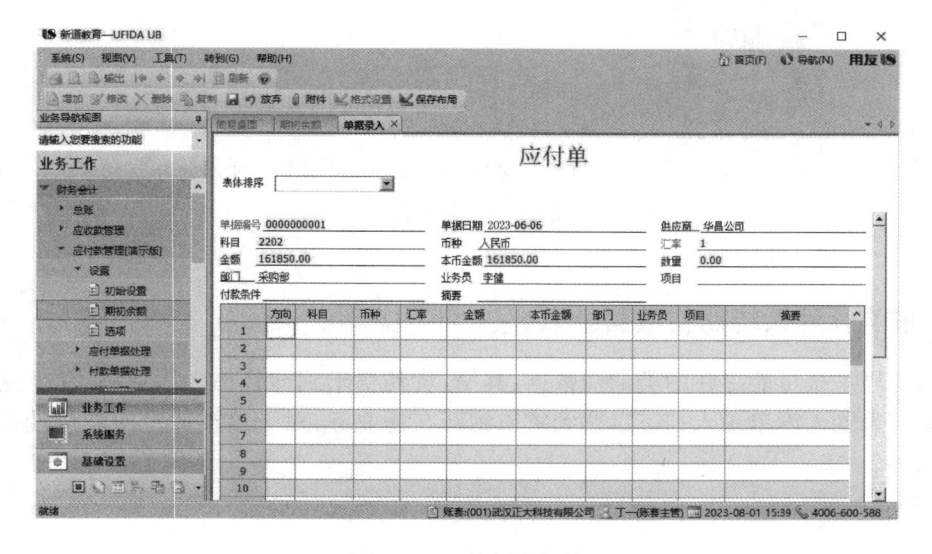

图10—6　填制应付单

(3)输入期初余额完毕,退出"单据录入—应付单"后刷新,查询余额界面如图10-7所示。

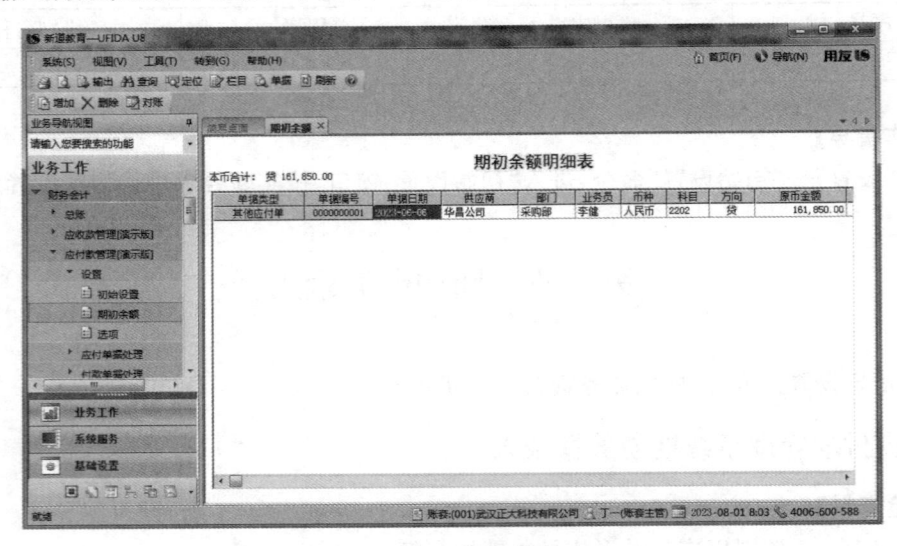

图10-7 期初余额

(4)在"期初余额明细表"窗口中,单击"对账"按钮,进入"期初对账"窗口,查看应付款管理系统与总账管理系统的期初余额是否平衡,此处对账差额应为零,即两个系统的供应商往来科目的期初余额应完全一致。示例界面如图10-8所示。

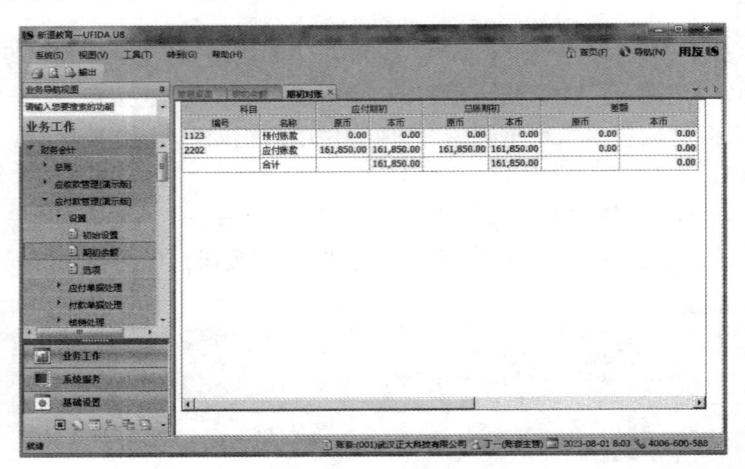

图10-8 期初对账

二、采购管理系统期初数据录入

采购管理系统可能存在两类期初数据:其一,货到票未到即暂估入库业务,对于这类业务应调用期初采购入库单录入;其二,票到货未到即在途业务,对于这类业务应调用期初采购发票功能录入。

1. 期初采购入库单录入

【实验资料】

2023年7月11日,收到华昌公司提供的HX－6型接线箱50套,单价700元,商品已验收入库,至今尚未收到发票。涉及1401材料采购累计贷方发生额35 000元。

【操作指导】

执行"业务工作"—"供应链"—"采购管理"—"采购入库"—"采购入库单(双击)"命令,进入"期初采购入库单"窗口,单击"增加"按钮,输入入库日期"2023－07－11",选择仓库"原料库",供货单位"华昌公司",部门"采购部",入库类别"采购入库",采购类型"普通采购",选择存货编码02,输入数量50,本币单价700,单击"保存"按钮后退出。如图10－9所示。

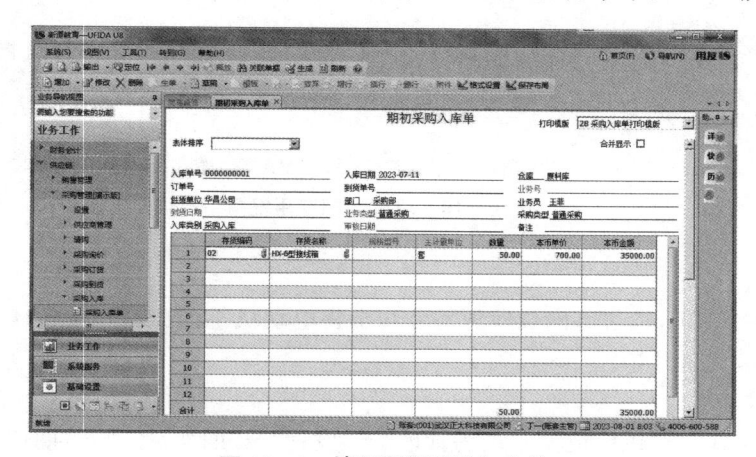

图10－9 填制期初采购入库单

2. 期初采购发票录入

【实验资料】

2023年7月18日,收到明珠公司增值税专用发票一张,摘要为购买其L260mm主轴,数量20件,单价350元,金额7 910元,至今尚未收到商品。涉及1402在途物资累计借方发生额7 910元。

【操作指导】

执行"业务工作"—"供应链"—"采购管理"—"采购发票"—"专用采购发票(双击)"命令,进入"期初专用发票"窗口,单击"增加"按钮,输入入库日期"2023－07－18",选择仓库"原料库",供货单位"明珠公司",代垫单位"明珠公司",部门"采购部",采购类型"普通采购",选择存货编码03,输入数量20,原币单价350,单击"保存"按钮后退出。如图10－10所示。

3. 期初记账

执行"业务工作"—"供应链"—"采购管理"—"设置"—"采购期初记账(双击)"命令,自动弹出"期初记账"对话框,单击"记账"按钮,自动弹出"采购管理—期初记账完毕!"提示框。单击"确定"退出。

三、销售管理系统期初数据录入

本实验此处是指销售管理系统启用日期之前已经发货、出库但未开具销售发票的存货。如果企业有委托代销业务,则已经发生但未完全结算的存货也需要在期初数据中录入。

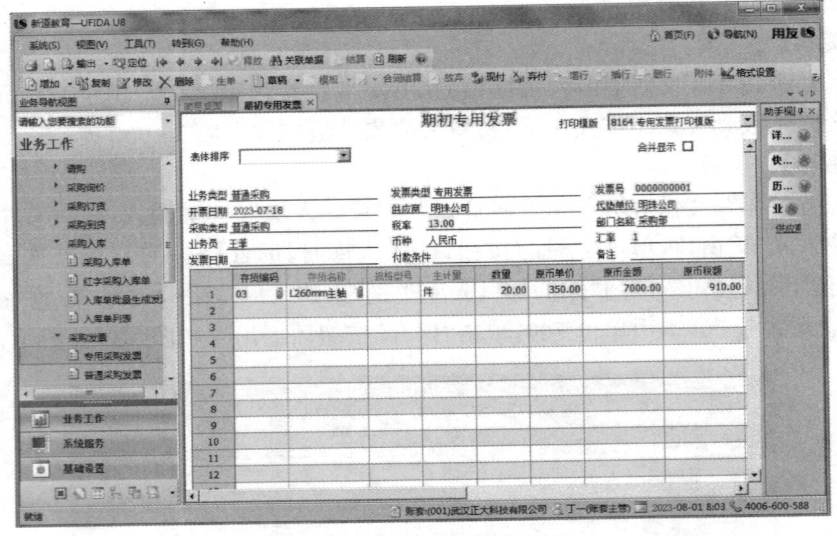

图 10—10　填制期初专用发票

【实验资料】

2023 年 7 月 21 日，销售部向长沙贸易公司出售电动机Ⅰ型 15 套，单价 4 000 元，由成品库发货，该发货单尚未开票。

【操作指导】

执行"业务工作"—"供应链"—"销售管理"—"设置"—"期初录入"—"期初发货单（双击）"命令，进入"期初发货单"窗口。单击"增加"按钮，输入发货日期"2023—07—21"，销售类型"经销"，客户名称"长沙贸易公司"，销售部门"销售部"，仓库"成品库"，存货"电动机Ⅰ型"，数量"15"，报价"4 000"，单击"保存"按钮后审核该发货单再退出。如图 10—11 所示。

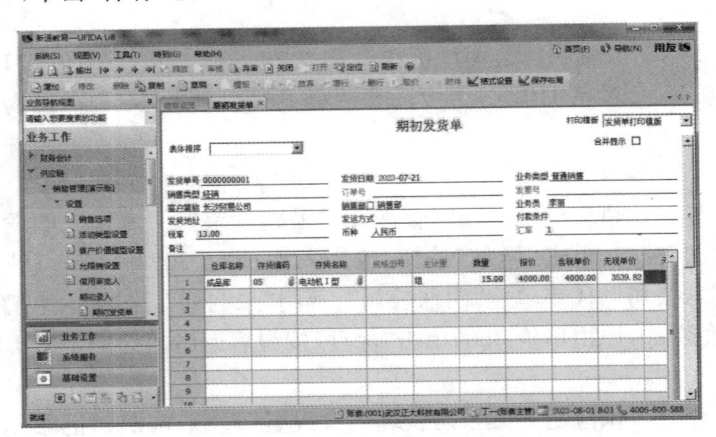

图 10—11　期初发货单

四、存货核算系统期初数据录入

在企业应用平台窗口执行"业务工作"—"供应链"—"存货核算"—"初始设置"—"期初数据"—"期初余额（双击）"命令，打开"期初余额"窗口，按照实验要求进行设置。

【实验资料】

7月31日,对各个仓库进行盘点,结果如表10-9所示。

表10-9　　　　　　　　　　　　　盘点结果

仓库名称	存货名称	数量	结存单价
原料库	GB级电磁阀	10	1 000
	HX-6型接线箱	10	426
	φ150mm叶轮	20	100
成品库	电动机Ⅰ型	70	4 000
辅料库	φ20mm铜芯线	125	300

【操作指导】

(1)选择仓库"原料库",单击"增加"按钮,根据表10-9信息依次录入相关存货数据。如图10-12所示。

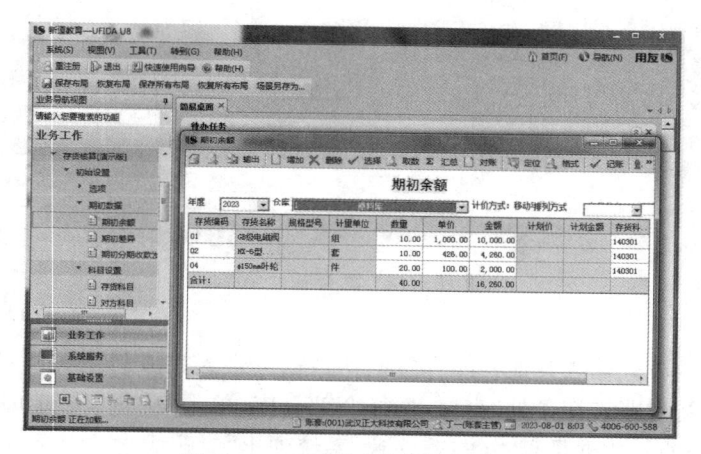

图10-12　原料库存货期初余额

(2)同理,选择仓库"成品库",单击"增加"按钮,根据表10-9信息依次录入相关存货数据。

(3)同理,选择仓库"辅料库",单击"增加"按钮,根据表10-9信息依次录入相关存货数据。

(4)存货期初余额输入完毕后,单击"记账"按钮,系统对所有仓库进行记账并提示"期初记账成功!"单击"确定"后退出。如图10-13所示。

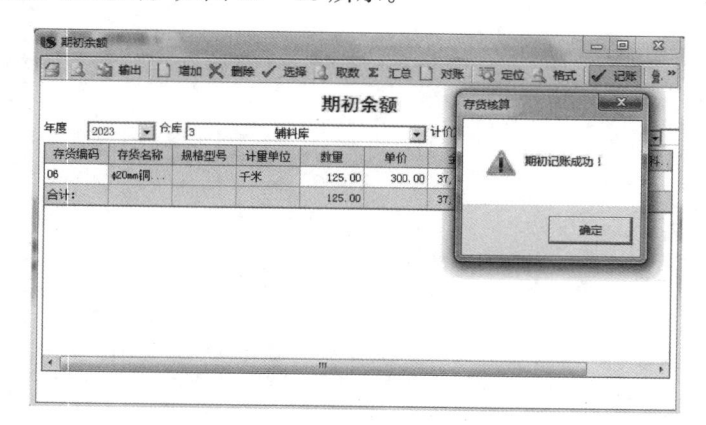

图10-13　存货期初余额记账

五、库存管理系统期初数据录入

执行"业务工作"—"供应链"—"库存管理"—"初始设置"—"期初结存（双击）"命令，进入"库存期初数据录入—库存期初"窗口。选择"原料库"，单击"修改"，再单击"取数"按钮，然后单击"保存"按钮。录入完成后，单击"审核"按钮，系统自动弹出"审核成功！"提示框后单击"确定"按钮返回。如图10－14所示。

图10－14 库存初余结存

同理，通过取数方式输入其他仓库存货期初数据。录入完成后，单击"对账"按钮，系统弹出"库存与存货期初对账查询条件"窗口，选择全部仓库，单击"确定"按钮，核对库存管理系统和存货管理系统的期初数据是否一致；若一致，系统弹出"对账成功！"提示框，单击"确定"按钮退出。

第十一章 采购管理系统

【内容概述】

采购管理系统既可以单独使用,也可以与库存管理、存货核算、销售管理、应付款管理等子系统集成使用。作为企业会计信息系统供应链系统的一个子系统,采购管理系统业务处理主要包括请购、订货、到货、入库、采购发票、采购结算等采购业务的全过程管理,还可以处理普通采购业务、受托代销业务、直运业务等业务类型。另外,该系统还可以提供各种采购明细表、增值税抵扣明细表、各种统计表及采购账簿供用户查询,同时提供采购成本分析、供应商价格对比分析、采购类型结构分析等功能。企业可以根据实际需要,对采购业务处理流程进行配置筛选。

【实验目标】

1. 掌握用友软件中采购管理系统的相关内容。
2. 掌握企业日常采购业务处理方法。
3. 理解系统各参数设置的意义及采购管理系统与其他子系统之间的传递关系。

【实验内容】

1. 普通采购业务处理。

该业务适合大多数企业的日常采购业务,包括采购请购、采购订货、采购入库、采购发票、采购成本核算、采购付款等全过程的管理。

2. 采购现结业务。

当采购发生时,立即付款,由供货单位开具发票。一般要经历填制采购发票、现付处理及现结制单等流程。

3. 采购入库业务。

按货物和发票到达的先后,将采购入库业务划分为单货同行、货到票未到(暂估入库)、票到货未到(在途存货)三种类型,不同的业务类型相对应的处理方式有所差异。其中,暂估入库业务在月末暂估入库单记账前,要对所有尚未结算的入库单填入暂估单价,然后才能记账,其他两种业务类型的处理相对较为简单。本实验重点介绍采购运费处理、暂估入库报销处理、暂估入库处理。

4. 采购退货业务。

由于供应商提供的产品、货物、材料存在质量不符合标准或不合格等情况,导致可能发生的退货行为,需要进行相应的会计处理。按照退货时间点的不同,相关业务的复杂程度有所区别,一般存在三种情况:货收到未入库;入库但未记账或已记账;采购发票未付款或已付款。本实验重点介绍采购结算前退货、采购结算后退货。

5. 综合查询。

包括单据查询、账表查询等。

6. 月末结账。

【实验准备】

1. 引入"第十章 供应链管理系统"账套数据。

2. 明确角色分工。

(1)以账套主管"001丁一"的身份进入企业应用平台,设置采购专用发票、采购普通发票和采购运输发票的发票号为"完全手工编号",期末进入应付款管理系统,进行发票审核、制单,录入付款单并核销制单。

(2)以"004王菲"的身份,按照业务日期进入采购管理系统、库存管理系统及存货核算系统,分别对该笔采购业务的采购发票、入库单进行录入或录入并审核或记账,对上月收到的货物当月进行采购结算的入库单进行暂估处理,生成入库凭证。

第一节 普通采购业务

一、设置单据编号方式

在企业应用平台中,执行"基础设置"—"单据设置"—"单据编号设置(双击)"命令,打开"单据编号设置"窗口,单击单据类型下的"采购管理",选择"采购专用发票"选项,单击"修改"按钮,选中"完全手工编号"复选框,单击"保存"按钮。同理,设置采购普通发票和采购运费发票的发票号"完全手工编号"。如图11—1所示。

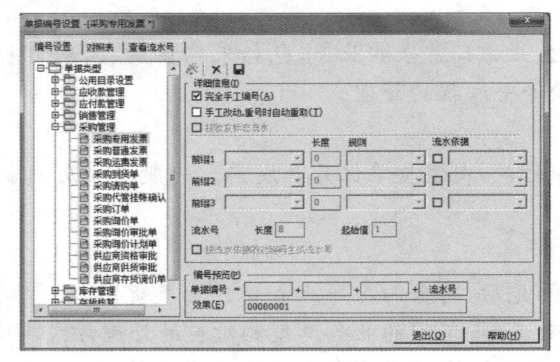

图11—1 单据编号设置

二、业务处理

【实验资料】

2023年8月2日,业务员王菲向明珠公司询问φ150mm叶轮的价格为150元/件,比较市场后确认价格合理,于是提交请购150件的要求,上级主管同意采购,要求到货日期为8月5日。为便于操作,假设后续采购活动都在8月2日当天完成,包括到货、验收入库、付清货款。

以"004王菲"的身份登入企业应用平台,操作日期"2023－08－02"。

【操作指导】

1. 在采购管理系统中填制并审核采购请购单

(1)执行"业务工作"—"供应链"—"采购管理"—"请购"—"请购单(双击)"命令,打开"采购请购单"窗口。单击"增加"按钮,输入日期"2023－08－02",选择请购部门"采购部",请购人员"211王菲"。选择存货编号"04叶轮",输入数量"150",本币单价"150",需求日期"2023－08－05",供应商"明珠公司"。如图11－2所示。

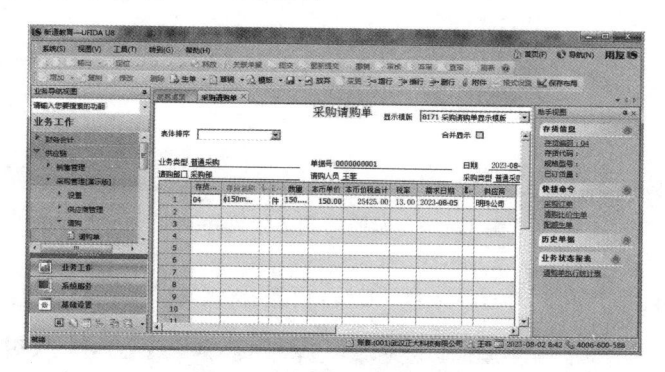

图11－2　填制采购请购单

(2)单击"保存"按钮后单击"审核"命令,最后退出"采购请购单"窗口。

2. 在采购管理系统中填制并审核采购订单

(1)执行"业务工作"—"供应链"—"采购管理"—"采购订货"—"采购订单(双击)"命令,打开"采购订单"窗口,单击"增加"按钮,下拉"生单"按钮,选择"请购单"选项,打开"查询条件选择－采购请购单列表过滤"对话框,输入请购日期"2023－08－02"。如图11－3所示。

图11－3　参照请购单查询

(2)单击"确定"按钮,进入"拷贝并执行"窗口。双击需要参照的采购请购单的"选择"栏,单击"OK 确定"按钮,将采购请购单相关信息带入采购订单。如图 11-4 所示。

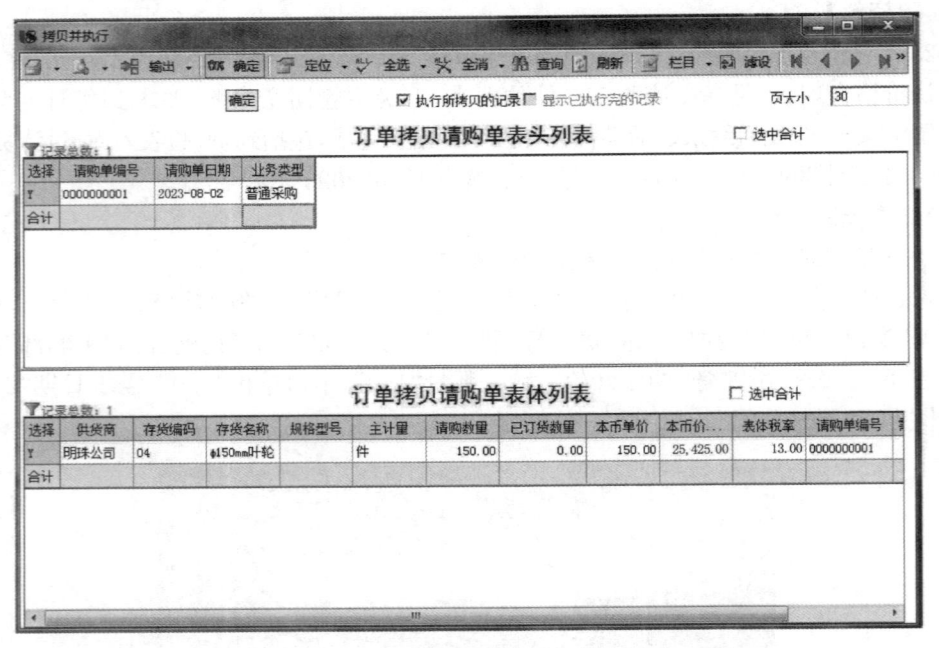

图 11-4　参照请购单拷贝并执行

(3)进入"采购订单"窗口,单击"保存"按钮,再单击"审核"按钮后退出。如图 11-5 所示。

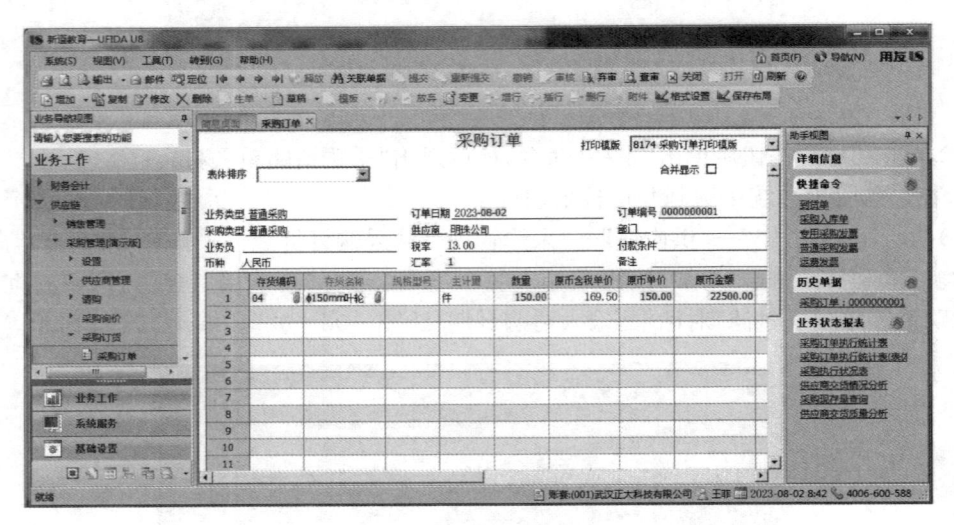

图 11-5　填制采购订单

3. 在采购管理系统中填制到货单

(1)执行"业务工作"—"供应链"—"采购管理"—"采购到货"—"到货单(双击)"命令,打开"到货单"窗口,单击"增加"按钮,下拉"生单"按钮,选择"采购订单"选项,打开"查询条件选择—采购订单列表过滤"对话框,输入订货日期"2023-08-02"。如图 11-6 所示。

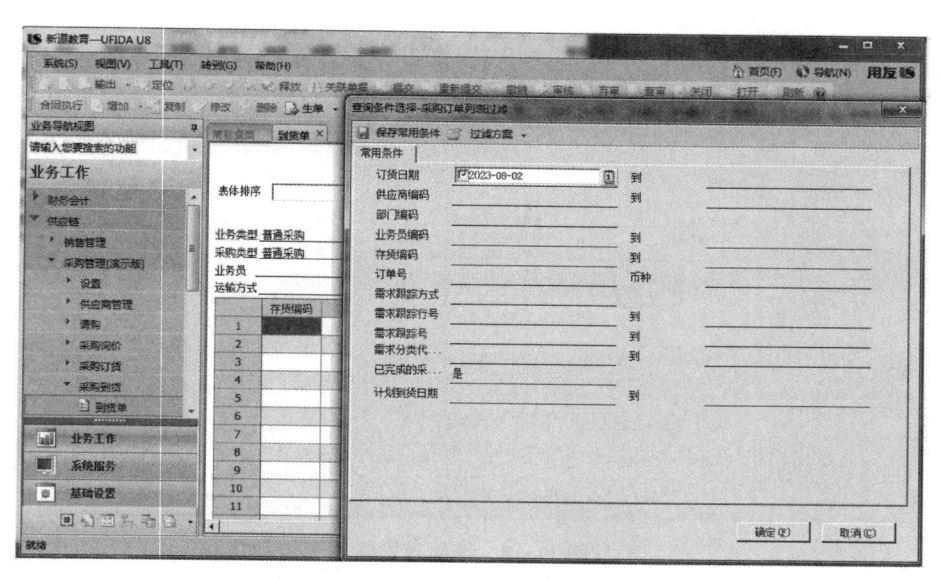

图 11－6　参照采购订单查询

(2) 单击"确定"按钮,进入"拷贝并执行"窗口。双击需要参照的采购订单的"选择"栏,单击"OK 确定"按钮,将采购订单相关信息带入采购到货单。如图 11－7 所示。

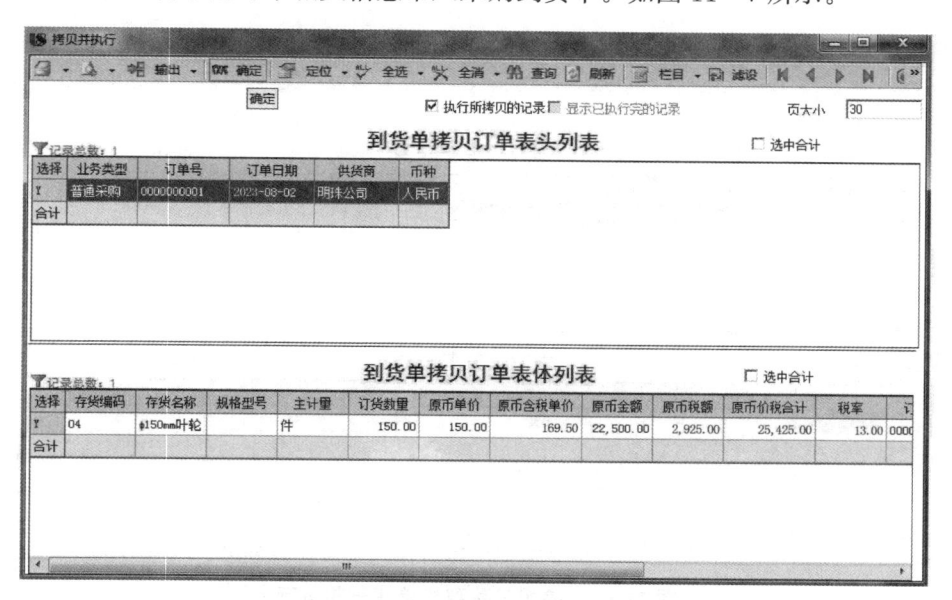

图 11－7　参照采购订单拷贝并执行

(3) 进入"到货单"窗口,输入部门"采购部",单击"保存"按钮,再单击"审核"按钮后退出。如图 11－8 所示。

4. 在库存管理系统中填制并审核采购入库单

(1) 执行"业务工作"—"供应链"—"库存管理"—"入库业务"—"采购入库单(双击)"命令,打开"采购入库单"窗口,下拉"生单"按钮,选择"采购到货单(蓝字)"选项,进入"查询条件选择－采购到货单列表"窗口,通过单据号的参照按钮("0000000001")或单据日期("2023－08－

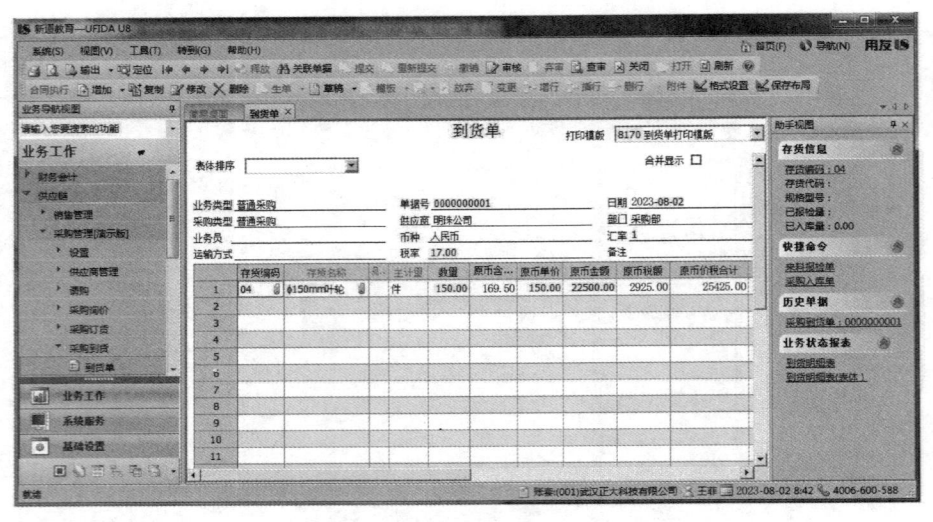

图 11-8　填制到货单

02")选择需要参照的采购到货单,单击"确定"按钮。

(2)进入"到货单生单列表"窗口,双击选择需要参照的采购到货单,单击"OK 确定"按钮,将采购到货单相关信息带入采购入库单。如图 11-9 所示。

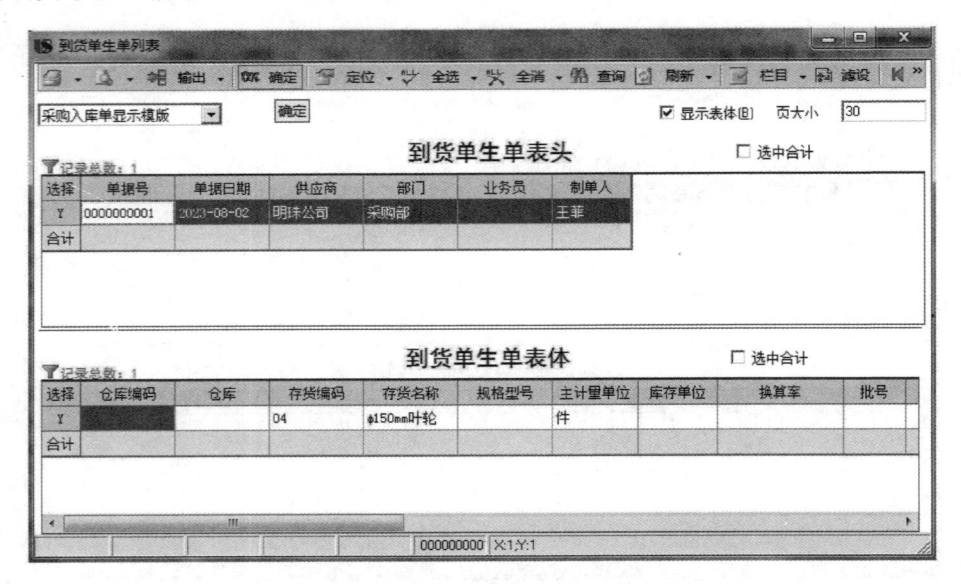

图 11-9　参照采购到货单拷贝并执行

(3)进入"采购入库单"窗口,输入仓库"原料库",单击"保存"按钮,再单击"审核"按钮,系统弹出"该单据审核成功!"提示对话框,单击"确定"按钮返回后退出。如图 11-10 所示。

5. 在采购管理系统中填制采购发票

(1)执行"业务工作"－"供应链"－"采购管理"－"采购发票"－"专用采购发票(双击)"命令,打开"专用发票"窗口,单击"增加"按钮,下拉"生单"按钮,选择"入库单"选项,打开"查询条件选择－采购入库单列表过滤"窗口,选择日期"2023－08－02",单击"确定"按钮。

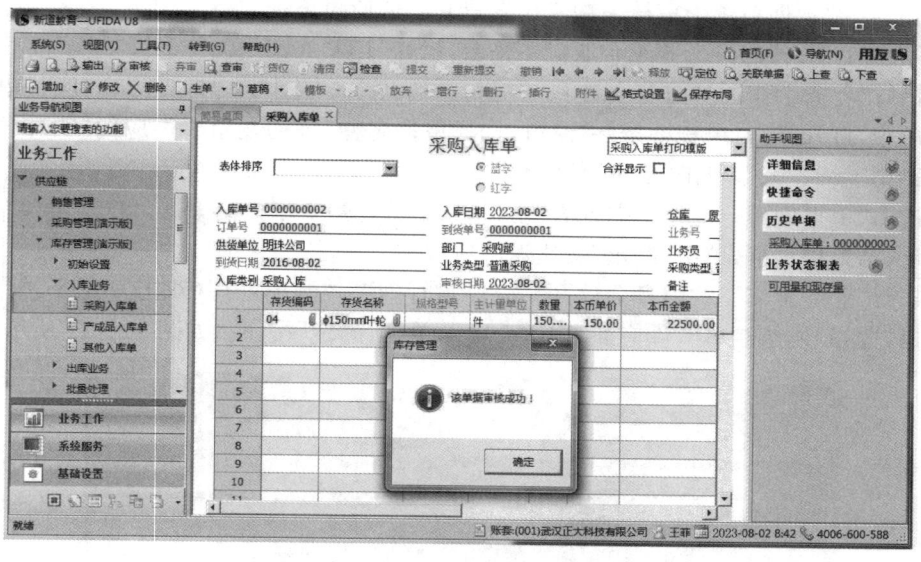

图11—10　填制并审核采购入库单

（2）进入"拷贝并执行"窗口，双击选择需要参照的采购入库单，单击"OK 确定"按钮，将采购入库单相关信息带入采购专用发票。

（3）进入"专用发票"窗口，输入发票号"0801"，单击"保存"按钮后退出。

6. 在采购管理系统中执行采购结算

（1）执行"业务工作"—"供应链"—"采购管理"—"采购结算"—"自动结算（双击）"命令，打开"查询条件选择－采购自动结算"窗口，选择结算模式"入库单和发票"类型，单击"确定"按钮。如图11—11所示。

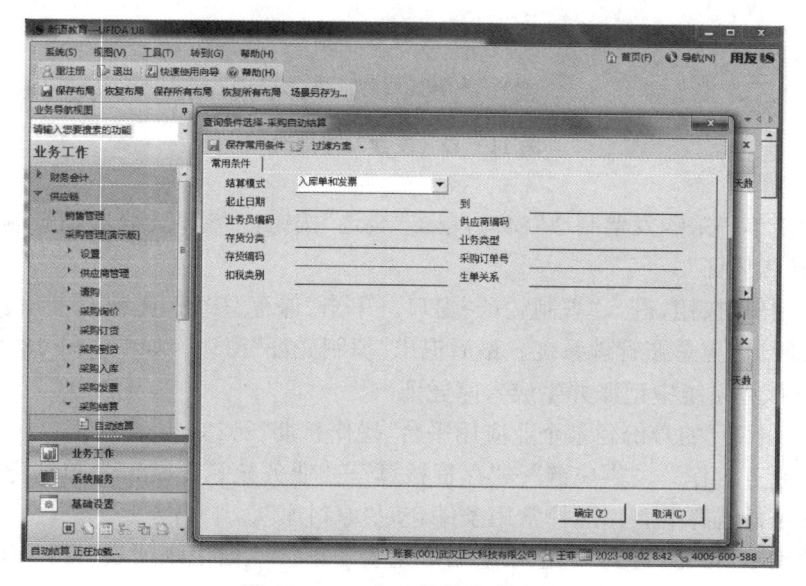

图11—11　自动结算方式确定

（2）系统弹出"采购管理—全部成功，共处理了（1）条记录"提示框，单击"确定"按钮返回。

7. 在应付款管理系统中审核采购专用发票并生成应付凭证

(1)以"001 丁一"的身份登录企业应用平台,操作日期"2023—08—02"。

(2)执行"业务工作"—"财务会计"—"应付款管理"—"应付单据处理"—"应付单据审核(双击)"命令,打开"应付单查询条件"窗口,选择单据名称"采购发票",供应商"明珠公司",单据日期"2023—08—02",单击"确定"按钮。

(3)进入"单据处理—应付单据列表"窗口,双击选择需要审核的单据,单击"审核"按钮,系统弹出审核结果提示框,单击"确定"按钮返回后退出。

(4)执行"业务工作"—"财务会计"—"应付款管理"—"制单处理(双击)"命令,打开"制单查询"窗口,选择"发票制单",供应商"明珠公司",单击"确定"按钮。如图 11—12 所示。

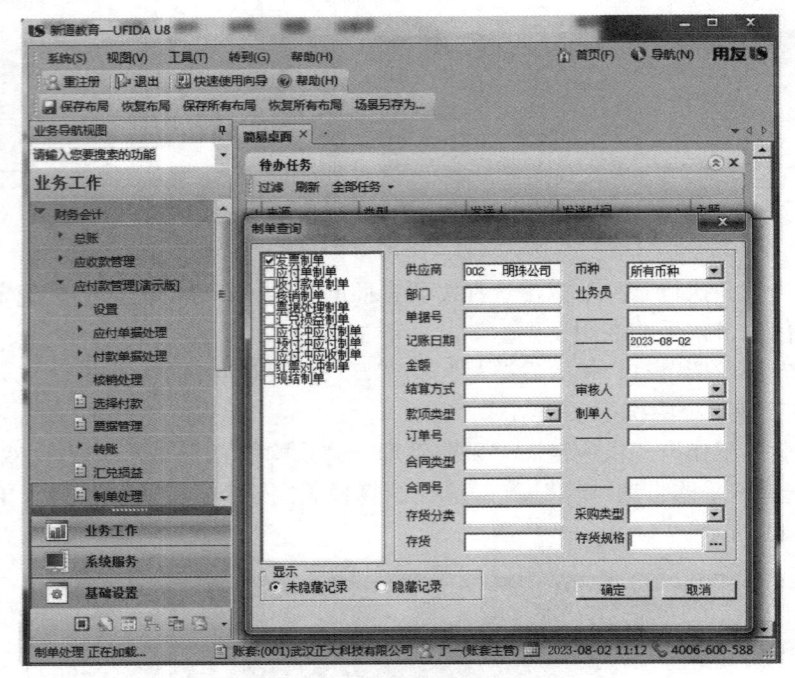

图 11—12 发票制单查询

(5)进入"制单—采购发票制单"窗口,单击"全选"按钮,或者双击选择需要制单的发票,选择凭证类别"转账凭证"。

(6)单击"制单"按钮,进入"填制凭证"窗口。单击"保存"按钮,凭证左上角显示"已生成"标志,表明凭证已传至总账管理系统。最后退出"填制凭证"窗口。如图 11—13 所示。

8. 在存货核算系统中记账并生成入库凭证

(1)以"004 王菲"的身份登录企业应用平台,操作日期"2023—08—02"。

(2)执行"业务工作"—"供应链"—"存货核算"—"业务核算"—"正常单据记账(双击)"命令,打开"查询条件选择"窗口,选择常用条件仓库"原料库"。

(3)单击"确定"按钮,进入"未记账单据一览表—正常单据记账列表"窗口,双击选择要记账的单据,单击"记账"按钮,弹出"存货核算—记账成功"提示框。

(4)单击"确定"按钮,退出"未记账单据一览表—正常单据记账列表"窗口。

(5)执行"业务工作"—"供应链"—"存货核算"—"财务核算"—"生成凭证(双击)"命令,打

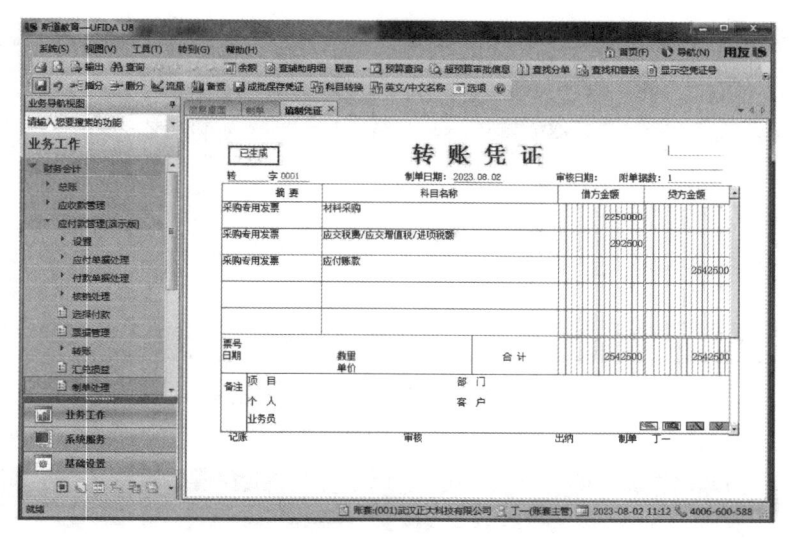

图 11-13　生成凭证

开"生成凭证"窗口,单击工具栏上的"选择"按钮,打开"查询条件"对话框,选择"采购入库单(报销记账)"选项,单击"确定"按钮。如图 11-14 所示。

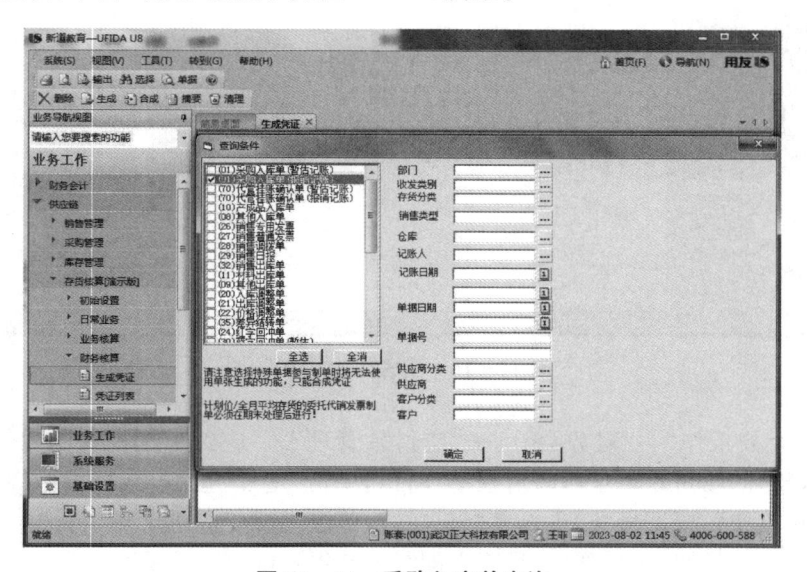

图 11-14　采购入库单查询

(6)进入"选择单据—未生成凭证单据一览表"窗口,选择要制单的对象,单击"确定"按钮。如图 11-15 所示。

(7)进入"生成凭证"窗口,选择凭证类别"转账凭证",单击"生成"按钮。

(8)进入"填制凭证"窗口,单击"保存"按钮,凭证左上角显示"已生成"标志,表明凭证已传至总账管理系统。最后退出"填制凭证"窗口。如图 11-16 所示。

9. 在应付款管理系统中付款处理并生成付款凭证

(1)以"001 丁一"的身份登录企业应用平台,操作日期"2023-08-02"。

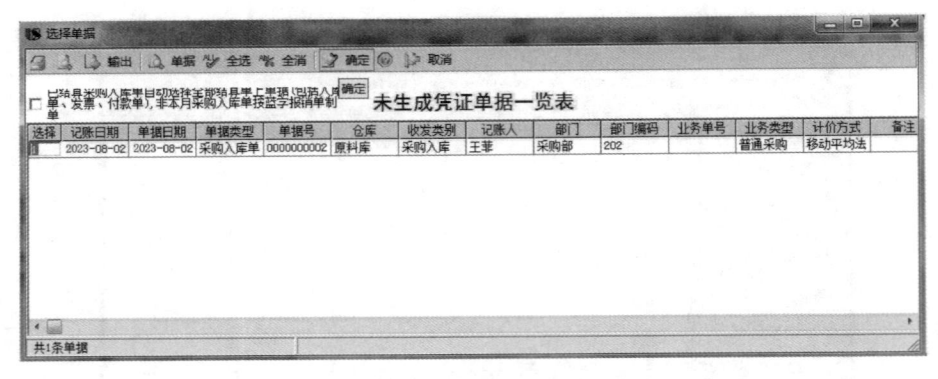

图 11—15　选择待生成凭证单据

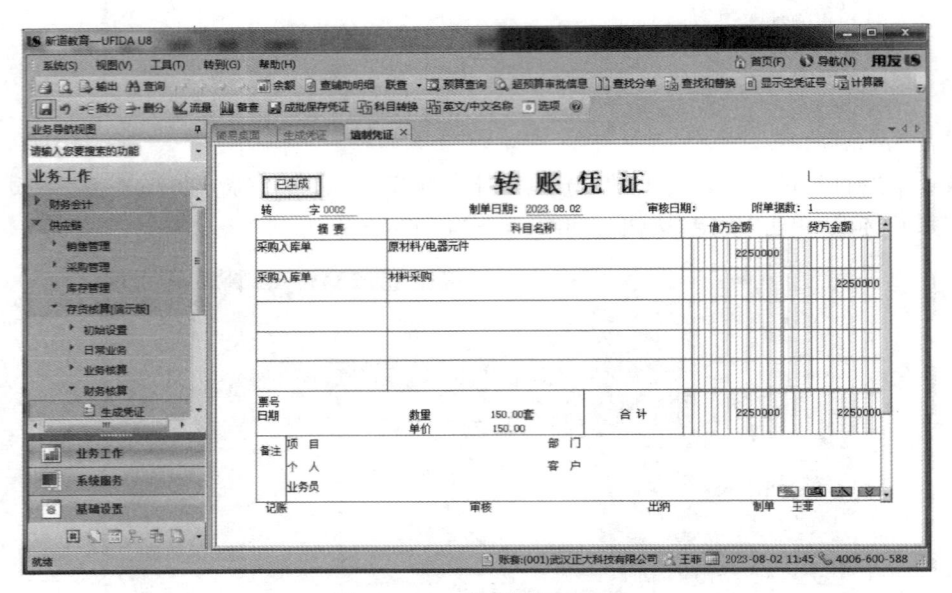

图 11—16　生成凭证并保存

　　(2) 执行"业务工作"—"财务会计"—"应付款管理"—"应付单据处理"—"付款单据录入(双击)"命令，打开"收付款单录入—付款单"窗口，单击"增加"按钮，选择供应商"明珠公司"，结算方式"转账支票"，票据号"C1"，金额"25 425"，单击"保存"按钮。

　　(3) 单击"审核"按钮，系统弹出"是否立即制单？"提示框，单击"是"按钮。

　　(4) 进入"填制凭证"窗口，选择凭证类别"付款凭证"，单击"保存"按钮，凭证左上角显示"已生成"标志，表明凭证已传至总账管理系统。最后退出"填制凭证"窗口。

第二节　采购现结业务

　　2023 年 8 月 7 日，向明珠公司购买 L260mm 主轴 180 件，单价 400 元/件，验收入原料库。同时，收到一张专用发票，票号"0802"，立即以转账支票形式支付货款。记材料明细账，确定采购成本，进行付款处理。

以"004 王菲"的身份登录企业应用平台,操作日期"2023-08-07"。

一、在库存管理系统中直接填制采购入库单并审核

执行"业务工作"—"供应链"—"库存管理"—"入库业务"—"采购入库单(双击)"命令,打开"采购入库单"窗口,单击"增加"按钮,选择仓库"原料库",供货单位"明珠公司",入库类别"采购入库",存货编码"03 L260mm 主轴",数量"180",原币单价"400"。单击"保存"按钮,再单击"审核"按钮,系统弹出"该单据审核成功!"提示框,单击"确定"按钮后退出。

二、在采购管理系统中录入采购专用发票进行现结处理和采购结算

(1)执行"业务工作"—"供应链"—"采购管理"—"采购发票"—"专用采购发票(双击)"命令,打开"专用发票"窗口,单击"增加"按钮,下拉"生单"按钮,选择"入库单"选项,打开"查询条件选择—采购入库单列表过滤"窗口,选择日期"2023-08-07",单击"确定"按钮。

(2)进入"拷贝并执行"窗口,双击选择需要参照的采购入库单,单击"OK 确定"按钮,将采购入库单相关信息带入采购专用发票。

(3)进入"专用发票"窗口,输入发票号"0802",单击"保存",单击"现付"按钮,打开"采购现付"对话框。选择结算方式"202",输入原币金额"81 360",支票号"C2"。

(4)单击"确定"按钮,发票左上角显示"已现付"字样。单击"结算"按钮,自动完成采购结算,发票左上角显示"已结算"字样。如图 11-17 所示。

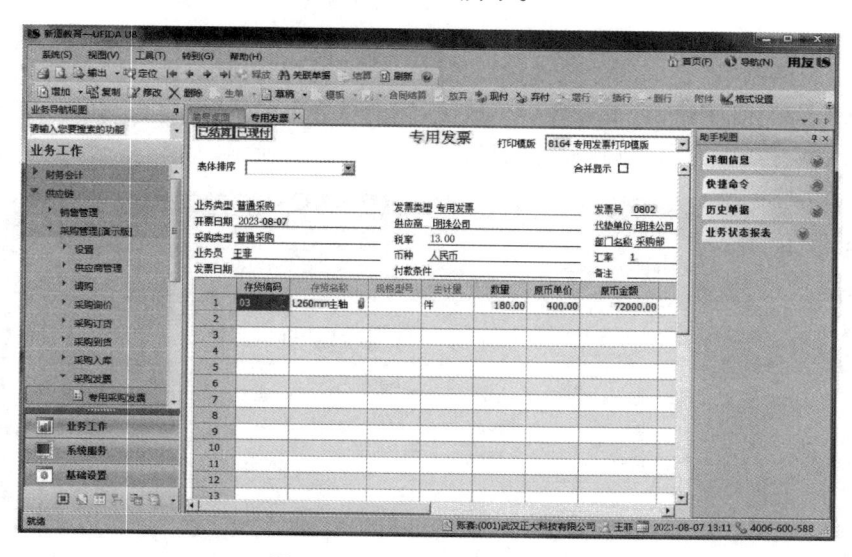

图 11-17　现付结算结果显示

三、在应付款管理系统中审核发票进行现结制单

(1)以"001 丁一"的身份登录企业应用平台,操作日期"2023-08-07"。

(2)执行"业务工作"—"财务会计"—"应付款管理"—"应付单据处理"—"应付单据审核(双击)"命令,打开"应付单查询条件"窗口,选择单据名称"采购发票",供应商"明珠公司",单据日期"2023-08-07",选择左下角"包含已现结发票"复选框,单击"确定"按钮。

(3)进入"单据处理—应付单据列表"窗口,双击选择需要审核的单据,单击"审核"按钮,系

统弹出审核结果提示框。单击"确定"按钮返回后退出。

(4)执行"业务工作"—"财务会计"—"应付款管理"—"制单处理(双击)"命令,打开"制单查询"窗口,选择"现结制单"选项,供应商"明珠公司",单击"确定"按钮。如图11—18所示。

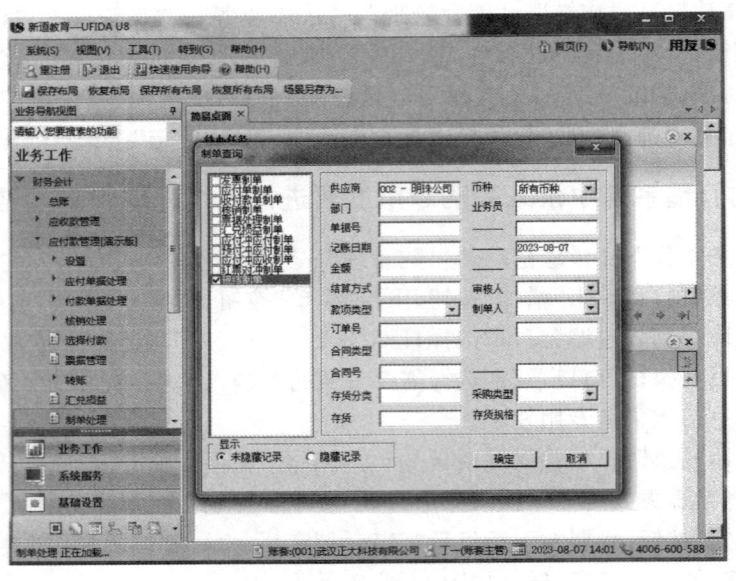

图11—18 现结制单查询

(5)进入"现结制单"窗口,选择要制单的对象,凭证类别"付款凭证",单击"制单"按钮。

(6)进入"填制凭证"窗口,单击"保存"按钮,凭证左上角显示"已生成"标志,表明凭证已传至总账管理系统。最后退出"填制凭证"窗口。如图11—19所示。

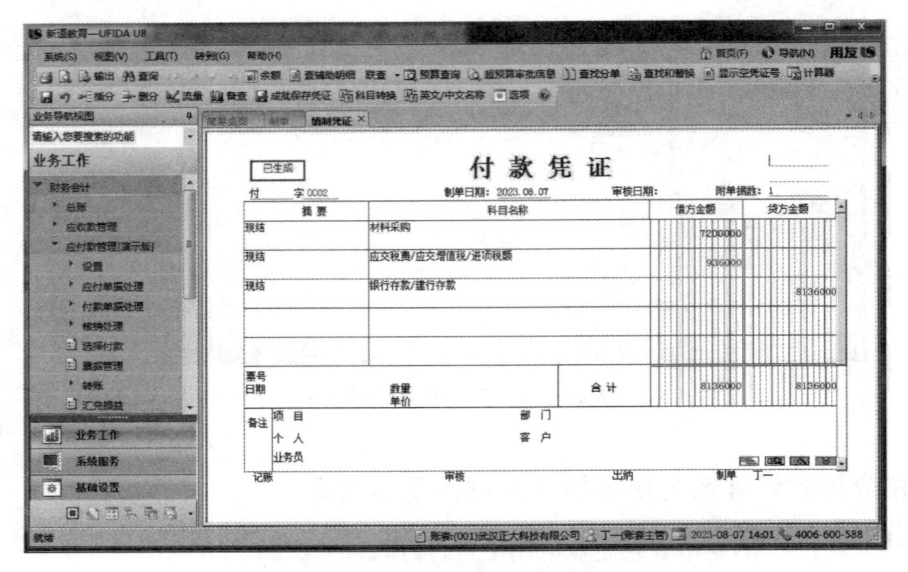

图11—19 生成凭证并保存

四、在存货核算系统中记账并生成入库凭证

(1)以"004 王菲"的身份登录企业应用平台,操作日期"2023-08-07"。

(2)执行"业务工作"—"供应链"—"存货核算"—"业务核算"—"正常单据记账(双击)"命令,打开"查询条件选择"窗口,选择常用条件仓库"原料库"。

(3)单击"确定"按钮,进入"未记账单据一览表"—"正常单据记账列表"窗口,双击选择要记账的单据,单击"记账"按钮,弹出"存货核算"—"记账成功"提示框。

(4)单击"确定"按钮,退出"未记账单据一览表"—"正常单据记账列表"窗口。

(5)执行"业务工作"—"供应链"—"存货核算"—"财务核算"—"生成凭证(双击)"命令,打开"生成凭证"窗口,单击工具栏上的"选择"按钮,打开"查询条件"对话框,单击"全消"按钮,选择"采购入库单(报销记账)"选项,单击"确定"按钮。

(6)进入"选择单据—未生成凭证单据一览表"窗口,选择要制单的对象,单击"确定"按钮。

(7)进入"生成凭证"窗口,选择凭证类别"转账凭证",单击"生成"按钮。

(8)进入"填制凭证"窗口,单击"保存"按钮,凭证左上角显示"已生成"标志,表明凭证已传至总账管理系统。最后退出"填制凭证"窗口。如图 11-20 所示。

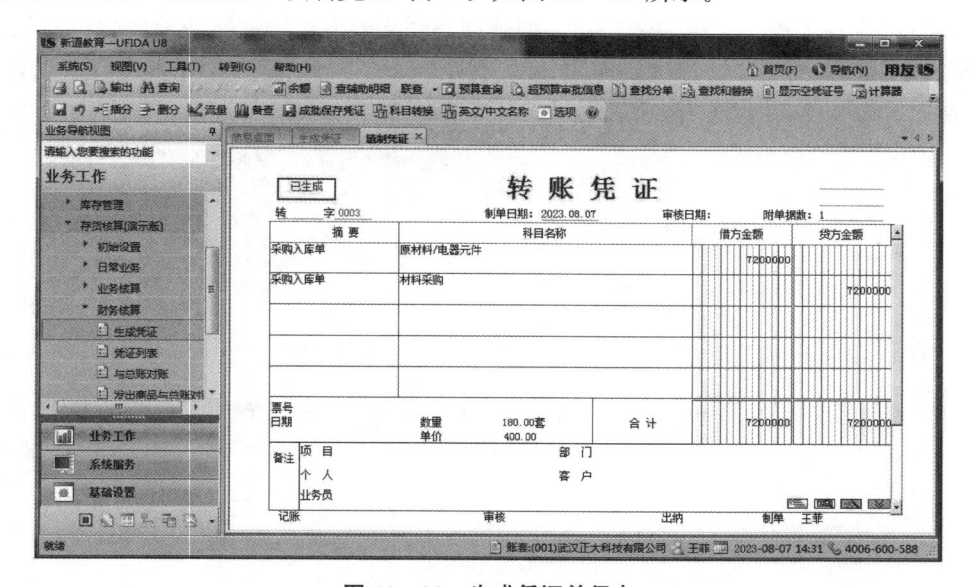

图 11-20 生成凭证并保存

第三节 采购入库业务

一、采购运费处理

【实验资料】

2023 年 8 月 10 日,向明珠公司购买 HX-6 型接线箱 20 套,单价 700 元/套,验收入原料库,同时收到专用发票一张,票号 0803。另外,采购过程中,发生了一笔运输费 1 500 元,收到相应的运费发票一张,票号 0804。确定采购成本及应付账款,记材料明细账。

以"004王菲"的身份登录企业应用平台,操作日期"2023-08-10"。

【操作指导】

1. 在库存管理系统中填制并审核采购入库单

执行"业务工作"—"供应链"—"库存管理"—"入库业务"—"采购入库单(双击)"命令,打开"采购入库单"窗口,单击"增加"按钮,选择仓库"原料库",供货单位"明珠公司",入库类别"采购入库",存货编码"02 HX-6型接线箱",数量"20",本币单价"700"。单击"保存"按钮,再单击"审核"按钮,系统弹出"该单据审核成功!"提示框,单击"确定"按钮后退出。

2. 在采购管理系统中参照采购入库单填制采购专用发票

(1)执行"业务工作"—"供应链"—"采购管理"—"采购发票"—"专用采购发票(双击)"命令,打开"专用发票"窗口,单击"增加"按钮,下拉"生单"按钮,选择"入库单"选项,打开"查询条件选择—采购入库单列表过滤"窗口,选择日期"2023-08-10",单击"确定"按钮。

(2)进入"拷贝并执行"窗口,双击选择需要参照的采购入库单,单击"OK确定"按钮,将采购入库单相关信息带入采购专用发票。

(3)进入"专用发票"窗口,输入发票号"0803",单击"保存"按钮后退出。

3. 在采购管理系统中填制运输发票并进行采购结算(手工结算)

(1)执行"业务工作"—"供应链"—"采购管理"—"采购发票"—"运费发票(双击)"命令,打开"运费发票"窗口,单击"增加"按钮,输入发票号"0804",供货单位"明珠公司",存货"运输费",金额"1 500",单击"保存"按钮后退出。如图11-21所示。

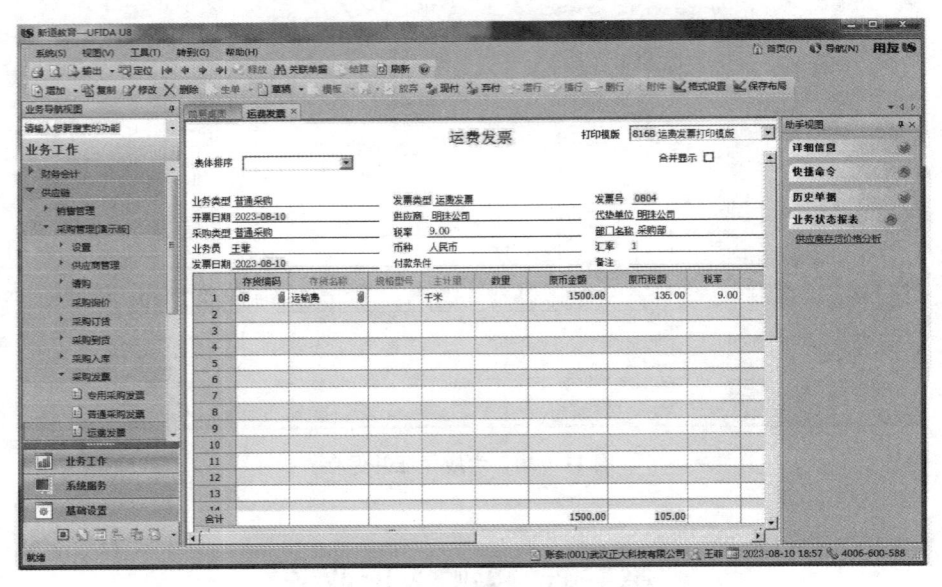

图11-21 填制运输发票

(2)执行"业务工作"—"供应链"—"采购管理"—"采购结算"—"手工结算(双击)"命令,进入"手工结算"窗口,单击"选单"按钮,打开"结算选单"对话框。如图11-22所示。

(3)单击"查询"按钮,进入"查询条件选择"—"采购手工结算"窗口,选择单据日期"2023-08-10"。

(4)单击"确定"按钮,返回"结算选单",此时标题显示符合条件的结算选单,分别选择要结算的发票。单击"OK确定"按钮,返回"手工结算"窗口。选择费用分摊方式为"按数量"。单

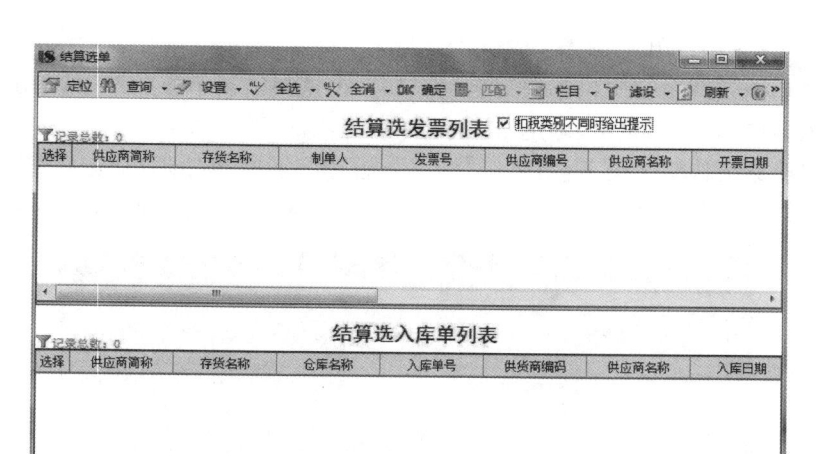

图 11—22 结算选单界面

击"分摊"按钮,系统弹出关于分摊方式确认的提示框,单击"是"按钮确认。如图 11—23 所示。

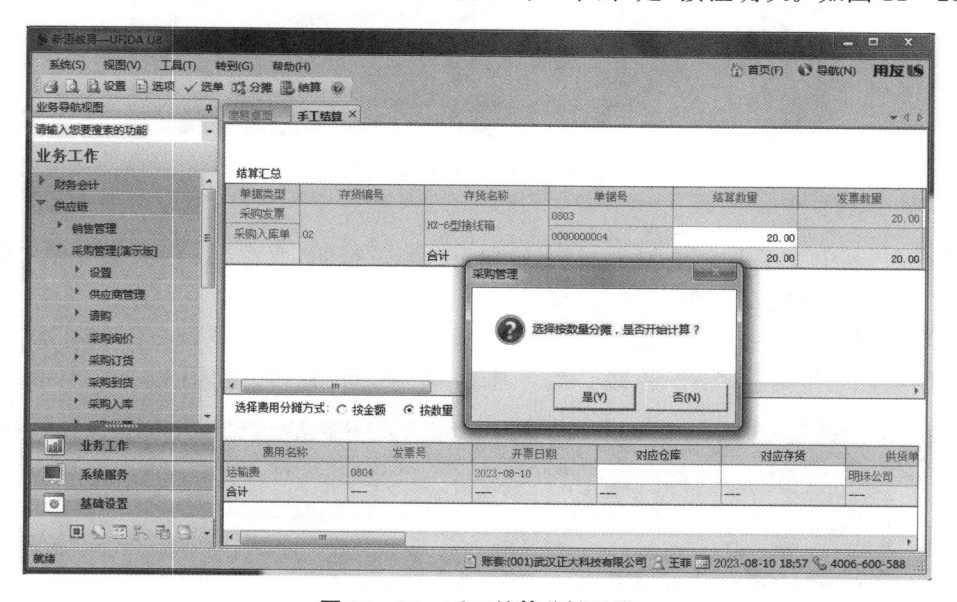

图 11—23 手工结算分摊设置

(5)系统弹出"采购管理"提示分摊完毕请检查的提示框。
(6)单击"确定"按钮返回"手工结算"窗口。执行"结算"命令,系统进行结算处理,完成后弹出"完成结算!"提示框,单击"确定"按钮返回。

4. 在应付款管理系统中审核发票并合并制单
(1)以"001 丁一"的身份登录企业应用平台,操作日期"2023—08—10"。
(2)执行"业务工作"—"财务会计"—"应付款管理"—"应付单据处理"—"应付单据审核(双击)"命令,打开"应付单查询条件"窗口,选择单据名称"采购发票",供应商"明珠公司",单据日期"2023－08－10",单击"确定"按钮。

（3）进入"单据处理"—"应付单据列表"窗口,双击选择需要审核的单据,单击"审核"按钮,系统弹出审核结果提示框,单击"确定"按钮返回后退出。

（4）执行"业务工作"—"财务会计"—"应付款管理"—"制单处理（双击）"命令,打开"制单查询"窗口,选择"发票制单",供应商"明珠公司",单击"确定"按钮。如图11－24所示。

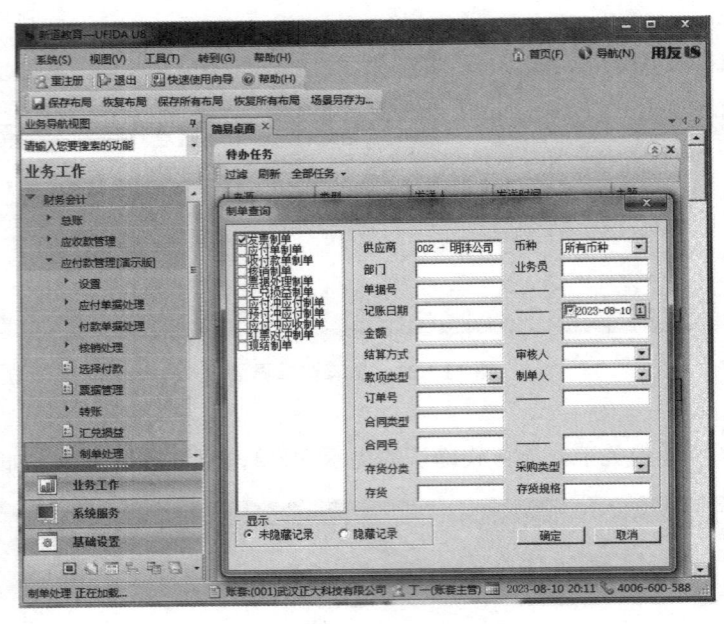

图11－24　发票制单查询

（5）进入"制单"—"采购发票制单"窗口,单击"全选"按钮,或者双击选择需要制单的发票,选择凭证类别"转账凭证",单击"合并"按钮。

（6）单击"制单"按钮,进入"填制凭证"窗口。单击"保存"按钮,凭证左上角显示"已生成"标志,表明凭证已传至总账管理系统。最后退出"填制凭证"窗口。如图11－25所示。

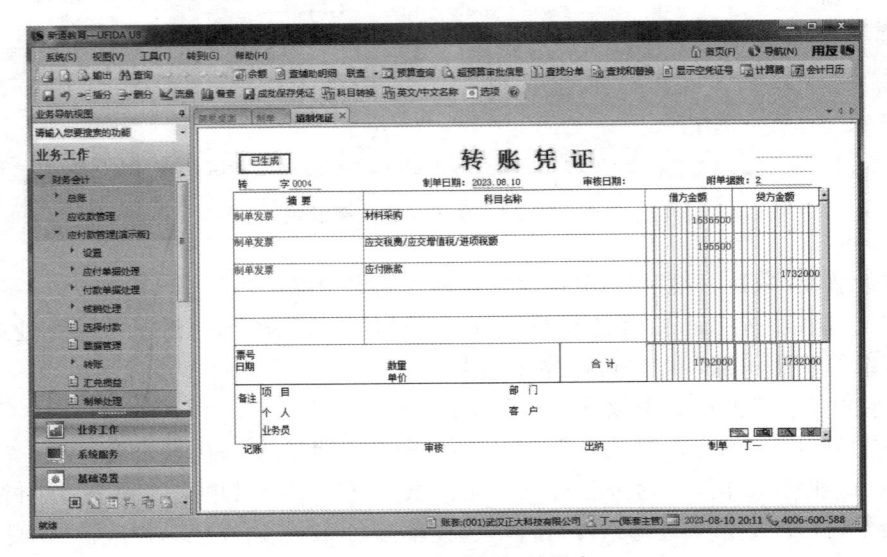

图11－25　生成凭证并保存

5. 在存货核算系统中记账并生成入库凭证

（1）以"004 王菲"的身份登录企业应用平台，操作日期"2023-08-10"。

（2）执行"业务工作"—"供应链"—"存货核算"—"业务核算"—"正常单据记账（双击）"命令，打开"查询条件选择"窗口，选择常用条件仓库"原料库"。

（3）单击"确定"按钮，进入"未记账单据一览表"—"正常单据记账列表"窗口，双击选择要记账的单据，单击"记账"按钮，弹出"存货核算—记账成功"提示框。

（4）单击"确定"按钮，退出"未记账单据一览表—正常单据记账列表"窗口。

（5）执行"业务工作"—"供应链"—"存货核算"—"财务核算"—"生成凭证（双击）"命令，打开"生成凭证"窗口，单击工具栏上的"选择"按钮，打开"查询条件"对话框，单击"全消"按钮，选择"采购入库单（报销记账）"选项，单击"确定"按钮。如图 11-26 所示。

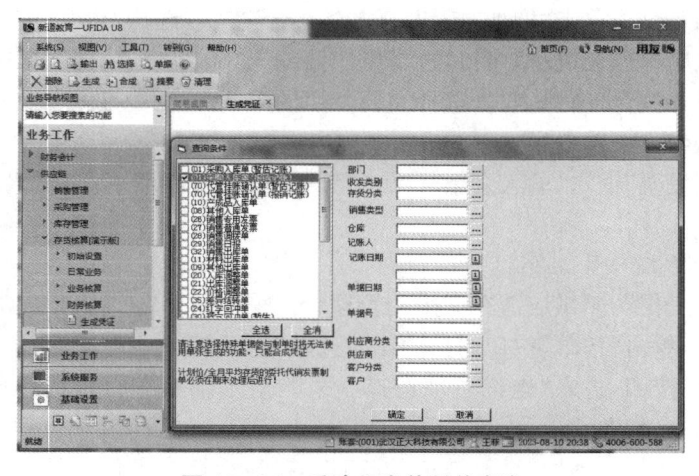

图 11-26　采购入库单制单查询

（6）进入"选择单据"—"未生成凭证单据一览表"窗口，选择要制单的对象，单击"确定"按钮。

（7）进入"生成凭证"窗口，选择凭证类别"转账凭证"，单击"生成"按钮。

（8）进入"填制凭证"窗口，单击"保存"按钮，凭证左上角显示"已生成"标志，表明凭证已传至总账管理系统。最后退出"填制凭证"窗口。如图 11-27 所示。

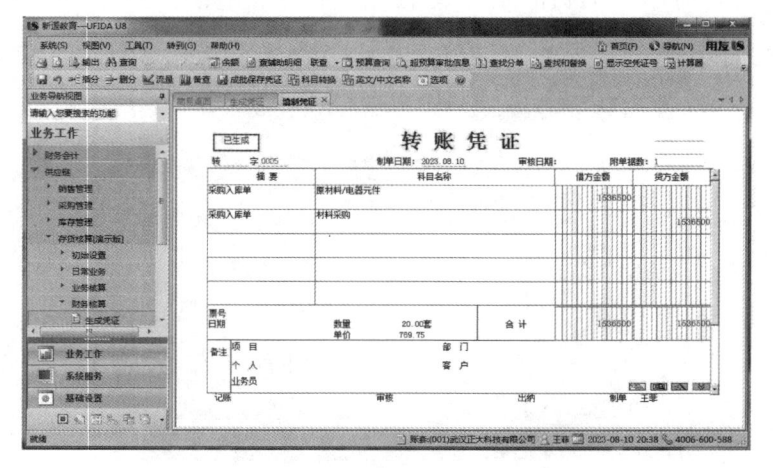

图 11-27　生成凭证并保存

二、暂估入库报销处理

【实验资料】

上月暂估业务,本月发票已到,发票数量、单价与入库单数量、单价均不同。

2023年8月12日,收到华昌公司提供的上月已验收入库的40套HX-6型接线箱的专用发票一张,票据号0711,发票单价750元。进行暂估报销处理,确定采购成本及应付账款。

以"004 王菲"的身份登录企业应用平台,操作日期"2023-08-12"。

【操作指导】

1. 在采购管理系统中填制采购发票

(1)执行"业务工作"—"供应链"—"采购管理"—"采购发票"—"专用采购发票(双击)"命令,打开"专用发票"窗口,单击"增加"按钮,下拉"生单"按钮,选择"入库单"选项,打开"查询条件选择—采购入库单列表过滤"窗口,选择供应商编码"001华昌公司",单击"确定"按钮。

(2)进入"拷贝并执行"窗口,双击选择需要参照的采购入库单,单击"OK确定"按钮,将采购入库单相关信息带入采购专用发票。

(3)进入"专用发票"窗口,输入发票号"0711",数量"40",原币单价"750",单击"保存"按钮后退出。

2. 在采购管理系统中手工结算

(1)执行"业务工作"—"供应链"—"采购管理"—"采购结算"—"手工结算(双击)"命令,进入"手工结算"窗口,单击"选单"按钮,打开"结算选单"对话框。

(2)单击"查询"按钮,进入"查询条件选择—采购手工结算"窗口,选择单据日期"2023-07-11到2023-08-12"。

(3)单击"确定"按钮。返回"结算选单",此时标题显示符合条件的结算选单,分别选择要结算的发票和入库单,此处应该选择供应商"华昌公司"。

(4)单击"OK确定"按钮,返回"手工结算"窗口。修改入库单结算数量"40",单击"结算"按钮,系统弹出"完成结算!"提示框,单击"确定"按钮返回。

3. 在存货管理系统中执行结算成本处理并生成凭证

(1)执行"业务工作"—"供应链"—"存货核算"—"业务核算"—"结算成本处理(双击)"命令,打开"暂估处理查询"窗口,选择"原料库",选中"未全部结算完的单据是否显示"复选框,单击"确定"按钮。如图11-28所示。

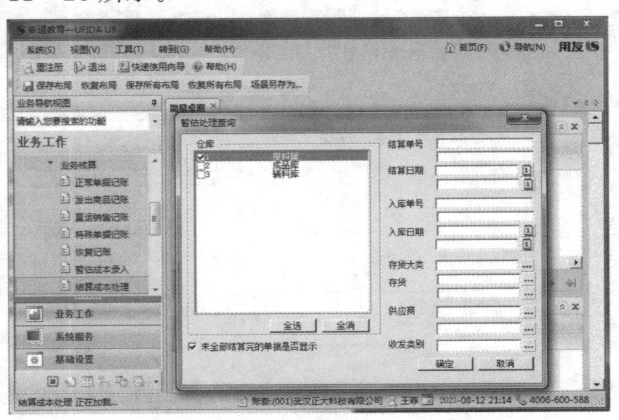

图11-28 暂估处理查询

（2）进入"结算成本处理"窗口，选择需要进行暂估结算的单据，单击"暂估"按钮，完成暂估处理后退出。如图 11-29 所示。

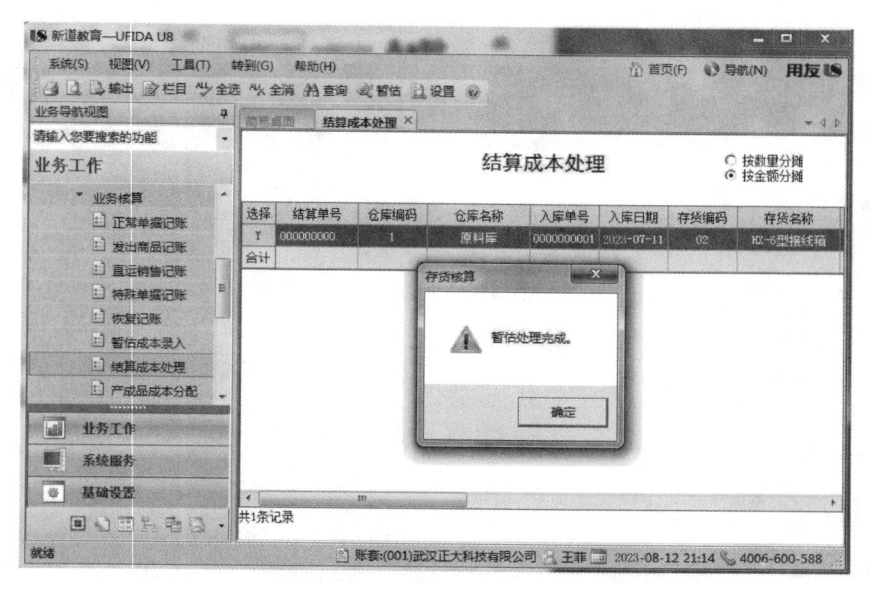

图 11-29　暂估处理完成

（3）执行"业务工作"—"供应链"—"存货核算"—"财务核算"—"生成凭证"命令，进入"生成凭证"窗口，单击"选择"按钮，打开"查询条件"对话框，单击"全消"命令，选中"红字回冲单""蓝字回冲单（报销）"选项，单击"确定"按钮。如图 11-30 所示。

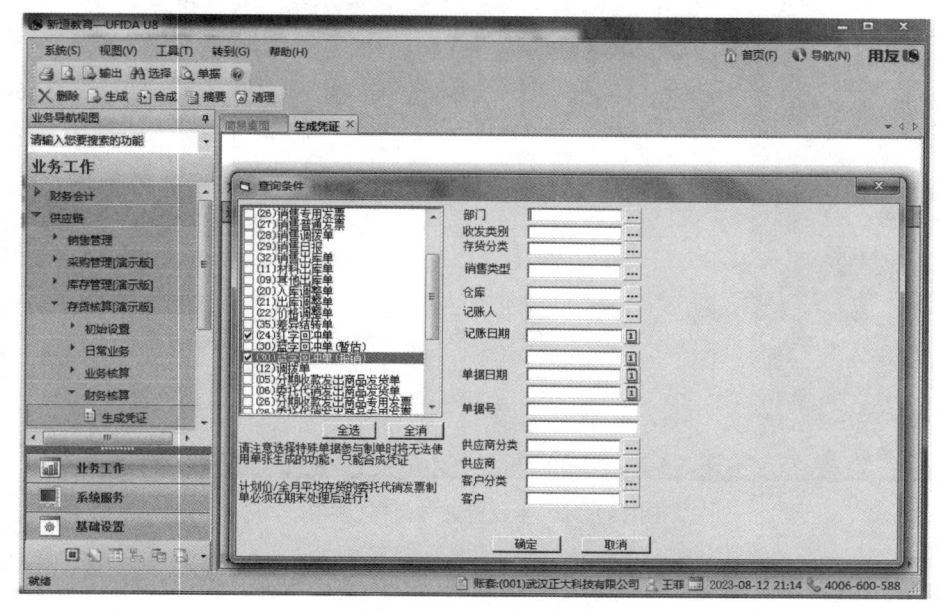

图 11-30　回冲单制单查询

（4）进入"选择单据"—"未生成凭证单据一览表"窗口，单击"全选"按钮，再单击"确定"按钮。

(5)进入"生成凭证"窗口,选择凭证类别"转账凭证",输入红字回冲单对方科目"材料采购1401"。单击"生成"按钮,进入"填制凭证"窗口。单击"保存"按钮,保存红字回冲单生成的凭证。如图11—31所示。

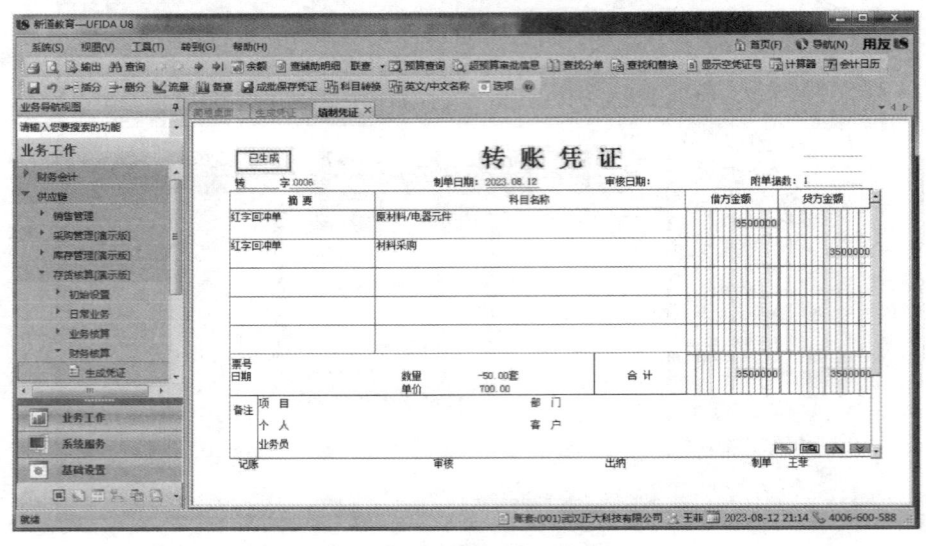

图11—31　生成凭证并保存(红字)

(6)单击"下一张"按钮,再单击"保存",保存蓝字回冲单生成的凭证。如图11—32所示。

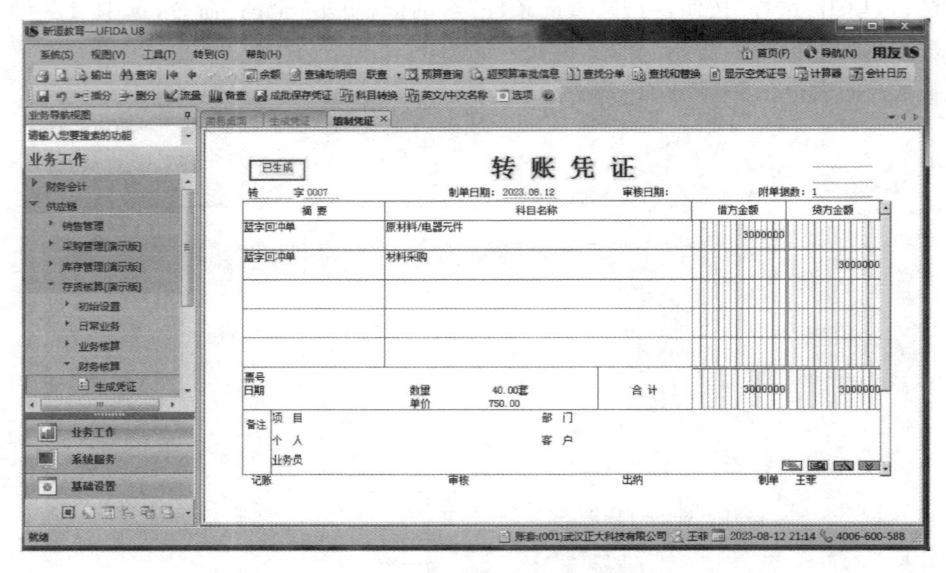

图11—32　生成凭证并保存(蓝字)

4. 在应付款管理系统中审核发票并制单处理
(1)以"001 丁一"的身份登录企业应用平台,操作日期"2023—08—12"。
(2)执行"业务工作"—"财务会计"—"应付款管理"—"应付单据处理"—"应付单据审核(双击)"命令,打开"应付单查询条件"窗口,选择单据名称"采购发票",供应商"华昌公司",单据日期"2023—08—12"。

(3)单击"确定"按钮,进入"单据处理—应付单据列表"窗口,双击选择需要审核的单据,单击"审核"按钮,系统弹出审核结果提示框,单击"确定"按钮返回后退出。

(4)执行"业务工作"—"财务会计"—"应付款管理"—"制单处理(双击)"命令,打开"制单查询"窗口,选择"发票制单",供应商"华昌公司",单击"确定"按钮。

(5)进入"制单—采购发票制单"窗口,单击"全选"按钮,或者双击选择需要制单的发票,选择凭证类别"转账凭证"。

(6)单击"制单"按钮,进入"填制凭证"窗口。单击"保存"按钮,凭证左上角显示"已生成"标志,表明凭证已传至总账管理系统。最后退出"填制凭证"窗口。如图11-33所示。

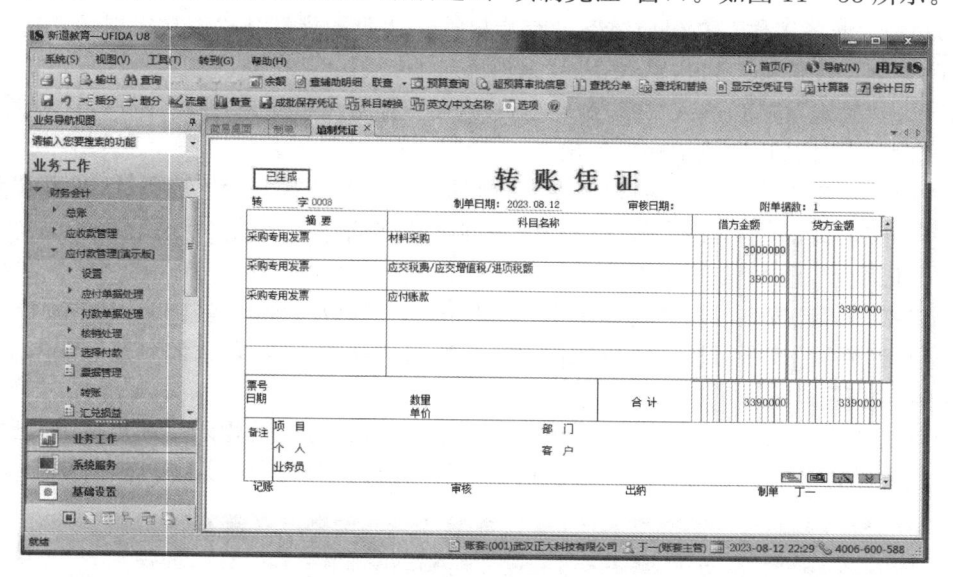

图11-33 生成凭证并保存

5. 在采购管理系统中查询暂估入库余额表

(1)执行"业务工作"—"供应链"—"采购管理"—"报表"—"采购账簿"—"采购结算余额表(双击)"命令,打开"采购结算余额表"窗口。选择日期"2023-08-01到2023-08-31",供应商"华昌公司"。

(2)单击"确定"按钮,进入"采购余额结算表"窗口,不难发现,该单据上期结余数量为"50",本期结算数量为"40",本期结余数量为"10"。

三、暂估入库处理

【实验资料】

2023年8月12日,收到东方公司提供的L580mm轴承80套,验收入辅料库。由于到了月底发票仍未收到,故确定该批商品的暂估成本为350元/套,并进行暂估记账处理。

以"004"王菲的身份登录企业应用平台,操作日期"2023-08-12"。

【操作指导】

1. 在库存管理系统中填制并审核采购入库单

执行"业务工作"—"供应链"—"库存管理"—"入库业务"—"采购入库单(双击)"命令,打开"采购入库单"窗口,单击"增加"按钮,选择仓库"辅料库",供货单位"东方公司",入库类别

"采购入库",存货编码"07 L580mm 轴承",数量"80",此处采购入库单不必输入单价。单击"保存"按钮,再单击"审核"按钮,系统弹出"该单据审核成功!"提示框,单击"确定"按钮后退出。

2. 在存货核算系统中录入暂估入库成本并记账生成凭证

(1)执行"业务工作"—"供应链"—"存货核算"—"业务核算"—"暂估成本录入(双击)"命令,打开"查询条件选择"窗口,输入仓库"辅料库"。

(2)单击"确定"按钮。进入"暂估成本录入"窗口,输入单价"350"。单击"保存"按钮,系统弹出"保存成功!"提示框,单击"确定"按钮返回。

(3)执行"业务工作"—"供应链"—"存货核算"—"业务核算"—"正常单据记账(双击)"命令,打开"查询条件选择"窗口,输入仓库"辅料库"。

(4)单击"确定"按钮,进入"未记账单据一览表—正常单据记账列表"窗口,选择要记账的单据,单击"记账"按钮,完成记账后退出。

(5)执行"业务工作"—"供应链"—"存货核算"—"财务核算"—"生成凭证(双击)"命令,打开"生成凭证"窗口,单击"选择"按钮,打开"查询条件"对话框。单击"全消"命令,选中"采购入库单(暂估记账)",仓库"辅料库"。

(6)单击"确定"按钮,进入"选择单据"窗口,选择要生成凭证的单据。

(7)单击"确定"按钮,进入"生成凭证"窗口,修改凭证类别"转账凭证",补充输入对方科目"材料采购 1401"。

(8)单击"生成"按钮,进入"填制凭证"窗口,单击"保存"按钮,凭证左上角显示"已生成"标志,表明凭证已传至总账管理系统。最后退出"填制凭证"窗口。如图 11-34 所示。

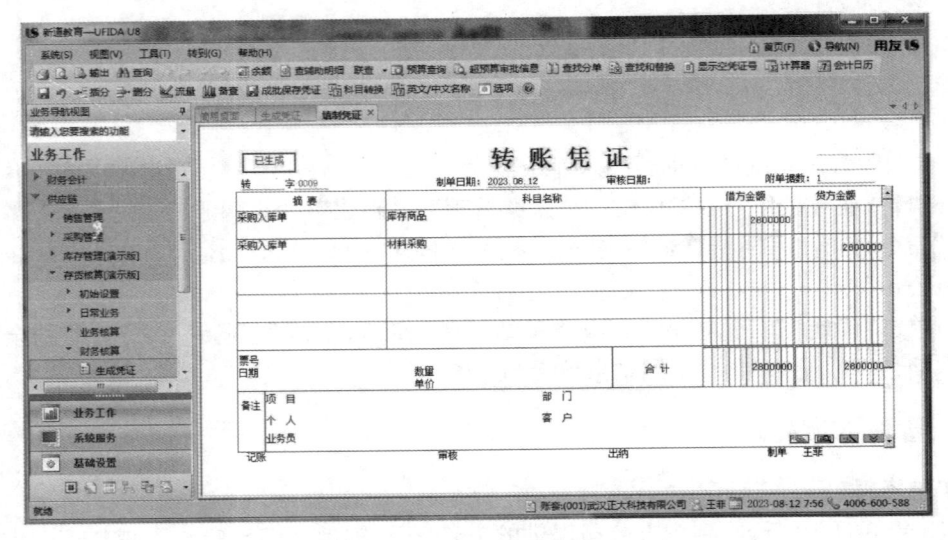

图 11-34 生成凭证并保存

第四节 采购退货业务

一、结算前部分退货

【实验资料】

2023年8月15日,收到明珠公司提供的L260mm主轴150件,单价350元,验收入原料库。仓库反映有10件存在质量问题,要求退货。收到明珠公司开具的专用发票一张,发票号0815。进行采购结算。

以004王菲的身份登录企业应用平台,操作日期"2023-08-15"。

【操作指导】

1. 在库存管理系统中填制并审核采购入库单

执行"业务工作"—"供应链"—"库存管理"—"入库业务"—"采购入库单(双击)"命令,打开"采购入库单"窗口,单击"增加"按钮,选择仓库"原料库",供货单位"明珠公司",入库类别"采购入库",存货编码"03 L260mm主轴",数量"150",本币单价350元。单击"保存"按钮,再单击"审核"按钮,系统弹出"该单据审核成功!"提示框,单击"确定"按钮后退出。

2. 在库存管理系统中填制红字采购入库单

执行"业务工作"—"供应链"—"库存管理"—"入库业务"—"采购入库单(双击)"命令,打开"采购入库单"窗口,单击"增加"按钮,选择窗口右上角"红字"选项,输入相关信息,退货数量为"-10",本币单价"350",单击"保存"按钮,再单击"审核"按钮后退出。如图11-35所示。

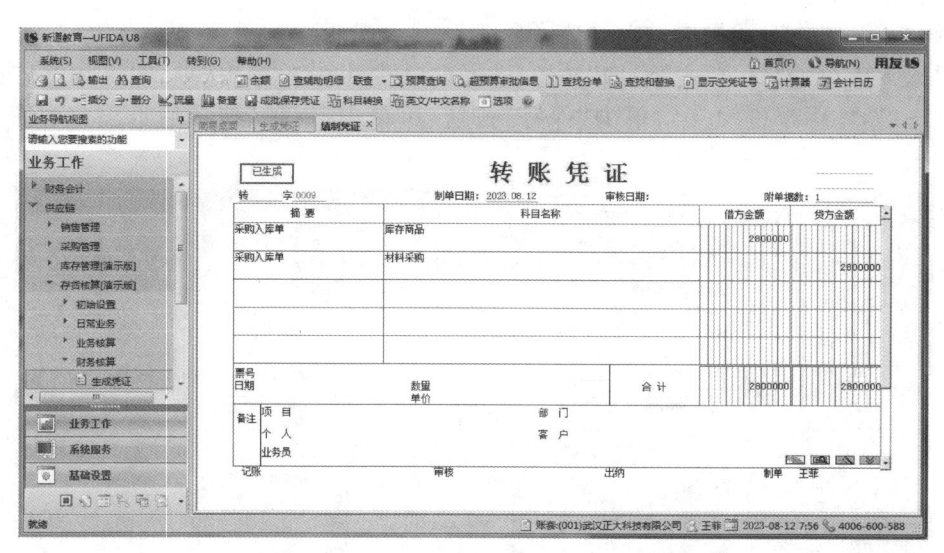

图11-35 填制并审核采购入库单(红字)

3. 在采购管理系统根据采购入库单生成采购专用发票

(1)执行"业务工作"—"供应链"—"采购管理"—"采购发票"—"专用采购发票(双击)"命令,打开"专用发票"窗口,单击"增加"按钮,下拉"生单"按钮,选择"入库单"选项,打开"查询条件选择—采购入库单列表过滤"窗口,选择日期"2023-08-15",单击"确定"按钮。

（2）进入"拷贝并执行"窗口,双击选择需要参照的采购入库单。

（3）单击"OK确定"按钮,将采购入库单相关信息带入采购专用发票,进入"专用发票"窗口,输入发票号"081",修改数量为"140",单击"保存"按钮后退出。

4. 在采购管理系统中处理采购结算（手工结算）

（1）执行"业务工作"—"供应链"—"采购管理"—"采购结算"—"手工结算（双击）"命令,进入"手工结算"窗口,单击"选单"按钮,打开"结算选单"对话框。

（2）单击"查询"按钮,进入"查询条件选择"—"采购手工结算"窗口,选择单据日期"2023-08-15"。

（3）单击"确定"按钮。返回"结算选单",此时标题显示符合条件的结算选单,分别选择要结算的发票和入库单。

（4）单击"OK确定"按钮,返回"手工结算"窗口。执行"结算"命令,系统进行结算处理,完成后弹出"完成结算!"提示框,单击"确定"按钮返回。

二、采购结算后退货

【实验资料】

2023年8月16日,从明珠公司采购的φ150mm叶轮有质量问题,退回8件,单价150元/件,同时收到发票号为0816的红字专用发票一张。对采购入库单和红字专用发票进行结算处理。

以"004王菲"的身份登录企业应用平台,操作日期"2023-08-16"。

【操作指导】

1. 在库存管理系统中填制红字采购入库单并审核

执行"业务工作"—"供应链"—"库存管理"—"入库业务"—"采购入库单（双击）"命令,打开"采购入库单"窗口,单击"增加"按钮,选择窗口右上角"红字"选项,输入相关信息,退货数量为"-8",本币单价"150",单击"保存"按钮,再单击"审核"按钮后退出。如图11-36所示。

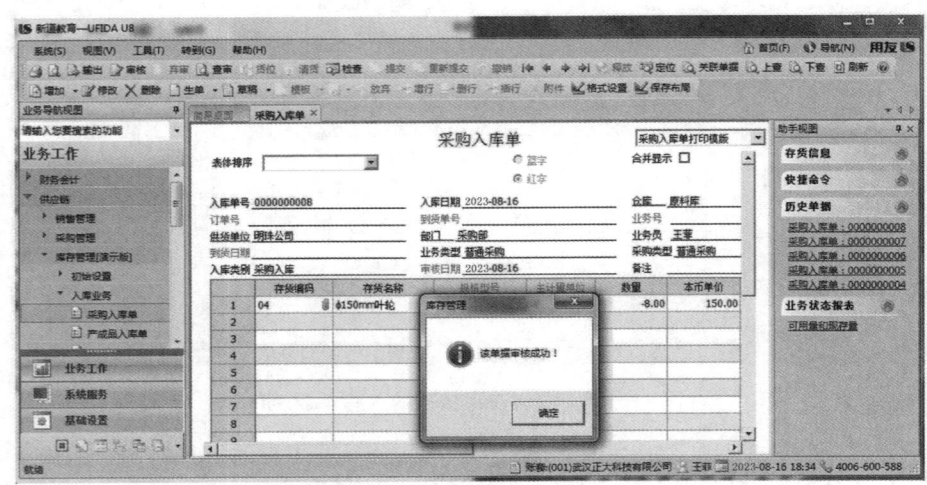

图11-36 填写采购入库单（红字）

2. 在采购管理系统中填制红字采购专用发票并执行采购结算

(1)执行"业务工作"—"供应链"—"采购管理"—"采购发票"—"红字专用采购发票(双击)"命令,进入"专用发票(红字)"窗口,单击"增加"按钮,下拉"生单"按钮,选择"入库单"选项,打开"查询条件选择—采购入库单列表过滤"窗口,选择常用条件日期"2023—08—16"。

(2)单击"确定"按钮,进入"拷贝并执行"窗口,选择红字入库单,单击"OK确定"按钮。

生成"红字采购专用发票",输入发票号"0816"。单击"保存"按钮,执行"结算"命令,红字专用发票左上角显示"已结算"字样,完成结算后退出。如图11—37所示。

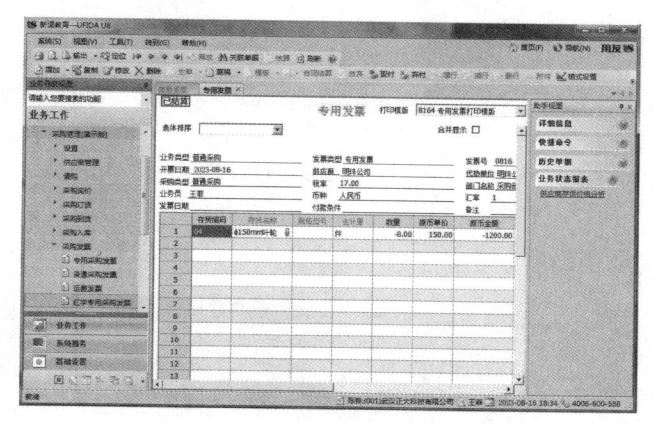

图11—37 生成红字发票并结算

三、数据备份

在采购管理系统月末结账之前,进行账套数据备份。(略,这步操作很重要)

四、月末结账

以"001 丁一"的身份登录企业应用平台,操作日期"2023—08—31"。

1. 结账处理

(1)执行"业务工作"—"供应链"—"采购管理"—"月末结账(双击)"命令,打开"结账"窗口,选择需要结账的会计月份"8"。单击"结账"命令,系统弹出"月末结账"提示框。单击"是"按钮,进入"查询条件—采购订单列表",选择未关闭的订单。

(2)单击"确定"按钮,进入"订单列表"窗口,选择未关闭订单,单击"批关"按钮。系统弹出"采购管理"关闭订单结果,单击"确定"按钮退出。

(3)执行"月末结账"命令,进入"结账"窗口,单击"结账"按钮,系统弹出"月末结账"对话框,单击"否"按钮,"结账"窗口中"是否结账"一栏显示"是"字样,完成采购管理系统月末结账。如图11—38所示。

2. 取消结账

执行"业务工作"—"供应链"—"采购管理"—"月末结账(双击)"命令,打开"结账"窗口,单击"取消结账"按钮。"结账"窗口中"是否结账"一栏显示"否"字样,成功取消采购管理系统月末结账。如图11—39所示。如果应付款管理系统或库存管理系统或存货核算系统已结账,那

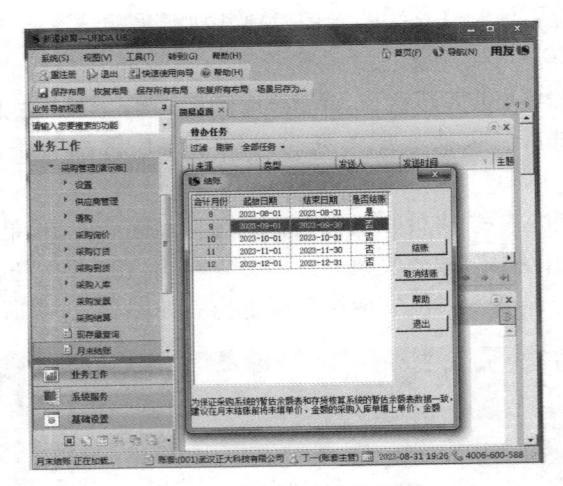

图 11-38　完成月末结账

么采购管理系统不能取消结账。

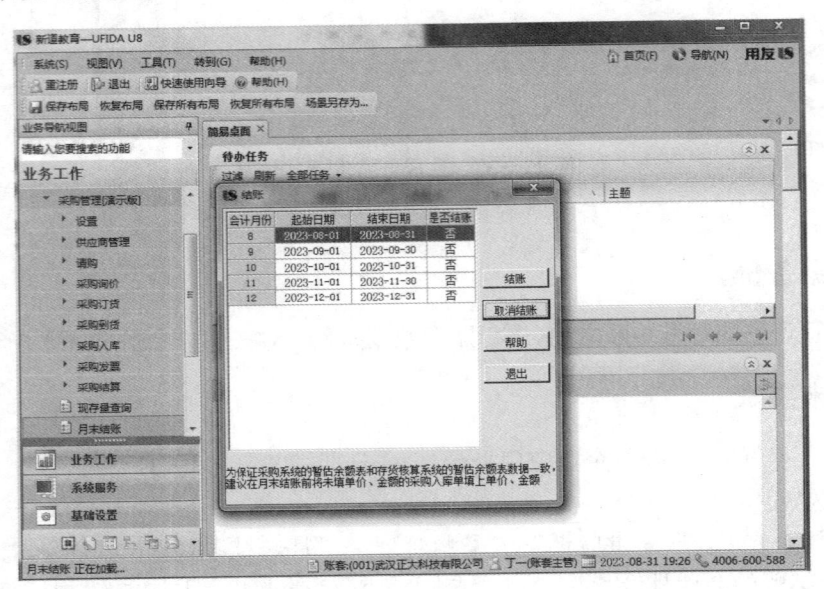

图 11-39　取消结账

以上采购日常业务经过处理后,在存货核算系统中生成采购入库凭证传递到总账管理系统,在应付款管理系统中生成的应付凭证和付款核销凭证传递到总账管理系统,最后在总账管理系统中执行"查询凭证",可得到如图 11-40 所示的结果。

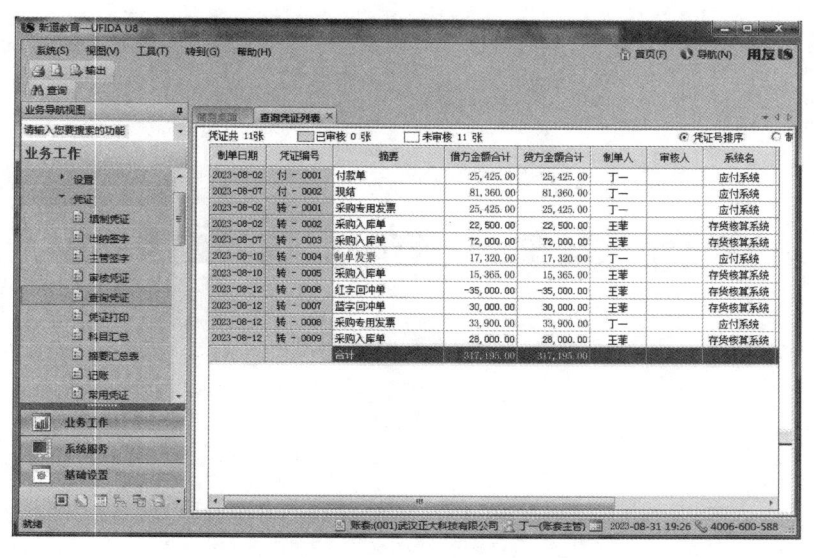

图 11－40　总账管理系统凭证查询

第十二章 销售管理系统

【内容概述】

销售管理系统根据企业实际业务需要,设置销售管理系统业务处理所需要的各种业务选项、基础档案信息及销售初始数据等初始设置内容,主要处理销售报价、销售订货、销售发货、销售开票、销售调拨、销售退回、发货折扣、委托代销、零售业务等,并根据审核后的发票或发货单自动生成销售出库单,处理随同货物销售所发生的各种代垫费用,以及在货物销售过程中发生的各种销售支出。同时,可以处理普通销售、直运销售、分期收款销售等业务类型。另外,该系统还可以提供各种销售明细账、销售明细表及各种统计表查询,并进行销售分析及综合查询统计分析。作为企业会计信息系统中一个非常重要的子系统,销售管理系统的功能相当丰富,其功能的完美发挥,除了自身设计周密外,还需要依赖与其他子系统的协作。

【实验目标】

1. 掌握用友软件中销售管理系统的相关内容。
2. 掌握企业日常销售业务处理方法。
3. 理解销售管理系统和其他子系统之间的数据传递关系。

【实验内容】

1. 普通销售业务。

适用于大多数企业的日常销售业务,往往与其他子系统一起,提供对销售报价、销售订货、销售发货、销售开票、销售出库、结转销售成本、销售收款结算等全过程的处理。一般包括销售折扣处理、现结销售、代垫费用处理、多张发货单汇总开票、一次发货单多次开票、开票直接发货业务、一次销售分次出库、超发货单出库及开票、发出商品等业务。

2. 委托代销业务。

企业将商品委托给他人进行销售但商品所有权仍归本企业的销售方式,销售完成后,受托方与企业进行结算,并开具正式的销售发票,形成销售收入,商品所有权转移。一般包括开票前退货处理、结算后退货等业务。

3. 直运销售业务。

产品无需出库即可完成的销售业务,由供应商直接将商品发给企业的客户,结算时,由购销双方分别与企业结算,企业赚取购销间的差价。无实物出库,货物直接从供应商到客户,财务结算通过直运销售发票解决,一般适用于大型电器、汽车、设备等产品的销售。

4. 月末处理

对销售业务进行事中控制、事后分析,将当月的单据数据封存,结账后不允许再对会计期间的销售单据进行增、删、改、核处理。一般包括账簿查询与数据备份、月末结账与取消结账等业务。

【实验准备】

引入"第十章　供应链管理系统"账套数据。

第一节　普通销售业务

以"005 李丽"的身份、业务日期进入销售管理系统,对该笔销售业务进行处理;进入库存管理系统,对该笔销售业务所生成的出库单进行审核;进入存货核算系统,对该笔销售业务所产生的出库单记账并生成凭证。

以"001 丁一"的身份、业务日期进入应收款管理系统,对该笔销售业务所产生的发票制单,对有结算要求的业务结算,并生成凭证。

一、常规销售业务

【实验资料】

2023 年 8 月 18 日,长沙贸易公司欲购买 5 组电动机Ⅰ型,向销售部了解价格,销售部报价为 4 000 元/组。该公司要求订购 5 组,当天发货。销售部立马从成品库向长沙贸易公司发出其所订货物,并据此开具专用销售发票一张,业务部门将销售发票交给财务部门,财务部门结转此笔业务的收入和成本,同日财务部收到长沙贸易公司转账支票一张,金额 22 600 元,支票号"0818"。

以"005 李丽"的身份登录企业应用平台,操作日期"2023－08－18"。

【操作指导】

1. 设置选项参数

执行"业务工作"—"供应链"—"销售管理"—"设置"—"销售选项(双击)"命令,打开"销售选项"窗口,选择"业务控制"选项卡,取消勾选"报价含税"复选框和勾选"销售生成出库单"后单击"确定"退出。如图 12—1 所示。

2. 在销售管理系统中填制并审核报价单

执行"业务工作"—"供应链"—"销售管理"—"销售报价"—"销售报价单(双击)"命令,打开"销售报价单"窗口,单击"增加"按钮,输入日期"2023－08－18",销售类型"经销",客户名称"长沙贸易公司",销售部门"销售部",选择货物名称"电动机Ⅰ型",输入数量"5",报价"4 000",单击"保存"按钮后执行"审核"命令,保存并审核报价单后退出。如图 12—2 所示。

3. 在销售管理系统中填制并审核销售订单

(1)执行"业务工作"—"供应链"—"销售管理"—"销售订货"—"销售订单(双击)"命令,打

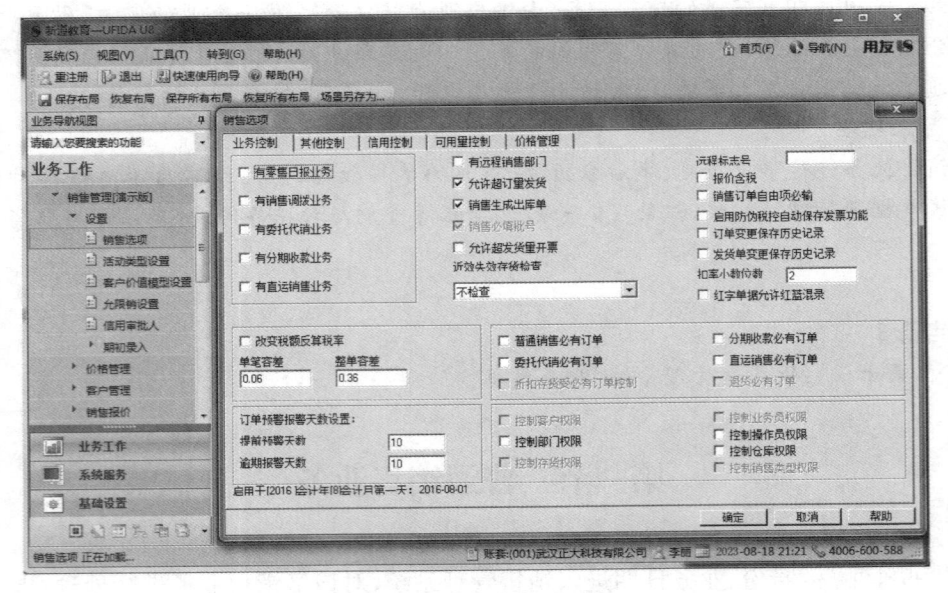

图 12—1　销售选项设置

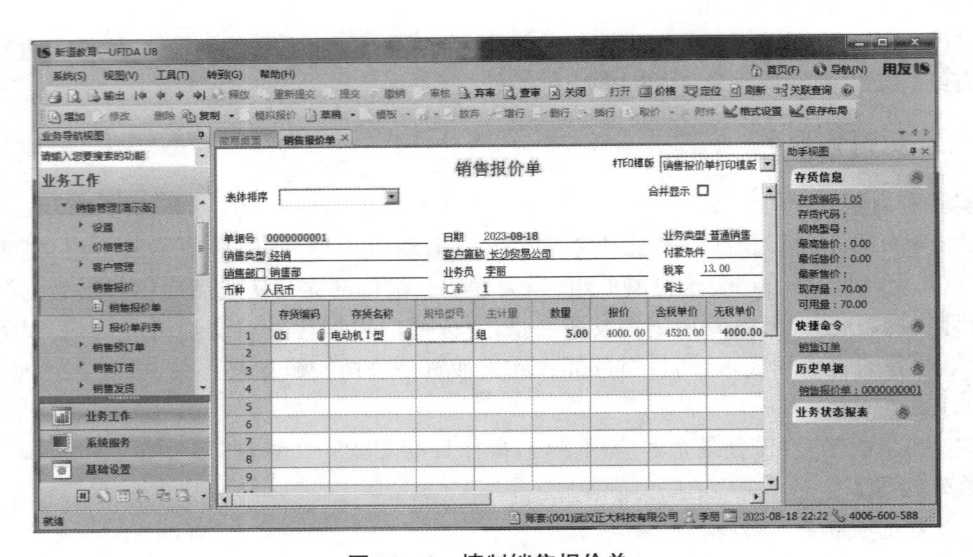

图 12—2　填制销售报价单

开"销售订单"窗口,单击"增加"按钮,下拉"生单"按钮,选中"报价"选项,打开"查询条件选择"—"订单参照报价单"窗口,选择报价单日期"2023—08—18"。

(2)单击"确定"按钮,进入"参照生单"窗口,选择要参照的记录行,单击"OK 确定"按钮,将报价单信息带入销售订单。修改销售订单表体中第 1 行末的预发货日期"2023—08—18"。单击"保存"按钮,再单击"审核"按钮后退出。

4. 在销售管理系统中填制并审核销售发货单

(1)执行"业务工作"—"供应链"—"销售管理"—"销售发货"—"发货单(双击)"命令,打开"发货单"窗口,单击"增加"按钮,弹出"查询条件选择—参照订单"窗口,输入订单日期"2023—

08—18"。

(2)单击"确定"按钮,进入"参照生单"窗口,选择上面已经生成的订单,单击"OK 确定"。

(3)将销售订单信息带入发货单。输入发货日期"2023—08—18",选择仓库"成品库"。单击"保存"按钮,再单击"审核"按钮后退出。

5. 在销售管理系统中根据发货单填制并复核销售发票

(1)执行"业务工作"—"供应链"—"销售管理"—"设置"—"销售选项(双击)"命令,打开"销售选项"窗口,选择"其他控制"选项卡,选择新增发票为默认的"参照发货",单击"确定"按钮返回。

(2)执行"业务工作"—"供应链"—"销售管理"—"销售开票"—"销售专用发票(双击)"命令,打开"销售专用发票"窗口,单击"增加"按钮,打开"查询条件选择—发票参照发货单"窗口,选择发货单日期"2023—08—18"。

(3)单击"确定"按钮,进入"参照生单"窗口,选择上面已经生成的订单,单击"OK 确定"。

(4)将发货单信息带入销售专用发票。单击"保存"按钮,再单击"复核"按钮后退出。

6. 在应收款管理系统中审核销售专用发票并生成销售收入凭证

(1)以"001 丁一"的身份登录企业应用平台,操作日期"2023—08—18"。

(2)执行"业务工作"—"财务会计"—"应收款管理"—"应收单据处理"—"应收单据审核(双击)"命令,打开"应收单查询条件"窗口,选择单据名称"销售发票",单击"确定"按钮。

(3)进入"单据处理—应收单据列表"窗口,选择需要审核的单据,单击"审核"按钮,系统弹出审核结果提示框,单击"确定"按钮返回后退出。

(4)执行"业务工作"—"财务会计"—"应收款管理"—"制单处理(双击)"命令,打开"制单查询"窗口,选中"发票制单"复选框,单击"确定"按钮。进入"制单—销售发票制单"窗口,修改凭证类别"转账凭证",单击工具栏"全选"按钮,执行"制单"命令。进入"填制凭证"窗口,单击"保存"按钮,凭证左上角显示"已生成"字样,表明已将凭证传递到总账管理系统。如图 12—3 所示。

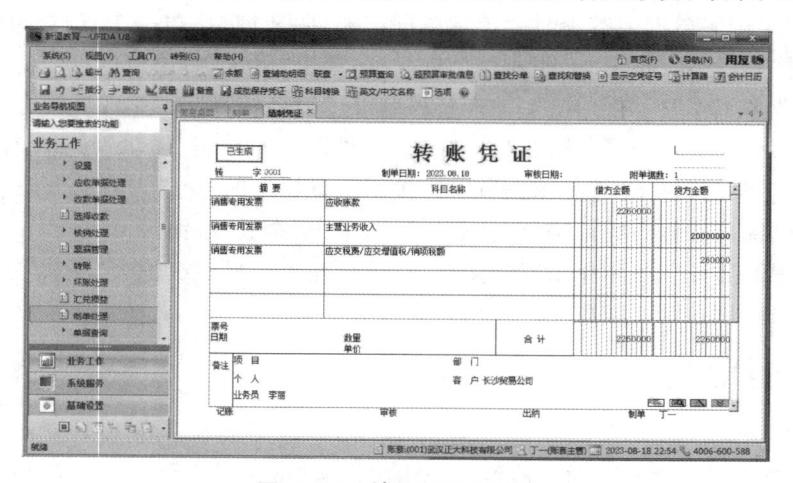

图 12—3　填制凭证并保存

7. 在库存管理系统中审核销售出库单

(1)以"005 李丽"的身份登录企业应用平台,操作日期"2023—08—18"。

(2)执行"业务工作"—"供应链"—"库存管理"—"出库业务"—"销售出库单(双击)"命令,进入"销售出库单"窗口,选择需要审核的销售出库单,单击"审核"按钮,系统弹出"该单据审核成功!"提示框,单击"确定"按钮返回后退出。

8. 在存货核算系统中对销售出库单记账并生成凭证

(1)执行"业务工作"—"供应链"—"存货核算"—"初始设置"—"选项"—"选项录入(双击)"命令,进入"选项录入"窗口,选中核算方式选项卡"销售成本核算方式—销售出库单"单选框,单击"确定"保存当前设置后退出。如图12-4所示。

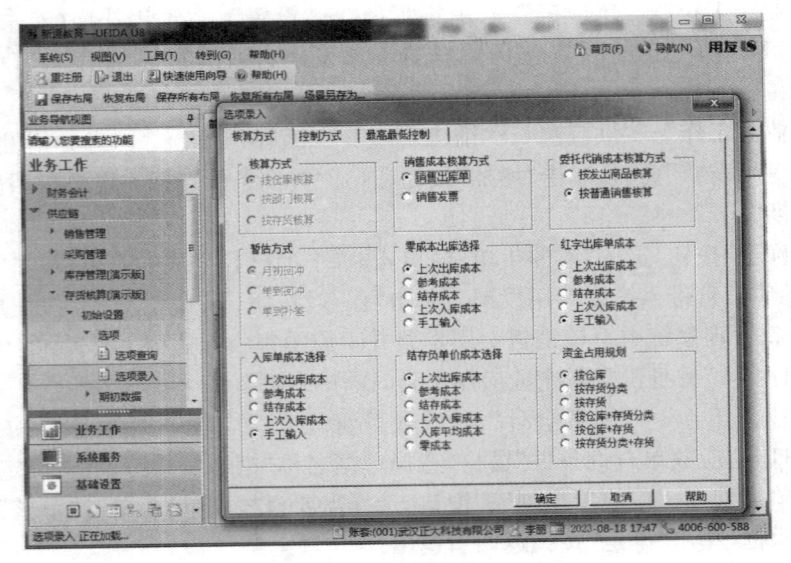

图 12-4　选项录入

(2)执行"业务工作"—"供应链"—"存货核算"—"业务核算"—"正常单据记账(双击)"命令,进入"查询条件选择"窗口,选中仓库"成品库"复选框,单据类型"销售出库单"。单击"确定"按钮,进入"未记账单据一览表"—"正常单据记账列表"窗口,单击工具栏上的"全选"按钮后单击"记账"按钮。系统弹出"记账成功!"提示框,单击"确定"后退出。

(3)执行"业务工作"—"供应链"—"存货核算"—"财务核算"—"生成凭证(双击)"命令,进入"生成凭证"窗口,单击"选择"按钮,打开"查询条件"窗口,单击"全消"按钮,勾选"销售出库单"。单击"确定"按钮,进入"选择单据"窗口,单击工具栏上的"全选"按钮。单击"确定"按钮,进入"生成凭证"窗口。修改凭证类别"转账凭证",单击"生成"按钮。

(4)进入"填制凭证"窗口,单击"保存"按钮,凭证左上角显示红色"已生成"字样,表示已将凭证传递到总账管理系统。如图12-5所示。

二、销售折扣的处理

【实验资料】

2023年8月19日,销售部向长沙贸易公司出售 φ20mm 铜芯线50千米,报价400元/套,成交价为报价的80%,货物从辅料库发出。要求开具专用发票一张。

以"005 李丽"的身份登录企业应用平台,操作日期"2023-08-19"。

【操作指导】

1. 在销售管理系统中填制并审核销售发货单

(1)执行"业务工作"—"供应链"—"销售管理"—"销售发货"—"发货单(双击)"命令,打开

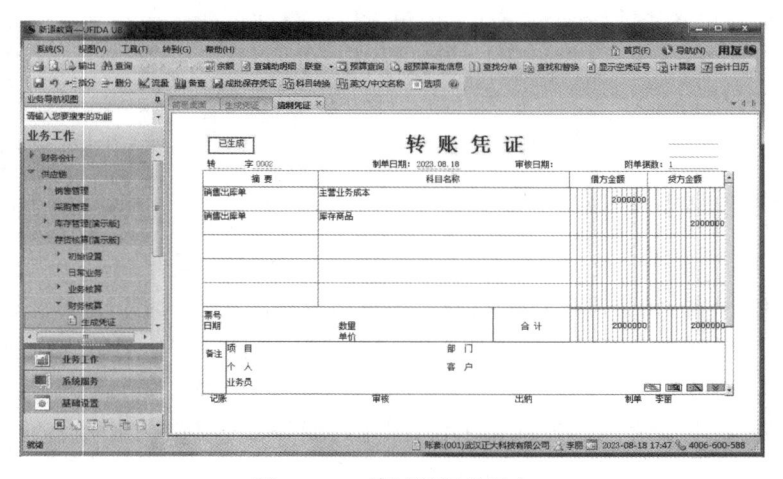

图 12-5　填制凭证并保存

"发货单"窗口,单击"增加"按钮,弹出"查询条件选择—参照订单"窗口,单击"取消"按钮。

(2)进入"发货单"窗口,输入发货日期"2023-08-19",客户"长沙贸易公司",销售部门"销售部",选择仓库"辅料库",存货名称"φ20mm 铜芯线",数量"50",报价"400",扣率"80%",单击"保存"按钮,再执行"审核"命令后退出。

2. 在销售管理系统中根据发货单填制并复核销售发票

(1)执行"业务工作"—"供应链"—"销售管理"—"设置"—"销售选项(双击)"命令,打开"销售选项"窗口,选择"其他控制"选项卡,选择新增发票默认为"参照发货",单击"确定"按钮返回。如图 12-6 所示。

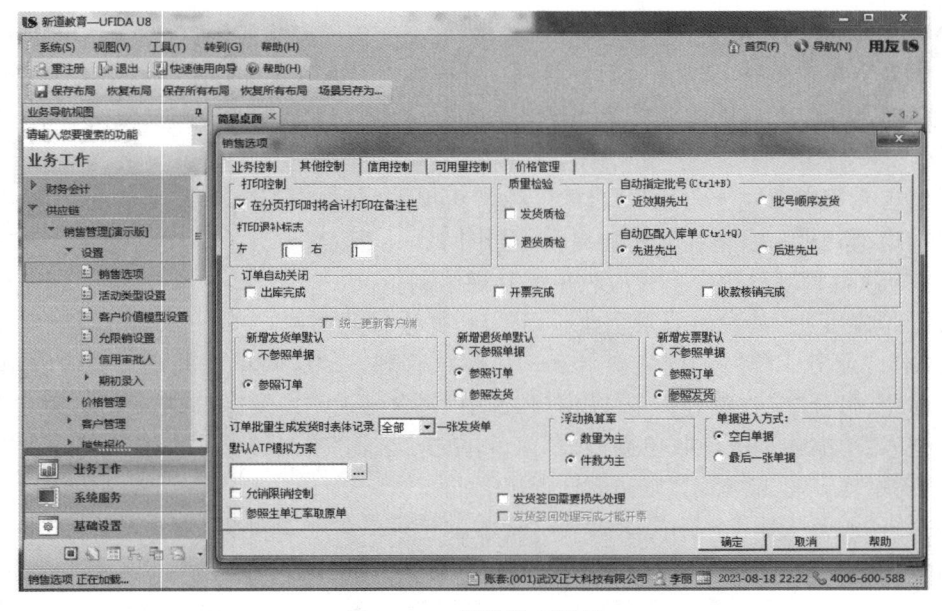

图 12-6　销售选项设置

(2)执行"业务工作"—"供应链"—"销售管理"—"销售开票"—"销售专用发票(双击)"命

令,打开"销售专用发票"窗口,单击"增加"按钮,打开"查询条件选择—发票参照发货单"窗口,选择发货单日期"2023－08－19"。单击"确定"按钮,进入"参照生单"窗口,选择上面已经生成的订单,单击"OK 确定"。

(3)将发货单信息带入销售专用发票。单击"保存"按钮,再单击"复核"按钮后退出。

三、现结销售业务

【实验资料】

2023 年 8 月 20 日,销售部向长沙贸易公司出售电动机Ⅰ型 20 组,报价 4 000 元/组,货物从成品库发出,根据上述发货单开具专用发票一张,同时收到客户以转账支票所支付的全部货款,支票号 Z020。

以"005 李丽"的身份登录企业应用平台,操作日期"2023－08－20"。

【操作指导】

1. 在销售管理系统中填制并审核销售发货单

(1)执行"业务工作"—"供应链"—"销售管理"—"销售发货"—"发货单(双击)"命令,打开"发货单"窗口,单击"增加"按钮,弹出"查询条件选择—参照订单"窗口,单击"取消"按钮。

(2)进入"发货单"窗口,输入发货日期"2023－08－20",客户"长沙贸易公司",销售部门"销售部",选择仓库"成品库",存货名称"电动机Ⅰ型",数量"20",报价"4 000",单击"保存"按钮,再执行"审核"命令后退出。

2. 在销售管理系统中根据发货单生成销售专用发票并执行现结

(1)执行"业务工作"—"供应链"—"销售管理"—"销售开票"—"销售专用发票(双击)"命令,打开"销售专用发票"窗口,单击"增加"按钮,打开"查询条件选择—发票参照发货单"窗口,选择发货单日期"2023－08－20"。

(2)单击"确定"按钮,进入"参照生单"窗口,选择上面已经生成的订单,单击"OK 确定"。

(3)将发货单信息带入销售专用发票,单击"保存"按钮,执行"现结"命令,打开"现结"对话框。选择结算方式为"转账支票",输入结算金额"90 400",支票号"Z020",单击"确定"按钮返回。如图 12－7 所示。

(4)销售专用发票左上角显示"现结"字样,再单击"复核"按钮,对现结后的销售专用发票进行复核,现结处理一定是在复核前完成。如图 12－8 所示。

3. 在应收款管理系统中审核应收单据和现结制单

(1)以"001 丁一"的身份登录企业应用平台,操作日期"2023－08－20"。

(2)执行"业务工作"—"财务会计"—"应收款管理"—"应收单据处理"—"应收单据审核(双击)"命令,打开"应收单查询条件"窗口,选中"包含已现结发票"复选框,单击"确定"按钮。

(3)进入"单据处理—应收单据列表"窗口,单击"全选"按钮,执行"审核"命令,系统弹出审核结果的提示框。单击"确定"按钮返回退出。

(4)执行"业务工作"—"财务会计"—"应收款管理"—"制单处理(双击)"命令,打开"制单查询"窗口,选中"现结制单"复选框,单击"确定"按钮。如图 12－9 所示。

(5)进入"制单—现结制单"窗口,单击"全选"按钮,选择凭证类别"收款凭证",执行"制单"命令,进入"填制凭证"窗口,单击"保存"按钮,凭证左上角显示"已生成"红色字样,表示生成的收款凭证已传至总账管理系统。如图 12－10 所示。

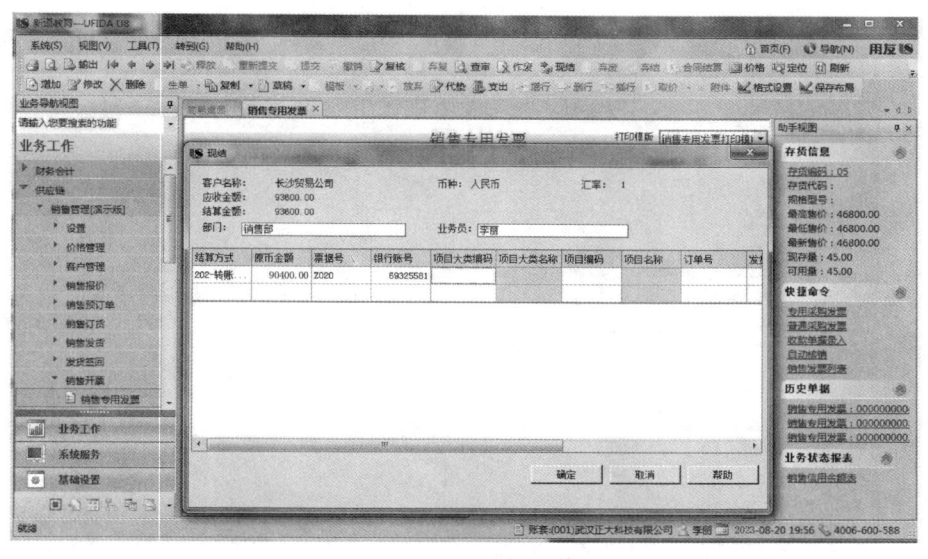

图 12-7 现结

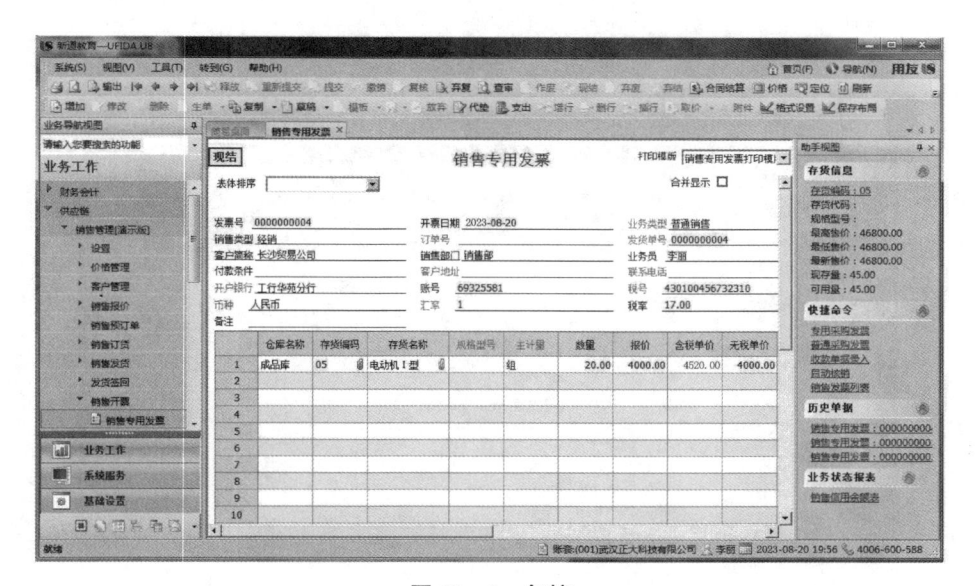

图 12-8 复核

四、代垫费用处理

【实验资料】

2023 年 8 月 21 日，销售部在向长沙贸易公司销售商品过程中，发生了一笔代垫的安装费 1 500 元，客户尚未支付该笔款项。

以"001 丁一"的身份登录企业应用平台，操作日期"2023-08-21"。

【操作指导】

1. 在企业应用平台中设置费用项目

(1)执行"基础设置"—"基础档案"—"业务"—"费用项目分类(双击)"命令，进入"费用项

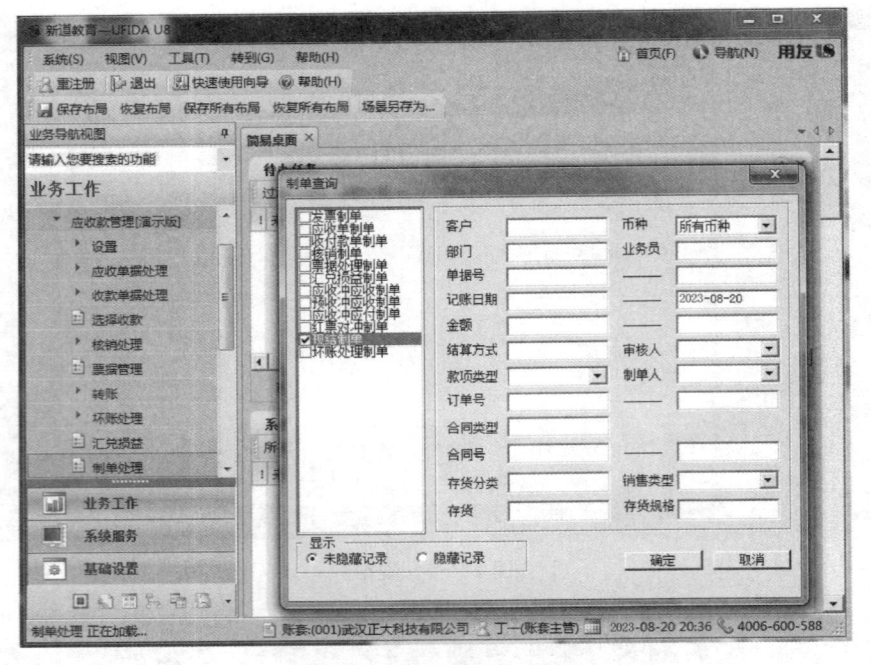

图 12—9　现结制单查询

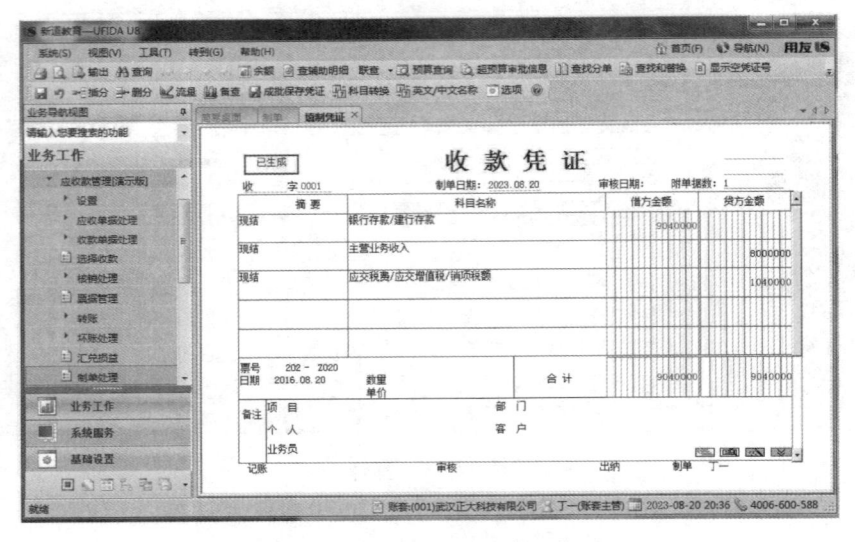

图 12—10　现结制单并保存

目分类"窗口,增加项目分类"1 代垫费用",单击"保存"按钮并退出。如图 12—11 所示。

(2)执行"基础设置"—"基础档案"—"业务"—"费用项目(双击)"命令,进入"费用项目"窗口,增加项目"01 安装费",单击"保存"按钮并退出。如图 12—12 所示。

2. 在销售管理系统中填制并审核代垫费用单

(1)以"005 李丽"的身份登录企业应用平台,操作日期"2023—08—21"。

(2)执行"业务工作"—"供应链"—"销售管理"—"代垫费用"—"代垫费用单(双击)"命令,打

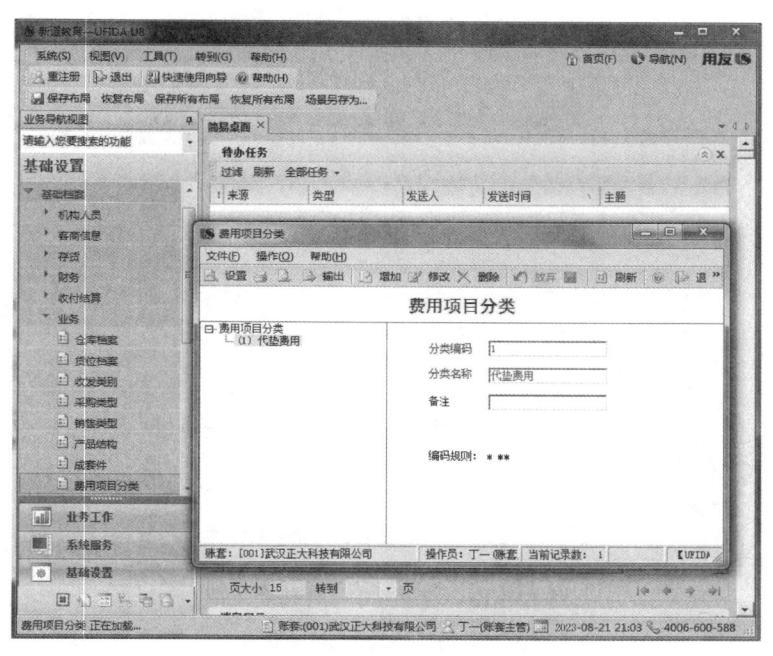

图 12—11　增加费用项目分类

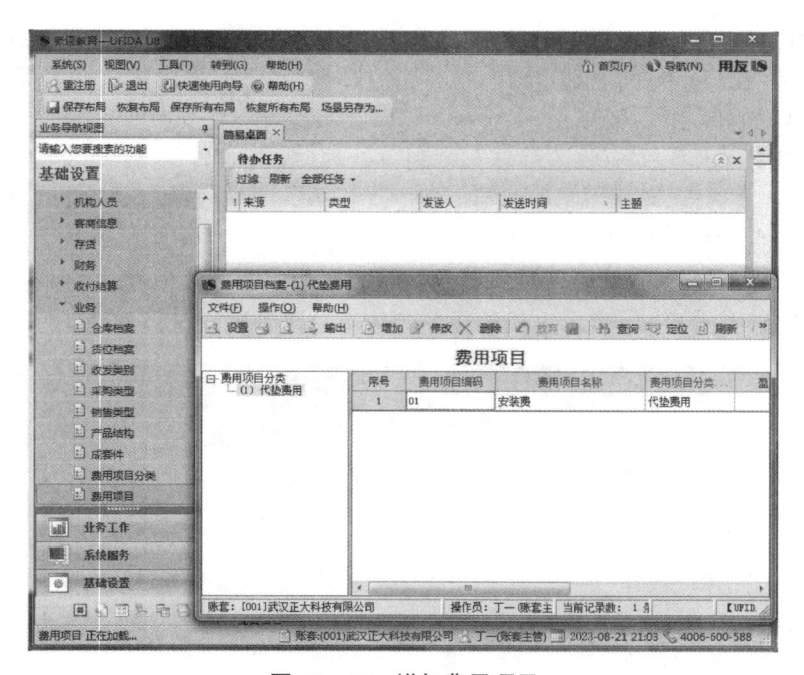

图 12—12　增加费用项目

开"代垫费用单"窗口,单击"增加"按钮,输入代垫日期"2023—08—21",客户"长沙贸易公司",销售部门"销售部",费用项目"安装费",代垫金额"1 500",保存并审核。如图 12—13 所示。

3. 在应收款管理系统中对代垫费用单审核并确认应收款项

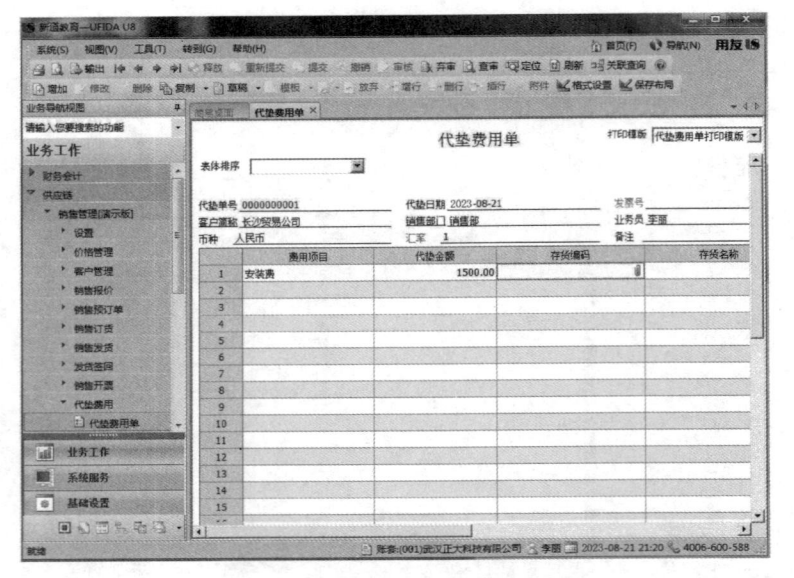

图 12—13　填制并审核代垫费用单

(1)以"001 丁一"的身份登录企业应用平台,操作日期"2023—08—21"。

(2)执行"业务工作"—"应收款管理"—"应收单据处理"—"应收单据审核(双击)"命令,打开"应收单查询条件"窗口,选择单据日期"2023—08—21",单击"确定"按钮。进入"单据处理—应收单据列表"窗口,单击"全选"按钮,执行"审核"命令,系统弹出审核结果提示框,单击"确定"按钮后退出。

(3)执行"业务工作"—"应收款管理"—"制单处理(双击)"命令,打开"制单查询"窗口,选择"应收单制单"复选框,单击"确定"按钮。进入"制单"—"应收单制单"窗口,单击"全选"按钮,修改凭证类别为"转账凭证",执行"制单"命令。

(4)进入"填制凭证"窗口,输入贷方科目"6051 其他业务收入",单击"保存"按钮,凭证左上角显示"已生成"红色字样,表示生成的凭证已传至总账管理系统。如图 12—14 所示。

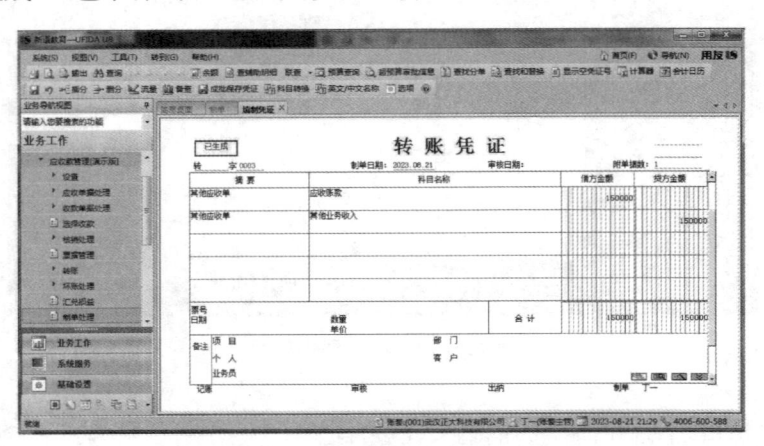

图 12—14　填制凭证并保存

五、多张发货单汇总开票

【实验资料】

2023年8月22日,销售部向长沙贸易公司出售电动机Ⅰ型15组,报价4 000元/组,货物从成品库发出;同时,发出 ϕ20mm 铜芯线 20 千米,报价 400 元/千米,货物从辅料库发出。要求开具专用发票一张。

以"005 李丽"的身份登录企业应用平台,操作日期"2023－08－22"。

【操作指导】

1. 在销售管理系统中填制并审核两张发货单

(1)执行"业务工作"—"供应链"—"销售管理"—"销售发货"—"发货单(双击)"命令,打开"发货单"窗口,单击"增加"按钮,弹出"查询条件选择－参照订单"窗口,单击"取消"按钮。

(2)进入"发货单"窗口,输入发货日期"2023－08－22",客户"长沙贸易公司",销售部门"销售部";表体的第 1 条记录选择仓库"成品库",存货名称"电动机Ⅰ型",数量"15",报价"4 000";第 2 条记录选择仓库"辅料库",存货名称"ϕ20mm 铜芯线",数量"20",报价"400"。单击"保存"按钮,再执行"审核"命令后退出。

2. 在销售管理系统中根据对应发货单填制并复核销售发票

(1)执行"业务工作"—"供应链"—"销售管理"—"销售开票"—"销售专用发票(双击)"命令,打开"销售专用发票"窗口,单击"增加"按钮,打开"查询条件选择—发票参照发货单"窗口,选择客户"长沙贸易公司",发货单日期"2023－08－22"。

(2)单击"确定"按钮,进入"参照生单"窗口,单击"全选"命令,再单击"OK 确定"命令。将发货单销售信息带入销售专用发票,进入"销售专用发票"窗口,单击"保存"按钮,再执行"复核"按钮,保存并复核销售专用发票。

六、一张发货单分次开票

【实验资料】

2023 年 8 月 22 日,销售部向武汉商贸公司出售 ϕ20mm 铜芯线 15 千米,报价 400 元/千米,货物从辅料库发出,应客户要求对上述货物开具两张销售专用发票,一张数量 10 千米,一张数量 5 千米。

【操作指导】

1. 在销售管理系统中填制并审核发货单

(1)执行"业务工作"—"供应链"—"销售管理"—"销售发货"—"发货单(双击)"命令,打开"发货单"窗口,单击"增加"按钮,弹出"查询条件选择—参照订单"窗口,单击"取消"按钮。

(2)进入"发货单"窗口,输入发货日期"2023－08－22",客户"武汉商贸公司",销售部门"销售部",选择仓库"辅料库",存货名称"ϕ20mm 铜芯线",数量"15",报价"400"。单击"保存"按钮,再执行"审核"命令后退出。

2. 在销售管理系统中根据对应发货单分次填制两张销售专用发票并复核

(1)执行"业务工作"—"供应链"—"销售管理"—"销售开票"—"销售专用发票(双击)"命令,打开"销售专用发票"窗口,单击"增加"按钮,打开"查询条件选择－发票参照发货单"窗口,选择客户"武汉商贸公司",发货单日期"2023－08－22"。

(2)单击"确定"按钮,进入"参照生单"窗口,单击"全选"命令,再单击"OK 确定"命令。将发货单销售信息带入销售专用发票,进入"销售专用发票"窗口,修改数量"10",单击"保存"按钮,再执行"复核"按钮,保存并复核一张销售专用发票。

(3)单击"增加"按钮,打开"查询条件选择—发票参照发货单"窗口,选择客户"武汉商贸公司",发货单日期"2023-08-22"。单击"确定"按钮,进入"参照生单"窗口,此时"未开票数量"显示"5",单击"全选"命令,再单击"OK确定"命令。将发货单销售信息带入销售专用发票,进入"销售专用发票"窗口,单击"保存"按钮,再执行"复核"按钮,保存并复核另一张销售专用发票。

七、开票直接发货

【实验资料】

2023年8月23日,销售部向长沙贸易公司出售 ϕ20mm 铜芯线 10 千米,报价 400 元/千米,货物从辅料库发出,据此开具销售专用发票一张。

以"005 李丽"的身份登录企业应用平台,操作日期"2023-08-23"。

【操作指导】

1. 在销售管理系统中填制并复核销售专用发票

(1)执行"业务工作"—"供应链"—"销售管理"—"销售开票"—"销售专用发票(双击)"命令,打开"销售专用发票"窗口,单击"增加"按钮,打开"查询条件选择—发票参照发货单"窗口,单击"取消"按钮返回"销售专用发票"窗口。

(2)选择客户"长沙贸易公司",仓库"辅料库",存货名称"ϕ20mm 铜芯线",数量"10",报价"400",单击"保存"按钮,再执行"复核"命令。

2. 在销售管理系统中查询销售发货单

执行"业务工作"—"供应链"—"销售管理"—"销售发货"—"发货单(双击)"命令,进入"发货单"窗口,点击"下一张"按钮,可以查看根据销售专用发票自动生成的销售发货单。

3. 在库存管理系统中查询销售出库单

执行"业务工作"—"供应链"—"库存管理"—"出库业务"—"销售出库单(双击)"命令,进入"销售出库单"窗口,点击"下一张"按钮,可以查看根据销售专用发票自动生成的销售出库单。如图 12-15 所示。

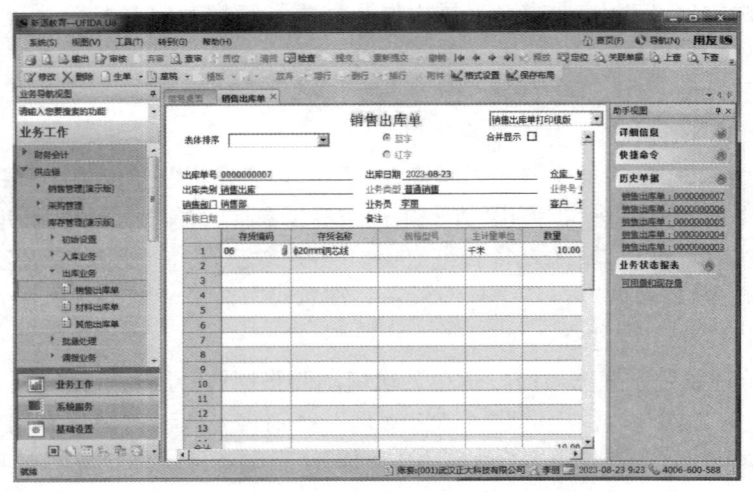

图 12-15 销售出库单查询

八、一次销售，分次出库

【实验资料】

2023年8月23日，销售部向上海科技公司出售 GB 级电磁阀 5 组，由原料库发货，报价 1 000 元/组，同时开具专用发票一张。当天，客户根据发货单从原料库领出 GB 级电磁阀 3 组。次日，根据发货单领走剩余部分。

以"005 李丽"的身份登录企业应用平台，操作日期"2023－08－23"。

【操作指导】

1. 在销售管理系统中设置相关选项

前述业务操作下的单据（发货单、发票）全部审核完毕后，执行"业务工作"—"供应链"—"销售管理"—"设置"—"销售选项（双击）"命令，进入"销售选项"窗口，取消业务控制选项卡下"销售生成出库单"复选框并单击"确定"后退出。如图 12－16 所示。

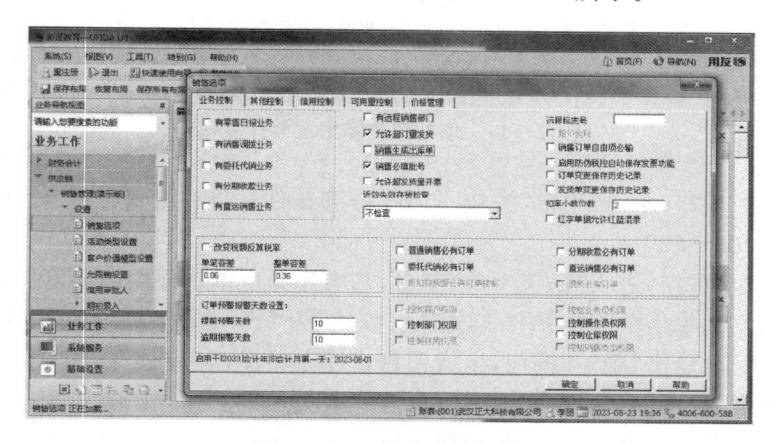

图 12－16　销售选项设置

2. 在销售管理系统中填制并审核发货单

（1）执行"业务工作"—"供应链"—"销售管理"—"销售发货"—"发货单（双击）"命令，打开"发货单"窗口，单击"增加"按钮，弹出"查询条件选择"—"参照订单"窗口，单击"取消"按钮。

（2）进入"发货单"窗口，输入发货日期"2023－08－23"，客户"上海科技公司"，销售部门"销售部"，选择仓库"原料库"，存货名称"GB 级电磁阀"，数量"5"，报价"1 000"，单击"保存"按钮，再执行"审核"命令后退出。

3. 在销售管理系统中根据发货单填制并复核销售专用发票

（1）执行"业务工作"—"供应链"—"销售管理"—"销售开票"—"销售专用发票（双击）"命令，打开"销售专用发票"窗口，单击"增加"按钮，打开"查询条件选择—发票参照发货单"窗口，选择发货单日期"2023－08－23"。单击"确定"按钮，进入"参照生单"窗口，选择上面已经生成的订单，单击"OK 确定"。

（2）将发货单信息带入销售专用发票。单击"保存"按钮，再单击"复核"按钮后退出。如图 12－17 所示。

4. 在库存管理系统中根据发货单开具销售出库单

（1）执行"业务工作"—"供应链"—"库存管理"—"出库业务"—"销售出库单（双击）"命令，

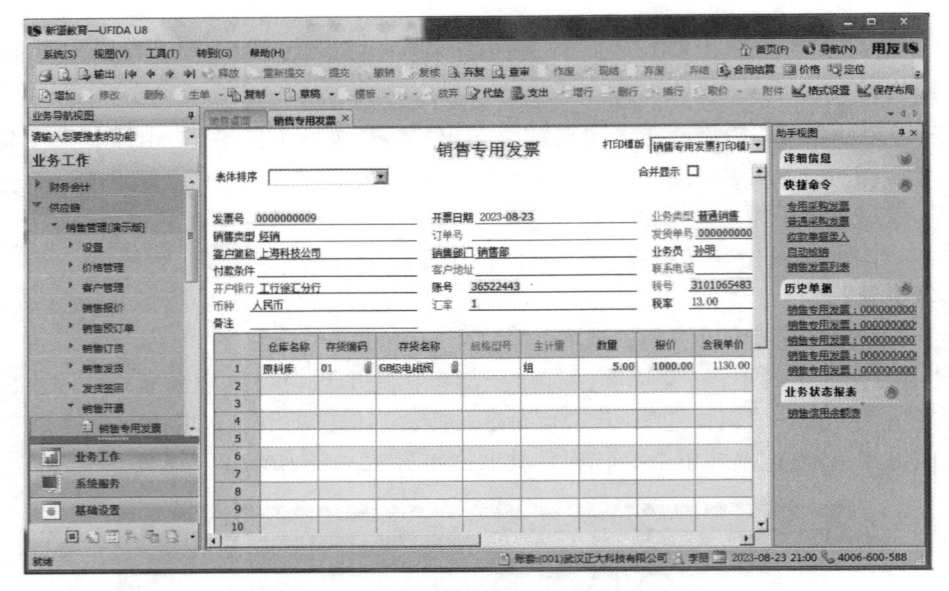

图 12—17　填制销售专用发票并复核

打开"销售出库单"窗口，单击"生单"按钮，打开"查询条件选择—销售发货单列表"窗口，选择单据日期"2023—08—23"。

（2）单击"确定"按钮，进入"销售生单"窗口，选中作为生单对象的销售发货单，移动水平滚动条，修改"销售发货单生单表体"中"本次出库数量"为"3"，单击"OK 确定"按钮。系统弹出"生单成功！"提示框，单击"确定"按钮，生成销售出库单。单击"审核"按钮，系统弹出"该单据审核成功！"提示框，单击"确定"按钮返回。

（3）同理，填制第二张销售出库单，出库日期"2023—08—24"，出库数量"2"。

（4）执行"业务工作"—"供应链"—"库存管理"—"出库业务"—"销售出库单（双击）"命令，打开"销售出库单"窗口，单击"生单"按钮，打开"查询条件选择—销售发货单列表"窗口，选择单据日期"2023—08—23"。

（5）单击"确定"按钮，进入"销售生单"窗口，选中作为生单对象的销售发货单，移动水平滚动条，注意到"销售发货单生单表体"中"本次出库数量"为"2"，单击"OK 确定"按钮。

（6）系统弹出"生单成功！"提示框，单击"确定"按钮，生成销售出库单。单击"审核"按钮，系统弹出"该单据审核成功！"提示框，单击"确定"按钮返回。

九、超发货单出库及开票

【实验资料】

2023 年 8 月 24 日，销售部向上海科技公司出售 GB 级电磁阀 2 组，由原料库发货，报价 1 000 元/组。开具发票时，客户要求多买一组，根据客户要求开具 3 组 GB 级电磁阀的专用发票，客户从原料库领出 GB 级电磁阀 3 组。

以"005 李丽"的身份登录企业应用平台，操作日期"2023—08—24"。

【操作指导】

1. 在库存管理系统中修改相关选项设置

执行"业务工作"—"供应链"—"库存管理"—"初始设置"—"选项（双击）"命令，打开"库存选项设置"窗口,选中"专用设置"选项卡中的"允许超发货单出库"复选框,单击"确定"按钮返回。如图 12-18 所示。

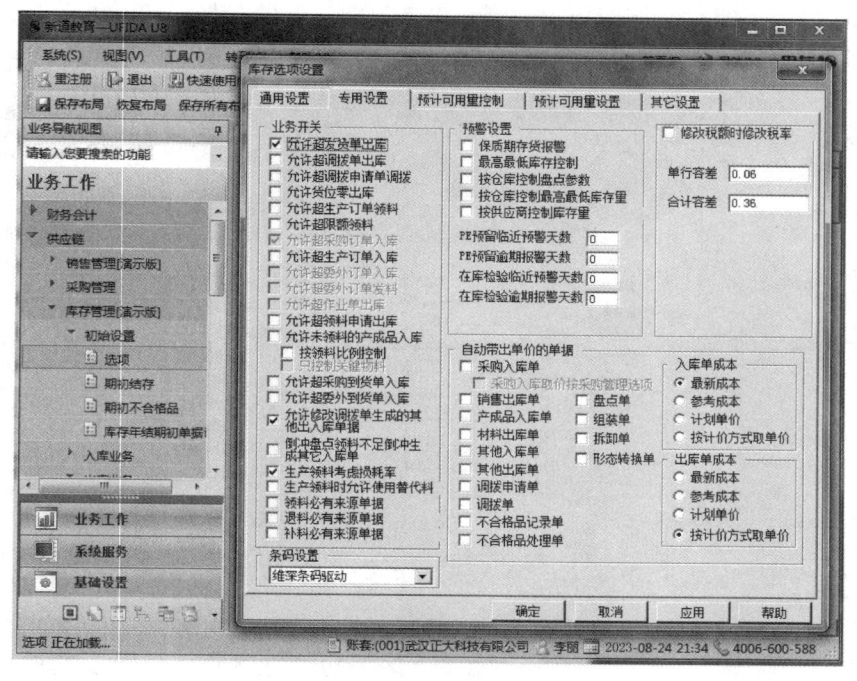

图 12-18 库存选项设置

2. 在销售管理系统中修改相关选项设置

执行"业务工作"—"供应链"—"销售管理"—"设置"—"销售选项(双击)"命令,打开"销售选项"窗口,选中"业务控制"选项卡中的"允许超发货量开票"复选框,单击"确定"按钮返回。如图 12-19 所示。

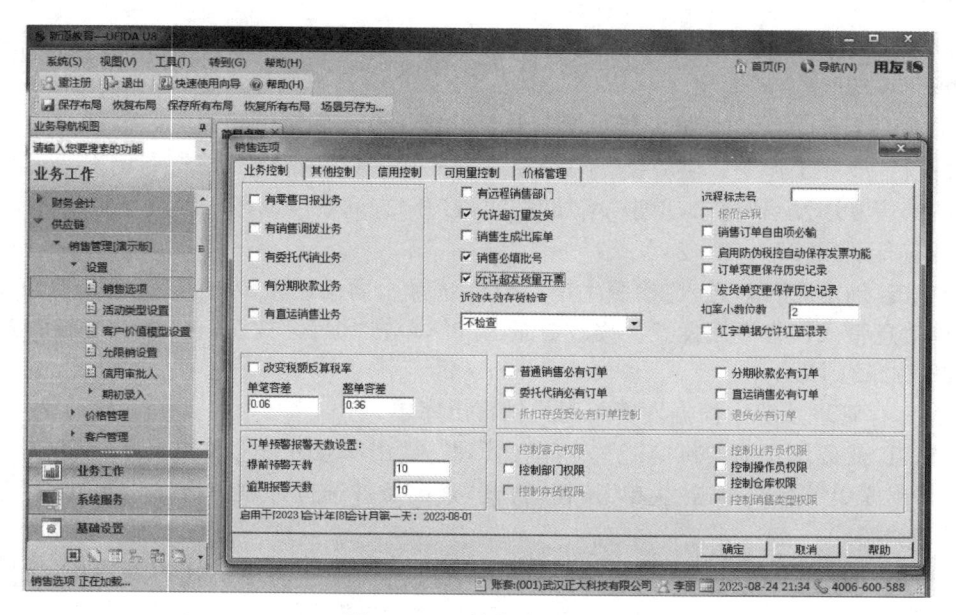

图 12-19 销售选项设置

3. 在企业应用平台中修改存货档案并设置超额出库上限为50%

执行"基础设置"—"基础档案"—"存货"—"存货档案（双击）"命令，进入"存货档案"窗口，选择"电磁阀"分类下的GB级电磁阀记录行，单击"修改"按钮。进入"修改存货档案"窗口，打开"控制"选项卡，在"出库超额上限"一栏输入"0.5"，单击"保存"按钮。如图12-20所示。

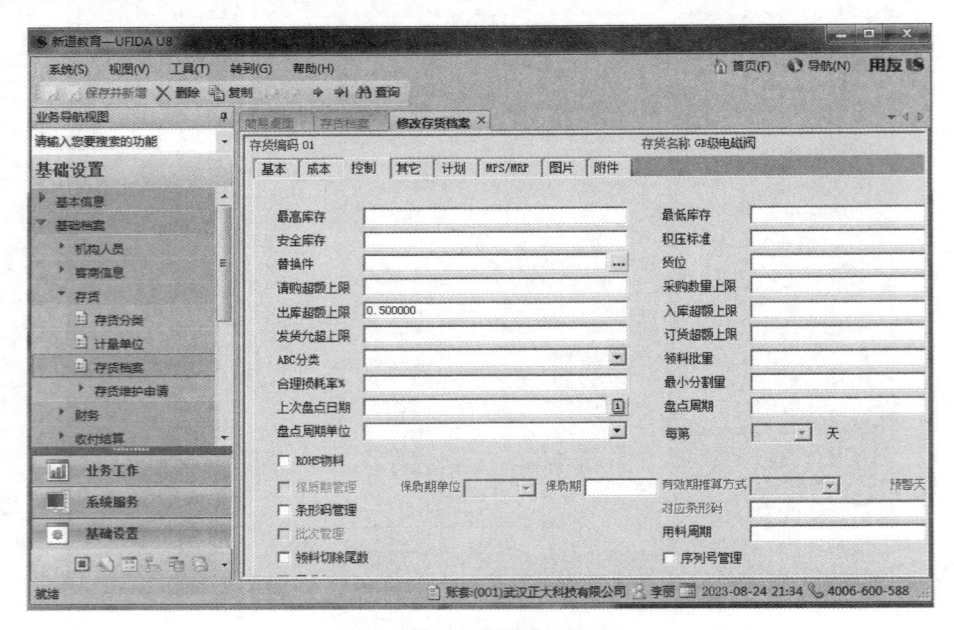

图12-20 存货档案修改

4. 在销售管理系统中填制并审核发货单

（1）执行"业务工作"—"供应链"—"销售管理"—"销售发货"—"发货单（双击）"命令，打开"发货单"窗口，单击"增加"按钮，弹出"查询条件选择—参照订单"窗口，单击"取消"按钮。

（2）进入"发货单"窗口，输入发货日期"2023-08-24"，客户"上海科技公司"，销售部门"销售部"，选择仓库"原料库"，存货名称"GB级电磁阀"，数量"2"，报价"1 000"，单击"保存"按钮，再执行"审核"命令后退出。

5. 在销售管理系统中根据发货单填制并复核销售专用发票

（1）执行"业务工作"—"供应链"—"销售管理"—"销售开票"—"销售专用发票（双击）"命令，打开"销售专用发票"窗口，单击"增加"按钮，打开"查询条件选择—发票参照发货单"窗口，选择发货单日期"2023-08-24"。

（2）单击"确定"按钮，进入"参照生单"窗口，选择上面已经生成的订单，单击"OK确定"。将发货单信息带入销售专用发票。修改数量为"3"，单击"保存"按钮，再单击"复核"按钮后退出。如图12-21所示。

6. 在库存管理系统中根据发货单开具销售出库单

（1）执行"业务工作"—"供应链"—"库存管理"—"出库业务"—"销售出库单（双击）"命令，打开"销售出库单"窗口，单击"生单"按钮，打开"查询条件选择"—"销售发货单列表"窗口，选择单据日期"2023-08-24"。

（2）单击"确定"按钮，进入"销售生单"窗口，选中作为生单对象的销售发货单，选中"根据累计出库数更新发货单"复选框，移动水平滚动条，修改"销售发货单生单表体"中"本次出库数

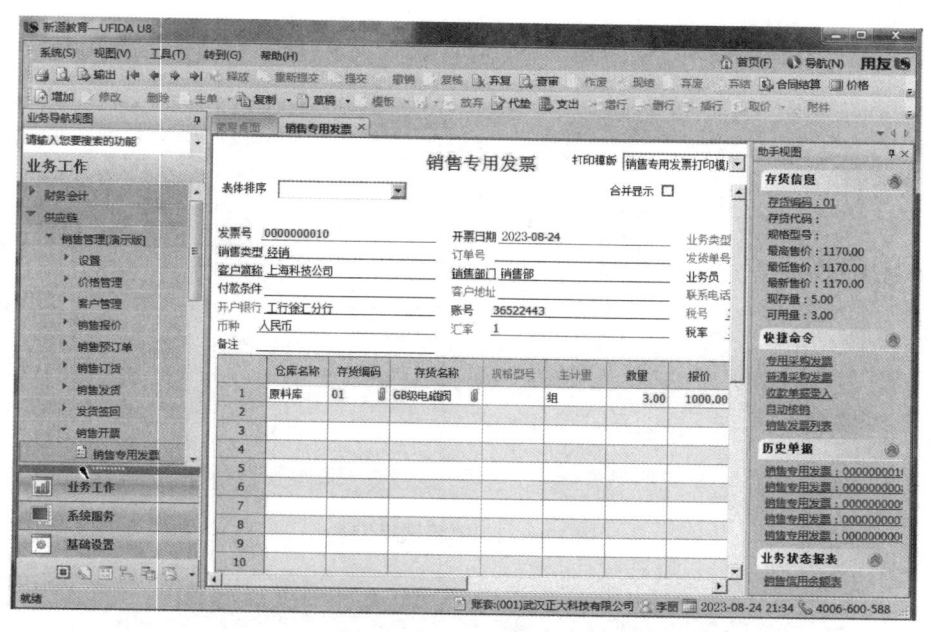

图 12—21　填制销售专用发票并复核

量"为"3",单击"OK 确定"按钮。

（3）系统弹出"生单成功！"提示框,单击"确定"按钮,生成销售出库单。单击"审核"按钮,系统弹出"该单据审核成功！"提示框,单击"确定"按钮返回。

十、发出商品

【实验资料】

2023 年 8 月 24 日,销售部向上海科技公司出售电动机Ⅰ型 20 组,由成品库发货,报价 4 000 元/组。由于金额较大,客户要求分期付款。经协商,客户分 5 次付款,并据此开具相应的销售发票。第一次开具的专用发票数量为 4 组,单价 4 000 元/组。业务部门将该业务涉及的出库单及销售发票交给财务部门,财务部门据此结转收入和成本。

【操作指导】

1. 在销售管理系统中修改相关选项设置

执行"业务工作"—"供应链"—"销售管理"—"设置"—"销售选项（双击）"命令,打开"销售选项"窗口,选中"业务控制"选项卡中的"有分期收款业务"及"销售生成出库单"复选框,单击"确定"按钮返回。如图 12—22 所示。

2. 在存货核算系统中设置分期收款业务相关科目

执行"业务工作"—"供应链"—"存货核算"—"初始设置"—"科目设置"—"存货科目（双击）"命令,进入"存货科目"窗口,拖动水平滚动条,找到"分期收款发出商品科目编码"一栏,输入"1406 发出商品",单击"保存"按钮退出。如图 12—23 所示。

3. 在销售管理系统中填制并审核发货单

（1）执行"业务工作"—"供应链"—"销售管理"—"销售发货"—"发货单（双击）"命令,打开"发货单"窗口,单击"增加"按钮,弹出"查询条件选择—参照订单"窗口,单击"取消"按钮。

（2）进入"发货单"窗口,输入发货日期"2023—08—24",业务类型"分期收款",客户"上海

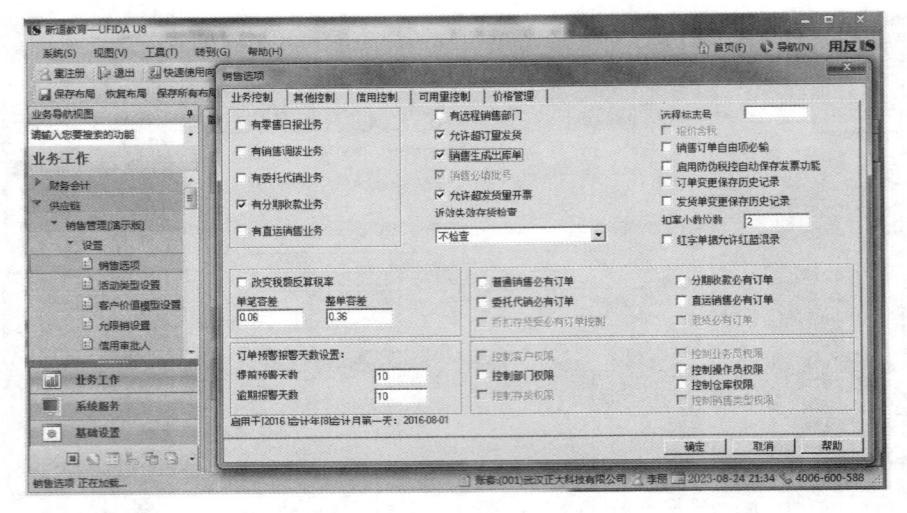

图 12—22　销售选项设置

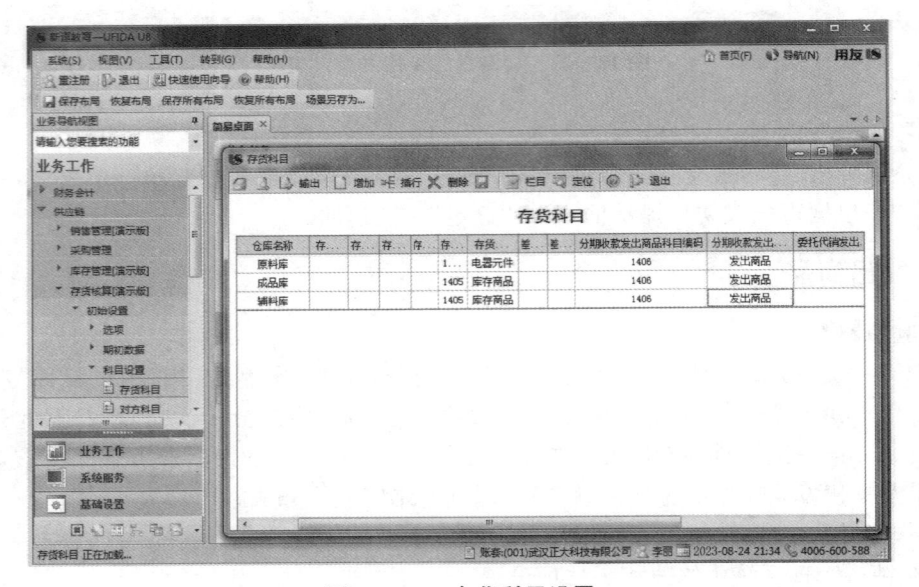

图 12—23　存货科目设置

科技公司",销售部门"销售部",选择仓库"成品库",存货名称"电动机Ⅰ型",数量"20",报价"4 000",单击"保存"按钮,再执行"审核"命令后退出。

4. 在存货核算系统中执行发出商品记账并生成出库凭证

（1）执行"业务工作"—"供应链"—"存货核算"—"业务核算"—"发出商品记账（双击）"命令,打开"查询条件选择"窗口,选择仓库"成品库",单据类型"发货单",业务类型"分期收款",单击"确定"按钮。

（2）进入"未记账单据一览表—发出商品记账"窗口,选择要记账的单据,单击"记账"按钮,系统弹出"记账成功!"提示框,单击"确定"按钮后退出。

（3）执行"业务工作"—"供应链"—"存货核算"—"财务核算"—"生成凭证（双击）"命令,打开"生成凭证"窗口,单击"选择"按钮,打开"查询条件"窗口,单击"全消"按钮,选择"分期收款发出商品发货单"复选框。单击"确定"按钮,进入"选择单据"—"未生成凭证单据—览表"窗口,选择要记账的发货单,单击"确定"按钮。

(4)进入"生成凭证"窗口,选择凭证类别"转账凭证",单击"生成"按钮,进入"填制凭证"窗口,单击"保存"按钮。凭证左上角显示"已生成"红色字样,表示生成的凭证已传至总账管理系统。如图12-24所示。

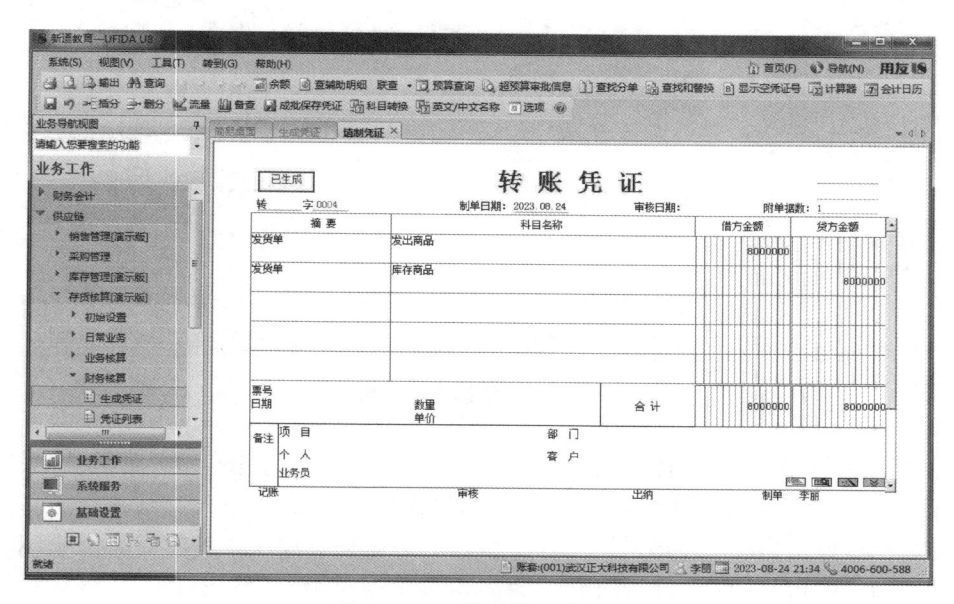

图 12-24 填制凭证并保存

5. 在销售管理系统中根据发货单填制并复核销售发票

(1)执行"业务工作"—"供应链"—"销售管理"—"销售开票"—"销售专用发票(双击)"命令,打开"销售专用发票"窗口,单击"增加"按钮,打开"查询条件选择—发票参照发货单"窗口,选择发货单日期"2023-08-24",业务类型"分期收款"。

(2)单击"确定"按钮,进入"参照生单"窗口,选择上面已经生成的订单,单击"OK 确定"。将发货单信息带入销售专用发票。修改开票数量为"4",单击"保存"按钮,再单击"复核"按钮后退出。

6. 在应收款管理系统中审核销售发票及生成应收凭证

(1)以"001 丁一"的身份登录企业应用平台,操作日期"2023-08-24"。

(2)执行"业务工作"—"财务会计"—"应收款管理"—"应收单据处理"—"应收单据审核(双击)"命令,打开"应收单查询条件"窗口,选择单据名称"销售发票",单据日期"2023-08-24",业务类别"分期收款",单击"确定"按钮。

(3)进入"单据处理—应收单据列表"窗口,选择需要审核的单据,单击"审核"按钮,系统弹出审核结果提示框,单击"确定"按钮返回后退出。执行"业务工作"—"财务会计"—"应收款管理"—"制单处理(双击)"命令,打开"制单查询"窗口,选中"发票制单"复选框,单击"确定"按钮。

(4)进入"制单—销售发票制单"窗口,单击工具栏"全选"按钮,修改凭证类别"转账凭证",执行"制单"命令。进入"填制凭证"窗口,单击"保存"按钮,凭证左上角显示"已生成"字样,表明已将凭证传递到总账管理系统。如图12-25所示。

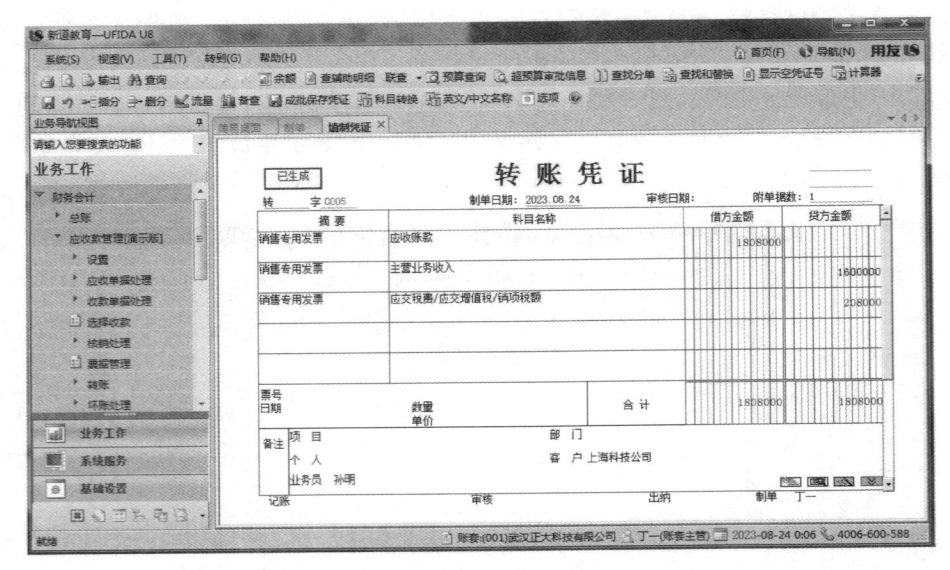

图 12-25 填制凭证并保存

7. 在存货核算系统中对销售发票记账并生成结转销售成本凭证

(1)以"001 李丽"的身份登录企业应用平台,操作日期"2023-08-24"。

(2)执行"业务工作"—"供应链"—"存货核算"—"业务核算"—"发出商品记账(双击)"命令,打开"查询条件选择"窗口,选择仓库"成品库",单据类型"销售发票",业务类型"分期收款",单击"确定"按钮。如图 12-26 所示。

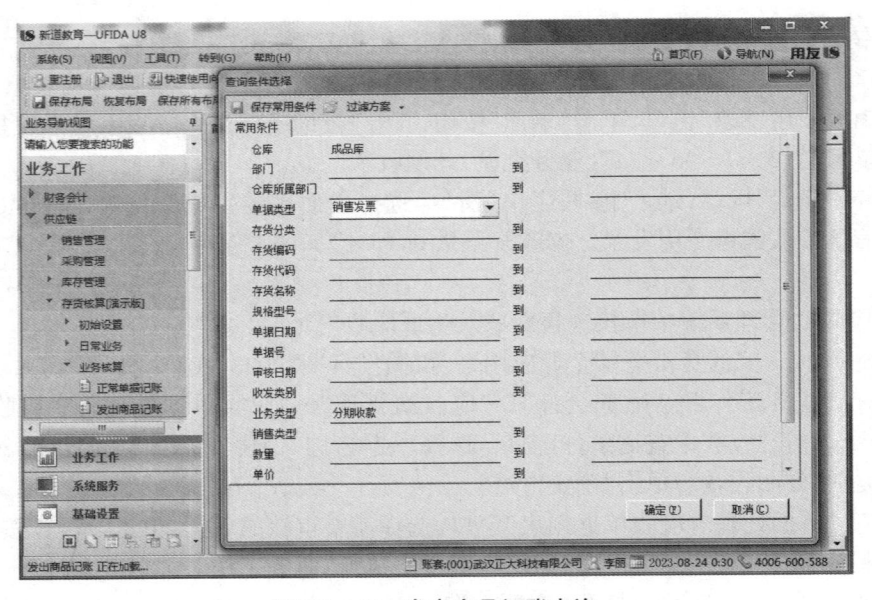

图 12-26 发出商品记账查询

(3)进入"未记账单据一览表"—"发出商品记账"窗口,选择要记账的单据,单击"记账"按钮,系统弹出"记账成功。"提示框,单击"确定"按钮返回退出。

(4)执行"业务工作"—"供应链"—"存货核算"—"财务核算"—"生成凭证(双击)"命令,打开"生成凭证"窗口,单击"选择"按钮,打开"查询条件"窗口,单击"全消"按钮,选择"分期收款发出商品专用发票"复选框,单击"确定"按钮。如图 12-27 所示。

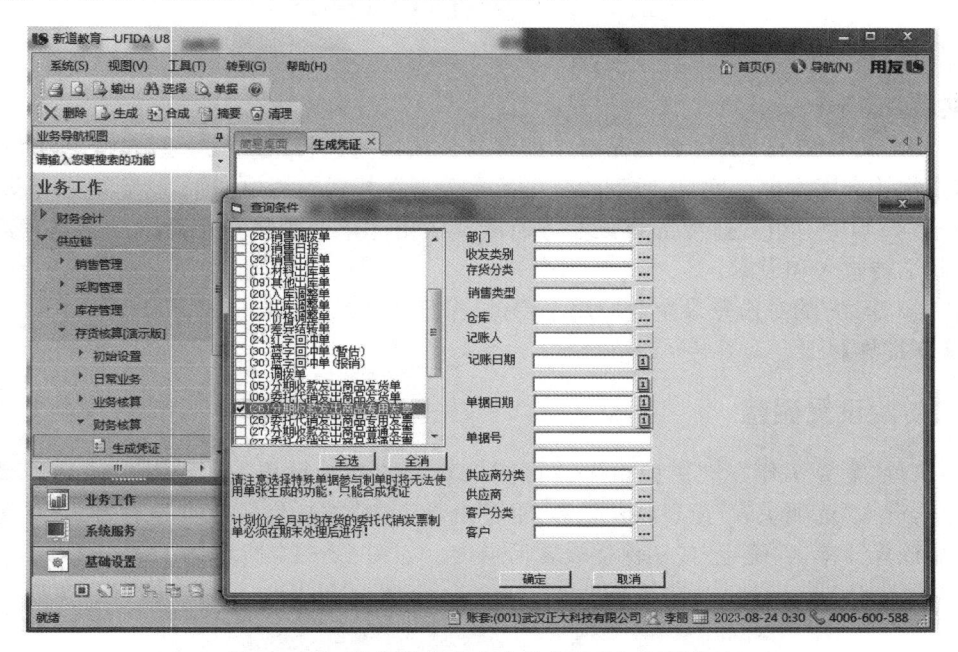

图 12-27　分期收款发出商品专用发票制单查询

(5)进入"选择单据"—"未生成凭证单据一览表"窗口,选择要记账的单据,单击"确定"按钮。进入"生成凭证"窗口,修改凭证类别"转账凭证",单击"生成"按钮,进入"填制凭证"窗口,单击"保存"按钮,凭证左上角显示"已生成"字样,表明已将凭证传递到总账管理系统。如图 12-28 所示。

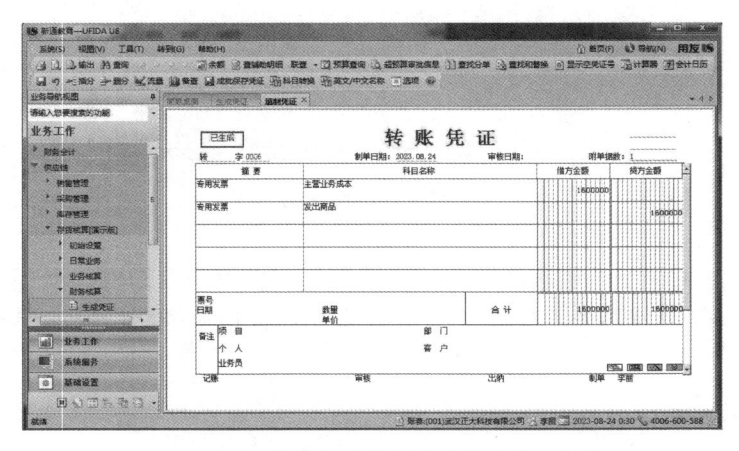

图 12-28　分期收款发出商品专用发票制单

第二节　委托代销业务

【实验资料】

2023年8月25日,销售部委托哈尔滨贸易公司代为销售电动机Ⅰ型5组,售价为4 000元/组,货物从仓库发出。次日,收到哈尔滨贸易公司委托代销清单一张,结算销售电动机Ⅰ型3组,售价4 000元/组。业务部将该业务所涉及的出库单及销售专用发票交给财务部门,财务部据此结转收入和成本。

以"005 李丽"的身份登录企业应用平台,操作日期"2023－08－25"。

【操作指导】

一、初始设置调整

(1)执行"业务工作"—"供应链"—"存货核算"—"初始设置"—"选项"—"选项录入(双击)"命令,进入"选项录入"窗口,将"核算方式"选项卡中"委托代销成本核算方式"设置为"按发出商品核算",单击"确定"按钮保存设置后退出。如图12－29所示。

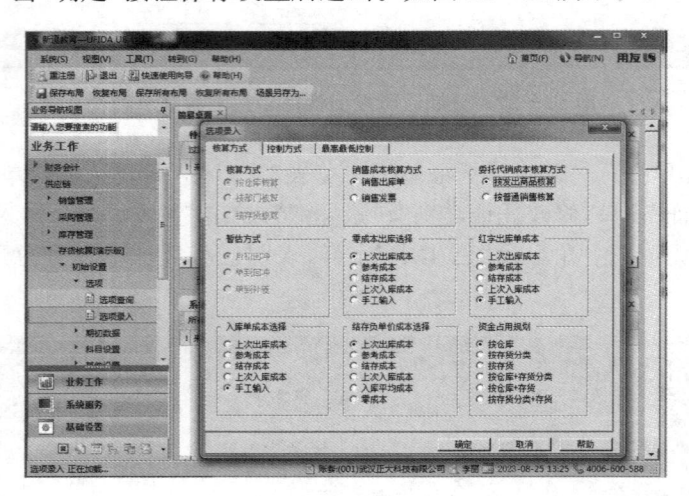

图12－29　选项录入

(2)执行"业务工作"—"供应链"—"销售管理"—"设置"—"销售选项(双击)"命令,进入"销售选项"窗口,在"业务控制"选项卡中勾选"有委托代销业务"复选框,单击"确定"按钮返回。如图12－30所示。

二、委托代销发货处理

(1)执行"业务工作"—"供应链"—"销售管理"—"委托代销"—"委托代销发货单(双击)"命令,进入"委托代销发货单"窗口,单击"增加"按钮进入"查询条件选择—参照订单窗口"单击取消,根据实验资料填制并审核委托代销发货单。如图12－31所示。

(2)在库存管理系统中审核销售出库单。执行"业务工作"—"供应链"—"库存管理"—"出库业务"—"销售出库单(双击)"命令,进入"销售出库单"窗口,找到需要审核的单据,单击"审

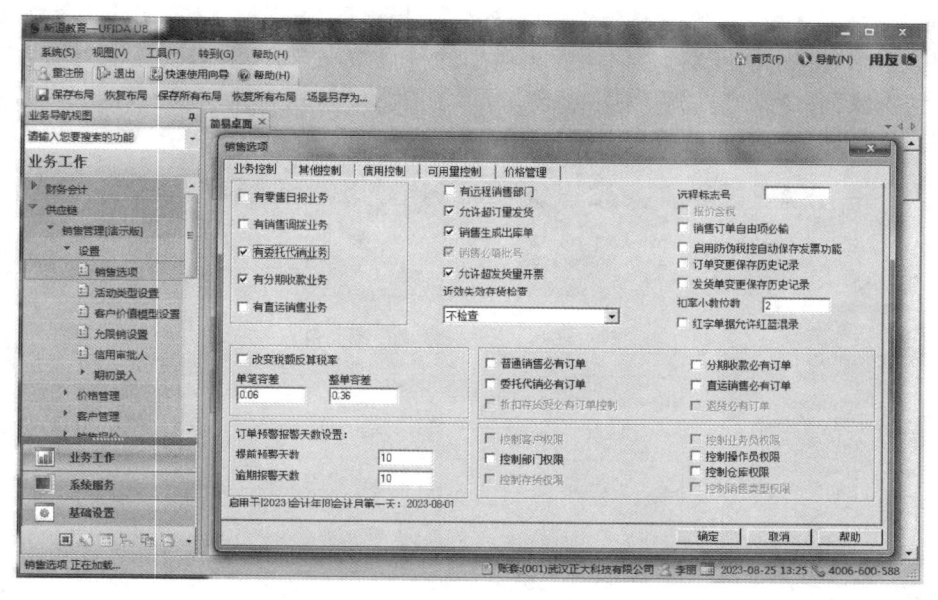

图 12—30 销售选项

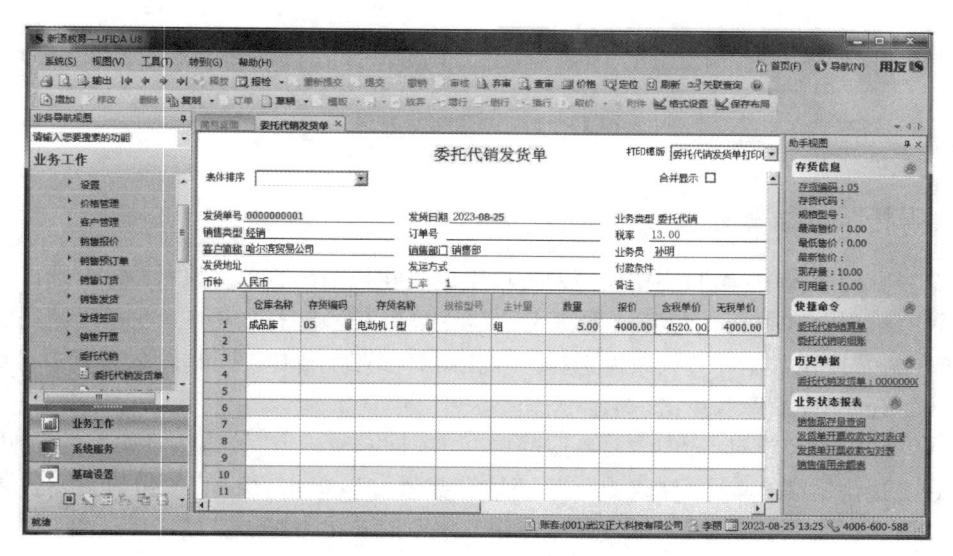

图 12—31 填制并审核委托代销发货单

核"按钮,系统弹出审核结果提示框,单击"确定"按钮返回。

(3)在存货核算系统中对委托代销发货单记账。执行"业务工作"—"供应链"—"存货核算"—"业务核算"—"发出商品记账(双击)"命令,进入"查询条件选择"窗口,输入仓库"成品库",单据类型"发货单",业务类型"委托代销",单击"确定"按钮。进入"未记账单据—发出商品记账"窗口,选择需要记账的单据,单击"记账"命令,系统弹出记账结果提示框,单击"确定"按钮退出。

(4)执行"业务工作"—"供应链"—"存货核算"—"财务核算"—"生成凭证(双击)"命令,进入"生成凭证"窗口,单击"选择"按钮,进入"查询条件"窗口,单击"全消"按钮,选择"委托代销发出商品发货单"复选框,单击"确定"按钮,进入"选择单据"对话框,单击"全选"命令,单击"确定"按钮。返回"生成凭证"窗口,输入发出商品的科目编码"1406",修改凭证类别为"转账凭证",执行"生成"命令。进入"填制凭证"窗口,单击"保存"按钮。凭证左上角显示"已生成"字样,表明已将凭证传递到总账管理系统。如图12—32所示。

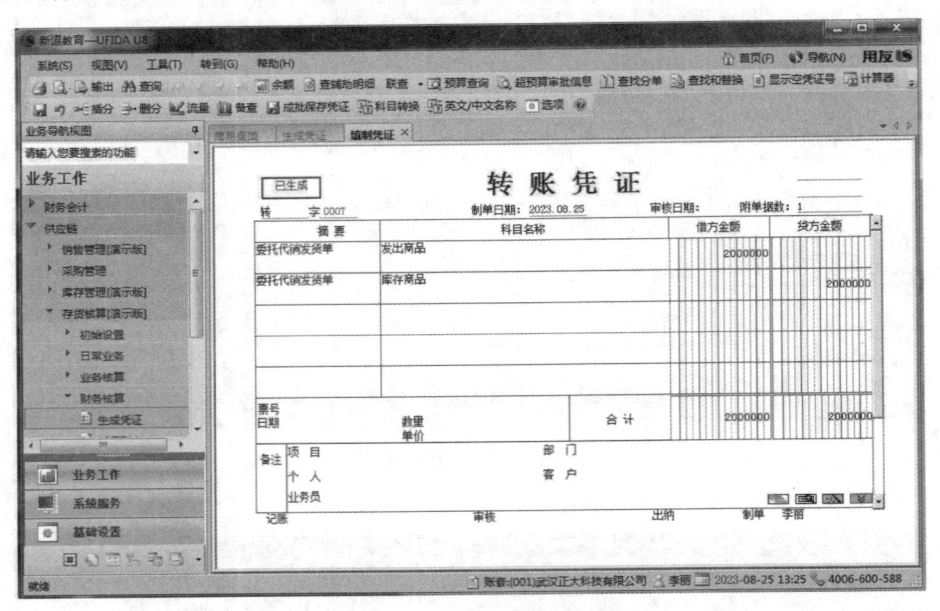

图12—32 填制凭证并保存

三、委托代销结算处理

在销售管理系统中,参照委托代销发货单生成委托代销结算单。执行"业务工作"—"供应链"—"销售管理"—"委托代销"—"委托代销结算单(双击)"命令,进入"委托代销结算单"窗口,单击"增加"按钮,进入"查询条件选择—委托结算参照发货单"窗口,输入发货单日期"2023—08—25",仓库"成品库",单击"确定"按钮。

进入"参照生单"窗口,选中需要参照的单据,单击"OK 确定"按钮。将选中的参照发货单信息带到委托代销结算单中,修改委托代销结算数量"3",单击"保存"按钮,再执行"审核"命令,打开"请选择发票类型"对话框,选择"专用发票"选项,单击"确定"按钮后退出。

在销售管理系统中,查看根据委托代销结算单生成的销售专用发票并复核。执行"业务工作"—"供应链"—"销售管理"—"销售开票"—"销售专用发票(双击)"命令,进入"销售专用发票"窗口,单击"上一张"查看并复核根据委托代销结算单生成的销售专用发票。如图12—33所示。

以"001 丁一"的身份登录企业应用平台,操作日期"2023—08—25"。

执行"业务工作"—"财务会计"—"应收款管理"—"应收单据处理"—"应收单据审核(双击)"命令,打开"应收单查询条件",选择单据名称"销售发票",单据日期"2023—08—25",单击"确定"按钮。进入"单据处理—应收单据列表"窗口,选中需要审核的单据,单击"审核"按钮,系统弹出显示审核结果的提示框,单击"确定"按钮返回后退出。

执行"业务工作"—"财务会计"—"应收款管理"—"制单处理(双击)"命令,打开"制单查询"窗口,选择"发票制单"复选框,客户"哈尔滨贸易公司",单击"确定"按钮。进入"制单—销

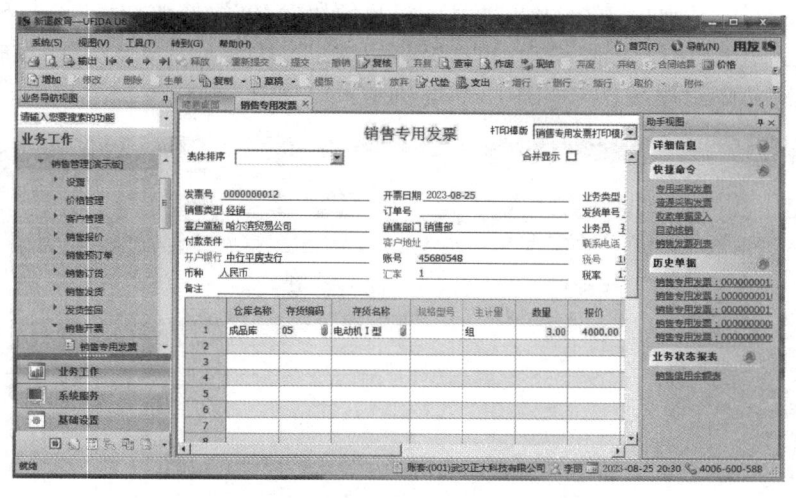

图 12—33　查看并复核生成的专用发票

售发票制单"窗口,选中要制单的单据,修改凭证类别"转账凭证",单击"制单"按钮。

进入"填制凭证"窗口,单击"保存"按钮。凭证左上角显示"已生成"字样,表明已将凭证传递到总账管理系统。如图 12—34 所示。

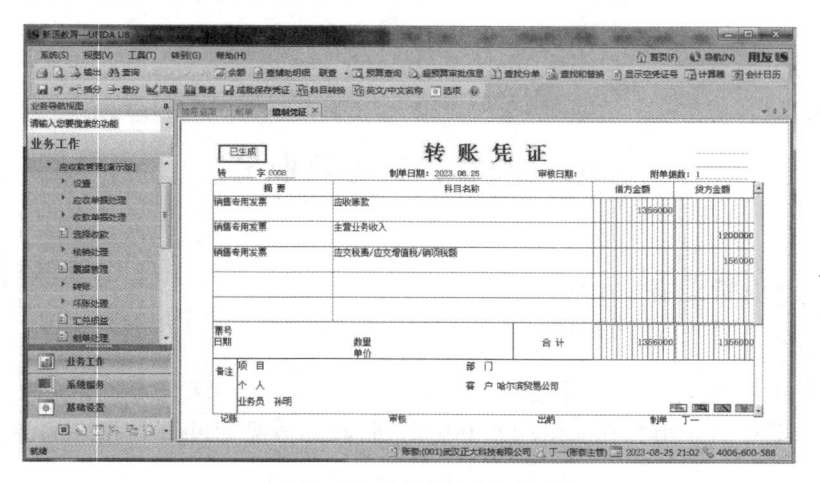

图 12—34　填制凭证并保存

以"005 李丽"的身份登录企业应用平台,操作日期"2023—08—25"。

执行"业务工作"—"供应链"—"存货核算"—"业务核算"—"发出商品记账（双击）"命令,打开"查询条件选择"窗口,选择仓库"成品库",单击"确定"按钮。

进入"未记账单据一览表"—"发出商品记账"窗口,选择需要记账的单据,单击"记账"命令,系统弹出记账结果提示框,单击"确定"退出。

执行"业务工作"—"供应链"—"存货核算"—"财务核算"—"生成凭证（双击）"命令,打开"生成凭证"窗口,单击"选择"按钮,进入"查询条件"窗口,单击"全消"按钮,选中"委托代销发出商品专用发票"复选框,单击"确定"按钮。

进入"选择单据"—"未生成凭证单据一览表"窗口,选中需要生成凭证的单据,单击"确定"

按钮。进入"生成凭证"窗口,输入发出商品的科目编码"1406",修改凭证类别"转账凭证",单击"生成"按钮。进入"填制凭证"窗口,单击"保存"按钮。凭证左上角显示"已生成"字样,表明已将凭证传递到总账管理系统。如图12—35所示。

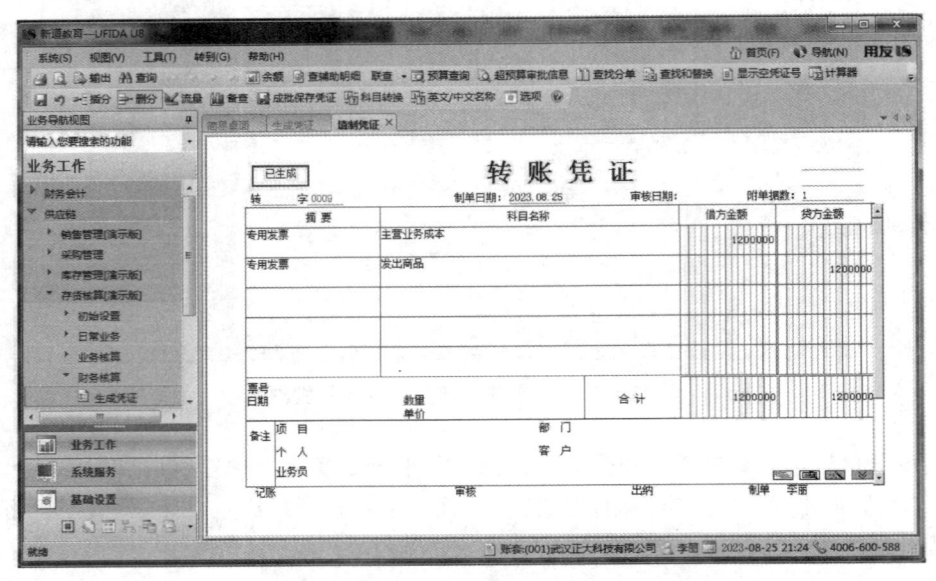

图12—35　填制凭证并保存

第三节　销售退货业务

一、开票前退货业务

【实验资料】

2023年8月26日,销售部出售给长沙贸易公司的电动机Ⅰ型5组,单价为4 000元/组,从成品库发出,其中有1组存在质量问题办理退回,收回成品库并开具相应的专用发票一张,数量为4组。

以"005李丽"的身份登录企业应用平台,操作日期"2023—08—26"。

【操作指导】

1. 在销售管理系统中填制并审核发货单

(1)执行"业务工作"—"供应链"—"销售管理"—"销售发货"—"发货单(双击)"命令,打开"退货单"窗口,单击"增加"按钮,弹出"查询条件选择—参照订单"窗口,单击"取消"按钮。

(2)进入"发货单"窗口,输入客户"长沙贸易公司",销售部门"销售部",仓库"成品库",存货编码"05电动机Ⅰ型",数量"5",单价"4 000",单击"保存"按钮,再执行"审核"命令后退出。

2. 在销售管理系统中填制并审核退货单

(1)执行"业务工作"—"供应链"—"销售管理"—"销售发货"—"退货单(双击)"命令,打开"发货单"窗口,单击"增加"按钮,弹出"查询条件选择"—"参照订单"窗口,单击"取消"按钮。

(2)返回到"退货单"窗口,下拉"生单"按钮,选择"参照发货单"按钮,打开"查询条件选择"—"退货单参照发货单"窗口,选择客户编码"002 长沙贸易公司",日期"2023－08－26",单击"确定"按钮。进入"参照生单"窗口,选择参照单据,单击"OK 确定"。

(3)将参照单据信息带入退货单,修改退货单数量"－1",单击"保存"按钮,执行"审核"命令后退出。如图 12－36 所示。

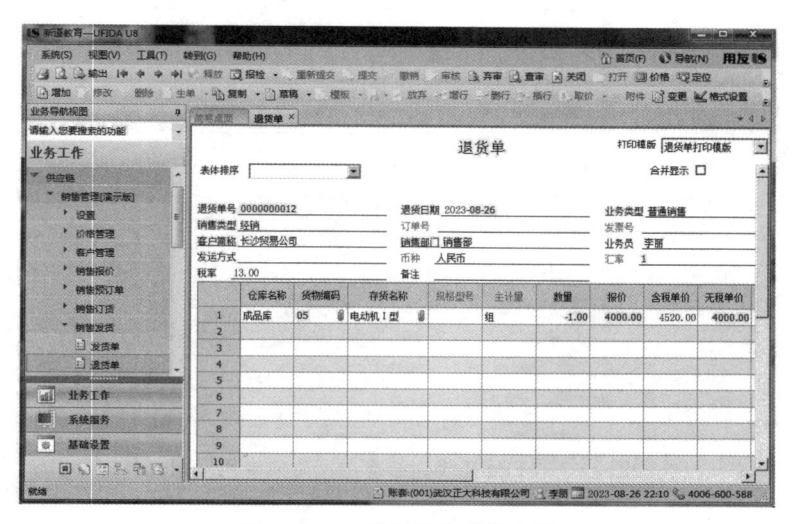

图 12－36　填制退货单并审核

3. 在销售管理系统中填制并复核销售发票

执行"业务工作"—"供应链"—"销售管理"—"销售开票"—"销售专用发票(双击)"命令,打开"销售专用发票"窗口,单击"增加"按钮,弹出"查询条件选择发票参照发货单"窗口,输入客户编码"002 长沙贸易公司",发货单日期"2023－08－26",单击"确定"按钮。进入"参照生单"窗口,选择参照的发货单,单击"OK 确定"按钮。

前面在生成退货单时已参照发货单,所以此处参照的结果显示的数量是发货单和退货单的数量差。单击"保存"按钮,再执行"复核"命令后退出。

二、委托代销退货业务

【实验资料】

2023 年 8 月 28 日,委托哈尔滨贸易公司销售的电动机Ⅰ型退回 1 组,入成品库,该货物已经结算,请开具红字专用发票一张。

以"005 李丽"的身份登录企业应用平台,操作日期"2023－08－28"。

【操作指导】

1. 在销售管理系统中参照委托代销发货单填制委托代销结算退回并生成红字专用发票

(1)执行"业务工作"—"供应链"—"销售管理"—"委托代销"—"委托代销结算退回(双击)"命令,打开"委托代销结算退回"窗口,单击"增加"按钮,打开"查询条件选择—委托结算参照发货单"窗口,输入客户编码"004 哈尔滨贸易公司"。

(2)单击"确定"按钮,打开"参照生单",选择参照单据,单击"OK 确定"按钮。

(3)将参照单据的相关信息带到委托代销结算退回,修改数量"－1",单击"保存"按钮后执行"审核"命令,打开"请选择发票类型"窗口,选择"专用发票",单击"确定"按钮后退出。如图

12—37所示。

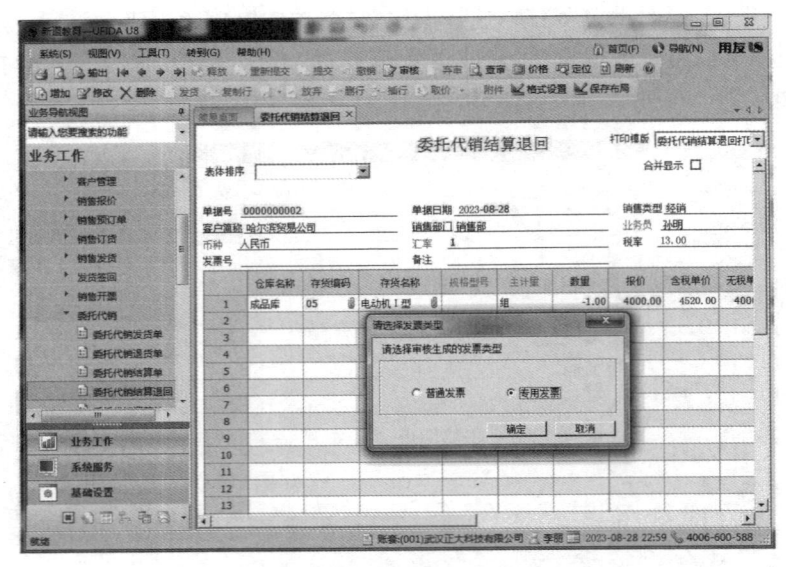

图12—37 委托代销结算退回生成专用发票

2. 查看红字销售专用发票并复核

执行"业务工作"—"供应链"—"销售管理"—"销售开票"—"销售发票列表（双击）"命令，打开"查询条件选择—销售发票查询条件"窗口，输入客户编号"004 哈尔滨贸易公司"，开票日期"2023—08—28"，单击"确定"按钮。进入"销售发票列表"窗口，双击打开选中的销售发票，可以查看红字销售专用发票。执行"复核"命令后退出。如图12—38所示。

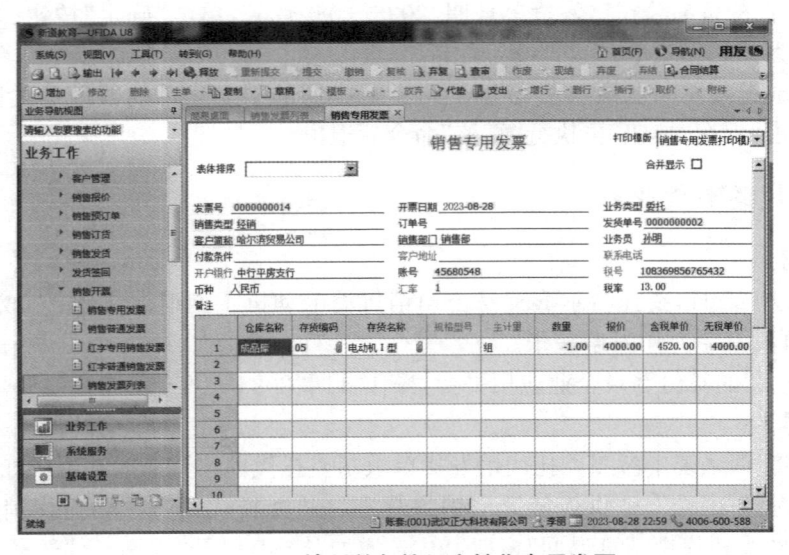

图12—38 填制并复核红字销售专用发票

第四节 直运销售业务

2023年8月29日,销售部接到业务信息,上海科技公司欲购买D11电磁检测仪15套,经协商以单价5 000元/套成交,增值税17%,随后销售部填制相应订单。销售部向东方公司发出采购订单,单价3 000元/套,并要求直接将货物运到上海科技公司。货物送至上海科技公司,东方公司凭送货签收单根据订单开具了一张专用发票给销售部,销售部根据销售订单开具专用发票一张并将此业务的采购、销售发票交给财务部,财务部结转此业务的收入和成本。

以"001 丁一"的身份登录企业应用平台,操作日期"2023-08-29"。

一、在销售管理系统中设置直运业务相关选项

执行"业务工作"—"供应链"—"销售管理"—"设置"—"销售选项(双击)"命令,打开"销售选项"窗口,选中"业务控制"选项卡中的"有直运销售业务"复选框,单击"确定"按钮返回。如图12-39所示。

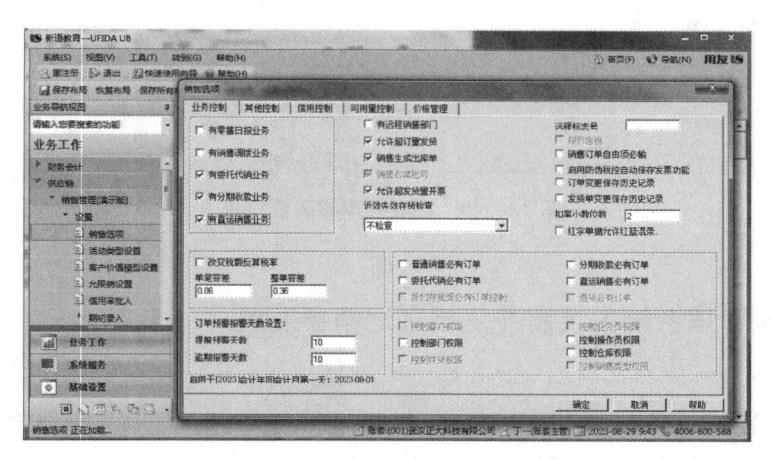

图12-39 销售选项设置

二、在企业应用平台中增加存货"09 D11 电磁检测仪"

执行"基础设置"—"基础档案"—"存货"—"存货分类(双击)"命令,打开"存货分类"窗口,单击"增加"按钮,输入"203 电磁检测仪",单击"保存"按钮后退出。执行"基础设置"—"基础档案"—"存货"—"存货档案(双击)"命令,打开"存货档案"窗口,单击"增加"按钮,输入"09D11 电磁检测仪",存货属性"内销""外购",单击"保存"按钮后退出。

三、在销售管理系统中填制并审核直运销售订单

以"005 李丽"的身份登录企业应用平台,操作日期"2023-08-29"。

执行"业务工作"—"供应链"—"销售管理"—"销售订货"—"销售订单(双击)"命令,打开"销售订单"窗口,单击"增加"按钮,输入客户"上海科技公司",业务类型"直运销售",按照实验要求输入其他相关信息后单击"保存"按钮,再执行"审核"命令后退出。

四、在采购管理系统中填制并审核直运采购订单

执行"业务工作"—"供应链"—"采购管理"—"采购订货"—"采购订单（双击）"命令，打开"采购订单"窗口，单击"增加"按钮，选择业务类型"直运采购"，下拉"生单"按钮，选择"销售订单"按钮，打开"查询条件选择"—"销售订单列表过滤"窗口，输入订货日期"2023－08－29"。

单击"确定"按钮，打开"拷贝并执行"窗口，选择参照订单，单击"OK 确定"按钮。返回"采购订单"窗口，将销售订单信息带入"采购订单"，输入供应商"东方公司"，原币单价"3 000"，单击"保存"按钮，执行"审核"命令后退出。如图12－40所示。

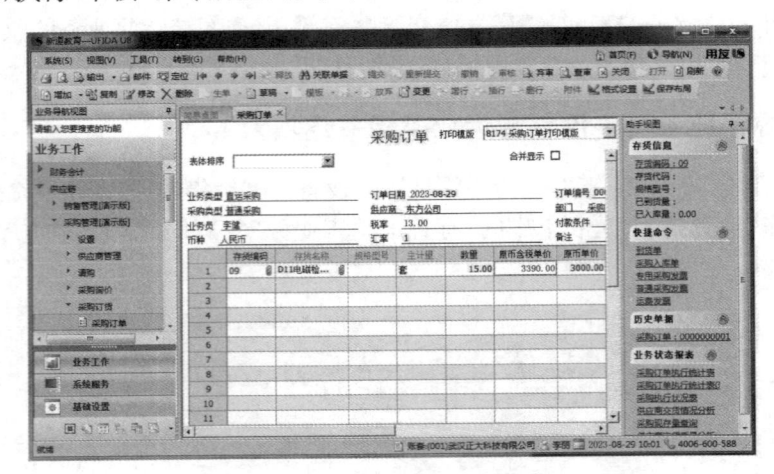

图12－40 填制并审核采购订单

五、在销售管理系统中填制并复核直运销售发票

执行"业务工作"—"供应链"—"销售管理"—"销售开票"—"销售专用发票（双击）"命令，打开"销售专用发票"窗口，单击"增加"按钮，打开"查询条件选择"—"发票参照发货单"，单击"取消"按钮返回"销售专用发票"窗口，修改业务类型"直运销售"。

下拉"生单"按钮，选择"参照订单"命令，选择客户编码"003 上海科技公司"，单击"确定"按钮。打开"参照生单"窗口，选中参照订单，单击"OK 确定"按钮。返回"销售专用发票"窗口，将参照订单信息带入专用发票，单击"保存"按钮，执行"复核"命令后退出。

六、在采购管理系统中填制直运采购发票

执行"业务工作"—"供应链"—"采购管理"—"采购发票"—"专用采购发票（双击）"命令，进入"专用发票"窗口，单击"增加"按钮，输入业务类型"直运采购"，供应商"东方公司"，根据实验要求输入其他资料信息，单击"保存"按钮退出。

七、在应付款管理系统中审核直运采购发票

以"001 丁一"的身份登录企业应用平台，操作日期"2023－08－29"。

执行"业务工作"—"财务会计"—"应付款管理"—"应付单据处理"—"应付单据审核（双击）"命令，进入"应付单查询条件"窗口，输入单据名称"采购发票"，单据日期"2023－08－29"，

业务类型"直运采购",勾选"未完全报销"复选框,单击"确定"按钮。

进入"单据处理"—"应付单据列表"窗口,选中需要审核的单据,执行"审核"命令,系统弹出审核结果的提示框。单击"确定"按钮退出。

八、在存货核算系统中执行直运销售记账

以"005 李丽"的身份登录企业应用平台,操作日期"2023-08-29"。

执行"业务工作"—"供应链"—"存货核算"—"业务核算"—"直运销售记账(双击)"命令,打开"直运采购发票核算查询条件"窗口,选择"采购发票"、"销售发票"复选框。如图 12-41 所示。

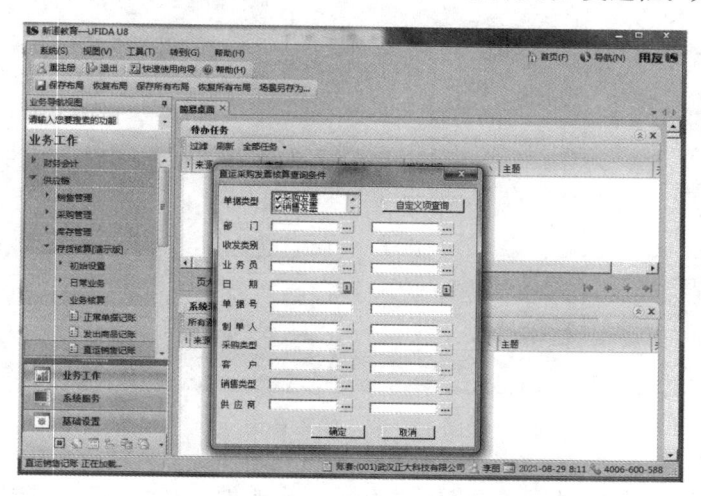

图 12-41　直运采购发票核算查询

单击"确定"按钮,进入"未记账单据一览表"—"直运销售记账"窗口,选中需要记账的单据,执行"记账"命令,系统弹出记账成功提示框,单击"确定"按钮退出。如图 12-42 所示。

图 12-42　直运采购未记账单据记账

九、结转直运业务的收入和成本

执行"业务工作"—"供应链"—"存货核算"—"财务核算"—"生成凭证(双击)"命令,打开"生成凭证"窗口,单击"选择"按钮,选择"直运采购发票""直运销售发票"复选框。如图 12-43 所示。

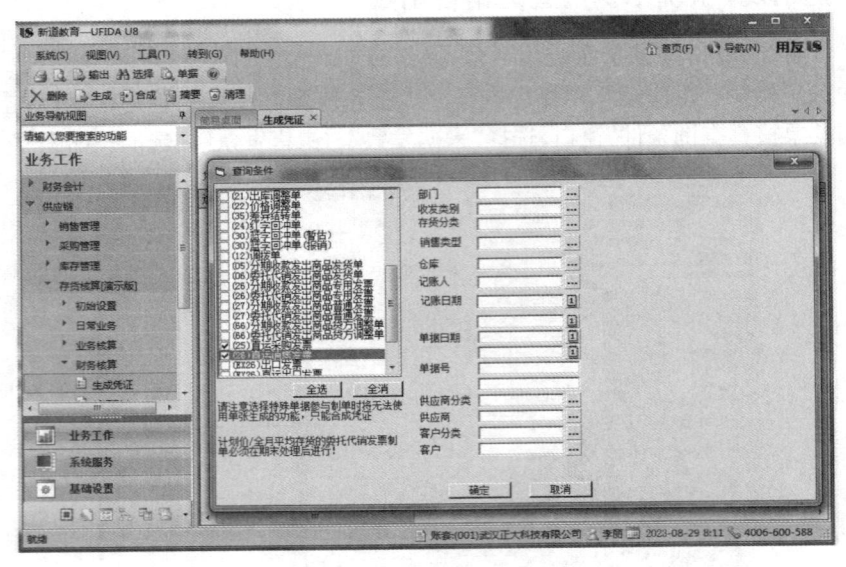

图 12-43 制单查询

单击"确定"按钮,进入"选择单据"—"未生成凭证单据一览表"窗口,选中需要生成凭证的单据。单击"确定"按钮,进入"生成凭证"窗口,在两张发票的存货科目编码栏输入"1405",修改凭证类别"转账凭证"。

执行"生成"命令,进入"填制凭证"窗口,单击"保存"按钮,凭证左上角显示"已生成"红色字样,表示生成的凭证已传至总账管理系统。如图 12-44 所示。

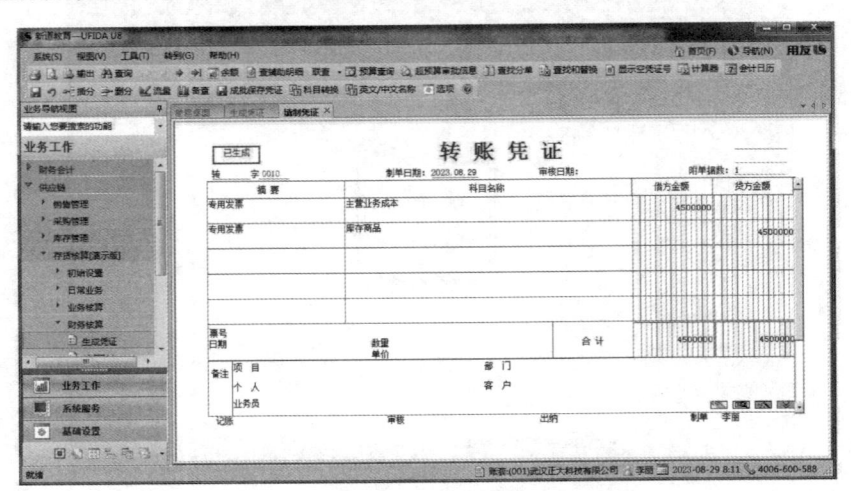

图 12-44 填制凭证并保存(一)

单击"下一张"按钮,同理,单击"保存"按钮,凭证左上角显示"已生成"红色字样,表示生成的凭证已传至总账管理系统。如图12－45所示。

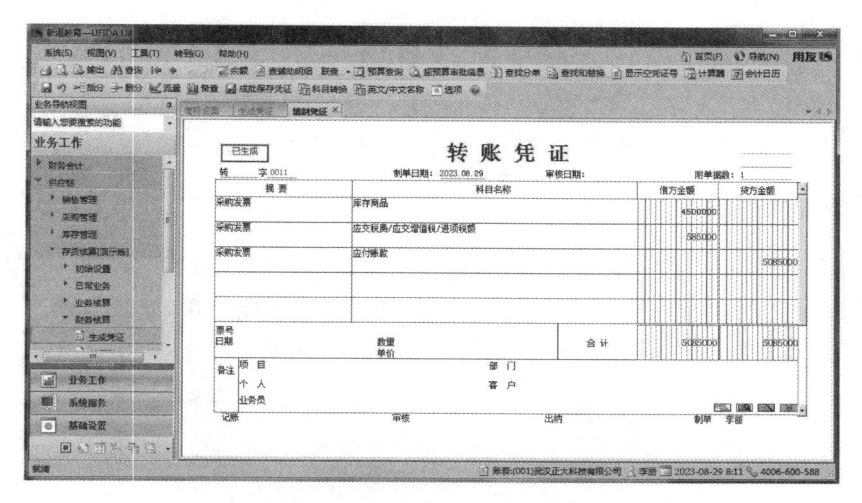

图12－45 填制凭证并保存（二）

以"001 丁一"的身份登录企业应用平台，操作日期"2023－08－29"。

执行"业务工作"—"财务会计"—"应收款管理"—"应收单据处理"—"应收单据审核（双击）"命令，进入"应收单查询条件"窗口，输入单据名称"销售发票"，单据日期"2023－08－29"，业务类型"直运销售"。

单击"确定"按钮，进入"单据处理"—"应收单据列表"窗口，选中需要审核的单据，执行"审核"命令，系统弹出审核结果的提示框。单击"确定"按钮退出。执行"业务工作"—"财务会计"—"应收款管理"—"制单处理（双击）"命令，进入"制单查询"窗口，选择"发票制单"，记账日期"2023－08－29"。

单击"确定"按钮，进入"制单"—"销售发票制单"窗口，选择需要制单的发票，修改凭证类别"转账凭证"。执行"制单"命令，进入"填制凭证"窗口，单击"保存"按钮，凭证左上角显示"已生成"红色字样，表示生成的凭证已传至总账管理系统。如图12－46所示。

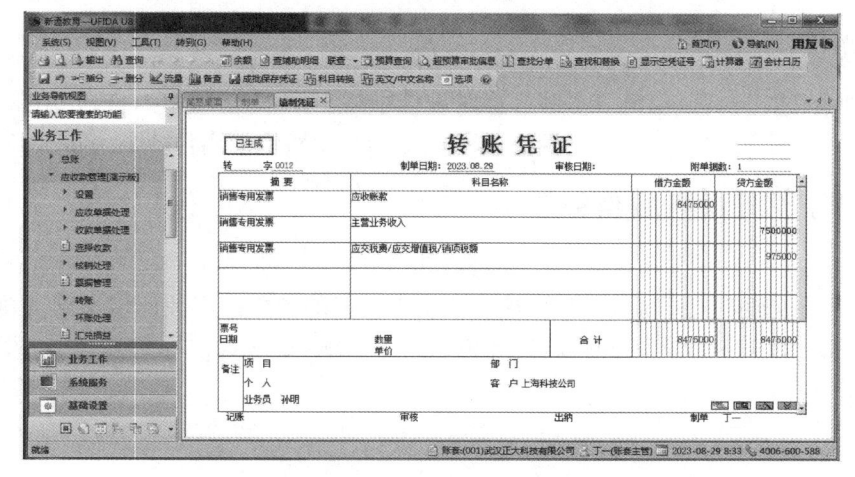

图12－46 填制凭证并保存

第五节　月末处理

以"005 李丽"的身份登录企业应用平台，操作日期"2023－08－31"。

一、月末结账

执行"业务工作"—"供应链"—"销售管理"—"月末结账（双击）"命令，进入"结账"窗口，其中蓝色底纹的是当前会计月份，单击"结账"按钮，系统弹出关闭订单的提示，单击"是"按钮，退出后再进入"结账"窗口，单击"否"按钮，系统开始结账。如图12－47所示。

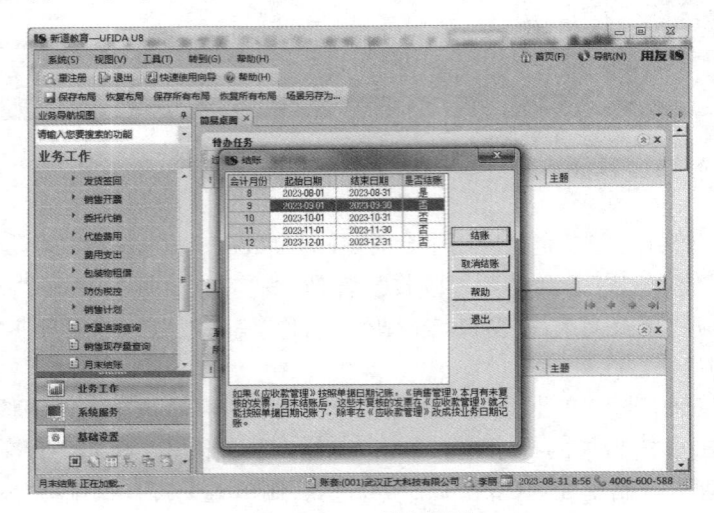

图12－47　月末结账

当前月份"是否结账"栏显示"是"，表明已经完成销售系统本月结账工作，单击窗口右上角"关闭"按钮退出。

二、取消结账

执行"业务工作"—"供应链"—"销售管理"—"月末结账（双击）"命令，进入"结账"窗口，其中蓝色底纹的是下期会计月份，单击"取消结账"按钮，自动上跳取消当月结账。如图12－48所示。

三、销售账簿查询与数据备份

略。

以上销售业务经过处理后，在存货核算系统中生成的销售出库凭证传递到了总账，在应收款管理系统中生成的应收凭证和收款凭证传递到了总账，最后在总账管理系统中可以查询的凭证如图12－49所示。

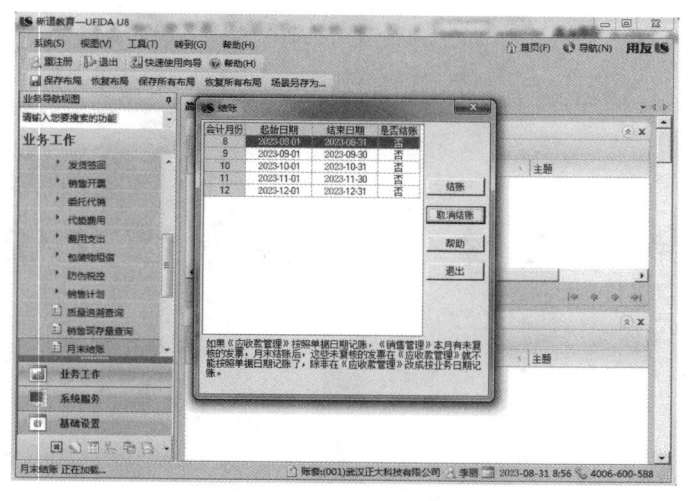

图 12-48　取消月末结账

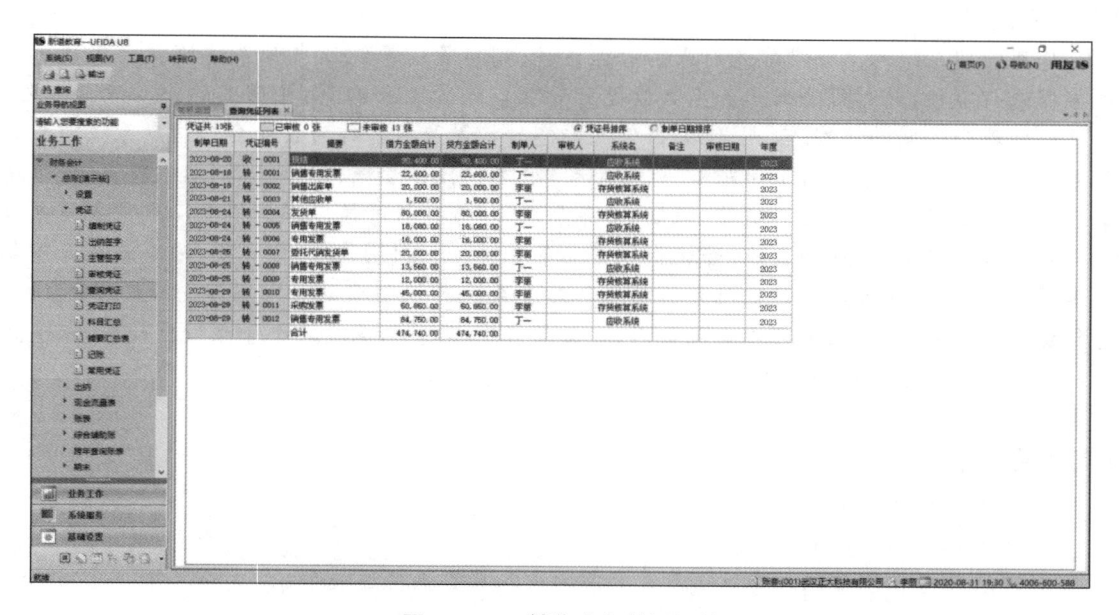

图 12-49　销售业务凭证汇总

第十三章 库存管理系统

【内容概述】

库存管理系统的主要功能是对采购管理系统、销售管理系统及自身系统填制的各种出入库单据进行审核,并对存货的出入库数量进行管理。除管理采购、销售形成的出入库业务外,还可以处理仓库间的调拨、盘点、组装拆卸及形态转换等业务。作为企业会计信息系统重要的子系统,在库存控制中支持批次跟踪、保质期管理、委托代销管理、不合格品管理、现存量(可用量)管理、安全库存管理,可对超储、短缺、呆滞积压、超额领料等情况进行报警。期中或月末可以提供出入库流水账、库存台账、受托代销商品备查簿、委托代销商品备查簿、呆滞积压存货备查簿等的查询,提供各类统计汇总分析功能。该子系统可以与采购管理系统、销售管理系统、存货核算系统联合使用,也可以单独使用,在集成应用模式下,需要各个子系统密切配合,这无疑对操作者对各个模块的熟练程度提出了更高的要求。

【实验目标】

1. 掌握用友软件中库存管理系统的相关内容。
2. 掌握企业库存日常业务处理方法。
3. 理解库存管理系统与其他子系统之间的出入库数据传递关系。

【实验内容】

1. 入库业务处理。

(1)采购入库业务。

采购业务员将采购回来的存货交给仓库时,仓库保管员对其所购存货进行验收确定,填制采购入库单。采购入库单的审核相当于仓库管理员对材料实际到货情况进行质量数量方面的检验和签收。通常生成采购入库单的方法有参照采购订单、参照采购到货单、检验入库、直接填制四种。

(2)产成品入库业务。

对于工业企业,企业对原材料及半成品进行一系列的加工后,形成可销售的商品,然后验收入库。由于入库时往往无法确定产品的总成本和单位成本,因此,在填制产成品入库单时,一般只有数量,没有单价和金额。

(3)其他入库等业务。

指除了采购入库、产成品入库之外的其他入库业务,如调拨入库、盘盈入库等。

2. 出库业务处理。

(1)销售出库。

因销售活动而引起的出库业务的发生,可以在销售管理系统中处理,也可以在库存管理系统中处理。

(2)材料出库。

工业企业领用原材料所填制的出库单据,材料出库单也是进行日常业务处理和记账的主要原始单据之一。只有工业企业才有材料出库单,商业企业没有此单据。

3. 其他业务。

包括库存调拨、出库跟踪入库、盘点、盘点预警、假退料等业务。

【实验准备】

引入"第十章　供应链管理系统"账套数据。

第一节　出入库基本业务处理

本实验以库存管理与供应链其他子系统集成应用为实验条件,不再处理单纯的采购入库、销售出库业务,相关业务处理参见采购管理、销售管理。

以"001 丁一"的身份、业务日期进入库存管理系统,填制各种出入库单据并进行审核,之后进入存货核算系统,对各种出入库单进行记账,生成出入库凭证。

一、产成品入库

【实验资料】

2023 年 8 月 11 日,成品库收到当月一车间加工的 20 套电动机作产成品入库,次日又收到二车间当月加工的 25 套电动机作产成品入库,随后收到财务部门提供的完工产品成本,其中电动机的总成本 153 000 元,立即做成本分配,记账生成凭证。

以"001 丁一"的身份登录企业应用平台,操作日期"2023－08－11"。

【操作指导】

1. 在库存管理系统中录入产成品入库单并审核

(1)执行"业务工作"—"供应链"—"库存管理"—"入库业务"—"产成品入库单(双击)"命令,打开"产成品入库单"窗口,单击"增加"按钮,输入入库时间"2023－08－11",选择仓库"成品库",入库类别"产成品入库",部门"一车间",选择存货编码"05 电动机Ⅰ型",输入数量20。单击"保存"按钮,再单击"审核"按钮,系统弹出审核结果的提示框,单击"确定"按钮,完成对该单据的审核。

(2)同理,输入第二张产成品入库单。产成品入库不需填写价格,待成本分配后自动写入。

2. 在存货核算系统中录入生产总成本并对产成品进行成本分配

(1)执行"业务工作"—"供应链"—"存货核算"—"业务核算"—"产成品成本分配(双击)"

命令,打开"产成品成本分配表"窗口,单击"查询"按钮,打开"产成品成本分配表查询"窗口,选择"成品库"选项。如图 13-1 所示。

图 13-1　产成品成本分配查询

(2)单击"确定"按钮,系统将符合条件的记录带回"产成品成本分配表",在"05 电动机Ⅰ型"记录行的"金额"栏输入 153 000。单击"分配"按钮,系统弹出"分配操作顺利完成!"提示框,单击"确定"按钮返回后退出。如图 13-2 所示。

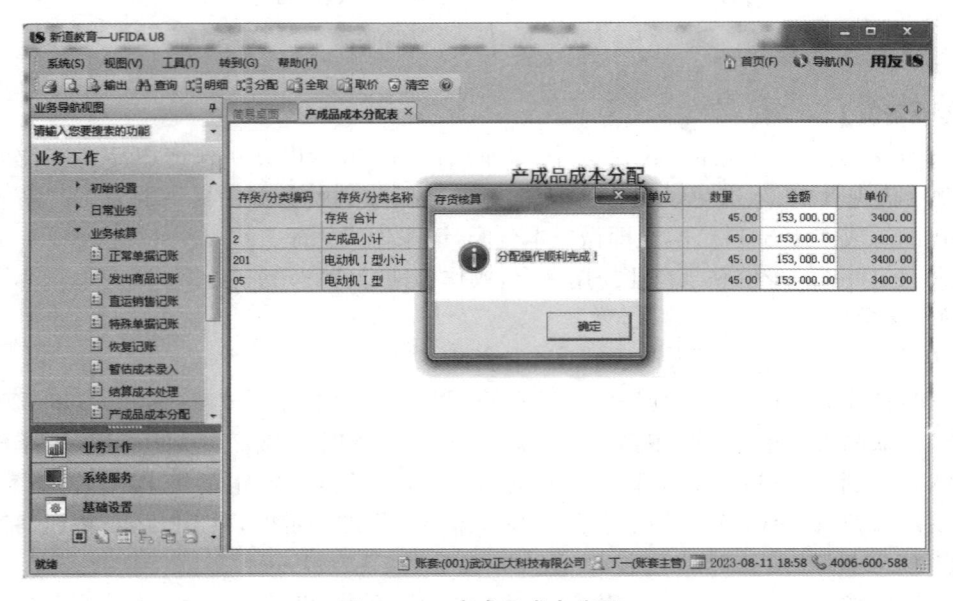

图 13-2　产成品成本分配

(3)执行"业务工作"—"供应链"—"存货核算"—"日常业务"—"产成品入库单(双击)"命

令,打开"产成品入库单"窗口,查看入库存货单价。

3. 在存货核算系统中对产成品入库单记账并生成凭证

(1)执行"业务工作"—"供应链"—"存货核算"—"业务核算"—"正常单据记账(双击)"命令,打开"查询条件选择"窗口,输入仓库"成品库",单据类型"产成品入库单"。

(2)单击"确定"按钮,进入"未记账单据一览表"—"正常单据记账列表"窗口,选中需要记账的单据,单击"记账"按钮,系统弹出记账结果提示框。单击"确定"按钮退出,此处系统记账日期有误,应该是"2023-08-12",未报错。执行"业务工作"—"供应链"—"存货核算"—"财务核算"—"生成凭证(双击)"命令,单击"选择"按钮,打开"查询条件"窗口,选择"产成品入库单"复选框。

(3)单击"确定"按钮,打开"选择单据—未生成凭证单据一览表"窗口,选中需要生成凭证的单据,单击"确定"按钮。打开"生成凭证"窗口,修改凭证类别"转账凭证",单击"合成"按钮。

(4)进入"填制凭证"窗口,即合并生成一张凭证,输入"辅助项—项目名称"为"1 电动机Ⅰ型",单击"保存"按钮,凭证左上角显示"已生成"标志,表明凭证已传至总账管理系统。如图13-3所示。

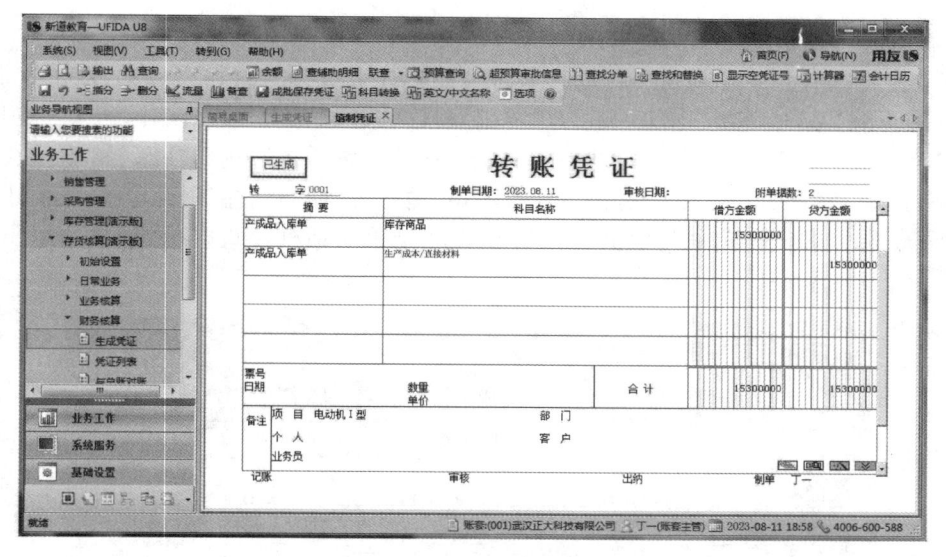

图 13-3 产成品入库单制单选择

二、材料领用出库

【实验资料】

2023年8月12日,一车间向原料库领用GB级电磁阀5组,HX-6型接线箱5套,用于生产,记材料明细账,生成领料凭证。

以"001 丁一"的身份登录企业应用平台,操作日期"2023-08-12"。

【操作指导】

1. 设置相关选项

执行"业务工作"—"供应链"—"库存管理"—"初始设置"—"选项(双击)"命令,打开"库存选项设置"窗口,选中"预计可用量控制"选项卡中的"允许超预计可用量出库"复选框,单击"确定"按钮退出。如图13—4所示。

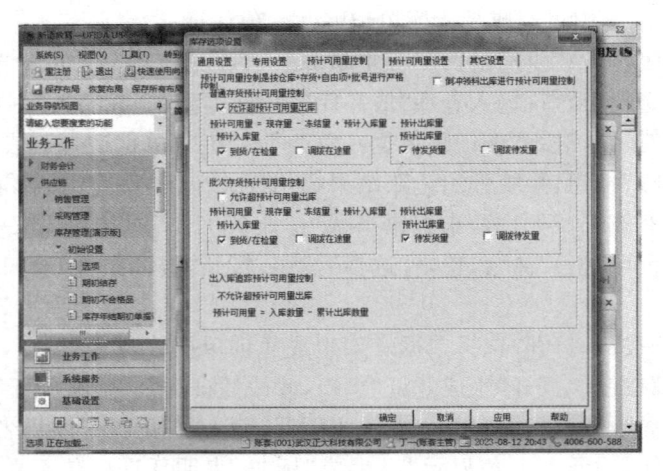

图13—4 选项设置

2. 在库存管理系统中填制材料出库单

执行"业务工作"—"供应链"—"库存管理"—"出库业务"—"材料出库单（双击）"命令,打开"材料出库单"窗口,单击"增加"按钮,填写出库日期"2023—08—12",选择仓库"原料库",出库类别"领料出库",部门"一车间",选择"GB级电磁阀",数量"5",选择"HX—6型接线箱",数量"5",单击"保存"按钮。此处若有提示库存不足,请检查"期初结存"是否审核,如有审核但库存不足请忽略。再单击"审核"按钮,系统弹出审核结果对话框,单击"确定"按钮退出。如图13—5所示。

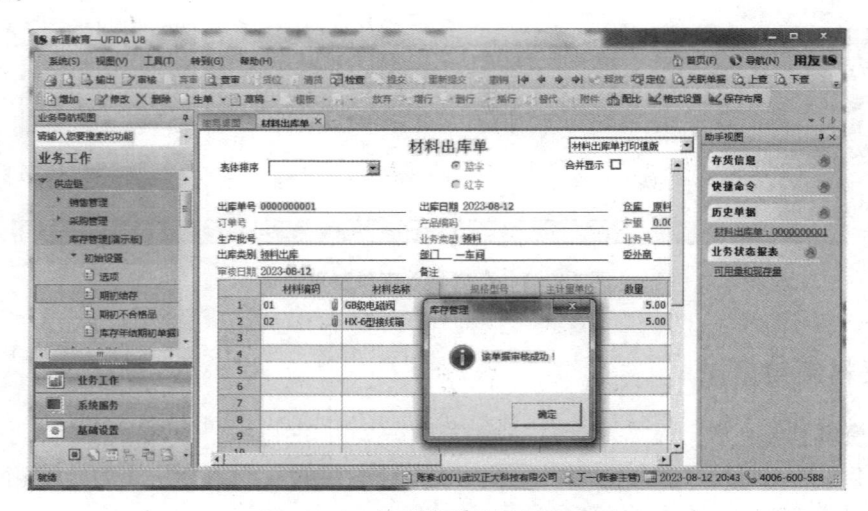

图13—5 填制并审核材料出库单

3. 在存货核算系统中对材料出库单记账并生成凭证

(1)执行"业务工作"—"供应链"—"存货核算"—"业务核算"—"正常单据记账（双击）"命令,打开"查询条件选择"窗口,输入仓库"原料库",单据类型"材料出库单"。如图13—6所示。

(2)单击"确定"按钮,进入"未记账单据一览表"—"正常单据记账列表"窗口,选中需要记

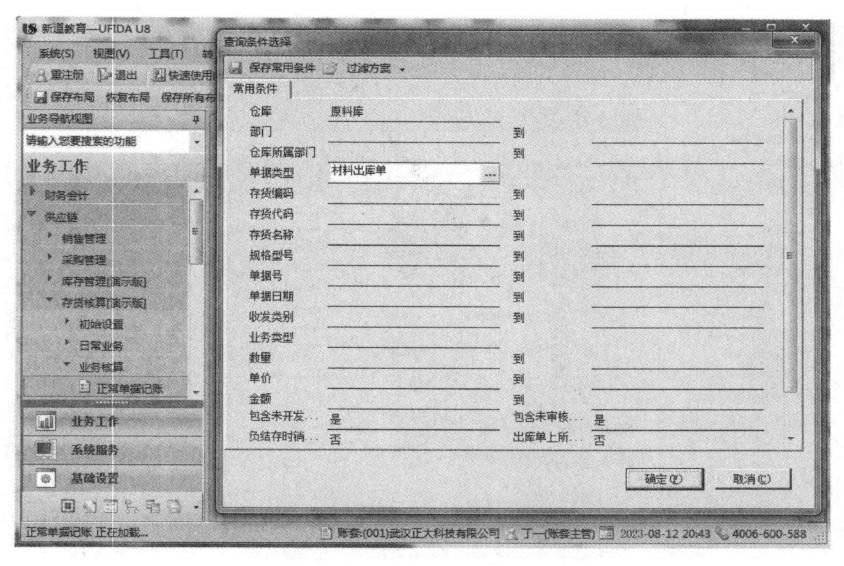

图13-6　正常单据记账查询

账的单据,单击"记账"按钮,系统弹出记账结果提示框。单击"确定"按钮退出。如图13-7所示。

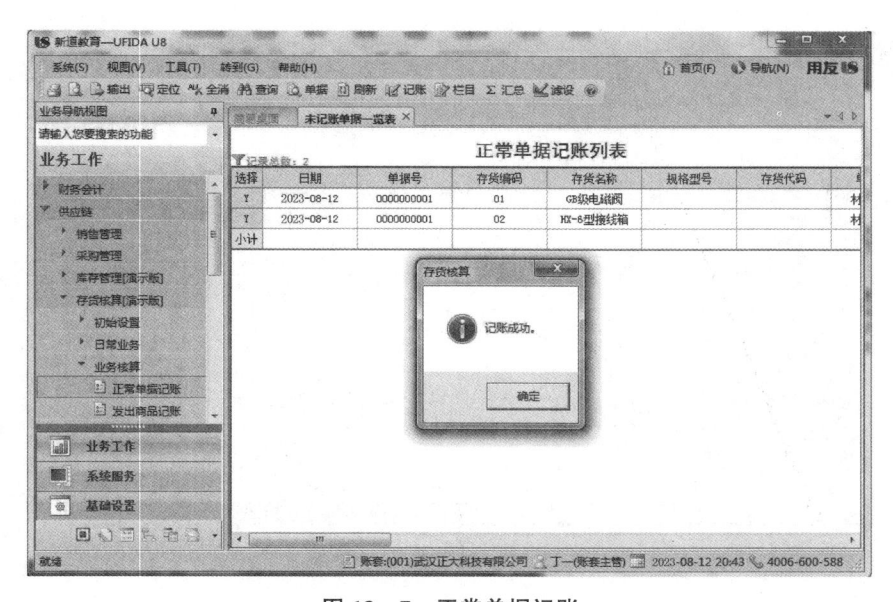

图13-7　正常单据记账

(3)执行"业务工作"—"供应链"—"存货核算"—"财务核算"—"生成凭证(双击)"命令,单击"选择"按钮,打开"查询条件"窗口,选择"材料出库单"复选框。如图13-8所示。

(4)单击"确定"按钮,打开"选择单据"—"未生成凭证单据一览表"窗口,选中需要生成凭证的单据,单击"确定"按钮。打开"生成凭证"窗口,修改凭证类别"转账凭证",单击"合成"按钮。

(5)进入"填制凭证"窗口,即合并生成一张凭证,输入"辅助项—项目名称"为"1 电动机Ⅰ

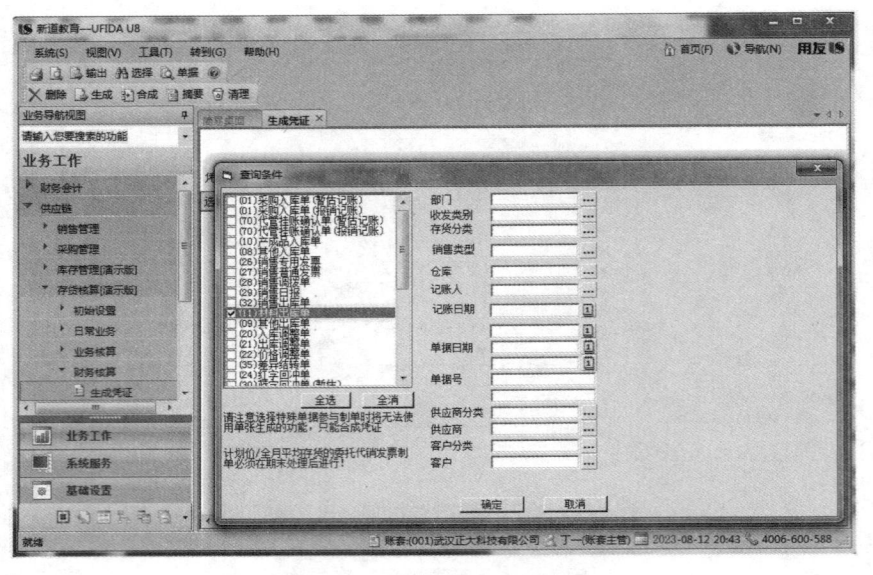

图13—8 材料出库单制单查询

型",单击"保存"按钮,凭证左上角显示"已生成"标志,表明凭证已传至总账管理系统。如图13—9所示。

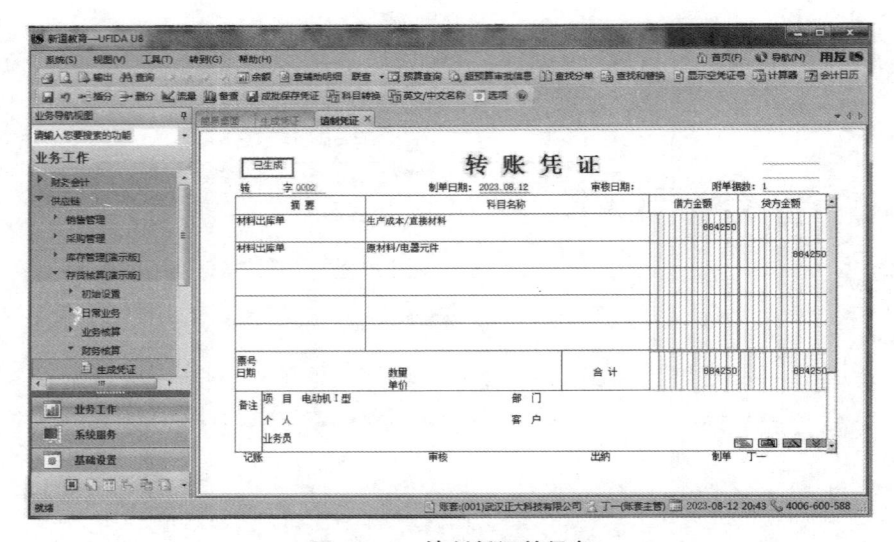

图13—9 填制凭证并保存

三、出库跟踪入库基础设置

1. 在企业应用平台中增加存货档案

在企业应用平台中,执行"基础设置"—"基础档案"—"存货"—"存货档案(双击)"命令,进入"存货档案"窗口,单击"增加"按钮,弹出"增加存货档案"窗口,增加存货"电动机Ⅱ型",存货属性"内销""自制",在"控制"选项卡中,选择"出库跟踪入库"选项。单击"保存"按钮退出。如图13—10所示。

第十三章　库存管理系统

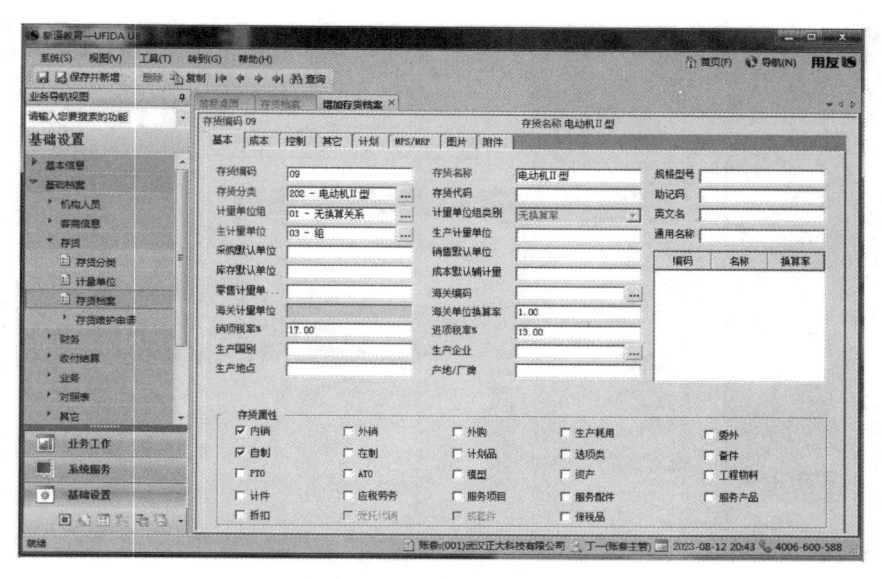

图 13-10　增加存货档案

2. 在企业应用平台中设计材料出库单单据

执行"基础设置"—"单据设置"—"单据格式设置（双击）"命令，进入"单据格式设置"窗口，执行"库存管理"—"材料出库单"—"显示"—"材料出库单显示模板（单击）"命令，进入"材料出库单"窗口。如图 13-11 所示。

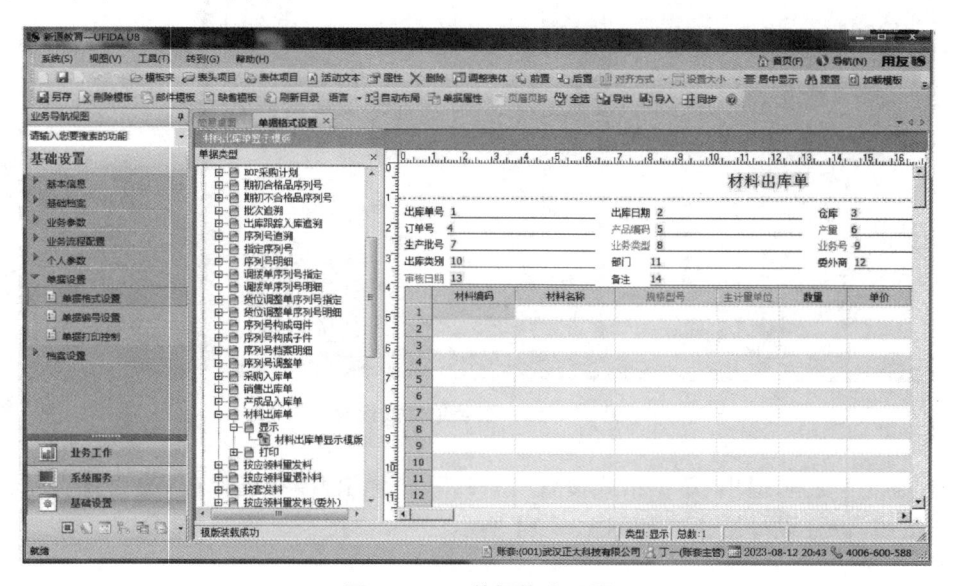

图 13-11　单据格式设置

单击"表体项目"按钮，打开"表体"对话框，选择"对应入库单号"选项，单击"确定"按钮，退出"单据格式设置"窗口，系统弹出"模板已修改，是否保存？"提示框，单击"是"按钮，保存设计结果。如图 13-12 所示。

同理，设计"组装单"的"对应入库单号"单据。如图 13-13 所示。

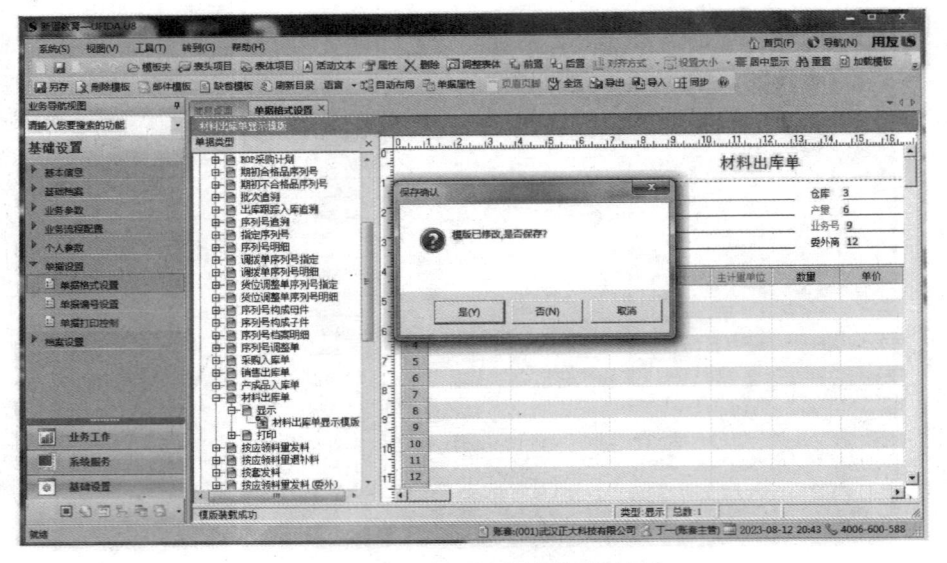

图13—12 生成入库格式模板并保存

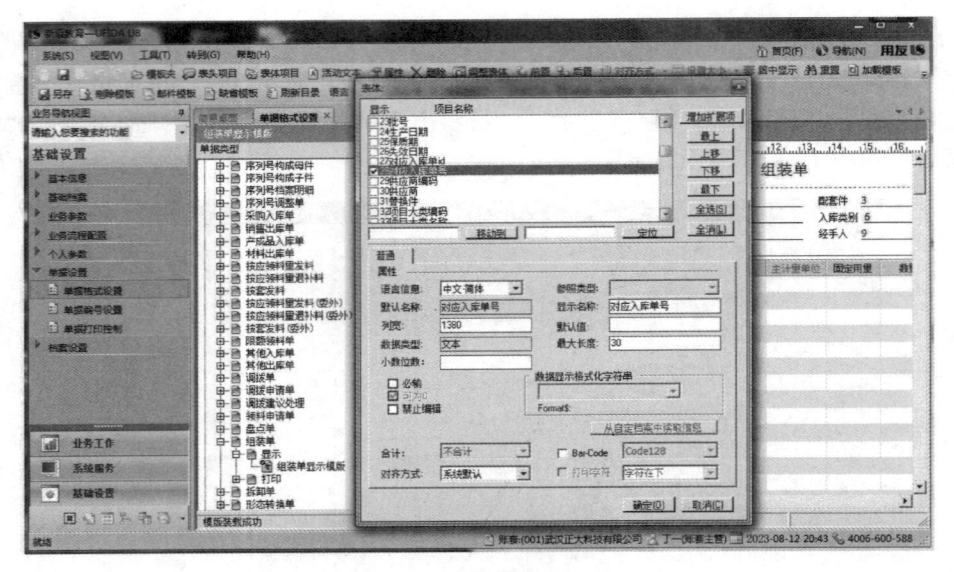

图13—13 组装单格式设置

单击"确定"按钮,退出"单据格式设置"窗口,系统弹出"模板已修改,是否保存?"提示框,单击"是"按钮,保存设计结果。如图13—14所示。

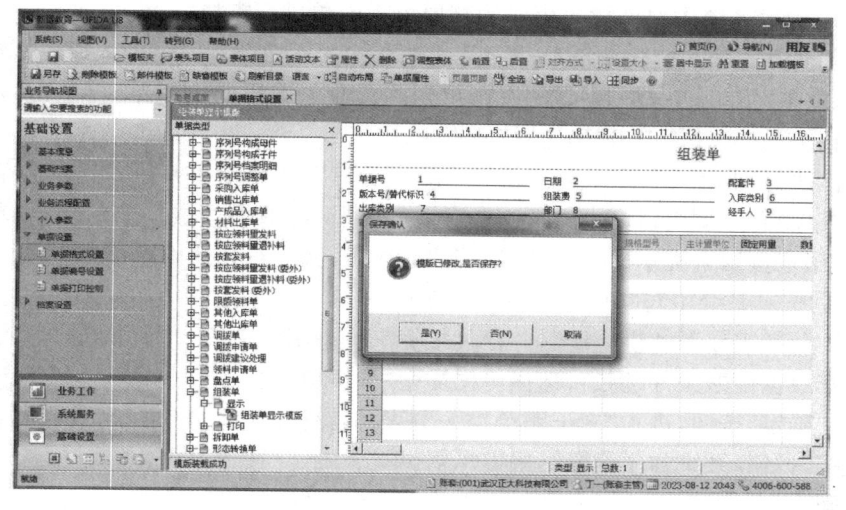

图 13-14　生成组装单格式模板并保存

第二节　其他业务处理

一、仓库调拨业务

【实验资料】

2023 年 8 月 14 日,将原料库中 3 组 GB 级电磁阀调拨到辅料库。

【操作指导】

1. 在库存管理系统中填制调拨单

执行"业务工作"—"供应链"—"库存管理"—"调拨业务"—"调拨单（双击）"命令,进入"调拨单"窗口,单击"增加"按钮,输入调拨时间"2023－08－14",选择转出仓库"原料库",转入仓库"辅料库",出库类别"调拨出库",入库类别"调拨入库"。选择存货编码"01 GB 级电磁阀",数量 3,单击"保存"按钮,再单击"审核"按钮,系统弹出审核结果提示框后单击"确定"按钮退出。如图 13-15 所示。

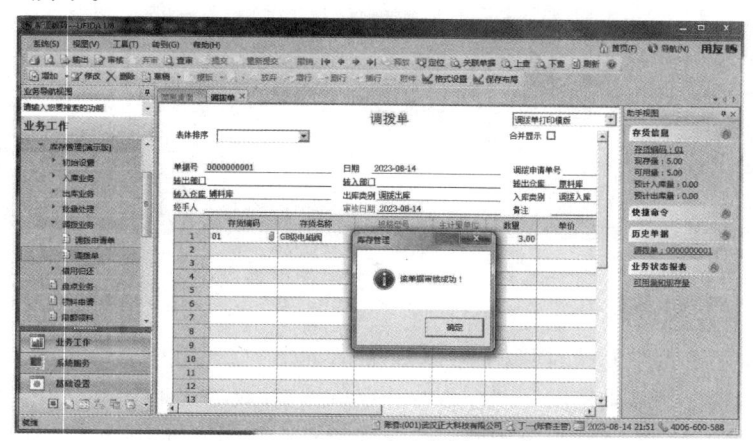

图 13-15　填制并审核调拨单

2. 在库存管理系统中对调拨单生成的其他出入库单进行审核

（1）执行"业务工作"—"供应链"—"库存管理"—"入库业务"—"其他入库单（双击）"命令，进入"其他入库单"窗口，单击"下一张"按钮找到调拨业务生成的入库单，再单击"审核"按钮，系统弹出审核结果提示框，单击"确定"按钮退出。

（2）同理，执行"业务工作"—"供应链"—"库存管理"—"出库业务"—"其他出库单（双击）"命令，进入"其他出库单"窗口，单击"下一张"按钮找到调拨业务生成的出库单，再单击"审核"按钮，系统弹出审核结果提示框，单击"确定"按钮退出，完成对其他出库单的审核。

3. 在存货核算系统中对其他出入库单记账

（1）执行"业务工作"—"供应链"—"存货核算"—"业务核算"—"特殊单据记账（双击）"命令，打开"特殊单据记账条件"窗口，选择单据类型"调拨单"。

（2）单击"确定"按钮，进入"未记账单据一览表—特殊单据记账"窗口，选择要记账的调拨单，单击"记账"按钮，系统弹出记账结果提示框，单击"确定"按钮退出。

二、盘点预警

【实验资料】

2023年8月14日，根据上级主管要求，GB级电磁阀应在每周五进行盘点，如果周五未进行盘点，需进行提示。

【操作指导】

1. 在库存管理系统中设置相关选项

执行"业务工作"—"供应链"—"库存管理"—"初始设置"—"选项（双击）"命令，打开"库存选项设置"窗口，在"专用设置"选项卡中，选中"按仓库控制盘点参数"复选框，单击"确定"按钮。如图13—16所示。

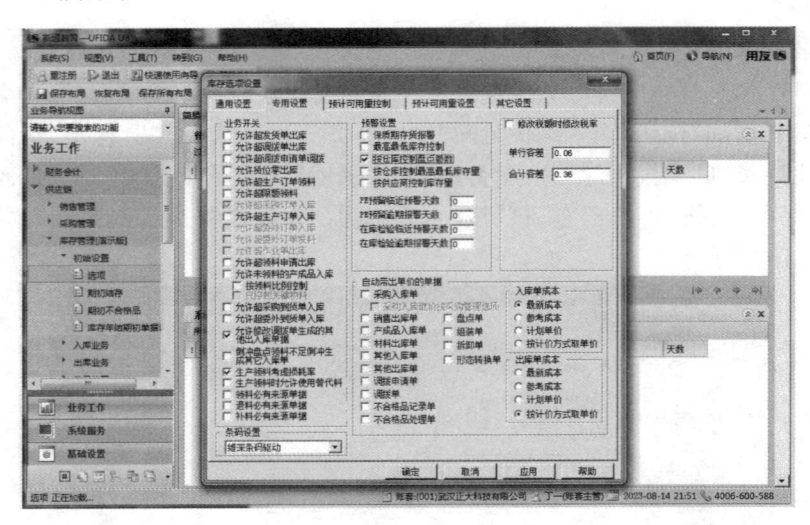

图13—16 库存选项设置

2. 在企业应用平台中修改存货档案

执行"基础设置"—"基础档案"—"存货"—"存货档案（双击）"命令，进入"存货档案"窗口，双击"GB级电磁阀"记录，进入"修改存货档案—存货编码01"窗口，在"控制"选项卡中修改存货GB

级电磁阀的盘点周期单位为"周",每周第六天为盘点日期,然后保存。如图13-17所示。

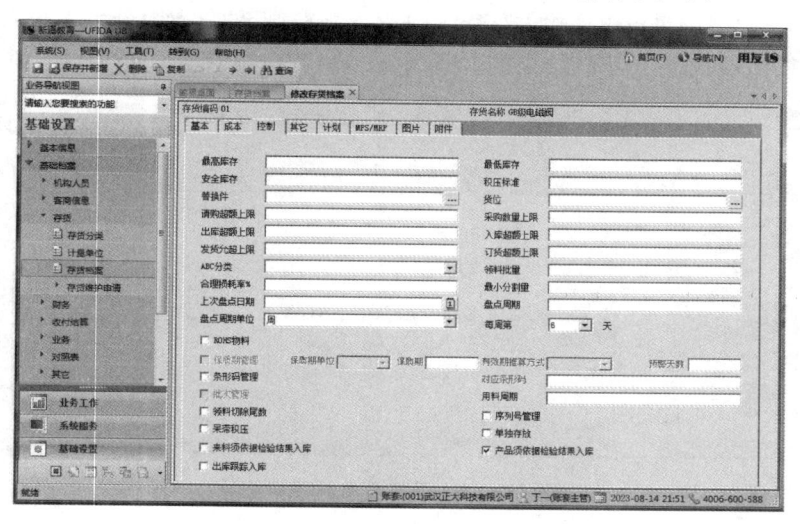

图13-17 修改存货档案

三、盘点

【实验资料】

2023年8月20日,对原料库的"GB级电磁阀"存货进行盘点,盘点后发现GB级电磁阀多出1组,经确认,该存货成本为800元/组。

【操作指导】

1. 在库存管理系统中增加盘点单

(1)执行"业务工作"—"供应链"—"库存管理"—"盘点业务(双击)"命令,进入"盘点单"窗口,单击"增加"按钮,输入日期"2023-08-20",选择盘点仓库"原料库",出库类别"盘亏出库",入库类别"盘盈入库",单击"盘库"按钮,系统弹出"盘库将删除未保存的所有记录,是否继续?"提示框。如图13-18所示。

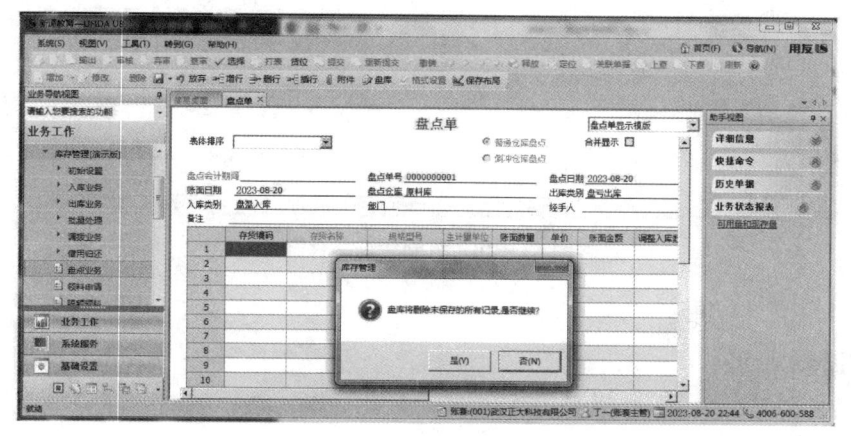

图13-18 增加盘点单

(2)单击"是"按钮,弹出"盘点处理"窗口,选择盘点方式"按仓库盘点",单击"确定"按钮,稍候,系统将盘点结果带回盘点单。输入存货"01 GB级电磁阀"的盘点数量为3,单击"保存"按钮,再单击"审核"按钮,系统弹出审核结果提示框,单击"确定"按钮退出。如图13－19所示。

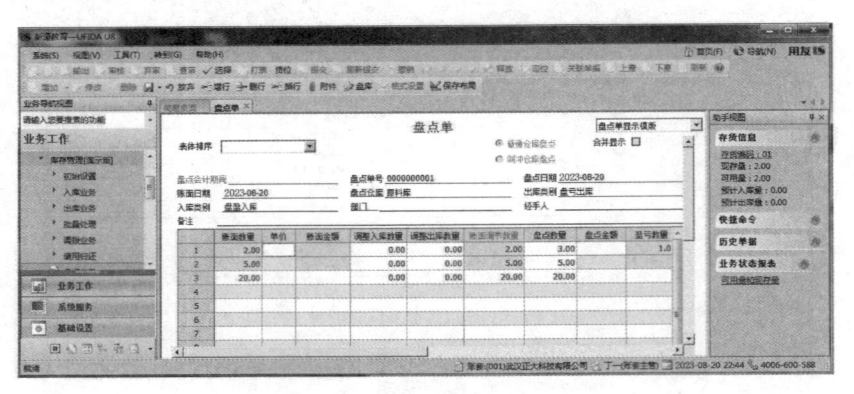

图13－19　保存盘点单并审核

2. 在库存管理系统中对盘点单生成的其他入库单进行审核

操作步骤不再赘述。

3. 在存货核算系统中对其他入库单记账并生成凭证

操作步骤在此不再赘述。首先,对其他入库单进行记账;其次,选择需要生成凭证的单据,只选中盘盈入库单的凭证生成,进入"生成凭证"窗口;最后,单击"生成"按钮生成转账凭证并传递到总账管理系统。如图13－20所示。

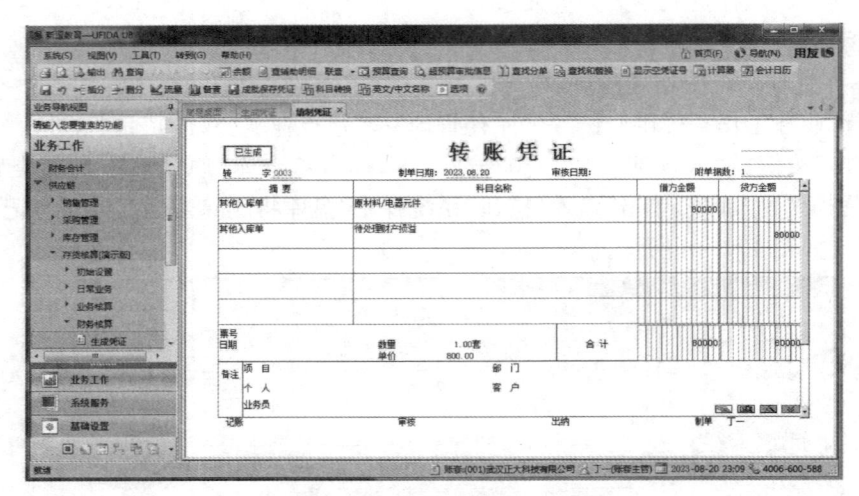

图13－20　填制凭证并保存

四、假退料业务

【实验资料】

2023年8月21日,根据生产部门统计,有5组GB级电磁阀当月未用完,先做假退料处理,下个月继续用。

【操作指导】

1. 在存货核算系统中填制假退料单

执行"业务工作"—"供应链"—"存货核算"—"日常业务"—"假退料单（双击）"命令，打开"假退料单"窗口，单击"增加"按钮，输入日期"2023-08-21"，选择仓库"原料库"，输入材料"GB级电磁阀"，数量-5，单击"确定"按钮。如图13-21所示。

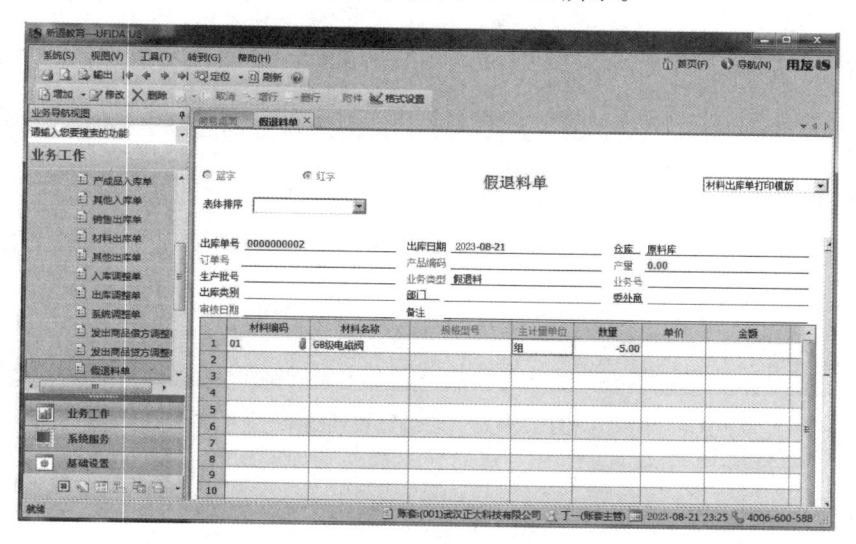

图13-21　填制假退料单

2. 在存货核算系统中对假退料单单据记账

操作步骤不再赘述。查询需要记账的假退料单，对其单据进行记账。

3. 在存货核算系统中查询GB级电磁阀的明细账

（1）执行"业务工作"—"供应链"—"存货核算"—"账簿"—"明细账（双击）"命令，打开"明细账查询"窗口，选择查询存货"GB级电磁阀"。如图13-22所示。

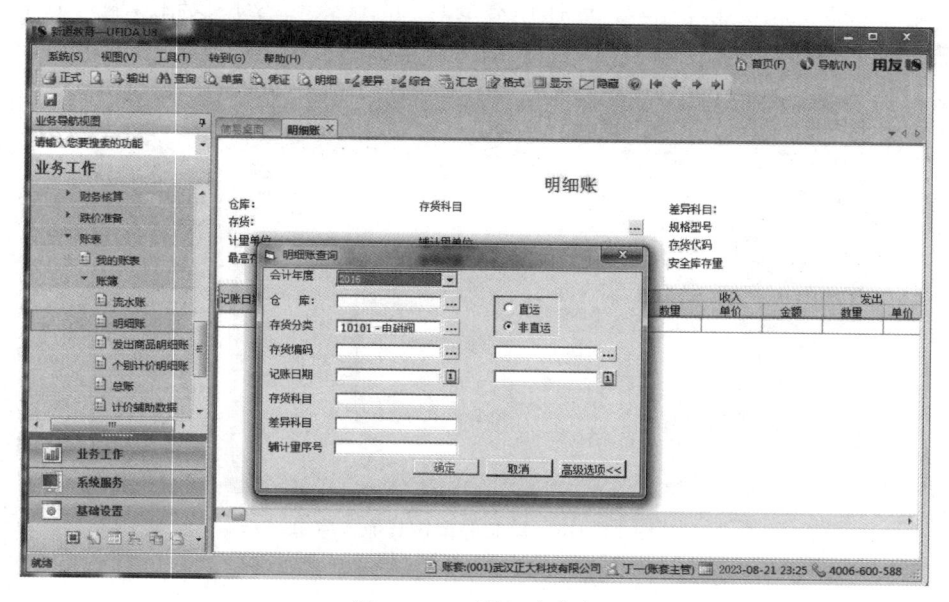

图13-22　明细账查询

(2)单击"确定"按钮,查看GB级电磁阀的明细账。如图13—23所示。

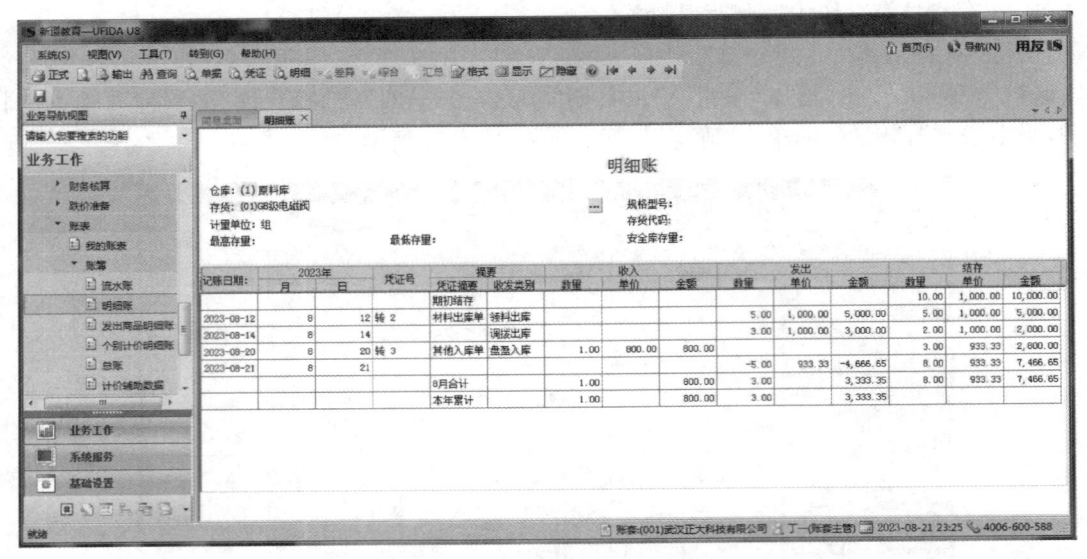

图13—23　明细账查询结果

五、赠品入库业务

【实验资料】

2023年8月25日,销售部收到赠品HX—6型接线箱1套,单价800元。

【操作指导】

1. 在库存管理系统中录入其他入库单并审核

执行"业务工作"—"供应链"—"库存管理"—"入库业务"—"其他入库单(双击)"命令,进入"其他入库单"窗口,单击"增加"按钮,输入入库日期"2023—08—25",选择仓库"原料库",入库类别"其他入库",部门"销售部"。选择存货编码"02 HX—6型接线箱",输入数量1,单价800,单击"保存"按钮,再单击"审核"按钮,完成对该单据的审核。如图13—24所示。

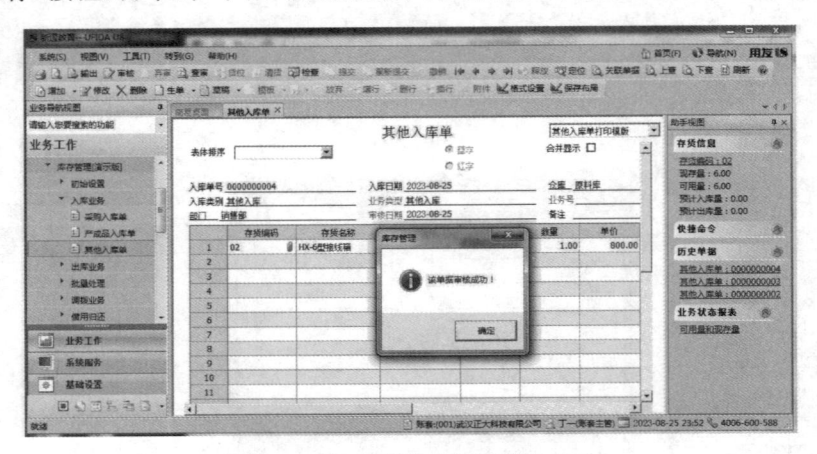

图13—24　填制并审核其他入库单

2. 在存货核算系统中对其他入库单记账

操作步骤在此不再赘述。如图13—25所示。

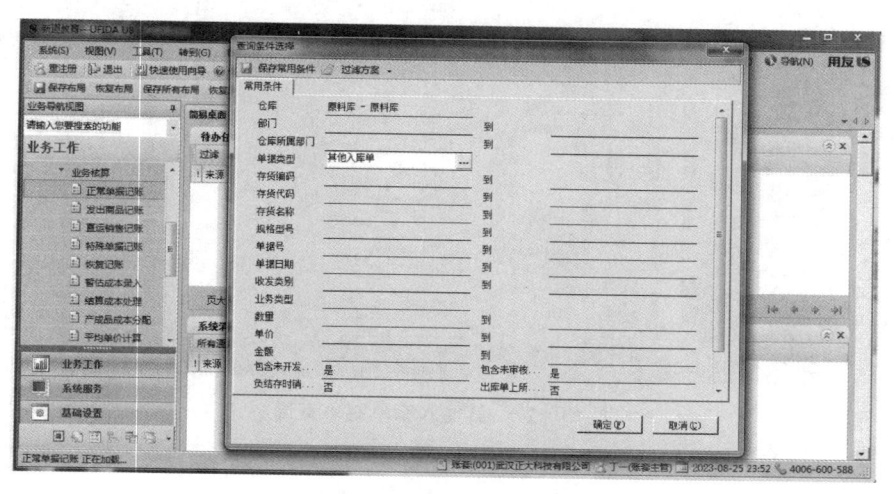

图13—25　正常单据记账查询

选择需要记账的单据，单击"记账"按钮完成记账。如图13—26所示。

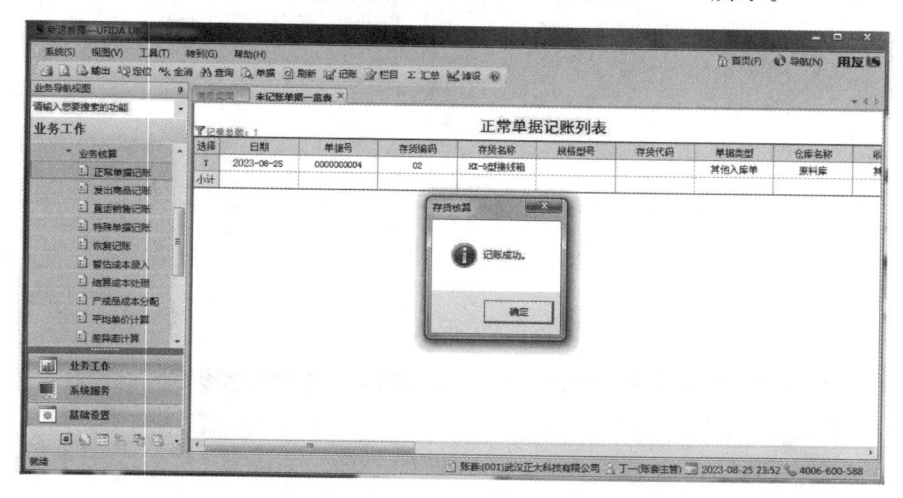

图13—26　正常单据记账

3. 在存货核算系统中生成凭证

操作步骤在此不再赘述。如图13—27所示。

选择需要生成凭证的单据。如图13—28所示。

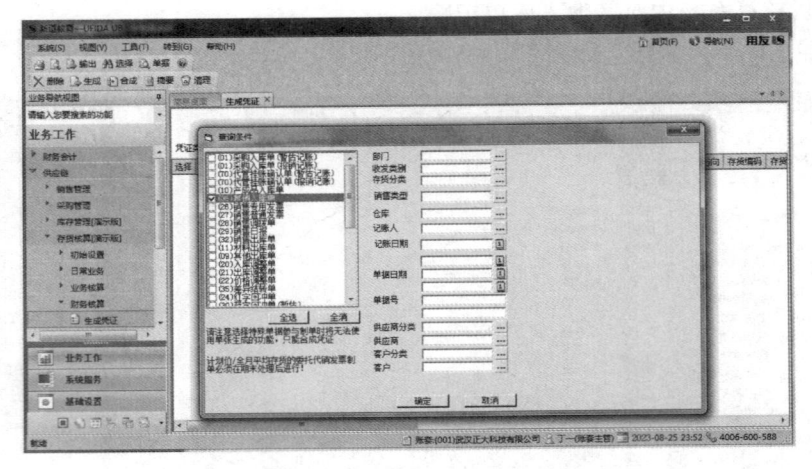

图13—27　其他入库单制单查询

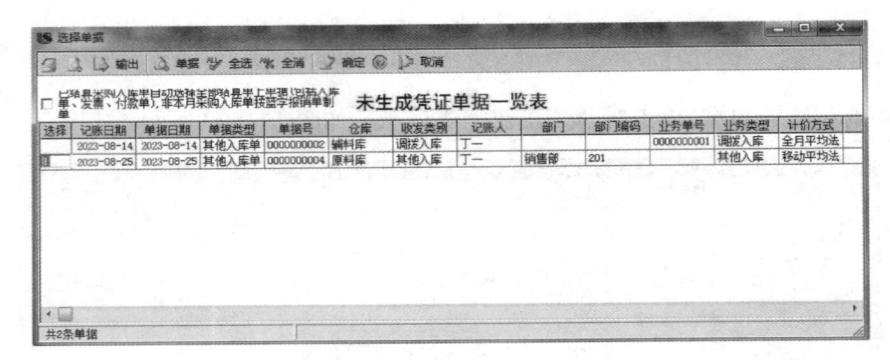

图13—28　其他入库单制单选择

只对赠品入库单生成凭证。如图13—29所示。

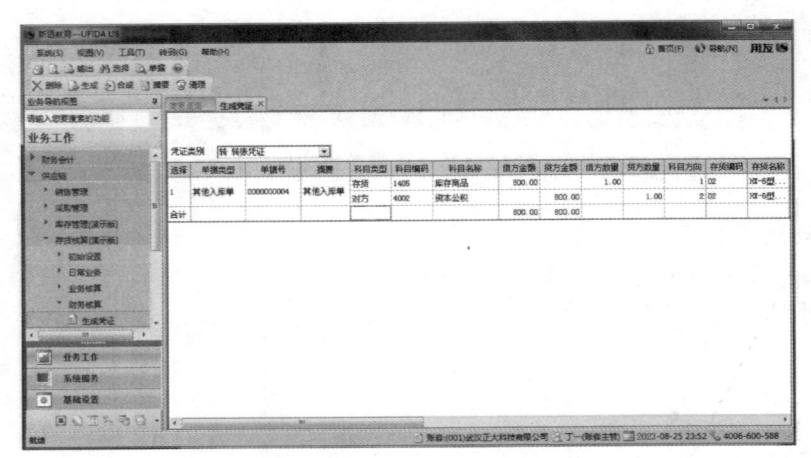

图13—29　其他入库单制单

修改科目名称和凭证类别,单击"生成"按钮,进入"填制凭证"窗口,完成凭证生成。如图13-30所示。

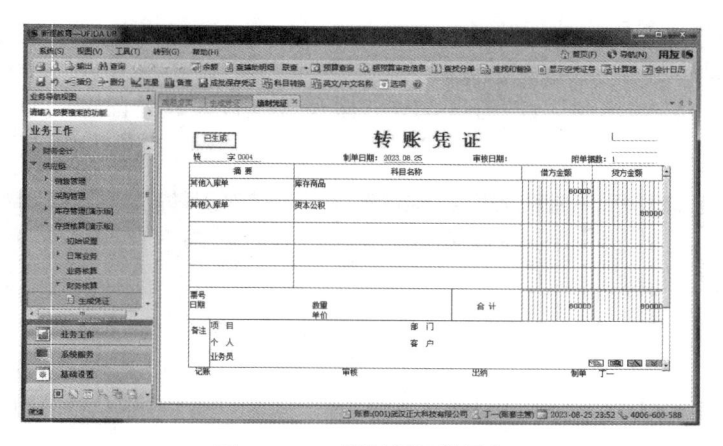

图13-30 填制凭证并保存

六、样品出库业务

【实验资料】

2023年8月30日,销售部领取电动机Ⅰ型5组,捐赠给受灾地区。

【操作指导】

1. 在库存管理系统中录入其他出库单并审核

执行"业务工作"—"供应链"—"库存管理"—"出库业务"—"其他出库单(双击)"命令,进入"其他出库单"窗口,单击"增加"按钮,输入入库日期"2023-08-30",选择仓库"成品库",出库类别"其他出库",部门"销售部"。选择存货编码"电动机Ⅰ型",输入数量5,单击"保存"按钮,再单击"审核"按钮,完成对该单据的审核。如图13-31所示。

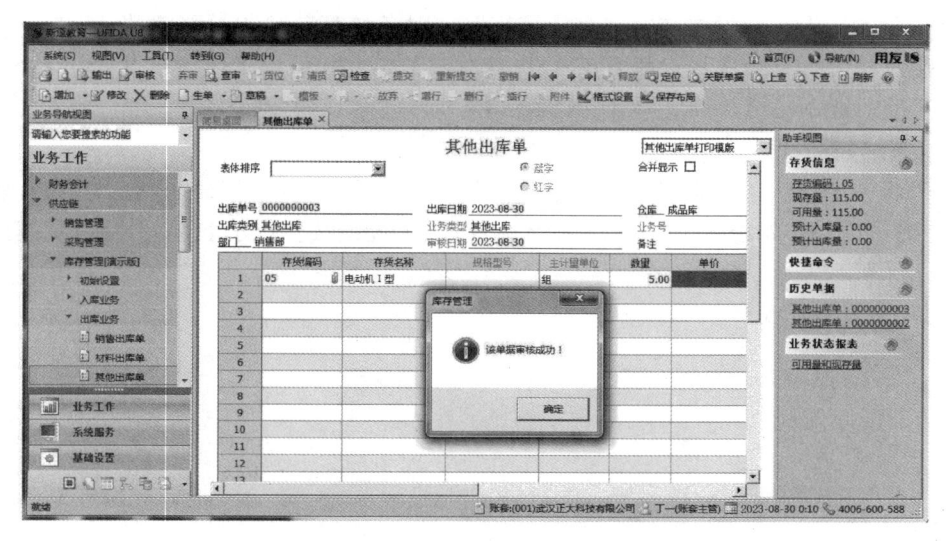

图13-31 填制并审核其他出库单

2. 在库存管理系统中对其他出库单记账

操作步骤在此不再赘述。

3. 在存货核算系统中生成凭证

选中需要生成凭证的单据类型,单击"确定"按钮。打开"生成凭证"窗口,核对科目名称,单击"生成"按钮。进入"填制凭证"窗口,单击"保存"按钮,完成凭证生成,并传递到总账管理系统。如图 13—32 所示。

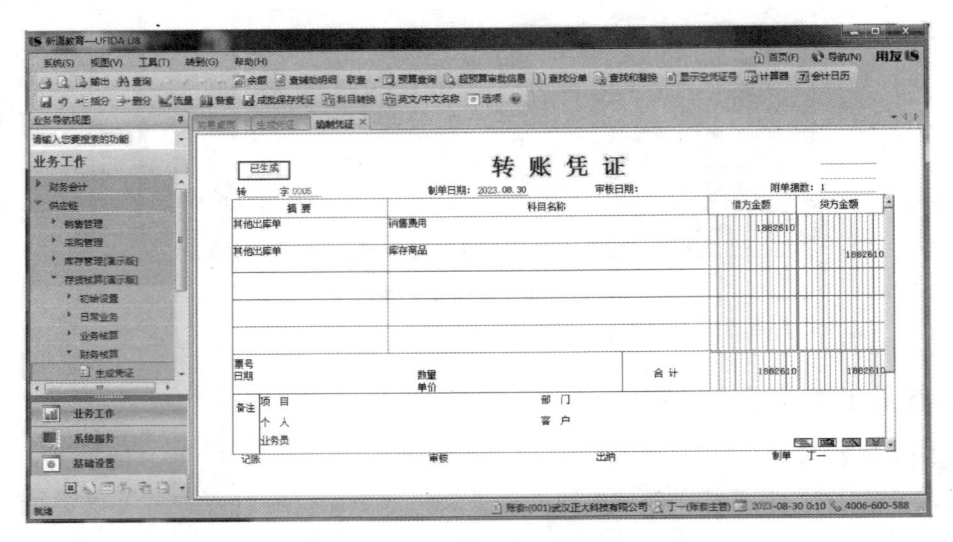

图 13—32　填制凭证并保存

七、数据备份与月末处理

在日常业务完成后,进行账套数据备份。

1. 对账

执行"业务工作"—"供应链"—"存货核算"—"财务核算"—"与总账对账(双击)"命令,进入"与总账对账表"窗口,选择对账月份 8,查看对账结果。此处由于供应链几个子系统都没完成结账,可能对账不平。

2. 月末结账

执行"业务工作"—"供应链"—"业务核算"—"月末结账(双击)"命令,打开"月末结账"窗口,单击"确定"按钮,系统弹出"采购系统尚未结账,不能继续!"提示框,单击"确定"按钮返回。如图 13—33 所示。

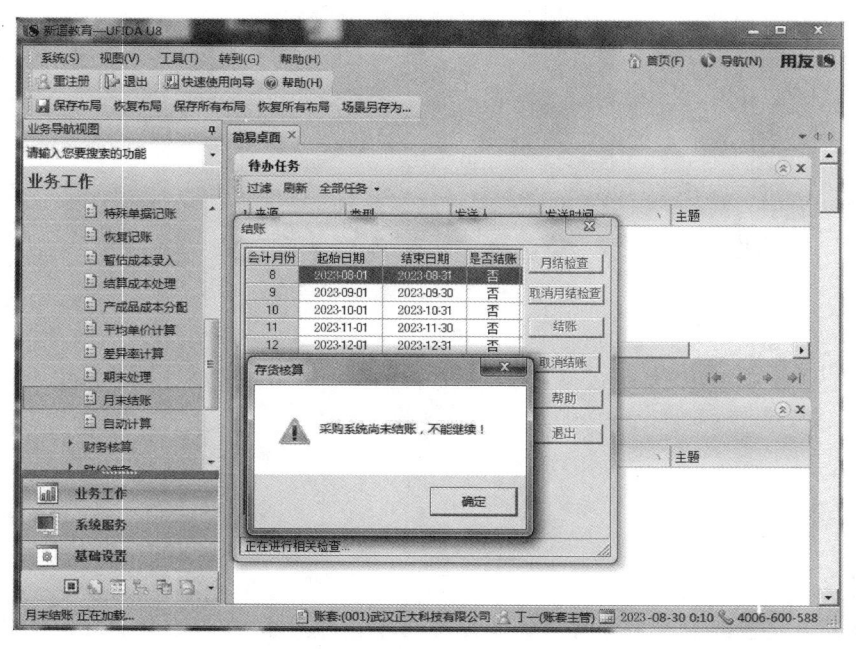

图 13-33　月末处理

第十四章 存货核算系统

【内容概述】

存货核算系统主要针对企业存货的收发存业务进行核算，掌握存货的耗用情况，及时准确地把各类存货成本归集到各项成本项目和成本对象上，为企业的成本核算提供基础数据。作为企业会计信息系统综合性较强的子系统之一，该系统的主要功能包括存货出库成本的估算、暂估入库业务处理、出入库成本的调整、存货跌价准备的处理等。存货核算系统既可以和供应链其他子系统集成使用，也可以仅与库存管理系统联合使用，还可以单独使用。不同的使用模式之下，具体操作在复杂程度上存在一定的差异，本实验重点介绍单独使用模式。

【实验目标】

1. 掌握用友网络财务软件中存货核算系统的相关内容。
2. 掌握企业存货日常业务处理方法。
3. 理解存货核算系统与其他系统之间的数据传递关系。

【实验内容】

1. 日常业务处理。
(1)入库业务处理。
(2)出库业务处理。
(3)单据记账。
将所输入的各种出入库单据记入存货明细、差异明细、受托代销商品明细等账簿。
(4)调整业务。
出入库单据记账后，发现单据金额错误，如果是录入错误，通常采用修改方式进行调整。
(5)暂估处理。
(6)生成凭证。
2. 综合查询与月末处理。
存货核算系统提供了存货明细账、总账、出入库流水账、入库汇总表、出库汇总表等多种分析统计账表。月末处理包括期末处理、月末结账及与总账系统对账等操作。

第十四章 存货核算系统

【实验准备】

引入"第十章 供应链管理系统"账套数据。

本实验以"001 丁一"的身份、业务日期进入存货核算系统,进行出入库单据处理、暂估业务处理、生成凭证并进行存货账簿查询,最后进行月末处理。

第一节 日常业务处理

一、采购入库业务

【实验资料】

2023年8月2日,向明珠公司订购φ150mm叶轮80件,单价为120元/件,将收到的货物验收入原料库。

【操作指导】

在库存管理系统中,填制采购入库单并审核生成凭证。记账时选择"采购入库单(暂估记账)",生成凭证的对方科目编码为1401。

操作步骤在此不再赘述。

(1)填制采购入库单并审核。如图14-1所示。

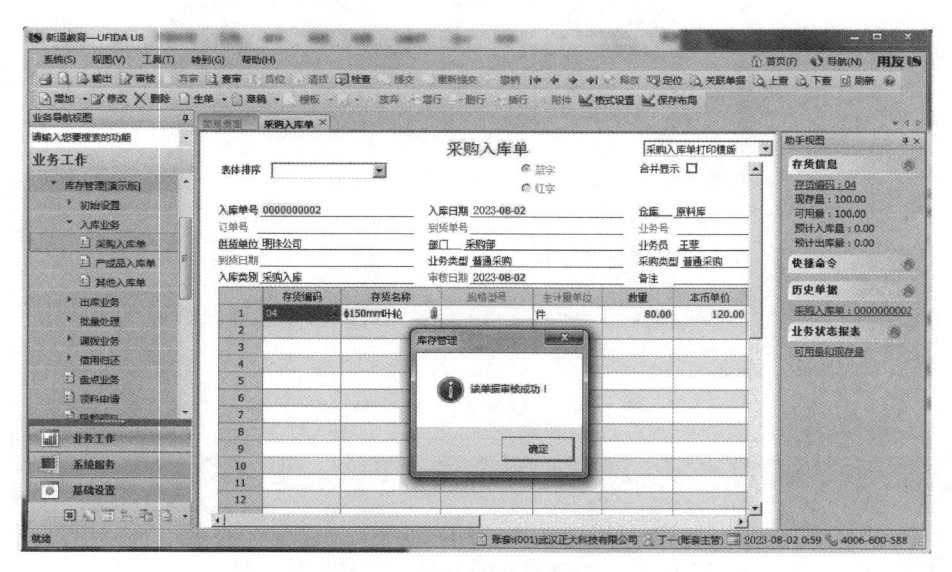

图14-1 填制并审核采购入库单

(2)选中需要记账的采购入库单,完成记账。如图14-2所示。
(3)输入查询条件"采购入库单(暂估记账)",单击"确定"按钮。如图14-3所示。
(4)进入"选择单据"窗口,选中需要生成凭证的采购入库单,单击"确定"按钮。如图14-4所示。

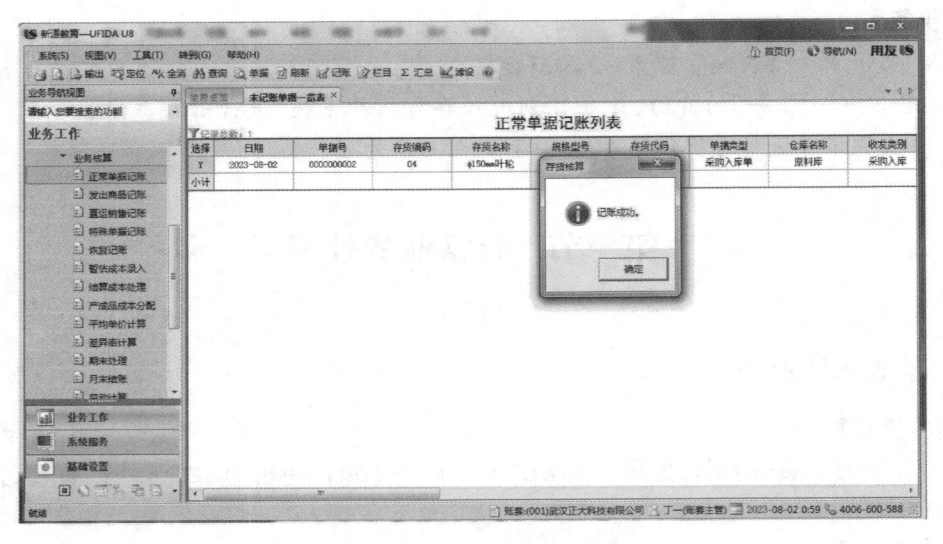

图 14—2　采购入库单记账

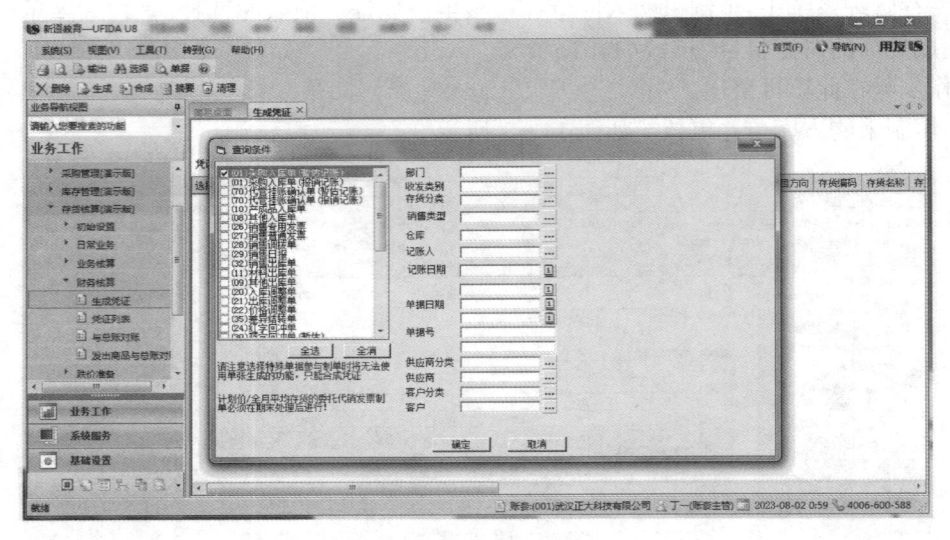

图 14—3　采购入库单制单查询

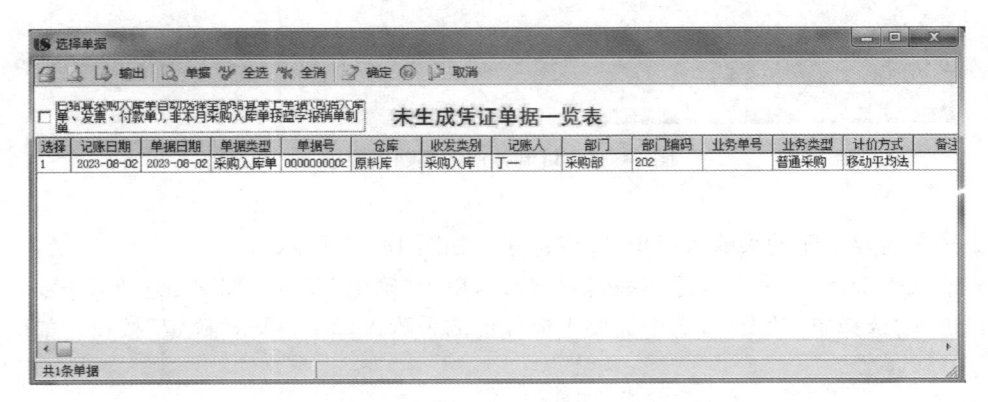

图 14—4　采购入库单制单选择

(5)进入"生成凭证"窗口,修改科目编码和凭证类别,再单击"生成"按钮。如图14—5所示。

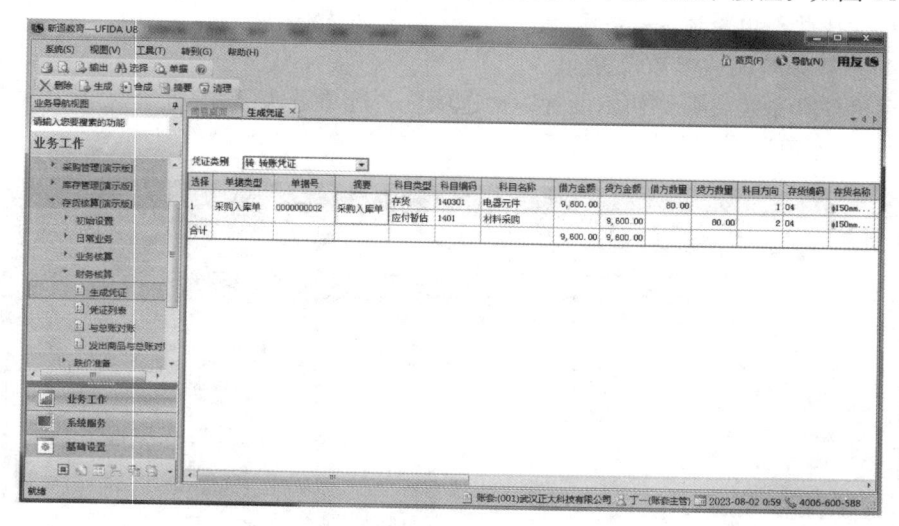

图14—5 采购入库单制单

(6)进入"填制凭证"窗口,单击"保存"按钮,完成凭证生成并传至总账管理系统。如图14—6所示。

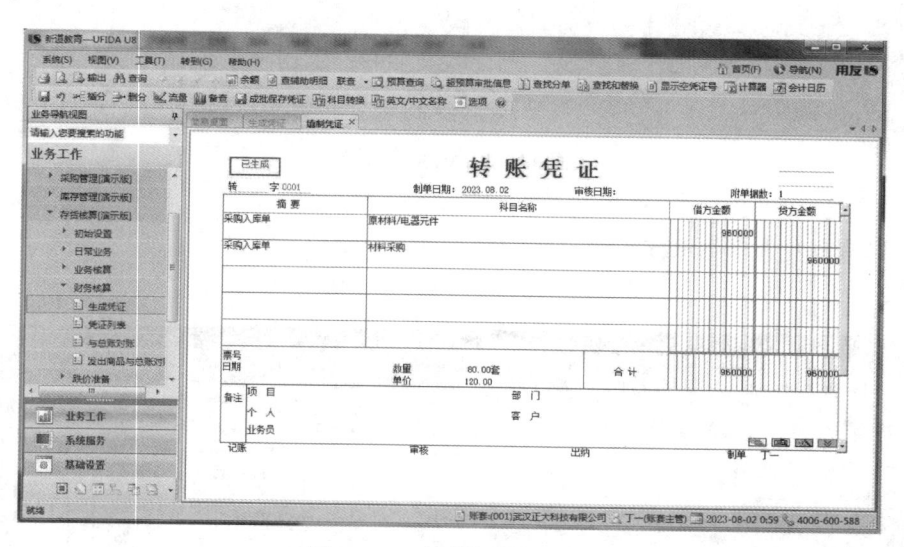

图14—6 填制凭证并保存

二、销售出库业务

【实验资料】

2023年8月5日,销售部向长沙贸易公司出售电动机Ⅰ型8组,报价4 000元/组,货物从成品库发出。

【操作指导】

在销售管理系统中,填制销售发货单并审核;在库存管理系统中审核销售出库单;在存货核算系统中记账并生成凭证。

操作步骤在此不再赘述。

1. 存货核算系统相关参数设置

进入存货核算系统，执行"初始设置"—"选项"—"选项录入（双击）"命令，选择销售成本结算方式"销售出库单"。如图 14—7 所示。

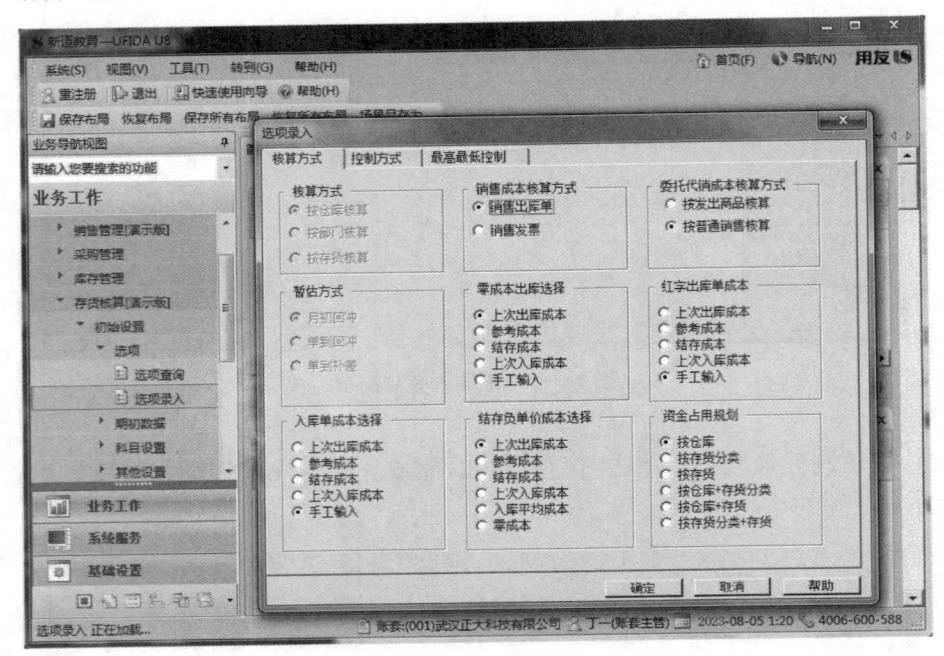

图 14—7 销售出库单

2. 填制销售发货单并审核

如图 14—8 所示。

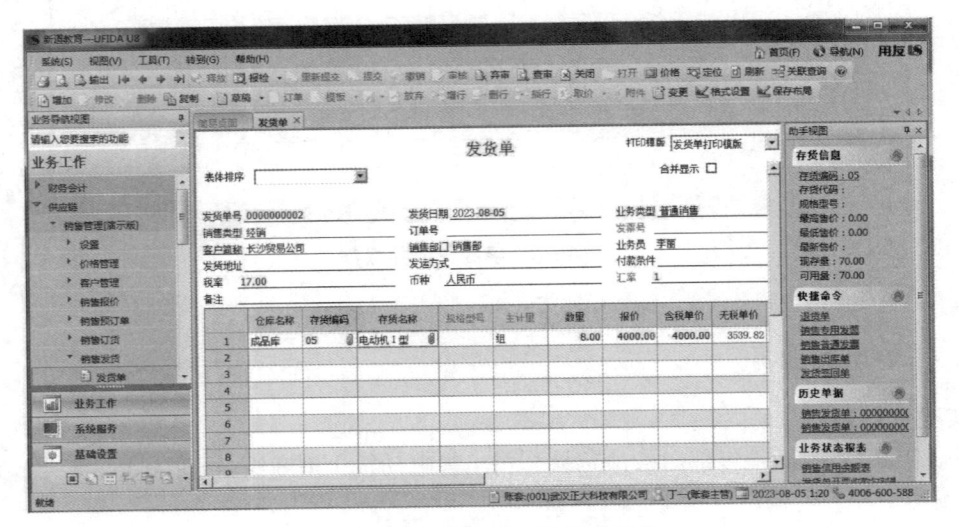

图 14—8 填制并审核销售发货单

3. 审核销售出库单

如图 14－9 所示。

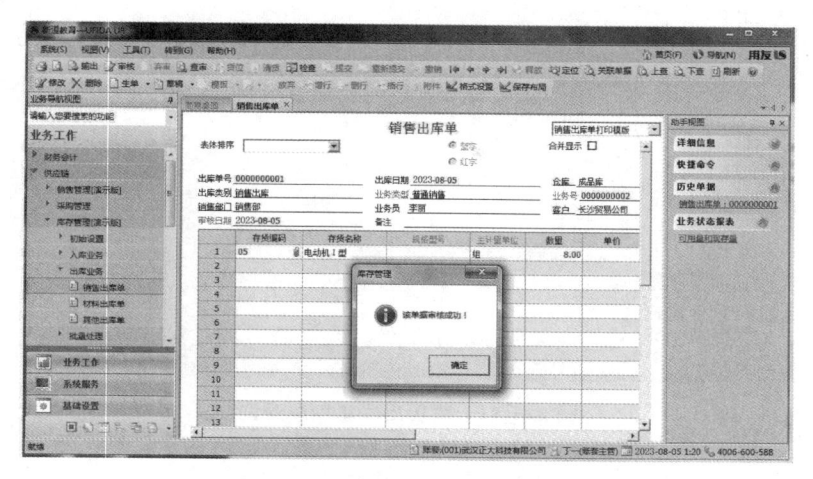

图 14－9　填制并审核销售出库单

4. 在存货核算系统中记账并生成凭证

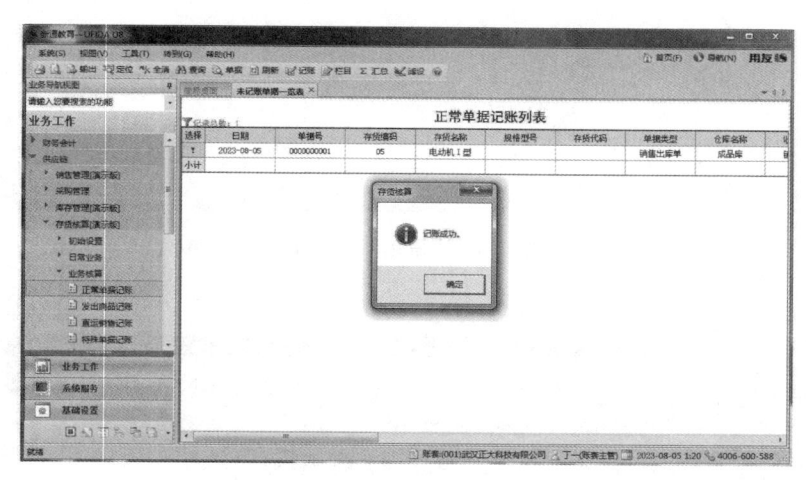

如图 14－10 所示。

图 14－10　正常单据记账

（1）按照"查询条件"进入"生成凭证"窗口。如图 14－11 所示。
（2）选择需要生成凭证的单据，单击"确定"按钮。如图 14－12 所示。
（3）进入"生成凭证"窗口，并修改凭证类别，单击"生成"按钮，进入"填制凭证"窗口，完成凭证的生成并将其传递至总账管理系统。如图 14－13 所示。

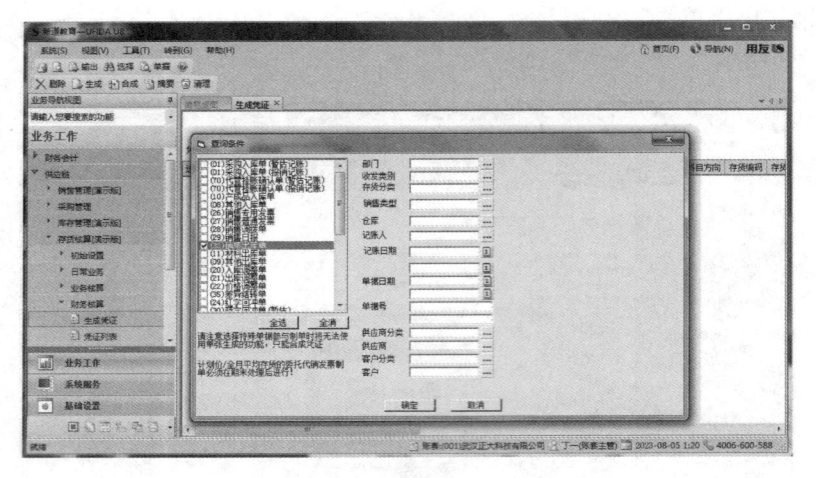

图 14—11 销售出库单制单查询

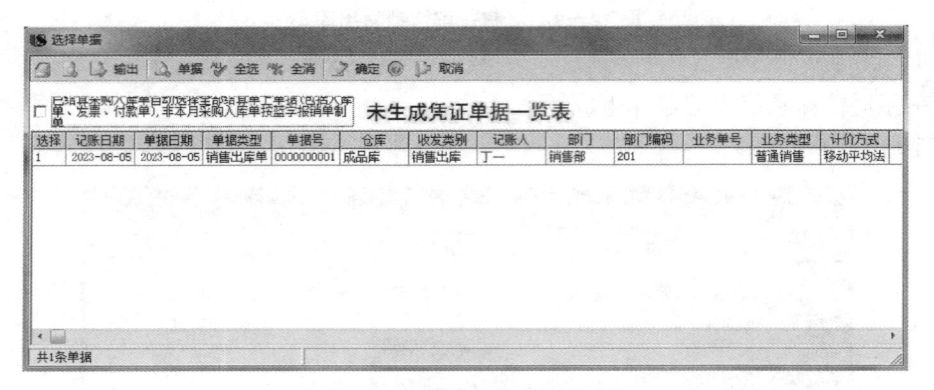

图 14—12 销售出库单制单选择

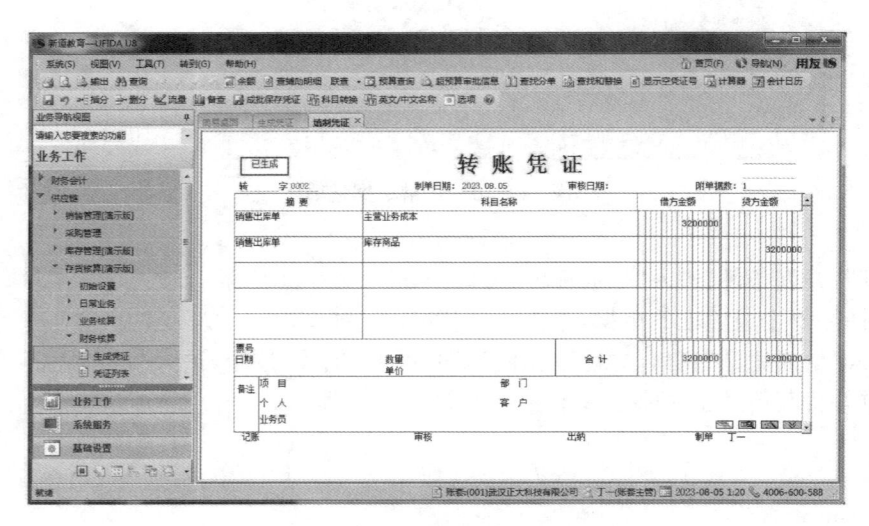

图 14—13 填制凭证并保存

三、调整入库单据

【实验资料】

2023年8月10日,将8月2日发生的采购ϕ150mm叶轮的入库成本调整到100元。

【操作指导】

在存货核算系统中录入调整单据并生成入库调整凭证。

1. 在存货核算系统中录入调整单据

执行"业务工作"—"供应链"—"存货核算"—"日常业务"—"入库调整单(双击)"命令,进入"入库调整单"窗口,单击"增加"按钮,选择"原料库",输入日期"2023-08-10",选择收发类别"采购入库",部门"采购部",供应商"明珠公司",选择存货编码"04 ϕ150mm 叶轮",调整金额为100元,单击"保存"按钮,再单击"记账"按钮。如图14-14所示。

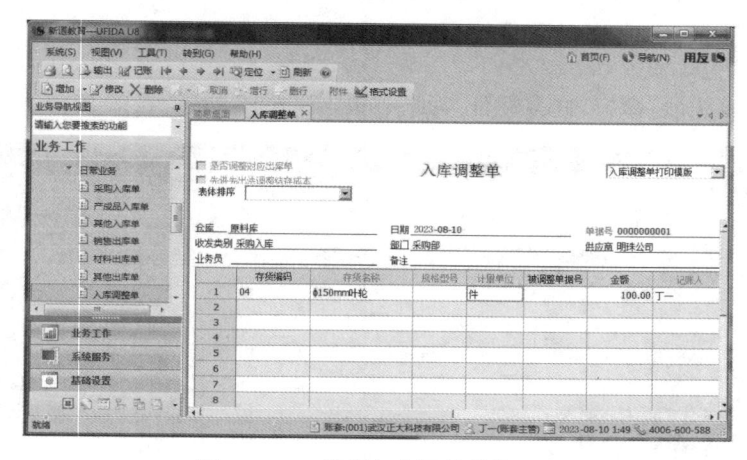

图14-14 填制入库调整单并记账

2. 在存货核算系统中生成入库调整凭证

(1)执行"业务工作"—"供应链"—"存货核算"—"财务核算"—"生成凭证(双击)"命令,进入"生成凭证"窗口,单击"选择"命令,打开"查询条件"窗口,选择"入库调整单"复选框。如图14-15所示。

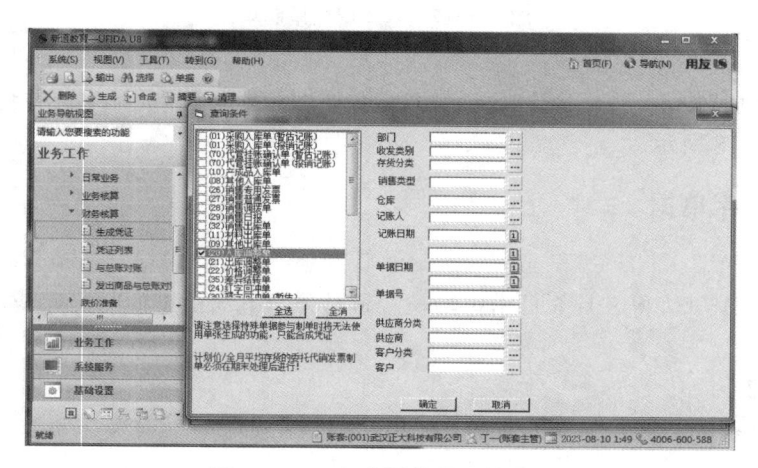

图14-15 入库调整单制单查询

(2)单击"确定"按钮,进入"选择单据"窗口,选中需要生成凭证的单据,单击"确定"按钮。如图14－16所示。

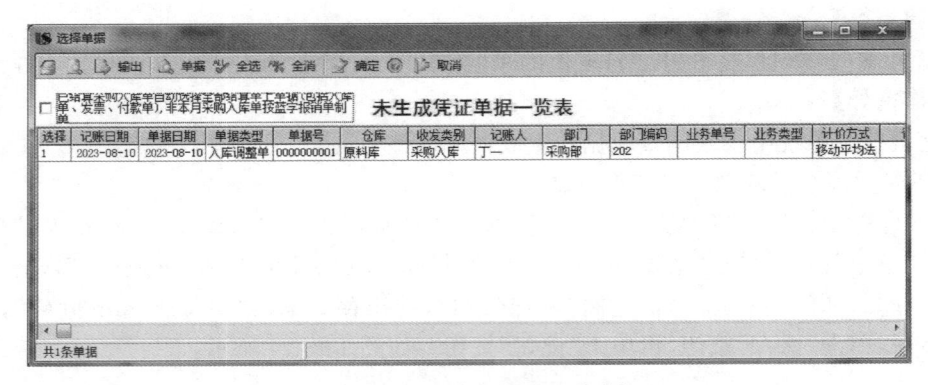

图14－16　入库调整单制单选择

(3)进入"生成凭证"窗口,修改凭证类别。如图14－17所示。

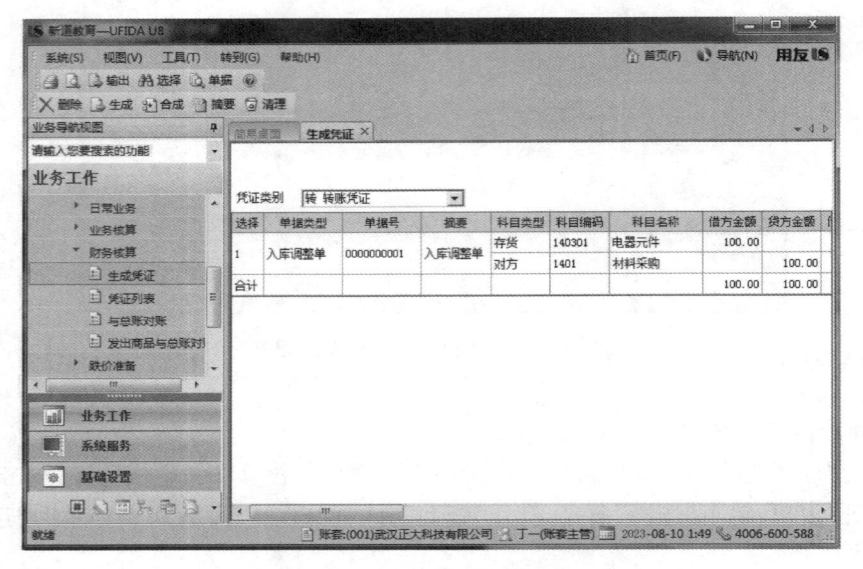

图14－17　入库调整单制单

(4)单击"生成"按钮,进入"填制凭证"窗口,单击"保存"按钮,凭证生成并传递至总账管理系统。如图14－18所示。

四、调整出库单据

【实验资料】

2023年8月15日,将8月5日出售给长沙贸易公司电动机Ⅰ型的出库成本调整到3 600元。

【操作指导】

在存货核算系统中录入调整单据并生成出库调整凭证。

1. 在存货核算系统中录入调整单据

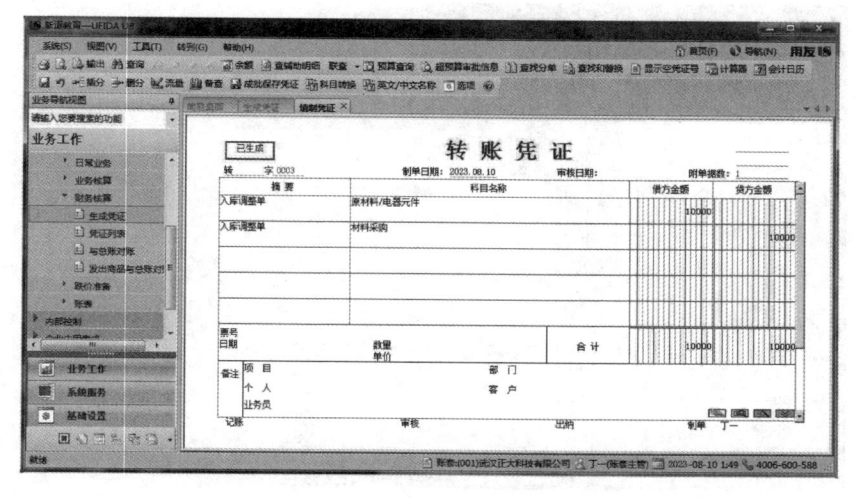

图 14-18 填制凭证并保存

执行"业务工作"—"供应链"—"存货核算"—"日常业务"—"出库调整单(双击)"命令,进入"出库调整单"窗口,单击"增加"按钮,选择"成品库",输入日期"2023-08-15",选择收发类别"销售出库",部门"销售部",客户"长沙贸易公司",选择存货编码"电动机Ⅰ型",调整金额为 3 600 元,单击"保存"按钮,再单击"记账"按钮。如图 14-19 所示。

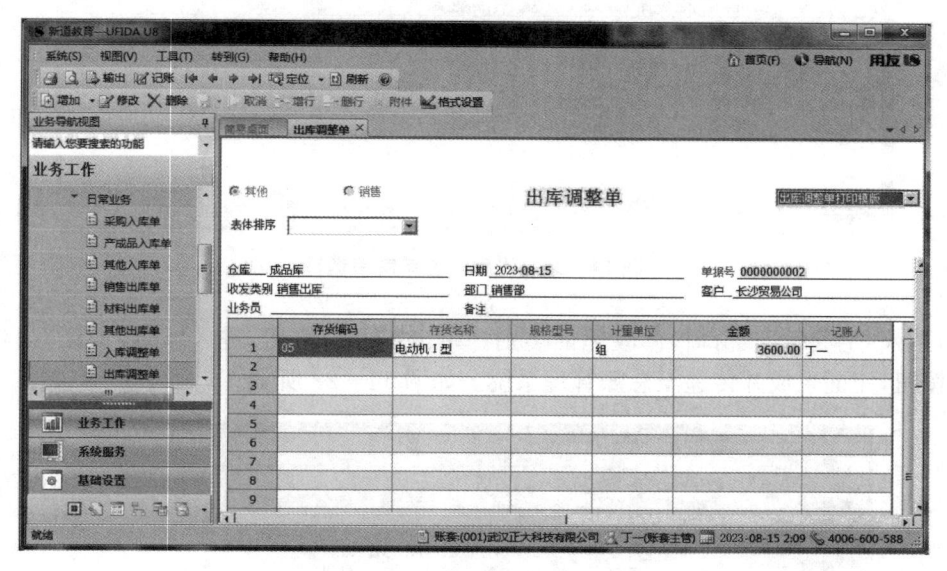

图 14-19 填制出库调整单并记账

2. 在存货核算系统中生成入库调整凭证

(1)执行"业务工作"—"供应链"—"存货核算"—"财务核算"—"生成凭证(双击)"命令,进入"生成凭证"窗口,单击"选择"命令,打开"查询条件"窗口,选择"出库调整单"复选框。如图 14-20 所示。

(2)单击"确定"按钮,进入"选择单据"窗口,选中需要生成凭证的单据,单击"确定"按钮。如图 14-21 所示。

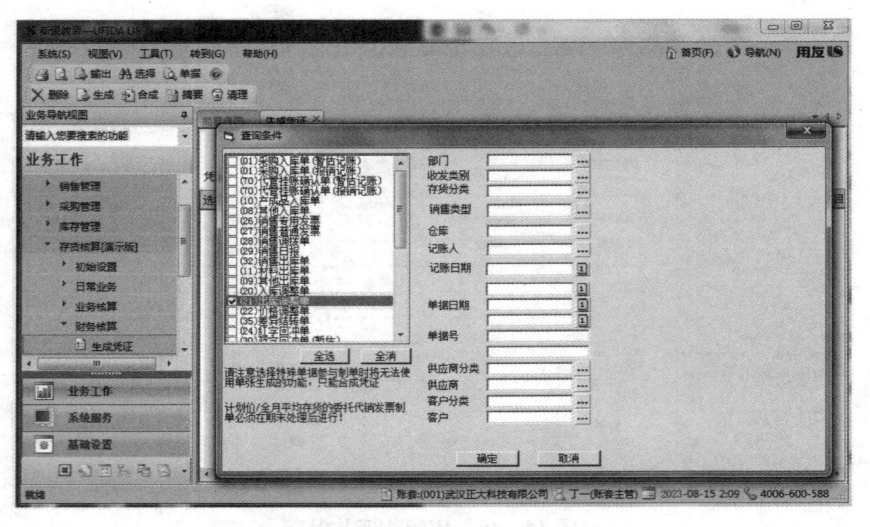

图 14—20　出库调整单制单查询

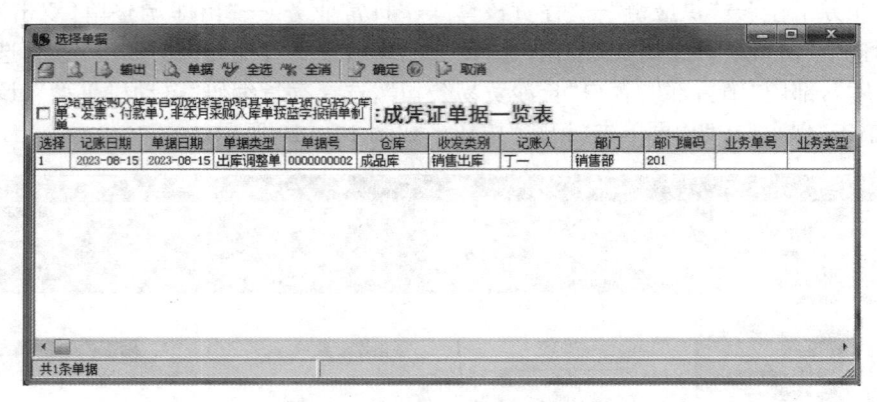

图 14—21　出库调整单制单选择

(3) 进入"生成凭证"窗口,修改凭证类别。单击"生成"按钮,进入"填制凭证"窗口,单击"保存"按钮,凭证生成并传递至总账管理系统。如图 14—22 所示。

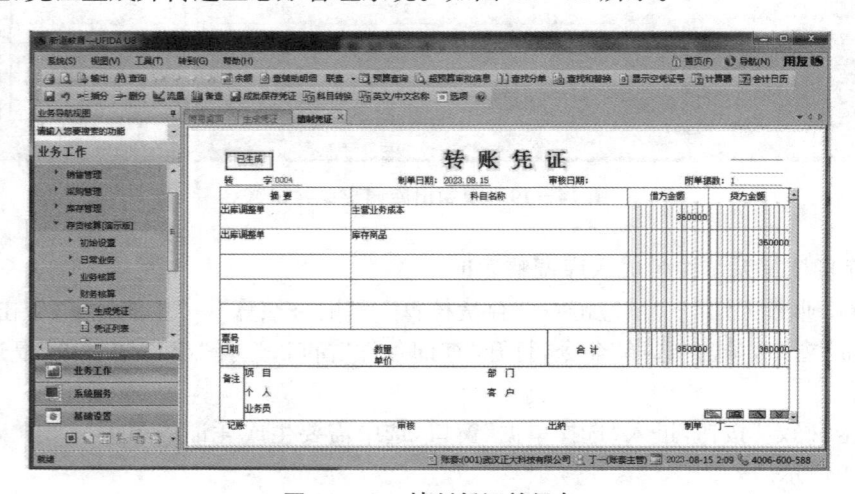

图 14—22　填制凭证并保存

第二节　账簿查询、数据备份及月末处理

在存货日常业务处理完毕后,可根据企业具体需要进行存货账表查询并备份账套数据,此处步骤略。

一、期末处理

执行"业务工作"—"供应链"—"存货核算"—"业务核算"—"期末处理(双击)"命令,进入"期末处理"窗口,选择需要进行期末处理的仓库。如图14—23所示。

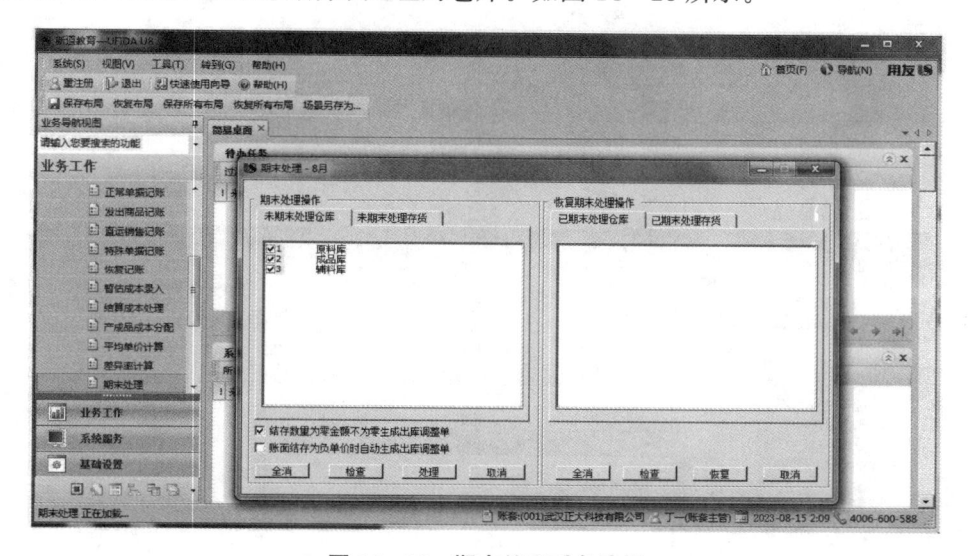

图14—23　期末处理对象选择

单击"处理"按钮,系统弹出"您将对所选仓库进行期末处理,确认进行吗?"提示框,单击"确定"按钮,系统自动计算存货成本,完成后系统弹出"期末处理完毕!"提示框,单击"确定"按钮退出。如图14—24所示。

二、月末结账

执行"业务工作"—"供应链"—"存货核算"—"业务核算"—"月末结账(双击)"命令,进入"月末结账"窗口,单击"确认"按钮,系统弹出"月末结账完成"提示框,单击"确定"按钮返回。如图14—25所示。

三、与总账管理系统对账

执行"业务工作"—"供应链"—"存货核算"—"财务核算"—"与总账系统对账(双击)"命令,进入"与总账对账表"窗口,单击"退出"按钮返回。此处由于供应链几个子系统尚未完成结账,可能对账不平。

上述操作完成后,存货核算系统生成的各种入库凭证传递到了总账,最后在总账管理系统中可查的凭证如图14—26所示。

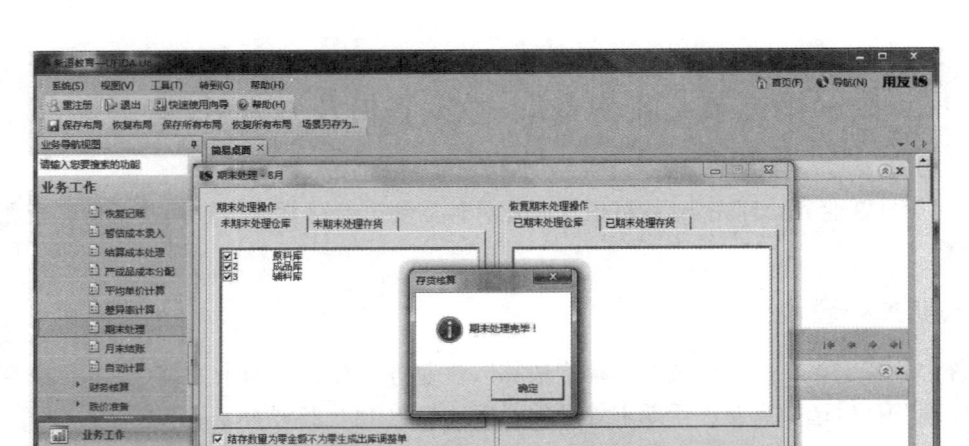

图 14-24 期末处理

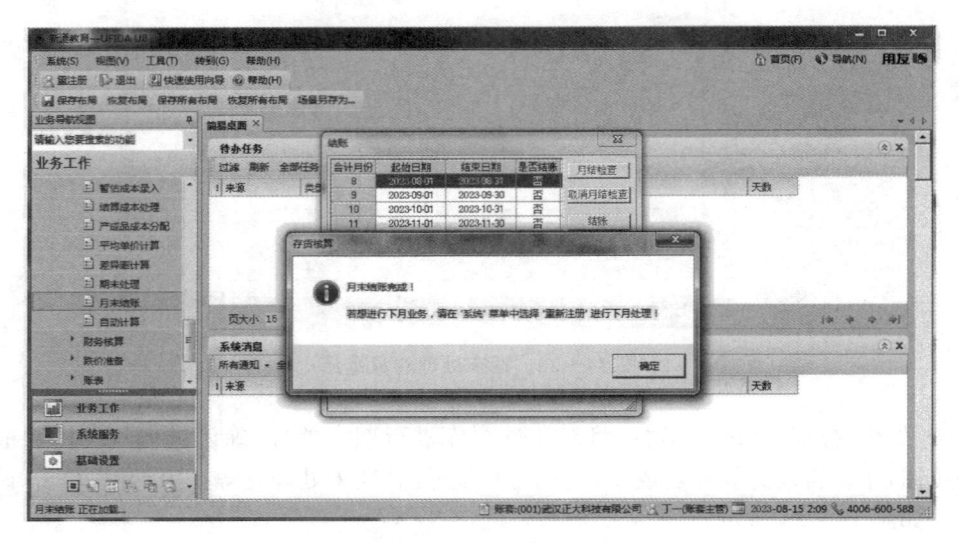

图 14-25 月末结账

图 14-26 总账管理系统凭证查询结果

综合实训

一、系统管理及基础设置

1. 操作员添加及权限设置

操作员及权限

编号	姓名	口令	部门	系统权限
BY	白燕	001	财务部	账套主管的所有权限
XJ	许杰	002	财务部	公共目录设置、公共单据、"总账"、"应收"、"应付"、"固定资产"中的所有权限

2. 账套建立及系统启用

（1）账套信息：

账套号：066。账套名称：北京神州科技有限公司。

启用日期：2023年03月01日。

企业名称：北京神州科技有限公司（简称：神州科技）。

地址：北京海淀中关村西区。

法定代表人：张翔。

联系电话和传真均为：010－88668822。

纳税人识别号：010456883228。

企业记账本位币为人民币。

企业类型：商业。

行业性质：2007年新会计制度科目。

账套主管：白燕。

基础信息：存货分类，有外币核算，客户和供应商不分类。

编码方案：科目编码：42222；部门：22；收发类别：12；存货分类22；其他采用系统默认。

数据精度：采用系统默认。

(2)系统启用：

由 BY 白燕操作员在"企业应用平台"中分别启用总账模块、应收账款管理模块、应付账款管理模块、固定资产模块、薪资管理模块，启用日期统一为：2023 年 3 月 1 日。

3. 基础档案设置

(1)部门档案：

部门编码	部门名称	部门编码	部门名称
01	总经理办公室	04	人力资源部
02	财务中心	05	采购中心
03	营销中心	06	库管中心

(2)人员档案（正式人员）：

人员编码	人员姓名	性别	行政部门	人员类别	是否业务员
001	张翔	男	总经理办公室	在职人员	是
002	张磊	男	总经理办公室	在职人员	是
003	白燕	女	财务中心	在职人员	是
004	许杰	男	财务中心	在职人员	是
005	赵艳	女	营销中心	在职人员	是
006	吴静	女	营销中心	在职人员	是
007	吴迪	男	采购中心	在职人员	是
008	刘甜	女	采购中心	在职人员	是
009	张宇	男	库管中心	在职人员	是

(3)供应商档案：

编号	供应商名称	简称
001	北京神州联想电脑科技公司	神州联想
002	数码视讯有限公司	数码视讯
003	上海丰盈科技中心	丰盈科技

(4)客户档案：

编号	客户名称	简称
C01	北京飞扬通讯公司	飞扬通讯
C02	上海明讯信息公司	明讯信息
C03	深圳联易通公司	深圳联易通
C04	中关村手机商贸中心	中关村商贸
C05	苏州迅捷公司	苏州迅捷

(5)结算方式：

编号	结算名称	是否票据管理
1	现金结算	
2	现金支票	是
3	转账支票	是

(6)凭证类型设置：

类型	限制类型	限制科目
收款凭证	借方必有	1001,1002
付款凭证	贷方必有	1001,1002
转账凭证	凭证必无	1001,1002

(7)存货分类：

存货分类编号	存货分类名称
01	手机
0101	苹果手机
0102	小米手机
02	配件

(8)计量单位：

计量单位组：本实验设置计量单位组编码为"01"，计量单位组名称为"无换算关系"，计量单位组类别为"无换算率"。

计量单位编码	计量单位名称	计量单位组名称
01	部	无换算关系
02	台	无换算关系
03	个	无换算关系

(9)存货档案：

存货编码	存货名称	单位	税率	存货属性
0101001	苹果 iPhone 5s 16G	台	13%	内销、外购
0101002	苹果 iPhone 5s 32G	台	13%	内销、外购
0102001	小米 3	台	13%	内销、外购
0102002	小米 4	台	13%	内销、外购
02001	捷波朗 BT2080 蓝牙耳机	台	13%	内销、外购
02002	三彩手机充电器	个	13%	内销、外购

(10)单位开户银行

编号	银行账号	币种	开户银行	所属银行编码
B01	874318964391	人民币	工行中关村西区支行	01 中国工商银行

二、总账模块账务处理

1. 明细科目和辅助核算设置

银行存款(1002)	借	银行日记
工行存款(100201)	借	银行日记
建行存款(100202)	借	银行日记
应收账款(1122)	借	客户往来
预付账款(1123)	借	供应商往来
其他应收款(1221)	借	
应收个人款(122101)	借	
应收单位款(122102)	借	
应付账款(2202)	贷	供应商往来
预收账款	贷	客户往来
应交税费(2221)	贷	
应交增值税(222101)	贷	
进项税额(22210101)	贷	
销项税额(22210105)	贷	
应付职工薪酬(2211)	贷	
应付工资(221101)	贷	
应付福利费(221102)	贷	
管理费用	借	
管理费用——办公费(660201)	借	
管理费用——折旧费(660202)	借	
管理费用——水电费(660203)	借	
管理费用——培训费(660204)	借	
管理费用——工资(660205)	借	
管理费用——其他(660206)	借	

2. 期初余额录入

(1)定义外币：

币符:$;币名:美元;固定汇率,2023年3月记账汇率为6.47。

会计科目100202(建行存款)要求美元外币核算。

(2)期初余额的录入:

2023年3月会计科目期初余额

科目名称	方向	辅助核算	期初余额
库存现金(1001)	借	日记	43 000.00
银行存款(1002)	借	银行日记	1 080 000.00
工行存款(100201)	借	银行日记	1 080 000.00
建行存款(100202)	借	银行日记	
应收账款(1122)	借	客户往来	237 340.00
预付账款(1123)	借	供应商往来	
应收股利(1131)	借		7 860.00
坏账准备(1231)	贷		800.00
其他应收款(1221)	借		
应收个人款(122101)	借		
应收单位款(122102)	借		
在途物资(1402)	借		320 000.00
库存商品(1405)	借		2 500 000.00
固定资产(1601)	借		903 800.00
累计折旧(1602)	贷		354 600.00
应付账款(2202)	贷	供应商往来	46 600.00
预收账款	贷	客户往来	
应交税费(2221)	贷		
应交增值税(222101)	贷		
进项税额(22210101)	贷		
销项税额(22210105)	贷		
应付职工薪酬(2211)	贷		10 800.00
应付工资(221101)	贷		10 800.00
应付福利费(221102)	贷		
长期借款(2501)	贷		800 000.00
管理费用(6602)	借		
管理费用——办公费(660201)	借		
管理费用——折旧费(660202)	借		
管理费用——水电费(660203)	借		

续表

科目名称	方向	辅助核算	期初余额
管理费用——培训费(660204)	借		
管理费用——工资(660205)	借		
管理费用——其他(660206)	借		
实收资本(4001)	贷		3 000 000.00
资本公积(4002)	贷		879 200.00

3. 指定会计科目

(1)将"库存现金"科目指定为现金总账科目。

(2)将"银行存款"科目指定为银行总账科目。

4. 日常业务处理

业务一：2023 年 3 月 1 日，公司从工商银行提取现金 21 000 元备用金，现金支票票号 ZR001。

业务二：2023 年 3 月 2 日，营销中心吴静报销业务招待费 680 元，现金付讫。

业务三：2023 年 3 月 3 日，由于企业使用外单位高新技术，所以需要每月工商银行现金支票(本月票号 ZR001)支付技术转让费 6 800 元，请填写本月凭证，并生成常用凭证，(代号 001；说明即摘要)以便日后使用。

业务四：2023 年 3 月 3 日，财务现金支付本企业上月水费用 500 元。

业务五：2023 年 3 月 5 日，工商银行代发上月工资 10 800 元。(现金支票，票号 ZC001)

业务六：2023 年 3 月 5 日，张磊报销参加项目管理培训的培训费 3 000 元，工商银行支付，现金支票票号 RR003。

业务七：2023 年 3 月 6 日，采购中心刘甜因去杭州考察，预借费用 2 000 元，以现金支付。

业务八：2023 年 3 月 6 日，公司购买办公用品，发生金额为 7 740 元，现金付讫。

三、固定资产系统

1. 模块初始化

(1)启用月份 2023 年 3 月。

(2)主要折旧方法：平均年限法(一)。

(3)固定资产类别编码方式：2-1-1-2。

(4)固定资产编码方式：按"类别编码＋序号"自动编码。

(5)已注销的卡片五年后删除。

(6)当(月初已计提月份＝可使用月份－1)时，要求将剩余折旧全部提足。

(7)固定资产默认入账科目："1601 固定资产"；累计折旧默认入账科目"1602 累计折旧"；

(8)业务发生后立即制单。

2. 基础设置

(1)资产类别：

编码	类别名称	净残值率(%)	计提属性	折旧方法	卡片样式
01	房屋建筑类	5	正常计提	平均年限法(一)	通用
02	工具类	5	正常计提	平均年限法(一)	通用
03	办公设备类	5	正常计提	平均年限法(一)	通用

(2)部门及对应科目：

部门	对应折旧科目
总经理办公室	660202"管理费用——折旧费"
采购中心	6601"销售费用"
财务中心	660202"管理费用——折旧费"
营销中心	6601"销售费用"
库管中心	660202"管理费用——折旧费"
人力资源部	660202"管理费用——折旧费"

(3)增减方式

增加方式	对应入账科目
直接购入	100201"银行存款——工行银行"
报废	1606"固定资产清理"

3. 原始卡片录入

2023年3月原始卡片

编号	固定资产名称	存放地点	增加方式	使用年限(月)	开始使用日期	原值	2月份累计折旧
00001	办公楼	除库管中心外,5个部门平均使用	直接购入	240	2014-10-01	750 000.00	320 000.00
00002	信号测试仪	库管中心	直接购入	96	2021-05-12	62 300.00	12 100.00
00003	功率测试器	库管中心	直接购入	60	2022-03-01	31 000.00	8 900.00
00004	频率示波仪	采购中心	直接购入	60	2021-08-12	43 000.00	9 800.00
00005	办公用电脑	财务部	直接购入	60	2022-01-01	6 500.00	1 300.00
00006	复印机	总经理办公室	直接购入	60	2021-12-13	11 000.00	2 500.00
合计						903 800.00	354 600.00

4. 日常业务处理

业务一：2023年3月20日,总经理办公室购入办公用固定资产服务器一台,使用年限5年,净残值率5%;存放在办公室,价值11 900元,生成资产购入凭证。

业务二：2023年3月25日,总经理办公室使用的复印机需要进行大修理,修改固定资产卡片,将使用状况由"在用"修改为"大修理停用"。

业务三：2023年3月28日，计提3月份折旧，生成折旧凭证。

5. 对账

固定资产模块对账，检查与财务对账是否平衡。

四、薪资管理系统

1. 基础设置

(1) 参数设置

工资类别：单个；币别：人民币；自动代扣个人所得税；不扣零。

(2) 工资项目设置

项目名称	类型	长度	小数位数	增减项
基本工资	数字	8	2	增项
奖金	数字	8	2	增项
缺勤天数	数字	2	0	其他
缺勤扣款	数字	8	2	减项

(3) 计算公式：缺勤扣款＝缺勤天数×50。

(4) 个人所得税设置

按"应发合计"扣除"5 000"元后计税。个人所得税税率表（工资、薪金所得适用）。

(5) 分摊类型设置：

以应发工资的14％计提本企业福利费，生成相关的计提费用凭证。

部门 \ 工资分摊	应付工资		职工福利（14％）	
	借方科目	贷方科目	借方科目	贷方科目
总经理办公室、财务中心、库管中心	660205	221101	660205	221102
采购中心、营销中心	6601		6601	

2. 日常处理

(1) 人员信息和工资变动录入

人员编码	人员姓名	行政部门	人员类别	基本工资	奖金	缺勤天数	银行账号
001	张翔	总经理办公室	在职人员	5 500	500		2023006001
002	张磊	总经理办公室	在职人员	5 500	500	2	2023006002
003	白燕	财务中心	在职人员	4 800	500		2023006003
004	许杰	财务中心	在职人员	4 500	500		2023006004
005	赵艳	营销中心	在职人员	4 500	1500		2023006005
006	吴静	营销中心	在职人员	4 500	1500		2023006006
007	吴迪	采购中心	在职人员	4 400	800		2023006007
008	刘甜	采购中心	在职人员	4 400	800		2023006008
009	张宇	库管中心	在职人员	4 000	600	1	2023006009

（2）个人所得税的计算和申报。
（3）工资分摊。

五、应收款管理系统

1. 应收款管理系统的参数
（1）应收款核销方式：按单据。
（2）坏账处理方式：应收账款余额百分比。

2. 坏账准备设置

控制参数	参数设置
提取比例	0.9%
坏账准备期初余额	800
坏账准备科目	1231
对方科目	6701

3. 基本科目及结算方式科目设置

科目类别	设置方式
基本科目设置	应收科目（本币）：1122
	预收科目（本币）：2203
	销售收入科目：6001
	税金科目：22210102
结算方式科目设置	现金（人民币）：1001
	现金支票（人民币）：100201
	转账支票（人民币）：100201

4. 期初数据录入

应收账款（1122）期初余额

单据	方向	开票日	客户名称	业务员	科目编码	金额
其他应收单	借	2022-8-5	中关村手机商贸中心	赵艳	1122	138 600.00
其他应收单	借	2022-11-24	苏州迅捷公司	吴静	1122	98 740.00

5. 日常业务处理

业务一：2023年3月9日，营销中心吴静销售给中关村手机商贸中心100台捷波朗BT2080蓝牙耳机，含税单价650元，货款未收，请根据业务录入销售普通发票，生成应收账款凭证。（需要添加销售类型和出库类别）

销售类型编码	销售类型名称	出库类别	是否默认值
1	经销	销售出库	是

业务二：2023年3月14日，营销中心吴静销售给北京飞扬通讯公司苹果iPhone 12 128GB手机50台，含税单价3 500元；小米13手机20台，含税单价2 200元；货款暂未收到，请根据业务录入销售专用发票，生成转账凭证。

业务三：2023年3月16日，营销中心吴静销售给苏州迅捷公司一批三彩手机充电器，数量100个，含税单价15元，款项未收。

业务四：2023年3月20日，收到北京飞扬通讯公司转账支票，票号ZR003，金额共计250 000元，用于归还前欠货款，多余款项作为预收账款。

业务五：2023年3月22日，将2019年3月20日形成的向苏州迅捷公司收取的应收款1 500元转为坏账。

六、应付款管理模块

1. 应付款管理系统的参数

(1)应收账款核销方式：按单据。

(2)其他参数为系统默认。

2. 基本科目及结算方式科目设置

科目类别	设置方式
基本科目设置	应付科目(本币)：2202
	预付科目(本币)：1123
	采购科目：1405
	税金科目：22210101
结算方式科目设置	现金(人民币)：1001
	现金支票(人民币)：100201
	转账支票(人民币)：100201

3. 期初数据录入

单据	方向	开票日	供应商名称	业务员	科目编码	金额
其他应付单	贷	2022—3—12	数码视讯有限公司	吴迪	2202	17 600.00
其他应付单	贷	2022—12—25	北京神州联想电脑科技公司	刘甜	2202	29 000.00

4. 日常业务处理

业务一：2023年3月12日，采购中心刘甜向上海丰盈科技中心购买了20台小米12，含税单价1 500元，税率为13%，货已入库，货款尚未支付。

业务二：2023年3月17日，向上海丰盈科技中心签发并承兑商业承兑汇票一张，票号63656，面值30 000元，到期日2023年8月17日。

业务三：2023年3月24日，采购中心吴迪向数码视讯采购苹果手机 iPhone 12 64GB 30台，原币单价3 000元；货已到库，货款尚未支付。

业务四：2023年3月26日，财务中心对3月24日采购数码视讯30台苹果手机 iPhone 12 64GB 进行全额付款，付款方式工商银行现金支票，结算票号 ZC002，金额105 300元。请填写并审核付款单，生成相关财务凭证，并进行核销处理。

七、期末处理和 UFO 报表

1. 期末处理

(1)所有凭证进行出纳签字及审核、记账。

(2)设置期间损益结转并结转本年利润，生成凭证并审核、记账。

(3)所有业务模块结账，应收应付、总账模块结账。

2. 生成2023年3月的会计报表

在 UFO 报表中，利用报表模板编制3月份资产负债表、利润表，命名为：3月资产负债表.rep、3月利润表.rep，保存。

参考文献

[1]黄辉.会计信息系统实务[M].大连:东北财经大学出版社,2015.

[2]陈思雄,朱志国.会计电算化[M].成都:西南交通大学出版社,2014

[3]张莉莉.企业财务业务一体化实训教程[M].北京:清华大学出版社,2014.

[4]王新玲,汪刚,赵婷.会计信息系统实验教程[M].北京:清华大学出版社,2014.

[5]许玲玲,杨雪萍.会计学模拟实训[M].北京:中国铁道出版社,2012.

[6]郁春兰,王玲,刘艳春.会计电算化[M].长春:吉林大学出版社,2016.

[7]张瑞君,蒋砚章,殷建红.会计信息系统[M].北京:中国人民大学出版社,2019.

[8]王新玲,汪刚.会计信息系统实验教程(第3版)[M].北京:清华大学出版社,2022.

[9]毛华杨,李帅,李圆蕊.会计信息系统原理与应用[M].北京:中国人民大学出版社,2021.

[10]马歇尔·罗姆尼等.会计信息系统(第15版)[M].北京:中国人民大学出版社,2021.